*Die Personen und deren Zuordnung in der Familien- und Firmenstruktur.*

*Die drei Wedel Brüder, ihre Schwester und die enge Familie*

**Fritz Wedel**, ältester Sohn, Landwirt

**Barbara Wedel**, Molkereibesitzerin, Ehefrau von Fritz

**Hubert Wedel**, 2. Sohn, ehemaliger Offizier

**Ursula Wedel**, Leiterin Grundschule, Ehefrau von Hubert

**Gert Wedel**, 3. Sohn, Landmaschinen- und Kfz Meister

**Doris Kerner**, Verlobte von Gert, Kauffrau

**Christina Wedel**, Arzthelferin, in der Hebammenausbildung

**Hartmut Meier**, Verlobter von Christina, Banklehrling

**Heinrich Wedel**, Landwirtschaftsmeister, Hofbesitzer, Vater

**Malwine Wedel**, dessen Ehefrau und Kauffrau, Mutter

**Ludwig Huber**, Patenonkel von Hubert, Staatssekretär Finanzen

**Sonja Huber**, Ehefrau von Ludwig, Schwester von Malwine

**Hans und Martina Ehrlich**, Cousins, Kinder der verstorbenen Schwester Malwines

*Der engere Kreis*

**Joachim Fischer**, Geschäftsführer bei Hubert, gelernter Steuerberater

**Heinz Dolle**, Bauingenieur, ehemaliger Pionieroffizier

**Heinz Becker**, ehemaliger Jagdflieger, Immobilienverwalter

**Gertrud Nicolai**, Chefin im Vorzimmer, Sekretärin und rechte Hand

**Jochen Bode**, ehemaliger SS Offizier, Versicherungsagentur, Freund

**Max Krummrich**, Leiter Spedition

**Karl Schlüter**, Einsatzleiter für den Harz

**Karl Kokoschka**, Chef der Logistik im Betrieb

**Egon Mielke**, 2. Ingenieur bei Dolle, Außendienst

**Joachim Purzer**, Tierarzt

**Martin Weber**, Reitlehrer, Koordinator Reiten bei Turnieren

**Georg von Klagenheim**, Reiterkamerad von Hubert, Industrieller

**Dr. Britta März**, Frauenärztin

**Dr. Max Hartig**, allgemeiner Arzt in Cremlingen

### *Die Engländer*

**Oberstleutnant Allen**, Stadtkommandant BS

**Sergeant Woods,** Chef der Kriegsgefangenen, Allrounder, Tauschpartner

**Im Laufe der Erzählung kommen ständig weitere Personen dazu. Bewohner des Dorfes, Heimkehrer aus der Kriegsgefangenschaft, Flüchtlinge sowie Vertreter von Ämtern und Behörden.**

**Zum Freundeskreis gehören die Jagdkameraden mit ihren Ehefrauen, sowie die entsprechenden Förster.**

*Bibliografische Information der Deutschen Nationalbibliothek: Die Deutsche Nationalbibliothek verzeichnet diese Publikation in der Deutschen Nationalbibliografie; detaillierte bibliografische Daten sind im Internet über dnb.dnb.de abrufbar.*

*Die automatisierte Analyse des Werkes, um daraus Informationen insbesondere über Muster, Trends und Korrelationen gemäß § 44b UrhG („Text und Data Mining") zu gewinnen, ist untersagt.*

© 2024 Eckbert Schulze

Verlag: BoD · Books on Demand GmbH,
In de Tarpen 42, 22848 Norderstedt, bod@bod.de

Druck: Libri Plureos GmbH, Friedensallee 273, 22763 Hamburg

ISBN: 978-3-7693-2680-2

## Vorwort

Mit dem vorzeitigen Ende des Krieges für die beiden älteren Brüder der Familie Wedel beginnt eine Zeit des Überlegens, was nach dieser Zeit des Krieges für sie beruflich zu tun sein wird. Für den älteren Bruder Fritz ist das unproblematisch, als ausgebildeter Landwirt und geplanter Hofnachfolger ihrer Eltern ist sein Weg vorgezeichnet. Ähnlich ist es beim jüngeren Bruder Gert, der nach den beiden nach Hause kommt und seiner Liebe zum Motor und zur Technik nachgehen will. Für den mittleren Sohn Hubert Ist ein Studium erstrebenswert, allerdings ist ihm nicht klar, in welchem Bereich. Während bei den anderen Brüdern sich die Berufswünsche relativ schnell in geordneten Bahnen bewegen, ergibt sich bei Hubert eine andere Lage. Mehrere Ereignisse bringen ihn in die Situation, seine erworbene und bewährte Führungsfähigkeit praktisch anzuwenden und daraus ergibt sich erst langsam, dann immer schneller, die Möglichkeit beruflich in die Situation eines Firmenchefs hineinzuwachsen. Allerdings geht das nur mit der Unterstützung der Familie und mit guten Mitarbeitern, die er gewinnen kann.

Recht schnell ändern sich bei den drei Brüdern die persönlichen Situationen, wie bei ihrer jüngeren Schwester. Alle drei Brüder finden Ehefrauen und gründen eigene Familien, die Großfamilie findet sich und hält sehr gut zusammen. Andere verwandtschaftliche Beziehungen fördern den Erfolg des aufstrebenden Unternehmens Huberts, dazu kommt eine gute vertrauensvolle Zusammenarbeit mit den britischen Besatzern. Zu Hilfe kommt den Brüdern die ungeordnete allgemeine Situation nach dem Kriegsende und die Entdeckung von lukrativen Überbleibseln der vergangenen Herrscherkaste. Mögen manche Wege nicht gerade und üblich sein, sie sind jedoch hilfreich für den gesamten Familien – und Firmenverbund.

Nach der ersten Konsolidierung der Bau – und Transportfirma, kommen bei Hubert weitere Leidenschaften hinzu, das Reiten, die Pferdezucht und die Jagd. Hier entwickeln sich neue Freundschaften, alte werden wiederbelebt und tragen zum weiteren Wachsen der Firma bei. Ein zweiter Wohnsitz zum Urlauben und Entspannen kommt in der Heide hinzu und bietet ein wenig Luxus in dieser Zeit.

Neben der wirtschaftlichen Weiterentwicklung verändern sich die familiären Situationen. Als erster wird der ältere Bruder Fritz Vater von Zwillingen, weitere Geburten in der Familie und dem nahen Umfeld stehen heran. Bei der Familie

Hubert und Ulla Wedel wird Hannelore geboren. Allerdings werden die Probleme vor und nach der Schwangerschaft größer, belasten das Verhältnis zwischen beiden.

Trotz vieler Schwierigkeiten, die sich durch den verlorenen Krieg, die Aufdeckung der vielfältigen Missstände der alten NS Zeit, der ungeklärten politischen Situation, der noch fehlenden eigenen Exekutive, der Not der Bevölkerung und einer heranstehenden Währungsreform ergeben, verläuft das Leben der Protagonisten sehr spannend, abwechslungsreich und letztendlich erfolgreich. Damit bildet diese Familie eine Ausnahme in dieser schwierigen Zeit. Neben den Erfolgen im wirtschaftlichen Bereich, vor allem mit dem ersten Großauftrag, einem Hotel, kommen erste Erfolge im reiterlichen Bereich hinzu. Die kriegsbedingte unterbrochene Karriere Huberts als Springreiter nimmt wieder Fahrt auf.

Bedingt durch gute Beziehungen kommen Aufträge zum Räumen von nach wie vor vorhandenen und getarnten Überbleibseln des alten Regimes hinzu und verbessern die wirtschaftliche Situation.

## Wieder daheim und im Dienst„

Es ging um die Planung der Hubertusjagd, die
Jochen Bode vorbereitet hatte.
„Du brauchst nichts weiter tun, als die Begrüßung
zu machen, mitzureiten und anschließend beim
Essen eine kurze Rede halten!"
„Dafür danke ich dir, das habt ihr sehr gut
hinbekommen. Ich habe dir etwas mitgebracht,
was du hoffentlich brauchen kannst."
Er gab ihm eine der Fliegersonnenbrillen und eine
Schweizer Uhr, ebenfalls in einem Etui. „Das hätte
es nun nicht gebraucht. Ich habe das gemacht,
weil es mir Spaß macht, aber trotzdem danke." „Ich
habe eine kleine Feinmechanikerdrehbank, kannst
du die brauchen?"
„Aber ja, sehr gut, ich tüftele gern an solchen
Sachen herum. Die hole ich mir ab, wenn alles
vorbei ist." „Wer reitet von unseren Leuten mit?"
„Weber, wegen seiner Reitschüler, dazu Richard.
Beide bilden den Schluss des Feldes. Thomas
haben wir dazu genommen, dürfte der deine junge
Stute reiten? Er macht das sehr ordentlich." „Das
weiß ich, aber er sollte mit dir vorher mit dem
Pferd ins Gelände gehen."
„Das haben wir für Freitag und Samstag vor, dabei
können wir die Hindernisse überprüfen." „Gut, das
werde ich am Samstag tun. Habt ihr die
Ausschilderung für die Ortfremden fertig?" „Wird

9

am Samstagnachmittag aufgebaut. Platz für die Transporter ist auf dem Weg zur Feldscheune." Einige weitere Details besprachen sie, Hubert ging zurück ins Haus, denn heute Abend musste er all die Sachen zusammenpacken, die er morgen Woods übergeben wollte. Und es war einiges, wie er schnell feststellte. Sechs leere Kartons hatte er bereitgestellt und begann, diese zu befüllen. Fast alles, was sich im Tauschkeller befand, kam da hinein. Nachdem diese draußen waren, kam einer mit Büchern hinzu. Ulla kam dazu und drängelte sich durch die Kisten. „Das sieht nach einem Großreinemachen aus!" „Stimmt, ich behalte nur wenig, den Rest kann Wagner verhökern." „Kann ich die vier langen Ledermäntel dazulegen, ich kann die nicht mehr sehen." „Klar, so sind wir die los."

„Die hole ich und bringe Richard und Frank mit, um das alles zu verladen." Kurz darauf waren die beiden da und packten die Kartons auf den Opel Blitz, als letztes kamen die Ledermäntel und fünf Fliegerjacken dazu. Ulla kam wieder in den Keller. „Kann ich dir hier helfen?"

„Das wäre gut, ich will den Rest für Wagner zusammensuchen. Das kann morgen weg, ich muss sowieso zu ihm wegen des Hirsches."

3 volle Kartons wurden es, fünf Paar Wildlederhandschuhe hatte Ulla zur Seite gelegt. „Was ist in den letzten zwei großen Kartons", fragte sie. „Alles Zeug aus dem Luftwaffendepot. Schau nach, was du davon brauchen kannst, ich bringe derweil den Rest hinaus." Als er zurückkam, hatte Ulla die beiden letzten Kartons auf den Gang geschoben. „Das können wir alles selber brauchen. Hand- und Badetücher, gute Bettwäsche, Damasttischdecken, Bademäntel, Hausschuhe und

jede Menge Kerzen. Lass das hier stehen, das räumt Sieglinde weg. Muss alles gewaschen werden." Eine Reisetasche füllte er mit alten deutschen Zigaretten, nahm die Tasche mit hinauf für Gertrud. Nachdem er sich gewaschen hatte, saßen beide an ihren Schreibtischen und schrieben. Er schrieb auf, was morgen zu tun sei und sie arbeitete etwas für die Schule aus. Es meldete sich Hannelore. Ulla ging in die Küche, holte die vorgewärmte Flasche und ging zu ihr, um sie zu füttern. Als sie zurückkam, war Hubert fertig und beide beschlossen, zu Bett zu gehen. Kaum lagen beide in den Federn, als Ulla unter sein Deckbett schlüpfte und sich an ihn kuschelte. Verblüfft legte er einen Arm um sie und überlegte, was das bedeutete. Leise sagte sie: „Hubert, es tut mir leid, dass ich so schrecklich abweisend zu dir war. Aber das ist jetzt vorbei. Liebst du mich noch?" „Das ist aber eine merkwürdige Frage, natürlich!" Sie gab ihm einen Kuss. „Ich dich auch. Wenn alles gut geht, können wir ab Samstag wieder alles das tun, was wir schon so oft und gern getan haben. Momentan habe ich meine Periode, aber danach bin ich wieder für dich bereit." Zärtlich küsste er sie: „Das werden wir abwarten können!"

### Hubertusjagd

Der Tag begann am Freitag ruhig, das gemeinsame Frühstück der Familie verlief harmonisch, bis Ulla plötzlich sagte: „Mensch, Hubert, wir haben weitere drei Uniformen, kannst du die unterbringen heute?" „Na klar, alles, was tauschbar ist, weg, damit wir den ganzen Plunder los sind." Alles kam auf dem Beifahrersitz, so fuhr Hubert damit ins

11

Büro. Hier ging es gleich richtig los, Becker war der erste. Der Kauf der Grundstücke in Querum war abgewickelt, alles, die Steuer und der Notar, waren von Huberts Mietkonto bezahlt worden. Zusätzlich berichtete er, den Kauf von Hilde Mahnke erledigt zu haben und den Erwerb der Scheune mit den dazugehörigen Gebäuden. Außerdem war die Mietzahlung für den Oktober abgeschlossen, ohne Probleme. Anschließend teilte ihm Dolle mit, dass der Vertrag über die statische Überprüfung des Hotels geschlossen sei. Mielke und zwei seiner Mitarbeiter seien bereits dort und hatten ihre Arbeit begonnen. „Wenn das alles in Ordnung ist, haben wir den Zuschlag für den Wiederaufbau sicher. Wir sollten damit zügig beginnen und das Haus vor dem Beginn des Winters schließen, um drinnen trocken und warm weiterarbeiten zu können."

„Wen schlägst du dafür vor?" „Alberts ist als Erster bei dem Investor fertig, den können wir da dransetzen. Der hat die stärkste Kolonne."

„Plant das, wenn der Befund in Ordnung ist, so machen wir das. Fischer soll das entsprechende Angebot vorbereiten." „Den Plan für den Ausbau des Hotels hat man uns übergeben, damit können wir das kalkulieren."

Jetzt aber musste er los, um sich mit Woods zu treffen. Wieder fuhren sie zu ihrem Platz, dort übergab ihm Woods einen Umschlag. „Das ist für die Fahnen und das Zubehör. Die Orden und Abzeichen werde ich am Wochenende los." „Da wirst du viel mehr im Angebot haben, wenn wir umgeladen haben." Als erstes übernahm er die Uniformen und die Mäntel. „Sehr gut, dass allein bringt eine Menge", sagte Woods anerkennend. Als er auf der Ladefläche einige Stichproben gezeigt bekam, war er noch erfreuter. „Das ist solch eine Menge, da muss ich schauen, wo ich das unterbringe. Dabei muss ich genau schauen, was ich wem anbieten kann." Die Sachen, die Woods mitgebracht hatte, wurden zur Seite geschoben, dort kamen die Kartons und Kästen hinein. Schließlich kamen die anderen Kartons auf den Opel. Auf den ersten Blick sah Hubert, es war eine ähnliche Sortierung wie immer. Schließlich kamen drei flache Kartons und vier größere. „Das ist der Rest aus dem Vorrat unseres Küchenchefs Wir haben jetzt nur die gewohnten englischen Produkte!"

„Kein Problem. Wenn ihr wieder einen oder zwei Hammel braucht, meldet euch. Mein Bruder hat genug davon." Sie plauderten über die Jagd und als Hubert von dem Zwölfender berichtete, klatschte er Beifall. „So etwas schießt man als Jäger selten. Den einzigen, den ich geschossen habe, war in Schottland bei einem Freund." Als sie sich verabschiedeten, sagte Woods: „Zwei Sachen habe ich. Bei den Kriegsgefangenen, die wir bei uns haben, sind zwei Maurer, ein Maler und ein Lastwagenfahrer. Die werden nächste Woche entlassen. Kannst du die brauchen?" „Alle vier. Lass bei Gertrud anrufen, wir holen die ab." „Und als letztes: Das mit dem Erlös aus dieser letzten Ladung kann etwas dauern. Aber wir sehen uns ganz bestimmt beim Schießtraining, das eure Leute für die Jägerprüfung machen. Ich bin die Oberaufsicht. Da können wir umladen." „Alles klar, ich bin dabei, muss eine Waffe anschießen."

Aus der MUNA fuhr Hubert direkt zu seinem Hof, ließ den Opel dort stehen und wechselte auf seinen

Lieferwagen. Richard bat er, mit Frank den Opel zu entladen. Eine der flachen Kisten nahm er mit ins Büro. Dort bat er Gertrud, die Dosen mit Birnen im Vorzimmer und bei Fischer zu verteilen, jeder eine Dose, Monika wegen der Familie zwei. Jetzt konnte er in Ruhe das Papier, was ihm Gertrud in zwei Ordnern hingelegt hatte, bearbeiten. Das dauerte eine Weile, erst kurz vor Mittag konnte er zu Wagner fahren. Für das Fleisch des Hirsches hatte er zwei Wannen und zwei saubere Bettbezüge dabei, um es transportieren zu können. Als er in der Försterei ankam, sah er bereits die zum Trocknen aufgespannte Decke des Hirsches im Holzschuppen hängen. Wagner selber kam vom Essen aus dem Haus, begrüßte Hubert freudig. „Du kommst rechtzeitig. Sänger, ist vor einer Stunde fertig geworden." „Das passt ja hervorragend. Aber etwas anderes. Kommen deine Freunde aus dem Gestrigen hin und wieder mal vorbei?" „Nicht direkt, aber ich habe eine Telefonnummer, die kann ich anrufen, sofort kommt jemand." „Ich habe hier drei volle Kartons, die kannst du denen verhökern. 50 für dich, 50 für mich. Hast du Interesse?" „Geld stinkt nicht, das nehme ich." „Fass mit an, das werden wir in deinen Keller bringen müssen." Danach gingen sie mit den Wannen in den Wildkeller und luden das Fleisch ein, nachdem sie die Bettlaken hineingelegt und anschließend das Fleisch damit abgedeckt hatten. Zwei Schachteln Zigaretten als ein Dankeschön gab es für Wagner. Nach einer kurzen Plauderei fuhr er zu seinen Eltern, wo seine Mutter bereits auf ihn wartete. Eine Wanne voll brachte er ihr in den Keller zu ihren Kühltruhen, die andere kam nach Hause, wo Sieglinde die empfing. Mit einem Brot auf der Faust fuhr er wieder in die Firma.

14

Bevor er zur Wochenbesprechung ging, sprach Mielke ihn an. „Wir waren heute in dem zerbombten Hotel. Das sieht von außen ziemlich übel aus, aber unsere ersten Untersuchungen mit einigen Bohrungen sind eigentlich sehr positiv. Wenn wir morgen nichts Gravierendes finden, können wir davon ausgehen, dass die Statik in Ordnung ist. Ganz genau können wir das aber erst nächste Woche sagen, wenn alles vermessen und durchgerechnet ist. Unsere beiden Spezialisten sind dabei. Die habe ich vergattert, niemandem etwas zu sagen außer uns." „Das hast du gut entschieden. Macht ihr morgen dort weiter?" „Ja, dazu kommt unser Vermesser." In der Wochenbesprechung gab Hubert die anstehenden Projekte bekannt, was alle sehr beruhigte, denn die Frage stand schon im Raum, was geschah im Winter, wenn die Baustellen ruhten. „Es können alle beruhigt sein. Diejenigen, die nicht am Bau arbeiten können, werden im Wald oder anderen Bereichen gebraucht. Arbeitslos wird niemand." Beifall brandete auf, das war für alle eine große Beruhigung.

Eine echte Überraschung wartete daheim auf Hubert. Als er auf den Hof fuhr, wäre er vor Verblüffung fast in den Misthaufen gefahren. Auf den beiden Armeepferden kamen ihm Ulla und Frau Doktor März entgegen. Er hielt an und stieg aus. Lachend sagte er: „Ich dachte, ich sehe eine Fata Morgana. Das ist wunderbar, dich wieder auf dem Pferd zu sehen!" Etwas gequält lächelnd stieg Ulla ab. „Naja, ich spüre Muskeln, von denen ich gar nicht wusste, dass ich sie habe." Grinsend stieg die Ärztin ab. „Es wurde Zeit, wieder das zu tun, was man gerne tut. Es gehörte zwar sanfter

Druck dazu, aber nun ist es ja gut gelaufen. Hat es dir Spaß gemacht?" „Ja schon, ich denke, der Muskelkater dürfte morgen weg sein", antwortete Ulla. „Wie schön, da können wir beide morgen die Strecke abreiten, traust du dir das zu?" „Ich nehme meinen Schimmel dazu, der sollte wieder was tun, tut dem bestimmt so gut wie mir!" Lächelnd zwinkerte er Doktor März zu und die zwinkerte zurück. „Ich wünsche dir viel Freude unter der heißen Dusche!" „Das werde ich haben", sagte Ulla und ging etwas staksig Richtung Haus.

Hubert brachte ihr Pferd in den Stall, die Ärztin folgte ihm mit ihrem. Frank nahm ihnen beide Pferde ab und sie gingen vor die Stalltür.

„Irgendetwas ist in den letzten Tagen passiert. Dadurch hat ihr Hormonhaushalt einen Schubs erhalten und sie hat ihre Regel bekommen. Sie ist wieder ganz anders aktiv. Denke mal, diese Phase ist damit überwunden!" sagte sie. „Prima, ich habe das bereits in Ansätzen bemerkt. Nehmen wir das einfach so hin, Hauptsache, es ist vorbei!" „Sehe ich genauso. Aber dass diese Sache so lange geht, habe ich bisher nicht gehört." „Tja, über manche Sachen der Natur kann man sich wirklich nur wundern. Was anderes, wie läuft eure Praxis?" „Bei Hartig bemerkenswert. Ich habe nur an zwei Tagen der Woche Sprechstunde, aber das läuft gut an. Habe schon von mehreren Frauen gehört, sie wären froh, von einer Frau untersucht zu werden. Klar, von Frau zu Frau kann man einiges einfacher besprechen. Wenn Christina mit der Ausbildung fertig ist, sollte sie sich als Hebamme hier im Bereich niederlassen, das fehlt sehr."

Drinnen kam es zu einer unerwarteten Diskussion. Junior wollte unbedingt am Sonntag mitreiten, und seine Mutter fand außer der Begründung, dass es zu gefährlich wäre, keine andere, die Diskussion drohte zu eskalieren. Hubert griff ein und hörte sich Junior an. Der sagte, er wäre bei Springturnieren mitgeritten und mit ihm mehrfach im Gelände gewesen. Da hätte Hubert nichts dagegen gehabt. Und die Hubertusjagd sei ja nichts anderes. „Na ja, ein wenig mehr ist das schon." Grundsätzlich könne er das, das stimme, aber so eine Jagd sei etwas anders und gefährlicher. Das verstand der Junge, brachte aber ins Spiel, dass Weber mit einigen seiner Schüler reiten würde und die seien nie im Gelände oder bei einem Turnier gewesen. Hubert seufzte tief durch, da kam ihm eine Idee. „Also gut. Von mir aus kannst du mitreiten, aber nicht vorne bei mir. Wenn deine Mutter fit genug ist, den Weg mitzugehen, kannst du mit ihr zusammen reiten. Ich denke, sie wird kein Risiko eingehen. Aber wenn sie mitreitet, bist du die ganze Zeit bei ihr und tust, was sie dir sagt. Wenn das nicht klappt, kommst du zu Richard, der als letzter reitet und aufpasst, dass keiner zurückbleibt." Ulla hatte verdutzt zugehört. „Wer sagt denn, dass ich mitreite?"

Jetzt grinste Hubert. „Wenn wir morgen Nachmittag reiten und es geht gut bei dir, würdest du doch mit Sicherheit nicht darauf verzichten wollen, oder?" Sie rührte in einem der Töpfe und sagte: „Erst reiten wir morgen und später schauen wir weiter!" Aber Junior war nicht so leicht ruhig zu stellen. „Darf ich morgen mit ausreiten?" Lachend sagte Hubert: „Ja, aber mit dem anderen Pony!"

Als sie später eng aneinander im Bett lagen, sagte sie: „Du hast ja recht, es macht wieder Spaß zu reiten, ich reite am Sonntag mit!" Er küsste sie,

17

spielte mit ihren Brüsten und sagte: „Das war mir klar und freut mich!" „Es gibt andere Dinge, die mir wieder Spaß machen!" Sie küsste ihn leidenschaftlich, ließ eine Hand an ihm heruntergleiten. Zufrieden schliefen beide später ein.

Mehrere Dinge mussten am nächsten Vormittag entschieden werden. Als erste berichteten Krummrich und Gert, was es mit den beiden Lastern von Büssing auf sich hätte. Schließlich kamen sie mit Fischer zu dem Entschluss, beide zu kaufen, allerdings mit eigener Werbung. Eine weitere gute Nachricht hatte Gert, er hatte zwei Langholzanhänger auftreiben können für 2.000 RM, die würden sie kaufen. Danach kam Fritz und berichtete, alle Hindernisse seien fertig und aufgeräumt. „Ich bin morgen an einer Stelle im Gelände, dort wo mehrere Hindernisse hintereinanderstehen und habe zwei Sanitäter dabei!" „Gut zu wissen, das kann man von allen Seiten erreichen. Wie sieht es mit den Rüben aus?" „Alles weg, die Kipper fahren für andere. Unsere Verwandtschaft ist bedient worden, zahlt anständig." „Jetzt seid ihr fast durch mit allem." „Die abgeernteten Felder werden bearbeitet und nächste Woche beginnen wir mit den Kartoffeln. Das wird ein großer Kraftakt, aber danach tritt Ruhe ein. Unsere Pflichtabgaben an Getreide sind bereits erledigt, die haben wie letztes Mal ein Auge zugedrückt. Jetzt haben wir Saatgut für nächstes Jahr und zwei Scheunen voll mit Getreide. Das werden wir locker los." „Freut mich, du bist beim Feiern nach der Jagd dabei, oder?" „Na klar, bin ich. Helma dirigiert das, scheint ihr Spaß zu machen." „Halte bitte deine Augen auf, wir

brauchen für den Wald ein paar
Langholzanhänger." „Bei Söhnke steht einer,
allerding nur für Pferdebespannung. Den können
wir nehmen, nach weiteren schaue ich mich um."
Die drei von Paul traf er im Treppenhaus. Sie
hätten sich zusätzlichen Regen- und Kälteschutz
besorgt, ihr Pensum an letztjährigen Bäumen gut
geschafft und waren gestern Abend pünktlich nach
Hause gekommen. Die Pferde waren gut versorgt.
„Am Montag geht es in den Forstbereich, den die
heute bereits anfangen. Nächste und übernächste
Woche werden wir gebraucht, anschließend sind
wir fertig. Die beiden Zugmaschinen mit
Anhängern kommen am Montag, die Fahrer sind
bei uns gut untergebracht," sagte Paul.
Bei Dolle sprach er länger mit dem und Mielke
über die nächsten Aufträge, holte bei Grings die
sehr gut gewordenen Holzplaketten ab, die er beim
Essen nach der Jagd verteilen würde. Eine nahm
er mit, um sie Ulla zu zeigen. Die hatte ihm
zugesagt, in der Schule kleine Eichenblätterbrüche
basteln zu lassen, die sofort nach der Jagd verteilt
würden. Nach Feierabend war er schnell daheim,
es gab Essen und einen kurzen
Samstagmittagsschlaf. Nach dem Kaffee ging die
Familie, warm angezogen, zum Stall und jeder
sattelte sein Pferd. Seit langem sattelte Ulla ihren
Schimmel wieder und gemeinsam ritten sie zu dritt
im Schritt hinaus. Ohne jede Hektik ritten sie die
Hälfte der Strecke ab. Besonders die Stelle im
Wald, wo es sehr steil bergab ging, lag in Huberts
Interesse. Zufrieden stellte er fest, dass die Stelle
durch die Beseitigung von Gestrüpp und
Buschwerk breiter und damit sicherer gemacht
worden war. Aus den Augenwinkeln hatte er die
gesamte Strecke Ulla und Junior beobachtet und

war zufrieden mit ihrem reiterlichen Zustand. Ulla
wurde zusehends sicherer und Junior hatte
ebenfalls die Sicherheit unter der Aufsicht seiner
Mutter im hinteren Feld mitzureiten. Das würde
klappen, stellte er zufrieden fest, als sie langsam
zum Hof zurückritten. Nachdem sie ihre Pferde
versorgt hatten, tätschelte er grinsend den
knackigen Po seiner Frau. „Das habt ihr beide sehr
gut gemacht. Wenn ihr zusammenbleibt, sehe ich
keine Probleme." „Mittlerweile sehe ich das ebenso.
Wenn du nicht aufhörst meinen Po zu tätscheln,
fasse ich dir woanders hin!"
Lachend gingen sie ins Haus, Junior blieb im Stall.
Noch einmal besprach Hubert später mit Bode und
Fritz den morgigen Ablauf, gemeinsam stellten sie
fest, alle Eventualitäten berücksichtigt zu haben,
die Hubertusjagd konnte, wie geplant, morgen
beginnen.

Nach einem ausgiebigen Frühstück begannen die
Vorbereitungen. Hubert und Ulla zogen ihre
entsprechenden Röcke an. Junior bekam die
kleinste Fliegerjacke und eine Reitkappe. Es ging
an die Vorbereitung der Pferde, die auswärtigen
Gäste trafen ein, wurden begrüßt und bereiteten
ihre Pferde vor. Die Meute sammelte auf dem
Reitplatz unter der Aufsicht des Masters und drei
Pikeuren. Bode sprach sich ein letztes Mal mit dem
Fährtenleger ab und Fritz war bei der Meute.
Richard, Frank und Thomas wiesen die
Auswärtigen ein und kümmerten sich um ihre
Pferde. Frank würde als einziger am Stall bleiben,
aber anschließend mit zum Essen kommen. Dolle,
Wagner und drei weitere Jagdhornbläser standen
am Stall. Als alle aufsaßen, gaben sie das erste
Signal. Es herrschte eine wunderschöne,

spannende Atmosphäre. Leichter Nebel lag über dem Land, die Hunde lärmten, die Pferde waren teilweise unruhig und gespannt. Hubert ritt auf seiner Trakehnerstute nach vorn und begrüßte die Teilnehmer, verkündete einige wichtige Regeln. Er würde an der Spitze reiten, wer ihn überholte, sollte sich schon jetzt auf die Zahlung einer Runde Schnaps einstellen. Die Fährtenleger waren unterwegs, als das nächste Signal kam und die Meute vorrückte. Sofort kam Bewegung und Unruhe in das Feld der Reiter. Viele Pferde hatten so etwas nicht erlebt und wurden nervös, einige Reiter hatten viel zu tun, um sie wieder in den Griff zu bekommen. Nach einem weiteren Signal setzte sich die Meute in Bewegung und Hubert übernahm die Spitze, mit dem Chef der Polizeireiterstaffel an seiner Seite. Hinter ihnen reihten sich die anderen ein. Stolz blickte Hubert nach hinten, es war eine beeindruckende Kolonne die hinter ihm kam. Nur wenige eigene Pferde standen im Stall, dazu gehörten Sandro und die beiden S Dressurpferde. Fritz, Barbara, ihre Eltern, Schwarz, Helma und Monika mit Kindern standen am Tor und winkten, als sie ausritten. Eine kurze Strecke ging es im Schritt hinter der Meute, die bis jetzt eng zusammengehalten wurde, über einen breiten Feldweg, nun begann die Fährte und endlich durften die Hunde laufen. Hinter dem Master und seinen Helfern ging der Rest in Galopp über, folgte den vorwärts jagenden Hunden auf der gelegten Spur. Bis zum ersten Hindernis blieb das Feld eng beieinander, irgendwer verweigerte und schon zog sich alles auseinander. Hubert bemühte sich um einen ruhigen und gemäßigten Galopp, wusste er doch, seine Stute hatte große Reserven und das hier war genau das, was ihr sehr behagte. Weiter ging es, die Hindernisse waren nicht groß, aber man musste sie sauber anreiten. Der Polizeireiter neben ihm hielt wacker mit, er ritt seinen großen Wallach. Langsam näherten sie sich der Klippe, dem steilen Abstieg im Wald. Ohne zu zögern nahm den seine Stute, aber der Wallach des Polizeireiters blieb stehen, wurde von anderen rechts und links überholt. Sie kamen ins letzte Drittel. Neben einigen Baumstämmen war hier der Graben, das vorletzte Hindernis. Plötzlich war von Klagenheim neben ihm. Er ritt einen drahtigen Halbblüter, der geschaffen war, für diese Art der Reiterei. „Hubert gibt Gas, sonst zahle ich den Schnaps", lachte der exzellente Reiter. „Ich werde als erster ankommen, das wirst du erleben", lachte der zurück und ließ seine Stute laufen, gab ihr die Zügel frei. Sofort zog sie an, ließ den anderen hinter sich. Aber der zog auch an, fast gemeinsam sprangen sie über den Graben, ließen ihre Pferde in vollen Jagdgalopp laufen, bis sie zum Ziel kurz vor der langen Geraden zum Hof kamen. Um Halsbreite war Hubert schneller. Beide beruhigten ihre Pferde und gingen in den Schritt über. Lachend reichten sie sich die Hände. Hinter ihnen kamen nach und nach die nächsten ins Ziel. Aus den Augenwinkeln beobachtete Hubert, wer es war und schließlich sah er Ulla und Junior, die gemeinsam ins Ziel kamen. Im Schritt schlossen alle auf, die Pferde gingen am langen Zügel und wurden langsam trocken. Im Galopp kam Richard über das Feld zur Spitze. „Alle dran, zwei haben wir wieder aufs Pferd gebracht, alles ist gut!" „Danke Richard, das ist eine sehr gute Nachricht." Auf dem Reitplatz hatte der Master mit seinen Leuten die Koppeln der Hunde versammelt. Hubert und er grüßten sich lachend mit erhobener Gerte.

Auf dem Hof sammelten sich alle, Sieglinde, Susanne, Birte und Frau Weber kamen zu den Reitern, gaben jedem einen Schnaps und den Eichenbruch. wieder marschierten die Bläser auf, Fritz schüttelte eine Wanne vor dem Misthaufen aus. Während das Halali geblasen wurde, kam die Meute dazu und am Ende des letzten Signals wurden die Hunde freigelassen, gierig stürzten sie sich auf den Pansen, den Fritz dort hingekippt hatte. Hubert bedankte sich lautstark und lud zum Essen im Keller des Verwaltungsgebäudes ein. Alle saßen ab und versorgten ihre Pferde. Das Frank hatte vorgesorgt und alle Boxen mit Heu und Hafer versorgt. Hubert und Ulla wechselten ihre Jacken und fuhren in die Firma. Junior wollte daheimbleiben, erhielt von Sieglinde einen heißen Kakao.

Im Keller war alles bestens vorbereitet. Helma hatte vier weibliche Lehrlinge mit weißen Schürzen ausgestattet und mit denen ein wenig geübt. Der große Tisch war wunderbar gedeckt, das Essen stand heiß in großen Kübeln bereit. An jedem Platz stand neben dem Gedeck ein Bierglas und eine Flasche Bier, zusätzlich ein Schnapsglas. Ulla und Hubert saßen an der Stirnseite, flankiert von Fritz, Jochen Bode und dem Master. Schnell füllte sich der Raum, als alle anwesend waren, erhob sich Hubert. bedankte sich bei allen für ihr Kommen, lobte die exzellente Vorbereitung und überreichte Jochen und Fritz dafür, eine der versilberten Taschenuhren, die er nicht Woods überlassen hatte, sie waren ohne jede Werbung. Der Master erhielt ein Paar der exzellenten Handschuhe aus weichem Leder. Schließlich bat er alle, sich zu erheben. „Noch einmal: danke. Ich möchte mit

23

euch auf eine schöne Zukunft für unser Land trinken, auf die Pferde, die Hunde und die Jagd! Zum Wohl!" Alle klatschen und nahmen nach einem tiefen Schluck wieder Platz. Während das Essen aufgetragen wurde, verteilten sie die Erinnerungsplaketten. Zwei der Mädchen schenkten holländischen Genever aus. Fünf Flaschen hatte er davon in seinem Keller gefunden. Nach dem Essen ehrte er Sänger als Koch und Helma als Vorbereiterin, jeder erhielt eine Armbanduhr. Die helfenden Mädchen bekamen eine Tafel Schokolade.

Schon während des Essens gab es viele angeregte Gespräche, die sich danach fortsetzen. Bier und Schnaps flossen, die Zigaretten und Zigarren fanden so guten Absatz, dass zwei Fenster für die Frischluft geöffnet werden mussten. Langsam leerte sich der Raum, die auswärtigen Gäste verabschiedeten sich und bedanken sich für die Einladung zu dieser gelungenen Hubertusjagd. Helma übernahm mit den Mädchen das Aufräumen, schickte Hubert und Ulla nach Hause. Dort herrschte nicht nur im Stall, sondern im ganzen Haus Ruhe. Sieglinde teilte mit, dass gerade die Kleine für die Nacht fertig gemacht worden war und Junior bereits im Bett sei. Sie wollte jetzt nach Hause.

Beide tranken einen Absacker und rauchten eine Zigarette, plauderten dabei über die Hubertusjagd. „Frau Doktor März stand urplötzlich im Bach, als ihre Stute verweigerte, aber sie hielt sie fest und Richard half ihr wieder in den Sattel", kicherte Ulla. „Und wer war der oder die zweite die abstieg?" „Das war Gertrud, die einen Holzstapel ohne Pferd nahm!" Jetzt lachten beide. „Aber gut, es ist nichts weiter geschehen an Verletzungen. Die sind ja beide zurück auf den Hof geritten." „Darüber sind alle froh. Unser Sohn hat das sehr ordentlich gemacht, ist immer artig an meiner Seite geblieben. Die Hindernisse hat er sehr gut genommen und den Wassergraben hat er prima gemeistert!" „Da haben wir das richtig entschieden. Eine Plakette habe ich behalten, die gebe ich ihm morgen früh." „Da wird er sich freuen. So mein Lieber, was machen wir jetzt?" „So spät ist es ja nicht, wir könnten eigentlich unter die Dusche gehen, das war heute schweißtreibend." „Eine wunderbare Idee, das machen wir, der Rest schläft tief und fest."

Hubert entkleidete sich im Schlafzimmer, legte alles Dreckige in den Wäschekorb, ging nackt ins Bad und putzte sich dort die Zähne. Gerade spülte er sich den Mund aus, als Ulla ins Bad kam. „Kannst du mir bitte den BH öffnen?" „Nichts lieber als das", sagte er lächelnd, öffnete den Verschluss hinten. Während sie das Teil auf den Rand der Badewanne legte, umfasste er sie von hinten und massierte ihre prallen Brüste. Erst hielt sie still, dann drehte sie sich in seinen Armen um und küsste ihn leidenschaftlich. Dabei führte sie seine rechte Hand in ihren Schritt. Ohne zu zögern glitt er in ihren Slip und spürte dort schnell eine warme Feuchtigkeit. Sie unterbrach den Kuss: „Komm, duschen können wir anschließend!" Es war ein wunderbar angenehmes Ende einer Hubertusjagd.

## Großauftrag

Der Schwerpunkt der folgenden Woche lag in der Bearbeitung des Hotelprojektes. Während zwei Mann montags an der Erstellung des Gutachtens arbeiteten, hatte Dolle alle anderen Kräfte an die

Bearbeitung des Bauplanes gesetzt. Alberts, der das Projekt durchziehen würde, war daran beteiligt. Das Wichtigste war ein Dach über den Bau zu bekommen, um darin im Winter weiterarbeiten zu können.

Olbrich und der Vorarbeiter der Dachdecker wurden hinzugezogen. Es galt die Außenmauern und die Giebel fertig zu bekommen, um darauf das Dach zu platzieren. Parallel musste der Boden des obersten Stockwerkes gegossen werden, danach konnte man sich dem inneren Umbau widmen. Jurka erkundete den Bereich ebenfalls, um heruntergefallene Trümmergrundstücke wegzuräumen. Am Montagnachmittag war das Gutachten erstellt, es fiel positiv aus. Mit einem Kostenvoranschlag wurde es mit einem Fahrer am selben Tag nach Hannover in die Geschäftsstelle des Bauherrn gebracht. Am Dienstagmittag kam die telefonische Rückmeldung des Direktors, sie wären einverstanden mit dem Kostenvoranschlag. Die schriftliche Bestätigung des Auftrages befände sich bereits in der Postzustellung. Die Gerüstbauer waren startbereit und nachdem Jurka am Mittwochmorgen die erste Außenwand von Trümmern befreit hatte, begannen sie damit, das Gebäude einzurüsten. Für Donnerstag war die erste Baustellenbegehung mit dem Besitzer vorgesehen. Schnell wurde jedoch klar, die umfassenden Anfangsarbeiten waren zu viel für die Kolonne von Alberts. Glücklicherweise war Tietz mit der Hausrenovierung bei dem Großinvestor schneller als geplant fertig. So konnte er dort mit angesetzt werden. Dolle hatte die Gesamtleitung für den Beginn übernommen, Mielke war zu Büssing gefahren, um sich anzuschauen, welche Hallen dort repariert oder neu erstellt werden sollten, Kokoschka war ständig eingebunden. Gut entlastet wurde er dabei von Frau Baumann, die seit dem 1. Oktober in der Firma arbeitete. Hubert und Mielke waren bei den täglichen Besprechungen dabei.

Am Mittwochnachmittag erreichte Hubert ein Anruf von Jurka. „Hubert, wir haben den Schutt von den Kellereingängen weggeräumt und ich bin dort hineingegangen. Die Keller sind proppenvoll mit allen möglichen Sachen. Am besten ist, du kommst mit zwei Autos her und nimmst mit, was geht. Morgen soll der Besitzer kommen, anschließend wird da nicht mehr viel gehen." „Du hast recht, ich komme gleich vorbei, hole mir nur Verstärkung." Eigentlich wollte er zu seinen Eltern zum Essen, aber das wurde nichts. Dafür fuhr er auf den Hof und trommelte seine Leute zusammen. Die hatten vormittags den Stall gemistet und gerade Mittag gemacht, jetzt brauchte er sie alle. Weber nahm er gleich mit in seinem Lieferwagen, Richard und Thomas würden mit dem Opel Blitz, der auf dem Hof stand, Frank in die Firma bringen, um dort einen Hanomag abzuholen. Danach sollten beide Autos zum Hotel fahren, dort eingewiesen werden. Derartige Aktionen waren alle gewohnt, es gab keine Diskussion. Richard holte sein Werkzeug, Hubert legte seinen Beutel ebenfalls ins Auto, sie fuhren los.
An der Baustelle war reger Betrieb. Alberts war mit seinen Männern dabei, die Vorbereitungen für das Aufmauern zu treffen. An zwei Seiten standen bereits Gerüste, die dritte Seite war in Arbeit. Mit dem neuen Bagger ließ Jurka Schutt aufladen und Rübkes Männer waren dabei, einen hölzernen Bauzaun, um die Baustelle zu errichten.

Anschließend würden sie den überall herumliegenden Schutt im Gebäude herausbringen. Jurka sah Hubert und deutete ihm zur Rückseite des Gebäudes zu fahren, dort war bereits alles geräumt. Als er und Weber ausstiegen, kam Jurka hinzu. Ohne zu reden, deutete er auf eine Stahlplatte, die bis an das Gebäude reichte. Mit einem großen Brecheisen hebelte er die Platte an, alle drei fassten an und klappten die Platte nach rechts zur Seite. Auf einem großen Stein blieb sie liegen, darunter war eine Treppe in den Keller zu erkennen. Die ging Jurka hinab und öffnete die Eingangstür mit einem Nachschlüssel. Hubert und Weber folgten ihm, warteten bis im Keller Licht aufflackerte. „Ich habe kurz geschaut, das war beeindruckend. Meine Jungs warten auf mich draußen. Wenn eure Leute kommen, weise ich sie hierher ein." Als Jurka weg war, orientierten sich die beiden. Nach einigen Schritten im Eingang, kamen sie auf einen breiten Kellergang, an dessen Seiten sich viele Verschläge befanden. Nur zwei waren mit einer Tür verschlossen. „Gehst du links, dann nehme ich den rechten Teil?" sagte Hubert zu Weber, sie trennten sich. Aus seinem Werkzeugbeutel holte Hubert eine Taschenlampe und folgte langsam dem Gang nach rechts.
Im ersten Verschlag auf der rechten Seite standen kleine Möbel, es folgte einer mit zerlegten Bettgestellen, Matratzen und Kopfkissen, im nächsten lagen Tischdecken und Servietten. Ein breiter Verschlag schloss den Gang ab, hier war alles voll mit Geschirr. Er ging zurück, ein Verschlag mit neuen Untersetzern, Aschenbechern, Tischen und Nachttischlampen. Jetzt kam ein verschlossener. Gut, dass es kein Sicherheitsschloss war. Geduldig probierte er sein

Bund mit Nachschlüsseln, bis er die Tür öffnen
konnte. Drei Regale mit Sekt, Wein und Säften
jeder Art befanden sich hier in Kartons. Die
nächste Tür öffnete er mit dem gleichen Schlüssel.
In den Regalen standen Kartons und Kisten mit
Schnaps. Es folgte ein offener Verschlag mit
Gläsern aller Art. Im Gang kam ihm Weber
entgegen. „Was hast du gefunden?" „Heizungskeller
mit einem weiteren voll mit Kartons, ein Verschlag
mit Reinigungsmitteln, ein größerer mit
Handtüchern große und kleine, ein großer Raum
mit Küchengerät und zwei verschlossenen Türen."
„Das werden wir gleich haben!" sagte Hubert und
gemeinsam gingen sie zu den Türen, dabei erzählte
er, was in den anderen Abteilen war. Hinter der
ersten Tür befand sich ein Lebensmittelkeller, voll
mit Dosen unterschiedlicher Sachen. Im zweiten,
etwas kleinerem, standen die Regale an zwei Seiten
voll mit Zigaretten und Zigarren, in dem anderen
Regal an der rechten Seite, waren Büromaterial,
Schreib- und Rechenmaschinen. „Ach, ich habe ein
Lager vergessen, da sind Glühlampen, Kabel und
sonstige Sachen und mehrere Telefone drin." „Das
können wir alles brauchen. Hast du irgendwo eine
Sackkarre gesehen?" „Am Heizungskeller standen
zwei, die hole ich."
Vom Kellereingang hörte Hubert jemanden seinen
Namen rufen. Richard stand in der Kellertür und
grinste ihn an. „Wie sieht es aus?" „Sehr gut, das
lohnt sich. Daheim werden wir das aufteilen, ihr
bekommt etwas davon." „Das hört sich gut an. Wie
soll es gehen?" „Weber holt gerade zwei
Sackkarren, er und du fährst die hier her und die
beiden anderen verladen." Weber kam mit den zwei
Geräten.

„Wir fangen hier an bei den Türen. Kommt mit." Während die beiden die Lager mit Sekt, Wein und Schnaps ausräumten, ging Hubert in die andere Richtung, um sich die Küchenausstattung anzuschauen. Küchengeräte aller Art befanden sich hier, sauber geordnet und in gutem Zustand. Besteckkästen standen an einer Seite, dazu große Messer in Blöcken für die Küche. In einem Regal standen Kartons mit Gewürzen. Die würden sie auf alle Fälle mitnehmen, dazu die großen scharfen Messer. An dem Rest sollten sich die drei bedienen. Im Tabaklager öffnete er mit seinem Messer einen Karton mit Zigaretten, nahm drei Stangen für Jurka heraus. Diese Kiste würden seine Leute bekommen. An der Kellertreppe stellte er sie ab. Das Wein- und Sektlager war leer, aus dem Schnapslager kamen die letzten Kisten.

„Nehmt als Nächstes das Zigarettenlager. Die Bürosachen kommen in meinen Lieferwagen, das geht in die Firma. Der Karton hier mit Zigaretten ist euer." Während Richard die letzten Kisten von seiner Sackkarre auf die Treppe stellte, war Weber im nächsten Lager. Hubert hatte einen Stapel mit leeren Kartons entdeckt. Zehn Stück nahm er davon mit in das Spezialitätenlager, faltete sie auseinander und begann die Dosen und Gläser hineinzustellen. Drei hatte er fertig, als Weber sagte: „Rauchwaren alle oben, was jetzt?" „Nehmt euch leere Kartons und packt die Gewürze ein. Bis ihr fertig seid, habe ich hier alles verpackt." Weber packte die Kartons und Richard fuhr in der Zwischenzeit die Bürosachen weg. Danach nahm er die Kisten von Hubert mit. „Wieviel Platz haben wir?" fragte er Weber, als der das Gewürz abtransportierte. „Halber Laster ist leer!" „Gut, als

nächstes die Elektrosachen und danach das Putzlager!"
In diesen Lagern war alles bereits in Kisten und Kartons vorgepackt, so ging das sehr schnell. Als diese alle weg waren, sagte Richard: „Beide Autos und dein Lieferwagen komplett voll." „Mist, ich hätte gerne die Handtücher und Tisch -und Bettwäsche mitgenommen." „Das geht nicht mehr." „Mal sehen, was der neue Besitzer damit vorhat. Lasst uns verschwinden!"
Die Türen der Lager blieben offen, das Licht wurde ausgeschaltet und die Außentür verschlossen. Zum Abschluss legten sie die Stahlplatte wieder darauf. Beide Laster fuhren los, Hubert brachte Jurka die drei Stangen Zigaretten und fuhr in die Firma. Vorher hatte er Rübke angewiesen, unbedingt den Zugang zum Keller freizumachen, damit der Besitzer mit Ehefrau dort hineingehen konnte. In der Firma bat er seine Mädels, das Büromaterial aus seinem Auto zu holen.
„Weißt du eigentlich, was in den Kartons war?" fragte ihn Gertrud nach einiger Zeit. „Habe nur das Papier und die Schreib- und Rechenmaschine gesehen. Was war sonst drin?" „Sechs nagelneue Kellnergeldbörsen, zwei ungebrauchte Geldkassetten, Zählbretter, Schreibzeug in allen Varianten und zwei Mikrofone." „Die kannst du an Frings weitergeben. Den Rest können wir brauchen." „Schon, aber das Papier mit dem Briefkopf des Hotels sollten wir vernichten."

Als er nach Hause kam, waren seine Leute im Stall beschäftigt, beide Laster standen unter dem Schauer. „Hubert, ich soll dir von meiner Frau Danke sagen, für die Sachen aus der Küche," sagte Weber und Frank tat es ihm nach. Die anderen beiden hatten ihre Sachen ausgeliefert und großes Lob erhalten. Bevor sie losfuhren, hatte er ihnen gesagt, sie sollten sich an der Küchensammlung bedienen und das hatten sie gründlich und zielsicher getan. Thomas hatte für sich und Susanne Bestecke, Teller, Tassen und ähnliches in seinen Rucksack gesteckt. Hubert selber hatte nur zwei Messerblöcke mit großen, scharfen Messern mitgenommen, sonst war ihm nichts eingefallen. „Da war ein Karton mit 20 Dosenwürstchen, zehn haben wir uns genommen, jeder hat vier Flaschen Wein und die Zigaretten sind aufgeteilt." „Gut so und wo ist jetzt der Rest?" „Die Rauchwaren im Keller, Schnaps, Wein und Sekt ebenfalls. Die Spezialitäten sind bei Ulla und Sieglinde in eurer Küche, die schauen sich das an. Eine Kiste mit Glühlampen und Kabeln ist in der Werkstatt, der Rest kommt ins Magazin. Das Putzzeug ist in der alten Bücherkammer." „Das soll Ulla aufteilen. Morgen ist die Begehung mit dem Besitzer. Mal sehen, was der aus dem Keller behalten will. Wenn er das nicht braucht, werde ich anbieten, alles in den Müll zu bringen." „Wunderbar, und wir sind die Müllmänner", lachte Frank und alle stimmten ein.

Es regnete, an Reiten war nicht zu denken, also ging Hubert ins Haus. Sieglinde schob gerade zwei der großen Kartons mit den Spezialitäten ins Esszimmer. „Meine Güte, wo habt ihr das ganze Zeug her?" „Aus dem Keller des Hotels, was wir gerade wieder aufbauen?" Ulla stand in der Küchentür und schüttelte den Kopf. „Da sind Sachen dabei, die kenne ich nur aus Büchern, habe die bisher nie gesehen oder gegessen!" „Können wir gar nichts davon brauchen?" „Doch,

natürlich, das haben wir alles schon draußen. Bei
den Gewürzen ist das ähnlich. Tolle Sachen dabei.
Sieglinde kannte einiges, was mir völlig neu war.
Das, was wir davon nicht brauchen, bekommt
Malwine." „Damit haben alle etwas davon, schaut
ihr euch die Putzsachen an?" „Nach dem Essen,
was wir davon nicht brauchen, bekommt Barbara
für ihre Molkerei." „Vielleicht bekommen wir
morgen mehr, aber das erzähle ich dir nachher."
Nach dem Essen fuhr Hubert drei Kartons mit
Gewürzen zu seinen Eltern. Auf dem Weg traf er
Fritz, der gerade einen Traktor in die Garage fuhr.
„Hast du Lust auf ein Bier?" fragte er den.
„Grundsätzlich schon, aber wir haben heute
Besuch von Schwarz und Helma, es gibt leckeres
Essen, da will ich jetzt schnell hin!"
„Das sehe ich ein. Apropos Helma. Wir hätten da
eventuell etwas für sie. Wenn sie mag, kann sie
sich das ansehen." Kurz sagte er Fritz, um was es
ging. „Sage ich ihr. Habt ihr das bei euch im
Haus?" Hubert nickte. Er brachte die Gewürze in
die Küche zu Malwine. Anfangs war die skeptisch,
aber als sie sich den Inhalt anschaute, wurde ihre
Miene immer freundlicher. „Mein Junge, das
können wir dringend brauchen. Irgendwann
schlachten wir wieder und für die Wurst ist das
wunderbar. Danke!" Heinrich begleitete ihn hinaus
und erzählte ihm dabei, sie bekämen seit dieser
Woche die Reste und Überbleibsel aus der
Büssingschen Kantine als Futter für die Schweine.
Wieder daheim stand Helma mit Ulla im
Esszimmer und betrachtete die Spezialitäten. „Das
ist völlig verrückt, was ihr habt. Das nehme ich
alles. Ich muss für den Vorstand plus deren
Ehefrauen einen Abend bestreiten, da passt das
super rein." „Nimm die drei Kartons mit, ich helfe

dir beim Tragen." „Danke, ich habe etwas zum Tausch. Aus der letzten Lieferung deines Freundes dem Schlachter habe ich Wurst übrig. Je eine Kiste mit Mett-, Rot-, Leber- und Knackwurst. Die bringe ich morgen vorbei!" „Wunderbar, danke, ich bringe dir das Zeug raus." Als sie wieder zu Fritz fuhr, war ihre komplette Rückbank mit den Kartons gefüllt. „Jetzt schauen wir uns die Putzmittel an und damit haben wir alles erledigt", sagte Ulla geschäftig und ging mit Sieglinde hinaus. Hubert stellte die Messerblöcke in die Küche und setzte sich mit Junior an den Küchentisch, um sich dessen Hausaufgaben anzuschauen und erklären zu lassen. Dabei stellte er fest, der Junge konnte wunderbar lesen. Von Ulla wusste er, dass dessen Fähigkeiten im Rechnen ebenfalls sehr gut waren. Demnächst würden sie sich Gedanken über die weitere schulische Laufbahn des Jungen machen müssen.

Ulla kam zurück. „Wir haben alles aufgeteilt. Einen kleinen Teil behalten wir, Barbara bekommt einen Karton voll und für den Putzraum der Firma ist der dritte Karton. Dazu gibt es einen Karton mit kleinen Seifen, wie es sie in Hotels gibt. Den könntest du mit in das Magazin in der Firma nehmen. Meiner Meinung wäre das etwas für die Lehrlinge und andere aus der Firma." „Gut, das machen wir so, nachher lade ich das in mein Auto. Morgen früh ist alles weg."

Heute war Zeit und Gelegenheit, mit Hannelore zu spielen. Hubert machte das im Wohnzimmer und entlockte ihr dabei jede Menge Töne und mehrfach ein Lächeln. Zufrieden übergab er sie anschließend Ulla, welche sie bettfertig machte und in ihr Zimmer brachte. Während sie das tat, saß Hubert am Schreibtisch und bereitete sich auf den nächsten Tag vor. Mit Becker musste er sprechen über die aktuellen Immobilien und das Gespräch mit den Hoteleigentümern war wichtig. Nach diesem Gespräch waren bestimmt Sonderwünsche umzusetzen. Gemeinsam besprachen sie das weitere Vorgehen in Bezug auf den Hotelkeller. „Ich denke mir, die werden das Zeugs nicht haben wollen. Den Eindruck machte die Frau auf mich. Sie hat uns ausführlich auf der Party erklärt, wie sie die Einrichtungen in ihrem Hotel plant und das passt nicht zu den Sachen, die dort unten liegen. Das ist alles Vorkriegsstandard." Ulla nickte: „Sollte es dazu kommen, möchte ich dich bitten, uns Frauen an der Räumung zu beteiligen. Ich habe einige Ideen, wer etwas davon brauchen könnte. Das möchte ich aber nicht alles hier haben und sortieren, sondern das könnte man alles dort erledigen." „Wie stellst du dir das vor?" „Ich würde gern dabei sein, dazu Sieglinde, Frau Weber, Gertrud und Monika." „Morgen früh habe ich dieses Treffen mit den beiden. Wenn die sagen, dass Zeug soll weg, kann diese Aktion anlaufen. Wenn nicht, haben wir Pech. Auf alle Fälle werde ich meine Mädels vorwarnen, das solltest du auch tun. Wenn es klappt, sollten wir morgen am Abend dort hinfahren und räumen. Meine drei fahren mit, da haben wir schon mal einen Opel und den Hanomagzug. Thomas bleibt hier, Susanne kümmert sich um die Kleine. Monika sollte einen Laster fahren, wir brauchen Kartons und Kisten, sowie Papier zum Einpacken. Das kann ich ab Mittag veranlassen." „Der Plan ist gut, so machen wir das. Informiere mich bitte mittags!"

Bevor er am nächsten Morgen in die Firma fuhr, informierte Hubert Richard und Frank, die würden es an Weber weitergeben. Im Büro verteilte er die Putzmittel, wie abgesprochen und machte sich im Büro an seine Arbeit. Gertrud und Monika hatten interessiert zugehört, als er ihnen den möglichen Plan erläuterte. „Ich stelle einen von den Hanomag sicher. Wenn es nicht klappt, gebe ich ihn zurück", sagte Monika spontan, Gertrud nickte. „Übrigens, Lisa hat angerufen, die vier Kriegsgefangenen, die von Woods angesprochen waren, können morgen um 10:00 Uhr abgeholt werden." „Die beiden Maurer kommen zu Graf, der Fahrer zu Krummrich und der Maler zu Lindner. Der soll sich um die Abholung und Anmeldung der vier kümmern."

Rechtzeitig fuhr er nach Braunschweig, sprach mit Alberts, Rübke und schließlich Jurka.

„Noch einmal danke für deinen Tipp mit dem Keller. Ist eure Wohnung eigentlich groß genug oder etwas klein?" „Naja, die Kinder werden grösser, es wird allmählich eng." „Denke ich mir, kannst du dir vorstellen, eines der Reihenhäuser zu mieten?" „Vom Geld her kein Problem. Das wäre eine tolle Sache." „Ich setze dich mit Vorrang auf die Liste." „Prima. Wir sind heute fertig. Einen Kipper lasse ich hier für Rübke, der lässt drinnen den Schutt wegräumen." „Bevor du hier wegfährst, mach bitte das Blech vom Kellerabgang hoch."

Kurz nach 10:00 Uhr erschien der Besitzer mit Ehefrau in einem großen Mercedes. Man begrüßte sich freundlich. „Hier ist der unterschriebene Vertrag für den Bau", sagte er lächelnd und gab Hubert eine kleine Mappe. Der bedankte sich und begann zu erläutern, wie sie geplant hätten, den Bau durchzuführen. Das fand die Zustimmung der

Bauherren. „Ich sehe schon, Sie gehen mit allen verfügbaren Kräften, sorgfältig geplant, hier ran. Das freut mich sehr", sagte er. Sie gingen in das Gebäude. Zu besichtigen war es bis zum Zweiten Stock, dann wurden die Schäden zu hoch. Ständig herrschte rings um sie herum rege Geschäftigkeit. „Und ab nächste Woche wollen Sie eine weitere Kolonne hier arbeiten lassen?" „Ja, unser Ziel ist es, vor dem Wintereinbruch das Haus mit einem Dach zu versehen, damit wir innen weiterarbeiten können." „Sehr gut, das ist sinnvoll. Können wir uns die Heizung dieses Hauses anschauen?" „Gern, die sollte im Keller sein." „Waren Sie dort schon einmal?" „Nein, der Zugang war verschüttet und wurde erst heute Morgen von Schutt befreit und geöffnet."
„Na dann wollen wir mal, ich hoffe, es ist Licht dort."
Vorsichtig gingen sie die Treppen hinunter. Rübkes Leute hatten dort eine Behelfstür eingebaut, die Hubert aufschloss, das Licht funktionierte ebenfalls. Während sich der Besitzer und Hubert die Heizungsanlage anschauten, inspizierte sie den Rest des Kellers. „Diese Art von Heizung kenne ich gut, die ist sehr stabil und robust. Können Sie Koks liefern?" „Kein Problem, den können wir aus den Stahlwerken in Salzgitter holen." Während sie über den Einsatz des Heizungssystems sprachen, war die Ehefrau unterwegs, kehrte jetzt zurück. „Mein lieber Ehemann, es ist so, wie wir es befürchtet hatten. Getränke und ähnliches sind nicht mehr vorhanden. Das werden ehemalige Mitarbeiter, die davon wussten, längst abgeräumt haben. Alles was hier an Geschirr und Gläsern steht, ist ein Sammelsurium, das muss komplett erneuert werden. Das gleiche gilt für Tisch- und

Bettwäsche, sowie für andere Sachen. Das ist alles Müll. Aber das hatten wir ja einkalkuliert. Können Sie das räumen lassen.?" „Das wäre kein Problem, soll das alles in die Müllkuhle?" „Ja, alles. Wenn schon, fangen wir hier richtig mit neuen Sachen an und nicht mit einem unvollständigen, veralteten Sammelsurium." „Du bist zuständig für die Innenausstattung, das hast du gelernt und mehrfach gut bewiesen, so soll es sein!" sagte der Ehemann. Hubert sagte gelassen: „Wenn Sie das so wünschen, fangen wir morgen damit an. Kann ich Ihnen bei der Innenausstattung behilflich sein?" „Mit dem Anstrich innen müssen wir warten. Wenn es soweit ist, melde ich mich bei Ihnen wegen der Malerarbeiten. Die Wasch- und Duschmöglichkeiten in den Zimmern sollten wir überdenken, da komme ich auf sie zu. Auf alle Fälle brauche ich jemanden, der mir die Vorhänge in den Zimmern näht." „Meine Schwägerin hat ein Modehaus und einen Betrieb, in dem genäht und geändert wird. Sie hat dort gute Leute mit viel Geschmack." „Das wäre hilfreich, sie möchte bitte mit unserem Büro Verbindung aufnehmen. Den Rest klären wir, wenn es soweit ist." „Wollen Sie den Keller hier komplett geräumt haben? Ich sah eben im Vorbeigehen verschiedene Räume und Verschläge. Sollen die weg?" „Nein, das kann so bleiben, es erscheint mir sehr sinnvoll."
Gemeinsam gingen sie wieder hoch und besprachen einige Dinge. Die beiden gingen wieder und Hubert suchte Rübke.
„Gib heute Abend den Schlüssel für das Eingangstor bitte bei Gertrud ab. Bei ihr bekommst du ihn morgen früh wieder zurück." Als er zurückkehrte, löste er die Räumung heute Abend aus. Ab 18:30 Uhr bei ihnen auf dem Hof, sie

würden mit den Autos zum Hotel fahren, Gertrud informierte alle Betroffenen.

Er ging an die weiteren Dinge, die er sich vorgenommen hatte. Becker war der erste, mit dem er alle aktuellen Entwicklungen besprach. Die Liste der geplanten Mieter für die Reihenhäuser wurde um Jurka erweitert. Anschließend besprach er mit Dolle die letzten Wünsche, die der Bauherr ihm mitgeteilt hatte, Fischer erhielt den unterschriebenen Vertrag. Der berichtete ihm von der letzten Fahrt an die Unterelbe, die sehr einträglich gewesen war. Am Freitag würden wieder zwei Wagen mit Fisch kommen und am gleichen Tag ein Lastzug Richtung Cuxhaven fahren. Voll beladen hin und ebenso zurück. Als letztes informierte er sich bei Krummrich über den aktuellen Stand der Spedition. Als das geschehen war, sagte der: „Monika informierte mich, dass ihr heute Abend etwas aus einem großen Keller räumen wollt. Können Katrin und ich euch helfen? Denke mal da kann man jede Hand brauchen!" „In Ordnung, um 18:30 Uhr mit Auto bei uns auf dem Hof. Aber nichts den anderen sagen. Nimm Verpackungsmaterial mit." Pünktlich war er daheim, dort waren die Vorbereitungen für die Räumung abgeschlossen. Weber und Richard hatten sich beide einen einachsigen Anhänger geholt, weil sie wussten, was im Keller lagerte. Als er Ulla von der Teilnahme Krummrichs und Katrin erzählte, sagte die: „Gut, so werden wir schneller fertig, jede Hand zählt."
Kurz vor 18:30 Uhr sammelten alle auf dem Hof, Gertrud gab ihm den Schlüssel für den Bauzaun. Wie die anderen Frauen hatte sie sich entsprechend gekleidet, einige in Trainingshose

oder mit Schürze, teilweise die Haare unter Kopftüchern versteckt. Das sah tatendurstig aus. Krummrich und Katrin fuhren einen der Lieferwagen. Platz für den Transport war genügend vorhanden. Jeder wusste, wohin es ging, als sie losfuhren, Hubert als erster, um das Tor zu öffnen. Auf dem Weg dorthin schilderte er Ulla, um was es genau ging. Die hörte zu und überlegte. „Wir gehen zuerst an die Weißwäsche und das Bettzeug, danach an das Geschirr und die Gläser. Die Küchensachen zum Schluss. Lass bitte die Männer die Sachen transportieren und auf die Autos packen. Die Frauen sortieren das, was in die Kisten kommt." „Richard und ich schauen uns um, ob wir etwas Lohnendes finden, das bisher nicht gesehen wurde."

Als die Autos vor dem rückwärtigen Eingang standen, verschloss Hubert das Tor und sammelte alle vor dem Kellereingang, die Stahlplatte war zurückgeklappt. Kurz und knapp erläuterte er das Vorgehen, öffnete die Kellertür, knipste das Licht an und überließ Ulla den weiteren Ablauf. Mit Richard ging er in Richtung der Küchensachen, hier trennten sich ihre Wege. Hinter der Heizung entdeckte Hubert einen Raum, in dem Kleidung für das Personal gestapelt war, von den Reinigungskräften, über das Kellner- und Küchenpersonal bis zu den anderen Angestellten. Das würde er Ulla zeigen, die sollte entscheiden, was davon brauchbar wäre. In der Küchenabteilung trafen sie sich wieder. Er sagte Richard, was er gefunden hatte. „Und was war bei dir?" „Zwei Räume. In einem ist eine kleine Werkstatt und im anderen jede Menge Papier, sieht nach Abrechnungen aus." „Schau du dir die

Werkstatt an und sortiere aus, was lohnenswert ist, ich nehme den anderen Raum." Der war nicht besonders groß, besaß nur ein kleines vergittertes Kellerfenster und war voll mit Akten. Er hockte sich davor auf einen Drehstuhl und betrachtete die Reihe von Ordnern. Das waren die Abrechnungen der letzten 15 Jahre. Dazu Stapel von Meldezetteln und anderem Papierkram. Drei Seiten der Kammer waren mit Regalen bedeckt, in der Mitte der vierten Seite war ein großes Foto des Hotels in altem Zustand mit mehreren Personen vor dem Eingang. Das sah irgendwie gestellt aus. Um sich die Personen vor dem Eingang anzuschauen, nahm er das gerahmte Foto ab, aber sofort legte er es weg, denn dahinter war ein Safe in die Wand eingelassen. Der hatte zwar keine Mehrfachkombination, aber ein Sicherheitsschloss, für das er keinen Nachschlüssel besaß. Er rief Richard. Der sah sich das an und sagte: „Das können wir nur aufbohren. In der Werkstatt sind eine elektrische Bohrmaschine und entsprechende Bohrer." „Bekommst du das hin?" „Ich versuche es, mal sehen, ob es klappt." „Versuch es einfach, ich zeige Ulla die Schränke mit den Klamotten in der Zwischenzeit."
Auf dem Weg zu Ulla hörte er bereits das schrille Kreischen der Bohrmaschine. Als sie sich die Berufsbekleidung angeschaut hatten, entschied sie: „Das nehmen wir mit, ich schicke Gertrud und Katrin her." Als Ulla zurück ging und Hubert sich hier umschaute, hörte der Lärm der Bohrmaschine auf, mehrere Schläge waren zu hören. Sollte Richard Erfolg haben? Als er die Kammer betrat, setzte sich Richard gerade die Sicherheitsbrille ab und sagte grinsend: „Das Schloss war ganz schön zäh, aber jetzt habe ich es hineingehauen, die Tür

geht auf. Schau nach, was drin ist, ich packe das Werkzeug." Aus dem geöffneten Fach holte Hubert zwei Papierstapel heraus, drei verschlossene Kisten und eine Geldkassette. Das würde er daheim überprüfen, nicht hier. Ein Geldbündel mit einer Banderole drum nahm er jedoch und zählte 500 RM ab. Insgesamt waren es 10.000 RM. Die 500 RM gab er Richard, der gerade zwei Kisten mit Werkzeug wegbringen wollte. „Wie komme ich dazu?" fragte der verblüfft, als Hubert ihm die Scheine in die Hand gab. „Ohne dich wären wir nicht drangekommen!" „Na gut, habe ja nur meine Arbeit gemacht, danke." Den restlichen Inhalt hatte Hubert in seinen Rucksack gesteckt.

Die Verpackung ging flott, was an den Anweisungen von Ulla lag. „Einen Anhänger haben wir mit Sachen für das Waisenhaus gefüllt, der wird morgen geliefert. Ich habe jedem gestattet, das zu nehmen, was er braucht!" „Völlig in Ordnung, wir haben genug." „Stimmt, aus der Küche habe ich mir ein paar Sachen genehmigt, die sind in einem Karton in unserem Auto." „Hier im Rucksack ist alles aus dem Safe. Richard habe ich davon 500 RM gegeben, weil das schon der zweite Tresor ist, den er geöffnet hat." „Das hast du gut gemacht, die haben sonst gar nichts." „Ulla, wie willst du das nachher alles auseinanderhalten?" „Auf Richards Laster ist alles das, was in das Lager am Nordbahnhof kommt, bei Weber ist das, was ins Magazin soll. Auf dem Anhänger das, was wir irgendwann an alle verteilen können. Bei Monika sind die Sachen, die größer sind und von den Helfern gebraucht werden." „Gute Planung, was machst du mit der Dienstkleidung?" „Schürzen und Kittel kommen zum Nordbahnhof, der Rest zu Doris."

Als er seinen Rucksack ins Auto brachte, stellte er fest, dass Richard die drei Kisten aus der Werkstatt ebenfalls hier hineingelegt hatte. Die Räumung ging ihrem Ende entgegen. Abschließend gingen Ulla und Hubert durch den Keller. Geschirr und Gläser standen dort, aber wesentlich weniger als vorher. Im Küchenbereich gab es Restbestände. Dafür waren die Autos voll beladen. Das Licht wurde gelöscht, die Tür verschlossen und die Stahlplatte wieder heruntergelegt. Monika war die letzte, die vor dem Tor wartete. Hubert verschloss das Tor und gab den Schlüssel Gertrud, die bei Monika im Führerhaus saß. „Rübke holt den bei dir ab. Sag ihm, er soll den Keller komplett räumen. Was er und seine Leute brauchen, sollen sie mitnehmen, den Rest auf den Müll."

Daheim luden die beiden ihre Kisten aus, damit hatte sich der Fall für sie erledigt. Den Inhalt des Rucksackes leerte Hubert auf seinen Schreibtisch. Während sich Ulla um die Kinder kümmerte, sortierte er. Mehrere Schuldscheine fand er, die schmiss er in den Papierkorb. Es folgte ein Schreiben des ehemaligen NSDAP Vorsitzenden aus Braunschweig, in dem er ein Kästchen mit Schmuck als Pfand gab, für die verschiedenen Leistungen des Hotels. Bei den zu erwartenden zukünftigen Barzahlungen sollte das Kästchen ihm wieder übergeben werden. Hubert schüttelte den Kopf. Dieser Tyrann war in den letzten Kriegstagen tot aufgefunden worden. Er öffnete das Kästchen, es war voll mit Schmuck der unterschiedlichsten Art. Diesen Schmuck würden sie gründlich prüfen. Er vermutete, verschiedene Teile würden nicht echt sein. In einem weiteren Kästchen befand sich der Schmuck einer bekannten Braunschweiger

Schauspielerin, die zum internen Dunstkreis der örtlichen Nazis zu rechnen war. Im letzten befand sich der goldene Nachlass des Hoteldirektors, der bei dem Bombenangriff umgekommen war. 9.500 RM lagen in einem Umschlag, 500 hatte Richard bekommen. In der Geldkassette befanden sich die Einnahme der Woche, als die Bombenangriffe liefen. Knapp 24.000 RM. Das kleinere Geld legte er zur Seite, die verbleibenden 23.000 RM und das andere Geld kamen in den Safe. Als Ulla dazu kam, machte er sich daran, den Schmuck auf Echtbarkeit zu überprüfen und er hatte recht mit seiner Vermutung, mehr als die Hälfte war unecht. Nur der Schmuck des ehemaligen Hotelbesitzers war vollständig echt. Alles was nicht echt war, kam in einen Schuhkarton, den konnte man zum Verschenken hernehmen. Das Kästchen mit dem echten Schmuck kam in den Wäscheschrank. Nachdem er das Papier im Ofen verbrannt hatte, holte sich Hubert ein Bier aus der Küche. Vier flache Kartons standen auf dem Küchentisch. „Ulla, was ist in den Kartons hier?" „Och, die habe ich glatt vergessen. Susanne hat gesagt, die hätte Helma vorbeigebracht." „Ah, das könnte die versprochene Wurst sein?" „Schau nach, ich komme gleich." Tatsächlich waren in jedem Karton acht Würste. Ulla war begeistert. Hubert schloss die Kartons wieder. „Was hältst du davon, wenn ich unseren drei Leuten jeweils eine von den Wurstsorten abgebe." „Klar, das ist mehr als genug für uns. Gib bitte Gertrud und Monika jeweils zwei Würste." Schnell packten die beiden die jeweiligen Pakete, gleich morgen würden die verteilt werden.

### Hengstprüfung

Die verbleibenden Tage bis zum Wochenende waren schnell vergangen. Alle Beschenkten hatten sich über die Sachen, die sie für den Eigengebrauch mitgenommen hatten, gefreut. Sogar Regina und Graf waren von Krummrich und Katrin mit zwei vollen Kartons bedacht worden. Das Waisenhaus bedankte sich am Freitag für die gestifteten Sachen und Lindners Vertreter holte die vier entlassenen Kriegsgefangenen von den Briten.

Am Sonntagvormittag rief seine Tante im Büro an. „Hubert, ganz kurz gesagt, ich brauche deine Hilfe." „Was ist geschehen, seid ihr krank?" „Nein, nein, da gibt es kein Problem. Du bist der einzige Mann, mit den ich darüber sprechen kann. Bist du am Sonntag daheim?" „Ja, wann willst du mit mir sprechen?" „Passt es dir gegen 10:00 Uhr?" „Kann ich einrichten. Bei uns auf dem Hof?" „Ja, aber bitte ganz allein mit dir."

Daheim erzählte er das Ulla. Die überlegte und sagte: „Das scheint etwas Ernstes zu sein. Höre es dir an, aber gib keine vorschnellen Ratschläge. Sei vorsichtig. Ich muss sowieso etwas mit Barbara und Christina besprechen. Dazu gehe ich um 09:30 Uhr zu denen rüber."

oAusgeschlafen und zufrieden genossen sie am Sonntagmorgen das Frühstück, Ulla legte die Kleine in den Kinderwagen und fuhr los. Für den Besuch der Tante stand eine volle Thermoskanne mit Kaffee bereit. Hubert setzte sich an seinen Schreibtisch und bearbeitete einige Sachen, als seine Tante kurz nach 10:00 Uhr auf den Hof fuhr. Er öffnete die Tür und begrüßte sie freudig. Sofort stellte er fest, sie sah irgendwie anders aus. Kaum geschminkt, trug sie ihre Haare streng nach hinten in einen Knoten gebunden. Beide gingen ins

Wohnzimmer. „Setz dich bitte, ich hole den Kaffee für uns."

Er goss Kaffee ein und stellte einen Aschenbecher auf den Tisch. Kurze Zeit herrschte Schweigen, sie zündete sich eine Zigarette an.

„Hubert, du bist um einiges jünger als ich, aber mit einem muss ich reden und zu dir habe ich Vertrauen, ich weiß, du hörst mir zu und lässt mich ausreden. Ja, ich habe öfters mit anderen Männern geflirtet. Vielleicht wäre ich mit dem einen oder anderen ins Bett gegangen, aber im letzten Moment habe ich immer die Notbremse gezogen. Schließlich bin ich verheiratet, egal, ob sich zwischen deinem Onkel und mir schon seit längeren nichts mehr im Bett abspielte. Das habe ich auf alles Mögliche geschoben, berufliche Überlastung, Ärger im Büro, ungewisse Zukunft. Ich habe nicht über die Stränge geschlagen und mich anderswo vergnügt. Jetzt aber weiß ich warum das so ist, er geht fremd, lebt so oft es geht bei einer anderen Frau." Sie hielt inne, Hubert steckte sich eine Zigarette an. „Wenn ich mal so fragen darf, woher weißt du das so genau? Könnten es nicht nur Vermutungen sein?"

„Nein Hubert, ich weiß es, habe die Beweise dafür und diese sind eindeutig. Als erstes fand ich ein Bild dieser Frau in seinem Anzug, den ich reinigen wollte. Auf der Rückseite waren drei große Herzen gemalt. Kurz darauf fiel mir ein Brief der Frau in die Hände. Er hatte seine Aktentasche auf seinem Schreibtisch ausgepackt, um mir etwas zu zeigen. Als er die Unterlagen wieder einpackte, klingelte das Telefon und als er dorthin ging, fielen ein paar Schreiben auf den Boden. Der Brief war dabei, rutschte unter den Schreibtisch. Dort fand ich ihn, als ich den Raum ausfegte. Da bedankte sie sich für die wundervollen zwei Tage auf dem Land mit ihm. Offiziell war er zu dem Zeitpunkt auf einer Haushaltsklausurtagung. Sind das keine Beweise?" Hubert nickte bedächtig. „Nun ja, das scheint eindeutig zu sein."

„Was soll ich machen? Ich will mich nicht von ihm scheiden lassen, dazu mag ich ihn zu gern. Außerdem wäre ich ziemlich mittellos, ohne Arbeit." Hubert nickte. „Woher weißt du, dass es die gleiche Frau ist, die auf dem Foto ist?" „Weil in dem Brief ein Foto von ihr lag und das war die gleiche Frau, wie auf dem ersten Foto." „Sicher?" „Natürlich, hier schau selber!" Sie holte aus ihrer Handtasche einen Umschlag, entnahm dem zwei Fotos und legte sie vor ihn hin.

„Stimmt es?" fragte sie ihn. Intensiv sah sich Hubert beide Fotos an, seine Gedanken wirbelten. „Was macht diese Frau beruflich?" „Vorsitzende einer Wohlfahrtsorganisation, die Waisen und Halbwaisen unterstützt. Warum fragst du?" „Vielleicht täusche ich mich, warte bitte kurz." Er ging zu dem Bücherregal hinter seinem Schreibtisch und suchte das Buch, welches er bei dem gnadenlosen Richter gefunden hatte. Als er es hatte, blätterte er darin, schließlich fand er das, was er suchte, die zwei Fotos der BDM Führerin des Gaus, eines in Uniform, eines in totaler Nacktheit. Dazu die entsprechenden Liebesschwüre mit dem üblichen NS Gesülze. Mit dem Buch in der Hand ging er zu seiner Tante, setzte sich auf die Couch ihr gegenüber.

„Du erinnerst dich an den NS Richter hier aus Braunschweig, der mit seiner Frau auf der Flucht umkam?" „Du meinst den, der immer stolz erzählte, wie viele Todesurteile er verhängt hatte?" „Genau der, Richter Gnadenlos wurde er genannt.

Aber dieser Mann hatte ein Schattenleben, vor
allem mochte er junge Frauen, die ihn
bewunderten. Diese hier war eine von ihnen!"
Er schlug das Buch an der Stelle auf, wo die Fotos
der BDM Führerin und ihre Liebesschwüre
standen.
Seine Tante schaute sich alles an, danach schaute
sie auf ihre zwei Fotos, sagte leise: „Das ist die
Gleiche!" „Das glaube ich auch."
„Die ist ja volldekoriert, mit allem, was man so
bekommen konnte, das war eine total Überzeugte."
„Sehe ich genauso." „Und nun?" fragte sie völlig
ratlos.
„Also wenn das bekannt wird, dass er mit einer
ehemaligen Naziführerin zusammen ist, bedeutet
dieses, das Ende seiner Karriere, die er sich so
mühsam aufgebaut hat. Als erstes werden sich
seine Fürsprecher, die Briten, von ihm abwenden,
das ist der Anfang vom Ende."
Sie nickte: „Das liegt im Bereich des Möglichen!"
„Falsch, das liegt im Bereich des Tatsächlichen.
Das wird den Militärstaatsanwalt von denen
interessieren, sogar sehr stark." Sie sah ihn an:
„Ich glaube du hast recht und was soll ich jetzt
tun?"
„Du kannst das mit einem Schlag beenden. Du
bittest ihn um ein Gespräch, wenn möglich heute.
Dabei sagst du ihm, was du gefunden hast, die
Bilder, den Brief. Dazu kann er nichts sagen. Du
fragst ihn, ob er weiß mit wem er sich eingelassen
hat. Da wird er dir das sagen, was du mir gesagt
hast. Das hörst du dir an, holst dieses Buch
heraus, zeigst ihm diese Seiten und sagst, mit wem
sie es vorher getrieben hat. Wenn er nach Luft
schnappt, fragst du ihn, was die Briten dazu sagen
würden. Du klappst das Buch zu, behältst es aber

bei dir und gehst hinaus." „Und dann?" „Wartest du ab, was er tut. Gib nicht das Buch her, versteck es anschließend sicher und sage ihm, es sei in sicheren Händen. Wenn er nicht blöd ist, das glaube ich, wird er das Techtelmechtel beenden und wieder auf den Pfad der Tugenden zurückkehren, wie man so schön sagt. Lass das Buch wieder mir zukommen, hier ist es in Sicherheit. Kennst du einen jungen aufstrebenden Journalisten?"

Sie überlegte. „Ja, ich habe neulich lange mit einem bei einem Empfang geplaudert. Dessen Vater saß im KZ und er war rechtzeitig nach England abgehauen. Dessen Karte habe ich." „Ruf den an, triff dich mit dem zu einem Kaffee und deute ihm an, dass es Gerüchte gäbe, über die Vergangenheit dieser jetzt so ehrwürdigen und guten Vorsitzenden. Du bist clever genug, dem Mann zu sagen, dass du ihm nichts gesagt hast, du und deine Familie in keiner Weise damit in Verbindung gebracht werden wollen. Wenn die mitbekommt, dass man ihrer Vergangenheit auf der Spur ist, verschwindet sie blitzschnell auf Nimmer Wiedersehen!" Endlich kam ihr Lächeln zurück.

„Das ist genial, Hubert du bist ein Genie. Wenn das alles so klappt, wird dein Onkel zu deinen Gunsten bluten müssen." „Bleib ruhig, keine blinden Rachegelüste. Was später geschieht, steht in einem anderen Kapitel." Sie zündete sich wieder eine Zigarette an. „Du hast völlig recht, so mache ich es."

Langsam aber sicher kehrten ihre Lebensgeister zurück. „Hubert, du bist ein Schatz, danke für das, was du mir gesagt hast. Jetzt bin ich wieder klar, kann geradeaus denken. Ich halte dich auf dem

49

Laufenden." „Wichtig ist, mir das Buch schnellstmöglich zurück zu senden, das ist deine Versicherung!" Sie wurde ungeduldig. „Ich will nach Hause, das Ganze so schnell wie möglich hinter mich bringen." „Lass dich zu nichts hinreißen, bleib kalt und geschäftsmäßig!"

Vor Mittag kam Ulla mit der Kleinen und Junior im Schlepptau zurück. Fragend sah sie ihn an. „Erzähle ich dir nachher, da brennt es lichterloh zwischen den beiden." „Oh, oh, das hört sich nicht gut an. Ich werde heute Nudeln kochen mit Fleischsoße. Du kannst dich so lange mit Hannelore beschäftigen, die will nämlich nicht schlafen. Hans-Wilhelm, du kommst mit in die Küche. Dort übst du das Gedicht für morgen, bis du es kannst!" Der zog eine Grimasse, aber es blieb ihm nichts anderes übrig, folgte seiner Mutter in die Küche. Während Hubert mit der Kleinen spielte, wurde es in der Küche hin und wieder lauter. Schließlich kam Junior mit rotem Kopf herausgeschossen und verschwand in seinem Zimmer. „Das lief wohl nicht so gut mit dem Gedicht. Aber bis du damit dran bist, dauert es etwas", lächelte er Hannelore an, ließ sie auf seinem Zeigefinger kauen.
Später berichtete er Ulla von dem Treffen und der Aussprache. Sie hörte ruhig zu und sagte erst einmal gar nichts, zündete sich eine Zigarette an und sah Hubert an. „So richtig weiß ich nicht, was ich dazu sagen soll. Die Sache mit der Gespielin des ehemaligen Richters ist natürlich ein grandioser Zufall, aber in dieser Situation glücklich. Ich gehe davon aus, dass er aufgrund dieser Sachlage die Liaison beendet und formal die Ehe wieder hergestellt wird. Aber wie sich das in

Zukunft bei den beiden gestalten wird, hängt von ihr ab, ob sie in der Lage ist, dass alles zu den Akten zu legen. Gut finde ich die Sachen mit dem Reporter, da bin ich völlig deiner Meinung. Man sollte konsequent dafür sorgen, dass diese Leute verschwinden und im öffentlichen Leben keine Rolle spielen. Kurzum, ich bin gespannt, was jetzt bei den beiden geschieht und was mit der anderen passiert."

„Es reicht, dass sie es mir geschildert hat, andere brauchen das nicht zu wissen, das führt nur zu Klatsch und Tratsch. Wir werden sehen, was geschieht. Wenn das Buch zurückkommt, wissen wir, da ist was gelaufen. Was und wie werden wir irgendwann herausbringen. Damit ist das jetzt für mich erledigt, wir haben genug zu tun. Am Dienstag fahre ich mit Richard nach Einbeck und dort sehen wir uns die Auswahl der Junghengste an. Mich würde es reizen, einen oder zwei von denen, die nicht ausgewählt werden, zu kaufen."

„Da würde ich zu gern mitkommen, aber das ist genau in der Schulzeit, erst in der Woche danach haben wir Ferien. Aber wo willst du die unterbringen?" „Wir haben drei trächtige Stuten, die sollten wir entweder zu Sigurd oder zu Klavas bringen. Die Turniere sind vorbei und bis zum Fohlen ist es einige Zeit. Damit hätten wir Platz hier."

Am Montag in der Stabsbesprechung wurde der Einsatz der Kräfte im Harz ausgiebiger besprochen. Die Grundeinteilung war klar, vier Gruppen würden eingesetzt. Karl im Harz, Weber in den hiesigen Förstereien um den Wohnort herum, Fritz im Elm und Olbrich in Wittingen. Beim Erntefest hatte Hubert mit dem Brauereibesitzer ausführlich gesprochen, dessen Wald, sein eigener und der Staatsforst würden als ein Gebiet behandelt. Alberts, Müller und Henniges waren mit ihrer Kolonne so lange wie möglich bei ihren größeren Vorhaben eingesetzt, Olbrich mit seinen Zimmerleuten und den Dachdeckern würden nach Wittingen gehen. Hellwig und Graf sollten mit in den Harz, da käme eine dritte Kolonne dazu. Nicht unter Dach und Fach waren die Arbeiten an der Hochschule. Wenn das käme, waren dort zwei weitere Kolonnen beschäftigt. Schwarz würde mit dem Bau der Behelfshäuser länger beschäftigt sein, dort konnte eine weitere Kolonne verstärken. Dolle hatte den Plan, im Siegfriedviertel die Rohbauten fertig zu stellen und innen weiterzuarbeiten. Übergangsweise würde das gehen, aber ob das bei längerer Kälte durchzuführen war, konnte er nicht sagen. Alles war eine Rechnung mit mehreren Unbekannten. Einfacher war es für den Einsatz von Jurka, dessen Bagger und Kipper wurden überall gebraucht, wie die Maschinen von Schwarz. Alle anderen Gewerke würden weiterarbeiten, so lange es ging. Ein weiterer Schwerpunkt war die Arbeit am Hotel. Derzeit lief alles nach Plan. Die aufgebaute Organisation lief gut. Kokoschka schlug vor, die Bevorratung von Baumaterial für den Winter zu erhöhen. „Auf alle Fälle werde ich einen Vorrat an Viehsalz zum Streuen anlegen!" Niemand ahnte, als wie wichtig sich später diese Entscheidung herausstellen sollte.

Nach Mittag fuhr Hubert zu der Großbaustelle und informierte sich dort über den Fortgang der Arbeiten. Die beiden Kolonnen waren fleißig am Arbeiten, Tietz und Alberts verstanden sich gut, hier gab es keine Eifersüchteleien. Einige Dachdecker kamen bereits mit einem Laster und brachten erste Balken, für die Grundlage des Daches. Verblüfft war er, als er sich den Keller anschaute, der war völlig leer. Als er Rübke dafür lobte, sagte der nur grinsend: „Eigentlich haben wir nur ein paar kaputte Sachen wegbringen müssen. Der Rest war auf wunderbare Weise verschwunden, als alle hier am Bau Tätigen mitbekamen, dass dort unten etwas lag, was in den Müll sollte." Beide grinsten sich an. „Das habt ihr gut gemacht, hier ein kleines Dankeschön!" Die Stange Zigaretten verschwand in der Jacke von Rübke. „Was ich dir sagen wollte, da war vorhin ein älterer Mann, der fragte, wer hier der Chef sei. Ich sagte ihm, du kämest heute nach Mittag wahrscheinlich vorbei. Daraufhin sagte er, da käme er nochmal. Falls der draußen unter den Zuschauern steht, groß ist er, schlank, so um die 50, trägt einen Lodenmantel und einen ähnlichen Hut."

„Danke, ich werde schauen, ob ich den treffe. Ich gebe dir zwei Visitenkarten, falls dich jemand anspricht. Sag dem, er soll mich anrufen!" Nachdem er sich ausgiebig mit Alberts und Tietz unterhalten hatten, ging er zum Auto. Bevor er einsteigen konnte, rief einer der Dachdecker: „Chef, hier ist einer, der will was von Ihnen!" „Schick ihn her." Kurz darauf kam ein Mann um die Ecke, genauso gekleidet wie Rübke ihn beschrieben hatte. Er steuerte gerade auf ihn zu. „Guten Tag, mein Name ist Peter Fricke, sind sie der Chef hier?" „Ja, das ist so, mein Name ist Hubert Wedel!" „Angenehm, ich bräuchte dringend ein Bauunternehmen, aber es sieht so aus, als ob alle voll beschäftigt sind oder das nicht machen wollen." „Wie soll das gehen, nicht machen wollen?" „Naja, es ist etwas delikat. Reden wir nicht länger herum, Sie wissen was in der Straße kurz hinter dem Hotel ist?" Hubert überlegte kurz, sagte grinsend: „Sie meinen die Bruchstraße?" „Ja klar, Sie wissen was sich dort abspielt?" „Klar, das ist der Puff der Stadt!" „Genau. Aber auch dort sind Bombenschäden. Vor ein paar Wochen habe ich dort fünf Häuser erworben, allerdings sind die nicht benutzbar. Um da etwas mit zu verdienen, müssen die wieder benutzbar sein. Aber ich finde niemanden, der das macht. Ich wäre bereit, in Vorkasse zu treten." Fast hätte Hubert laut losgelacht. „Also unter den Voraussetzungen sollten wir darüber reden." „Sie meinen, da bestünde Interesse von Ihrer Seite?" „Wir müssen uns das ansehen, danach reden wir weiter. Einer meiner Ingenieure wird sich mit Ihnen das anschauen, der wird uns das sagen und wir entscheiden. Mir geht es in erster Linie um die Beschäftigung meiner Arbeiter. Wann kann er sich mit Ihnen treffen?" „Ich bin um 10:00 Uhr hier, dann kann ich ihm alles zeigen." „Abgemacht Herr Fricke, bis morgen!"

Auf der Rückfahrt überlegte Hubert, sollte er seine Leute dort hinschicken zum Bauen? Mit wem ließ er sich dort ein? Fragen über Fragen.
Daheim ließ er Dolle, Mielke, Fischer und Becker kommen. Gemeinsam setzen sie sich in die Sessel und Hubert trug die Sache mit Fricke vor. Alle hörten gespannt zu. „Und jetzt?" fragte Becker spontan. „Das will ich von euch wissen. Machen wir das oder lassen wir es?" Mielke sagte: „Also, das ist eine ganz neue Sache, aber das Ganze ist ja nichts Verbotenes. So ein Bordell gibt es in jeder

Stadt. Das ist erlaubt und wird nach meinem Wissen, von der Polizei und dem Gesundheitsamt überwacht und überprüft. Also kann das nichts Verbotenes sein." Dolle nickte und fuhr fort: „Soweit ich weiß, gab es während des Krieges bei der Wehrmacht in vielen größeren Standorten sogar Bordelle, die von Sanitätern überwacht wurden, da hatte jeder, unabhängig vom Dienstgrad, Zutritt. So schlimm kann das also alles nicht sein. Warum sollten wir das nicht tun?" Fischer hatte zugehört und meldete sich jetzt erst. „Wenn ich dich richtig verstehe, geht es nicht nur um das Bordell als solches, sondern um die Bezahlung unserer Leistungen. Du traust dem Mann nicht ganz." Jetzt nickte Hubert. „Genauso ist es. Die Investition ist zwar etwas anrüchig, aber ich möchte uns nicht zum Gespött der Leute machen nach dem Motto: Konnte den Hals nicht voll genug bekommen, das hab ihr jetzt davon!" „Das kann ich nachvollziehen, aber wenn wir auf sein Angebot mit der Vorkasse eingehen, ist das Risiko minimal!" war Beckers Kommentar. Fischer nickte: „So sehe ich das genauso. Wir sollten das per Vorkasse machen, sauber abrechnen und überhaupt: pecunia non olet!" „Was meinst du denn damit?" fragte Mielke. Hubert sagte grinsend: „Das ist lateinisch und heißt: Geld stinkt nicht!" Jetzt grinsten alle. „Aber mit Vermietungen haben wir da nichts zu tun, oder?" wollte Becker wissen." „Nein, i bewahre, das kommt nicht in Frage. Also Entschluss: Wir machen das. Mielke morgen 10:00 Uhr dort, nimm dir einen der Bautechniker mit, so bist du nicht allein. Wir machen eine Kalkulation, frei nach Fischers Worten, etwas erhöht und geben die ihm. Er muss entscheiden ja oder nein." Alle nickten, der Entschluss wurde einstimmig mitgetragen. Als sie hinaus gingen sagte Dolle lachend: „Ich bin gespannt, wie lange das geheim bleibt und welcher Kolonnenführer sich freiwillig dazu meldet!" Anschließend erschien sofort Gertrud.

„Das Landgestüt, das Sekretariat, hat angerufen. Ob es möglich wäre, wenn wir die Junghengste, die morgen in Einbeck ausgesucht werden, nach Celle transportieren könnten." „Aber klar, das ist ein guter Auftrag. Ruf dort an und sag zu. Genaueres können wir morgen im persönlichen Gespräch klären. Wir würden zusätzlich andere transportieren." „Mache ich, Purzer rief an, der fährt morgen hin, als Tierarzt. Wenn welche von den Hengsten gelegt werden sollen, macht er das dort. Fährt mit seinem Auto, Anne ist dabei." „Gut zu wissen, mal schauen, vielleicht werden wir ihn brauchen." Vor dem Abendessen bewegte er gemeinsam mit Ulla zwei Pferde und erzählte ihr dabei von dem Auftrag mit der Bruchstraße. „Also, da sage ich einfach, Fischer hat recht mit dem Spruch. Ich finde das alles zwar nicht gut, was dort passiert, aber lieber solch ein Ort, wo sich Männer abreagieren können, als wenn sie sonst auf andere viel schlimmere Gedanken kommen. Solange so etwas nicht verboten ist, ist das in Ordnung. Und wenn der das sogar per Vorkasse macht, dann ist das die beste Lösung."

### Hengstauswahl in Einbeck

Früh am nächsten Morgen fuhren Hubert und Richard los. Weil es eine längere Strecke war, hatten sie den Opel genommen. Während der Fahrt plauderten sie über alles Mögliche, unter anderem sagte Hubert, dass die drei tragenden Stuten demnächst zu Sigurd nach Wittingen sollten. „Der hat da genügend Platz und Futter. Er war daheim mit mir für alle Pferde verantwortlich. Wir haben genügend Geburten, mit und ohne Komplikationen, erlebt und gemeistert. Seine Frau wird ihm eine große Hilfe sein," sagte Richard dazu.

Fast eine Stunde vor Beginn der Veranstaltung waren sie dort, so konnte Hubert die Gelegenheit nutzen, um mit dem Gestütsassistenten die Transportsache der Junghengste zu klären. 22 junge Warmbluthengste sollten für alle drei Gestütsorte ausgesucht werden. Das sagte er zu und es wurde per Handschlag besiegelt, die Transportkosten wurden geklärt. Richard schaute sich derweil bei den Junghengsten um. Kurz vor dem Beginn trafen unerwartet Joachim von Waldeck und kurz danach von Klagenheim ein. Beide gesellten sich zu Hubert. Waldeck sollte, wenn möglich, für Allen einen jungen schweren Warmbluthengst erwerben und von Klagenheim war für einen Bekannten auf der Suche nach zwei Springpferden. Allerdings sollten die gelegt werden und als Wallache für Turniere aufgebaut werden. Allen war klar, dass der Landstallmeister bereits eine Vorauswahl getroffen hatte, 16 Junghengste standen abseits in einem großen Laufstall, die waren für das Landgestüt vorgesehen.

Um die verbliebenen ging es. Schnell und zielsicher hatte von Waldeck einen der schweren Warmbluthengste ins Auge gefasst und sein Interesse bekundet.

Richard sagte leise zu Hubert: „Wenn du einen Springer suchst, schau dir den Hellbraunen mit den vier Strümpfen an."

Sofort folgte Hubert ihm und beide beschäftigten sich mit dem jungen Pferd, welches das geduldig mit sich machen ließ. Alles passte. Richard durfte ihn an der Hand vorführen, das sah prima aus, die Abstammung war sehr gut. „Warum will der Landstallmeister den nicht haben?" fragte Hubert den Assistenten. Der lachte: „Sie kennen ihn doch, er hat was gegen bunte Pferde!" Tatsächlich hatte der Junghengst zusätzlich eine große Blesse. Fragend sah er Richard an und als der nickte, sagte er: „Den kaufe ich!" Der Gestütsassistent nickte. „In Ordnung, notiert. 550 RM. Sie sind der einzige Bieter. Soll der hier gelegt werden?" „Das wäre uns recht, wir würden ihn Samstag abholen." „In Ordnung, das ist aber der letzte Termin, wir bekommen nächste Woche den neuen Jahrgang Junghengste." Eine Zigarettenschachtel war vorher in der Jackentasche des Assistenten verschwunden.

„Ach, darf ich Ihnen einen Tipp geben? Bei den Junghengsten welche der Landstallmeister für das Landgestüt gesichert hat, sind zwei Wackelkandidaten. Einer mit Springerblut und einer mit Dressur. Wollen Sie eventuell einen davon haben, wenn er sich gegen sie entscheidet?" „Das wäre eine gute Überlegung. Was ist mit dem Springer?" „Da hat schon jemand Interesse angemeldet." „Ich melde für den anderen mein Interesse." „Der hat die Nummer 43. Schauen Sie sich den an." Richard und Hubert gingen zu einem kleinen Paddock, in dem die zwei Junghengste standen. Die Nummer 43 war ein mittelgroßer Dunkelbrauner. Ein Bediensteter des Landgestüts stand dabei. „Können Sie mir bitte die Abstammung der Nummer 43 sagen?" „Gerne. Vater Trakehner, Mutter kommt aus altem erprobtem Stutenstamm der hannoverschen Zucht, hat schon zwei sehr gute Dressurpferde gebracht. Ich habe den Junghengst vorgeführt, sehr gute Gänge und klar im Kopf, aber leider das Problem mit seinen Ohren!" Beide schauten genauer hin, das linke Ohr stand etwas nach links ab, das rechte war leicht geknickt. „Ja und? Steht der deshalb auf der Kippe?" „Naja und zum Zeitpunkt der Auswahl hatte er Husten. Wir kennen unseren Landstallmeister, der will keinen Hengst mit Makel und sei der noch so klein. Gehen Sie davon aus, der übernimmt den nicht." „Wir haben unser Interesse hinterlegt. Warten wir es ab."

Hubert und Richard gönnten sich einen Kaffee und trafen dabei Waldeck und Klagenheim. „Gut, dass du kommst, wir haben ein Attentat auf dich vor", sagte Klagenheim. „Und das wäre?" Hubert nahm einen Schluck aus seiner Tasse. „Unsere Pferde müssen transportiert werden und da dachten wir an dich!" „Wann muss denn wer wohin?" „Der Hengst von Allen muss morgen nach Hannover zum Güterbahnhof gebracht werden. Dort wartet sein Pferdepfleger und bringt den nach England." „Und meine beiden sollen am Samstag nach Münster gebracht werden, heute werden sie gelegt", ergänzte Klagenheim. „Morgen wäre es nicht das Problem, das läuft. Samstag dürfte gehen, da reichen ja die Pferdeanhänger. Gut, das können wir machen, in Ordnung." Waldeck beschrieb ihm alles genau, vor allem wann der Hengst in Hannover sein sollte. Hubert sah Richard an, der nickte verstehend. „Ich mache das, habe alles verstanden und bekomme das hin", sagte der. Waldeck nickte erfreut und gab Hubert 200 RM für den Transport. „Mit den zwei nach

Münster sollte es klar gehen. Ruf mich bitte morgen an und sag mir genau, wo die hinsollen. Die Route findet unsere Spedition heraus." Sie unterhielten sich weiter über die Hengste hier, als der Gestütsassistent auftauchte.

„Herr Wedel, können Sie bitte mitkommen zum Landstallmeister?" Er ging mit dem Mann in das Büro des Verwaltungsgebäudes. Dort besprach sich der Landstallmeister mit seinen Leuten.

„Wedel, gut, dass Sie da sind. Die Bahn kann unsere Hengste nicht zügig transportieren, wir brauchen aber den Platz hier. Könnt ihr das am Donnerstag und Freitag machen?" Hubert überlegte, die Pferdetransporter standen auf dem Gut bei Grete Majewski und die Rückepferde waren im Einsatz, wie konnte er das klären?" „Darf ich telefonieren?" „Im Nachbarzimmer steht das Telefon, unsere Sekretärin hilft dabei."

Hubert holte sein kleines Buch mit Adressen aus der Jackentasche und ging hinüber. Die dort sitzende Sekretärin bat er, ihm eine Verbindung zu Lässig herzustellen. Das klappte gut. „Moin, mein Freund. Ich brauche meine Pferdetransporter unbedingt. Können wir die sechs Rückepferde bereits am Mittwoch bringen?" „Sehr gut, die kann ich sofort brauchen, habe gute Leute, die daran ausgebildet wurden. Mach das, hier zu mir." „Du hörst heute von mir."

Er bat um eine Verbindung zu Grete Majewski, die wurde von draußen geholt. Hubert schilderte ihr die Situation. „Du, da sehe ich gar kein Problem. Die sind heute Mittag fertig, haben gut und schnell gearbeitet. Wir sind mit dem Einschlag fertig, sie würden jetzt nur Stämme aus einem anderen Waldstück holen, aber das ist eine Lösung, um die Zeit zu überbrücken und die Pferde weiter zu

trainieren. Wenn die am Mittwoch abrücken, ist
das kein Problem. Deine Autos fahren Holz, die
schicke ich Donnerstagmittag zurück." „Sehr gut.
Kannst du Paul sagen, er soll mich heute Abend
anrufen? Bei mir daheim." „Mache ich, fahre
sowieso gleich raus." Erleichtert schnaufte er
durch, bedankte sich und ging wieder hinüber zum
Landstallmeister.
„Alles klar, Donnerstag und Freitag klappt", sagte
er lächelnd. „Danke, Sie helfen uns aus einer
großen Klemme. Den Dunkelbraunen mit den
Schlappohren können Sie kaufen, den nehme ich
nicht, ist aber ein sehr gutes Pferd, 600 RM. Den
anderen, den Sie gekauft haben, legen wir hier, für
beide zahlen sie dafür nichts. Samstag müssen
beide hier raus, die Rechnung des Transports an
mein Büro in Celle."

Damit war alles geklärt. Im Büro zahlte er die
Summe für beide Pferde und ging hinaus,
berichtete Richard von dem Transport und dem
Kauf.
„Ich hole die beiden am Samstag ab und nehme
Thomas mit. Weber kann die Tour nach Münster
machen, mit ihm. Wenn die drei wieder hier sind,
können sie mit Frank Donnerstag und Freitag die
Hengste nach Celle bringen." „Gut geplant, so
machen wir das." Mit den anderen beiden sprach
er einige Details, redete mit Purzer, der mit Anne
hierbleiben würde. „Ich mache das mit deinen
beiden Pferden und wenn die am Samstag bei dir
sind, schaue ich sie mir wieder an."

Mit Richard schaute er sich ihre neuen Pferde an,
plauderte kurz mit beiden Freunden, dann fuhren
sie nach Hause. Richard setzte er auf dem Hof ab,

aß zwei kalte Frikadellen und fuhr ins Büro. Dort wurde er freudig begrüßt und erzählte, was sie erworben hatten. Sein Schreibtisch war mit zwei vollen Mappen und einem kleinen Paket bedeckt. Als er den Absender, seine Tante, las, packte er das als erstes aus. Das Buch, was er ihr gegeben hatte, lag darin, dazu ein handschriftlicher Brief. Ausführlich bedankte sie sich darin für seine Hilfe. Sie hatte ihren Mann am gleichen Tag damit konfrontiert.

„Nachdem er das Entsprechende gelesen und die Fotos betrachtet hatte, ging er schweigend in den Garten. Nach einer Stunde kam er zurück und bat um ein Gespräch. Sichtlich fiel es ihm schwer, aber er gab alles zu. Er bat mich um Verzeihung, was ich ihm gewährte. Glaubhaft erklärt er mir, dass er die Vorgeschichte der Frau nicht kannte und dieses Intermezzo sofort beenden würde. Ihm war völlig klar, in welcher gefährlichen Situation er sich befand. Ich denke, er wird diese Sache bereinigen und seine Lehren daraus ziehen. Ganz einfach werde ich es ihm nicht machen, aber ich werde meine gesellschaftliche und berufliche gute Situation nicht aufs Spiel setzen und weiter mit ihm zusammenbleiben."

Zufrieden lächelnd legte er das Buch und den Brief in seine Aktentasche nachher würde er den Ulla zeigen. Das war noch einmal gut gegangen. Später besprach er mit Krummrich die Pferdetransporte, der würde sich um die entsprechenden Routen kümmern. Schließlich rief Paul an und sagte, dass sie am Mittwoch die Pferde zu Lässig bringen würden, bei ihnen sei alles erledigt. Während dieses Telefonates informierte Hubert ihn über die Pferdetransporte nach Celle. Das gleiche tat er abends mit Weber, Frank und Richard, Gertrud

informierte Lässig über das Eintreffen der sechs
Pferde morgen gegen 10:00 Uhr.
Mielke war unterwegs wegen den Häusern in der
Bruchstraße, hatte Gertrud informiert, er würde
Mittwoch in der Früh vorzutragen.

## Ein ungewöhnliches Bauvorhaben

Tatsächlich war Mielke am Mittwochmorgen der
erste, der ihm vortragen wollte. Beide erhielten
einen Kaffee. „Hubert, das Ganze hat etwas länger
gedauert, war aber in höchstem Maße interessant.
In diesem Milieu kannte ich mich bisher gar nicht
aus, teilweise bin ich aus dem Staunen gar nicht
herausgekommen. Aber erst das Bauliche. Es sind
fünf kleine Häuser, die ihm gehören. Teilweise
haben sie leichte Schäden, zwei etwas Größere. Auf
alle Fälle sind sie nicht bewohn- bzw. benutzbar.
Eigentlich sind die nur dazu gedacht, die
entsprechenden Frauen aufzunehmen, damit sie
ihrer Tätigkeit nachgehen können. Unten sind
sogenannte Aufenthaltsräume, wo sich die Frauen
nach außen darstellen können und oben sind die
Zimmer, wo sie ihrer Tätigkeit nachgehen. Die fünf
Häuser gehören ihm. Die Betreuung der Damen
erfolgt durch zwei Hauswirtschafterinnen, die für
alles sorgen. Auf alle Fälle müssen die Frauen, die
dort arbeiten, Miete zahlen, ich weiß aber nicht
wieviel. Wohnen tun die ganz woanders."
„Interessant, woher weißt du das alles?"
„Wir trafen uns mit ihm, er zeigte uns die Häuser
und sagte, was gemacht werden sollte. Eine der
Wirtschafterinnen war dabei und sagte, wie
Toiletten und ähnliches gestaltet werden sollten.
Unser Bautechniker kam aus dem Staunen und
Schreiben gar nicht heraus. Mein Einwand, das

würde aber nicht billig werden, wurde abgetan, dass sei man dem Publikum schuldig und alles sollte einladend wirken. Drei Dächer müssen auf alle Fälle gemacht werden. Wir haben alles sorgsam vermessen und zusammengestellt. Dabei kam Herr Fricke dazu und sagte, so wie wir das täten, wäre das doch sehr unbequem und nahm uns mit in eine große Gastwirtschaft, gegenüber der Hauptpost. Dort platzierte er uns an einem Tisch, der vom Rest abgetrennt war und sagte, wir sollten dort in Ruhe weiterarbeiten. Das war natürlich wesentlich komfortabler. Jetzt muss das nur getippt werden, mit den entsprechenden Preisen, das läuft gerade.

Als wir weitestgehend fertig waren, lud er uns zum Essen ein, wir sollten uns etwas aus der Speisekarte aussuchen. Zuerst wollte ich nicht so recht, aber er sagte, dass ihm diese Gaststätte gehören würde und wir Gäste des Hauses seien. Also bestellte ich mir eine Roulade und der Bautechniker Gulasch. Während des Essens setzte er sich zu uns, erzählte uns seinen Lebenslauf. In Berlin hatte er eine sehr gut gehende Bar und ein Restaurant, wo auch Boxkämpfe veranstaltet wurden. Die gingen recht gut bis Mitte 42. Leider wurde das Restaurant mit dem Boxring zerbombt und das andere musste er Ende 42 schließen. Nach dem Krieg lagen beide Objekte im Osten der Stadt und waren weitestgehend zerstört. Er selber sagte, er hätte sich von 43 bis Kriegsende als Händler für alles Mögliche durchgeschlagen und sei Ende letzten Jahres nach Braunschweig gekommen, hätte die Gaststätte übernommen und die fünf Grundstücke gekauft. Für mich ist das alles sehr dubios, ich denke, der hat auf dem Schwarzmarkt eine Menge Kohle gemacht und das schon früher mit den beiden Lokalitäten. Aber uns gegenüber war er sehr zuvorkommend und betonte mehrfach, den Wiederaufbau der Häuser per Vorkasse zu begleichen."

„Du hast recht, das hört sich alles sehr abenteuerlich an. Wer weiß, womit er sonst Kohle gemacht hat, der steigt ja nicht einfach so in den Bordellbetrieb ein. Wem gehören eigentlich die anderen Häuser dieser Straße?" „Das erwähnte er nebenbei. Das ist eine Gruppe von drei Leuten, zwei Eingedeutschte und ein Rumäne. Das wären seine Konkurrenten, aber die jeweiligen Grenzen seien abgesteckt und keiner mische sich bei dem anderen ein." „Nun gut, wie seid ihr verblieben?" „Wir erstellen den Kostenvoranschlag, den übergeben wir ihm am Freitagvormittag. Wenn er dem zustimmt, bekommen wir das Geld per Quittung und wir können anfangen." „So ganz wohl ist mir bei der ganzen Sache nicht, aber nun gut, wir haben uns darauf eingelassen, jetzt müssen wir das durchziehen. Tu mir bitte den Gefallen und erzähle es Fischer. Seine Meinung würde mich interessieren." „Mache ich, aber wir ziehen das trotzdem durch?"

„Ja, das tun wir. Wer soll das bauen?" „Hellwig wäre frei und natürlich die anderen Gewerke."

Während er seine Ordner durcharbeitete, dachte er weiter an diesen Auftrag. Aber schließlich beschloss er, das so hinzunehmen. Jetzt galt es, den Bau durchzuziehen. Spontan beschloss er, wieder eine Runde bei den Baustellen zu machen, um auf andere Gedanken zu kommen. Seine durchgearbeiteten Sachen brachte er zu Gertrud und sagte der, was er vorhatte. Die sah auf ihren

Terminkalender. „Andere Termine liegen nicht an, wir halten die Stellung."

Nacheinander fuhr er fünf Baustellen ab, außer dem Hotel und kehrte kurz vor 16:00 Uhr mit mehreren neuen Erkenntnissen in die Firma zurück. Einige Punkte davon gab er weiter in die betreffenden Sachgebiete. Fischer erschien bei ihm. „Mielke hat mir die Sache mit dem Bauherrn aus der Bruchstraße erzählt. Das ist natürlich alles recht halbseiden. Unabhängig davon habe ich mich ein wenig über den Herren sachkundig gemacht. Fakt ist, er ist nirgendwo aktenkundig mit dem Gesetz in Konflikt geraten. Was er nicht sagte, ist die Tatsache, dass zu seiner Bar ein größeres Edelbordell gehörte, daher kommt vermutlich das Geld. Aber er ist nicht vorbestraft, war offenbar nicht in dunkle Geschäfte verwickelt. Ich denke wir haben unserer Pflicht Genüge getan und bisher alles sauber gelöst Mach dir keine Gedanken, ich kümmere mich selbst um die Übergabe des Geldes!" „In Ordnung, so soll es laufen."

Vor der Tür wartete Paul und berichtete: „Die Pferde sind bei Lässig, der Auftrag auf dem Gut im Wald mit Lob erledigt. Beide Autos sind überprüft und aufgetankt. Morgen und am Freitag sollen wir für das Landgestüt fahren?" „Ja, ich erkläre es euch." Das tat er ausführlich. Paul nickte verstehend. „Alles klar, das ist interessant, ich wollte schon immer in ein Landgestüt, da freue ich mich drauf." Auf seinem Hof erfuhr er von Richard, die Ablieferung des schweren Warmbluthengstes hätte problemlos geklappt. Am Donnerstag war er der alleinige Mann im Stall, denn alle anderen waren mit Pferdetransporten unterwegs. Weber war vorbereitet, hatte bereits den Anhänger an einen Lieferwagen gekuppelt, die Fahrroute hatte er von

der Spedition erhalten, sowie eine
Transportrechnung, die ihm der Empfänger
bezahlen sollte.

Spontan beschloss Hubert, in der Halle zu reiten.
Als Ulla davon hörte, entschied sie, das Gleiche zu
tun. „Habe heute den ganzen Tag gesessen, muss
mich unbedingt bewegen." „Sehr gut, wir können
nachher ja gemeinsam duschen gehen!" Sie grinste
ihn verschwörerisch an: „An diese Art der
Bewegung hatte ich nicht gedacht, aber an den
Gedanken, kann ich mich gewöhnen!"
Nacheinander bewegte er Sandro, seine
Trakehnerstute, die Springstute und die jüngste
Stute. Parallel tat das Ulla mit ihrem Schimmel,
der Stute und nahm später die Stute von Hubert.
Nachdem Junior sein älteres Pony geritten hatte,
durfte er Huberts Pferde trocken reiten und in den
Stall bringen. Gertrud und Tietz ritten Huberts
Schimmel und dessen Schwarzbraunen. Nachdem
sie das erledigt hatten, besprach Hubert mit
Weber, wie und wann sie die Quadrille für alle
testen wollten. Schnell hatten sie sich auf Freitag
und den Mittwoch der nächsten Woche geeinigt,
Gertrud und Weber würden alle benachrichtigen.
Der Auftritt selber war für den Sonntag in einer
Woche geplant.
Beide gingen ins Haus, wo Sieglinde das Essen
bereitet hatte, Junior folgte kurz darauf. Susanne
hatte bereits die kleine Hannelore gefüttert,
gebadet und frisch gekleidet, von ihrer Mutter
wurde sie ins Bett gebracht. Ein Gesprächsthema
bei Tisch war der Unterricht und die Ausbildung
zur Jägerprüfung. Am Freitag war bereits der dritte
Unterrichtsabend im Keller des
Verwaltungsgebäudes. Für Junior war das ein ganz

spannendes Thema, er konnte gar nicht genug davon bekommen, fragte oft nach und beide Eltern versuchten ihm die Dinge sorgfältig zu erklären.

„In 14 Tagen hat Fietes Vater zu einer Treibjagd eingeladen, ich werde mit Wagner reden, ob ihr als Treiber mitmachen könnt. So etwas solltet ihr lernen", sagte Hubert und legte sein Besteck auf den leeren Teller. Ulla tat es ihm nach. „Das ist eine gute Idee, rufst du ihn morgen an?" „Ich muss sowieso bei ihm vorbei, da kann ich es mit ihm absprechen." „Da würde ich gern mitmachen", sagte Junior unverhofft. Beide sahen ihn verblüfft an. „Ich glaube, da bist du ein wenig zu klein für", sagte Ulla skeptisch. „Aber Reiner hat mir gesagt, er würde auf mich aufpassen, ich müsste nur ganz dicht bei ihm bleiben."

Beide Eltern sahen sich ein wenig hilflos an, Hubert sagte: „Hans-Wilhelm, das ist kein Spaß und kein Indianerspiel im Wald, das kann gefährlich werden." „Aber Reiner ist doch bisher immer der Chef der Treiber gewesen und passt ganz sicher auf mich auf, ich bleibe wirklich bei ihm. Und außerdem können wir Prinz mitnehmen, der passt zusätzlich auf mich auf." Lächelnd antwortete Hubert: „Das glaube ich schon, aber Prinz ist kein Jagdhund, nicht dass der uns alles durcheinanderbringt. Ich rede mit Herta Brunner, die ist Hundetrainerin und arbeitet mit ihm, mit Wagner und Reiner rede ich auch. Wenn die sagen, das ist in Ordnung, geht es!" Ulla schüttelte leicht den Kopf. „Du hast gehört, was dein Vater gesagt hat. Wenn die sagen, das geht, ist das in Ordnung. Und jetzt ist Zeit fürs Bett. Du kannst etwas lesen, aber erst Zähne putzen und waschen!" Der Junge gab jedem einen Kuss und ging nach oben.

Susanne hatte die ganze Zeit beim Essen still am Tisch gesessen, sagte jetzt: „Thomas würde sehr gern bei den Treibern mitmachen." „Das ist kein Problem, der ist wesentlich älter. Sag ihm, ich sorge dafür, dass er mitkommt", sagte Hubert. Während Ulla und Susanne den Tisch abdeckten und die Küche aufräumten, las Hubert die Post des heutigen Tages, der Brief seiner Tante machte ihn sehr neugierig. Eine beschriebene Karte und ein gefalteter Zeitungsausschnitt lagen darin. Kurz las er die Karte. „Mein lieber Neffe und bester Ratgeber, deine Ratschläge haben voll gegriffen. Habe das genauso gemacht, wie du mir es vorschlugst und alles lief in die richtige Richtung. Dein Onkel ist tief erschüttert, auf was er sich eingelassen hat. Irgendwann werde ich es ihm sagen, du wirst merken, dass er sehr dankbar sein kann. Darauf werde ich genau achten. Deine dich liebende Tante." In dem Zeitungsartikel stand, dass die bekannte Vorsitzende eines Wohlfahrtsvereins ihr Amt mit sofortiger Wirkung niedergelegt hätte und unbekannt verzogen sei. Leider könne man sie nicht mehr nach den Gründen fragen, ihr Büro sei ratlos. Während sich Susanne verabschiedete, ging er an das Barfach und goss von dem Spitzenwhisky zwei Gläser ein, stellte eines auf Ullas Schreibtisch und eines bei sich. Kurz darauf kam sie und schaute verblüfft auf ihren Schreibtisch. „Was ist das?" fragte sie erstaunt. „Lies erst die Karte, danach den Artikel." Sie tat es, legte beides zurück und hob ihr Glas. „Prost mein Lieber, das hast du sehr gut gemacht. Ich freue mich über das Ergebnis!" Sie prosteten einander zu und tranken. Anschließend plauderten sie über diese Sache ausführlich. Der Whisky schmeckte gut, der Kachelofen spendete eine behagliche

Wärme, beide trugen ihre Reitsachen, allerdings
ohne Stiefel. „Schlafen die Kinder?" „Ja, beide tief
und fest." „Sehr schön, jetzt sind wir ja ungestört."
„Ich habe die Haustür verschlossen, brauche heute
Abend keinen Besuch mehr", nickte Ulla lächelnd.
„Ich auch nicht,", grinste Hubert zurück, erhob
sich und stellte sich hinter Ullas Schreibtischstuhl.
Zärtlich strich er ihr durch die Haare und
massierte ihre Schultern. „Oh, das ist sehr
angenehm Hubert, das gefällt mir sehr!" „Nicht nur
dir," war die Antwort.
Entspannt lehnte sie sich zurück, überließ sich
seinen Händen, die jetzt nach vorn auf ihren
Busen rutschten und den ausgiebig massierten.
„Mmhh, wie schön!" war ihr einziger halblauter
Kommentar. Unter ihre Strickjacke fuhr er mit
beiden Händen, öffnete die Knöpfe und zog ihren
leichten Rollkragenpullover ganz hoch, nur ihr BH
war jetzt zwischen seinen Händen und ihrem
Busen. Leise stöhnte sie auf. „Warte kurz", sagte
sie leise, beugte sich kurz vor und öffnete am
Rücken ihren BH. Sanft schob er den Stoff
hinunter und massierte zärtlich ihre vollen Brüste
und die steifen Brustwarzen. „Hubert, Hubert, mir
ist ganz anders, das ist völlig irre, was wir hier
tun!" „Pst, Pst, nicht reden, lass uns weiter
machen", sagte er halblaut und küsste sie auf den
Mund, da sie den Kopf weit zurücklehnte. Heiß
küsste sie zurück, er ließ sie los und zog sie aus
dem Stuhl. Stehend küssten sie sich wieder
leidenschaftlich, dabei öffnete er ihre Hose und
schob sie mit der Unterhose über ihren Hintern auf
die Oberschenkel. Sie biss ihm in die Unterlippe
und nestelte an seiner Hose, bis die offen stand
und ebenfalls mit allem auf die Oberschenkel
rutschte. Keuchend schob sie ihr Becken gegen

seines, spürte ihn dort hart und fest. Stöhnend hob er sie hoch, setzte sie mit dem Hintern auf den Schreibtisch. „Hubert, was hast du vor?" keuchte sie hoch erregt. „Leg dich auf den Rücken und zieh die Knie an", kam die heisere Antwort. Vorsichtig tat sie das, ohne etwas herunter zu schmeißen. Als sie ihre Knie anzog, zog er sie etwas nach vorn, stand jetzt vor ihr und drang in sie ein. Laut stöhnend nahm sie ihn auf und nahm sofort seinen Takt auf. Heftig und laut wurde es bei beiden, bis er laut aufstöhnte und sie halblaut aufkreischte. Zitternd genossen sie die heißen Gefühle, die beide überrannten. Etwas länger dauerte es, bis sich beide beruhigt hatten. Ganz langsam glitt er dabei aus ihr heraus. „Hubert, hilft mir bitte hoch, ich bekomme sonst einen Krampf im Oberschenkel", sagte sie lächelnd halblaut. Als sie wieder stand, zog sie ihre Hosen hoch. „Das solltest du auch tun, sonst fällst du hin, auf dem Weg zur Dusche", grinste sie und gab ihm einen langen Kuss. Er folgte ihrem Rat und beide gingen ins Bad, zogen sich dort aus und gingen nacheinander unter die Dusche. Später im Bett kuschelte sie sich an ihn. „So kannst du mich öfters überraschen, aber bitte nur, wenn wir wirklich allein sind."

Durch dichten Nebel fuhr Hubert am nächsten Morgen ins Büro. Nachdem er die ersten Vorgänge erledigt hatte, bat er Dolle zu sich, um mit ihm über die laufenden und geplanten Bauprojekte zu sprechen. Dabei stellte sich heraus, die Arbeiten am Hotel gingen sehr gut voran. Das erste Ziel, ein Dach auf dem Gebäude zu errichten zu können, konnte bereits in der nächsten Woche erreicht werden. „Die Dachdecker und Olbrich sind bereits dabei, die entsprechende Konstruktion vorzubereiten, damit die installiert werden kann. Ich denke, Mitte der nächsten Woche sind wir soweit und können damit beginnen", erläuterte Dolle anhand seines Bauplanes. „Erst dann können wir mit dem kompletten Ausbau der Fassade und der Innenräume beginnen. Brauchen wir beide Kolonnen dort?" fragte Hubert. „Nein, wir sollten den weiteren Bau Alberts überlassen. Ich überlege, Tietz ebenfalls in der Bruchstraße mit Hellwig arbeiten zu lassen, um dort möglichst schnell fertig zu werden." „Das würde mir sehr am Herzen liegen, so hätten wir dieses Thema beendet. Hat Hellwig dort schon angefangen?"

„Seit heute ist er dran und kann sich vor Kommentaren der anderen kaum retten!" Beide lachten, sie wussten, wie schnell der Flachs bei so etwas blühte. „Das wäre sinnvoll, weil ich Hellwig für den Harz und Tietz hier für die Umgebung im Wald eingeplant habe. Da können wir im November mit den ersten Arbeiten rechnen." „Das passt ja gut. Im Übrigen habe ich zwei zusätzliche Bauanfragen erhalten, die sich gut für den Winter eignen: Innenausbau an der TH und Arbeiten im Klinikum Salzdahlumerstraße." „Wunderbar, wen setzen wir da dran?"

„Zwei Posthäuser sind im Rohbau fertig, das dritte kann Wolke allein fertig stellen. Weitere Häuser dort sind erst für das neue Jahr geplant, also Kluge für die TH. Ähnlich verhält es sich für die Häuser im Siegfriedviertel, da können wir die abziehen und an das Klinikum setzen." „Damit sind die beiden ebenfalls über den Winter beschäftigt, prima. Wie sieht es mit unserer Großbaustelle hier im Ort aus?" „Das läuft gut. Eure Reihenhäuser wachsen. Die drei sind bereits

außen fertig und werden gerade gedeckt. Bei den fünf Reihenhäusern sind sie im Rohbau dabei, bis Ende Oktober werden die fertig." „Also können wir die bereits dieses Jahr beziehen lassen." „Denke ich. Der Innenausbau mit den anderen Gewerken wird dauern, aber das wird klappen." „Für den Einsatz im Harz habe ich Graf, Hellwig und Schubert vorgesehen. Bekommen wir das für November hin?" „Mit Graf und Hellwig sehe ich keine Probleme, Schubert ist beim dritten Rohbau für das RAW, das sollte klappen, für das Frühjahr sind dort erst drei weitere Blöcke vorgesehen. Beim Innenausbau der anderen Gewerke beginnen wir ab der nächsten Woche."
Mehrer kleine Probleme besprachen sie anschließend, kamen zu guten Lösungen. Zufrieden gönnte sich Hubert einen Kaffee. Gerade wollte er zu Wagner aufbrechen, als das Telefon klingelte. Lässig war am Apparat. „Hubert, ich brauche dringend deine Hilfe." „Wo brennt es?" „Ich will zwei deiner Kolonnen von Clausthal-Zellerfeld aus einsetzen und von dort das Holz per Bahn abtransportieren lassen. Wäre alles kein Problem, aber die entsprechenden Gleise können zur Verladung nicht genutzt werden, weil dort zwei beladene Züge stehen. Die sind von der Wehrmacht, die damals im Harz eine große Verteidigung geplant hatte. Der Bahnhofsvorsteher ist zwar willig zu helfen, aber so richtig traut er sich nicht, an das Problem ranzugehen. Er hat das Problem, dass niemand weiß, wohin mit dem Wagen, alle RAWs sind total überbelegt mit Reparaturen. Außerdem weiß niemand, was in den Wagen ist. Auf einigen sind Fahrzeuge, aber was in dem geschlossenen Wagen ist, weiß keiner. Könntest du helfen?" „Hm, ich überlege gerade.

Sollten wir uns das Morgen mal anschauen?" „Das wäre sehr gut, dabei können wir mit dem Bahnhofsvorsteher intensiv darüber reden." „In Ordnung ich bin um 09:00 Uhr mit Karl bei dir, fahren mit dir weiter. Karl kann sich alles anschauen. Vielleicht können wir das Problem lösen, aber da muss ich telefonieren." „Wenn die Wagen nicht mehr blockieren, könnten wir dort verladen."

Er legte den Hörer auf und überlegte, kurz drauf hatte er eine Idee. „Gertrud, kannst du mir bitte den Stellvertreter des RAW ans Telefon bringen? Und Karl brauche ich." Schnell erledigte Gertrud das, und er hatte den Mann am Telefon. Nach einer kurzen freundlichen Begrüßung kam er vorsichtig zum Problem.
„Ich habe gehört, Sie und die anderen RAW's sind stark überbelastet mit der Reparatur von Loks und Wagen?" „Das ist richtig. Wir haben einen Arbeitsvorrat für mindestens ein Jahr, das trifft für alle Werke zu. Uns fehlen die Einrichtungen im Osten, so haben wir zum Beispiel den ganzen britischen Harz dazu bekommen. Überall stehen defekte Loks herum und Wagen, die wieder instandgesetzt werden müssen, um unsere Transportleistungen erhöhen zu können."
„Könnten wir Ihnen etwas abnehmen?" Der Stellvertreter lachte: „Ich traue Ihnen viel zu, aber mit den Loks, das traue ich Ihnen nicht zu!" Hubert antwortete:
„Da gebe ich Ihnen völlig recht. Aber wir haben bereits einige Züge abgerüstet oder entladen, wäre das eine Hilfe?" „Stimmt, da habe ich gar nicht dran gedacht. Haben Sie da etwas Bestimmtes im Auge?" „Ja, haben wir." Er erzählte ihm von dem

Problem in Clausthal und endete mit den Worten: „Wenn diese Wagen dort weg wären, könnten wir das Holz laden, welches für die Briten vorgesehen ist." „Das leuchtet mir völlig ein. Ich weiß, im und um den Harz steht einiges herum, was dringend wegmuss, aber ich weiß nicht, wohin damit, bei uns sind alle Abstellgleise voll und das geht den anderen genauso." „Vorschlag: Wir nehmen die Wagen zu uns, leeren und entsorgen das Zeug, was drin ist. Danach können die Wagen in den normalen Güterverkehr zurück." „Das wäre eine gute Idee. Wir haben mit unseren reparierten Loks sowieso Probefahrten unter Last zu machen. Im normalen Betrieb geht das gar nicht. Solch eine Fahrt kann ich problemlos arrangieren." „Damit wäre allen geholfen, ich fahre morgen dorthin, kann ich dem Bahnhofsvorsteher das so ankündigen?" „Machen Sie das. Unser Mann für solche Fälle meldet sich heute Nachmittag bei Ihnen, den kennen Sie ja." „In der Tat, ein guter Mann. Ach, ehe ich es vergesse, wir hätten einige Weihnachtsgänse, die bald so weit wären, hätten Sie Interesse?" Wieder lachte der Stellvertreter: „Sehr gern, aber am liebsten wäre mir das im Dezember."

Karl wartete bereits in der Tür. Dem erklärte er den Sachverhalt. „Wir fahren morgen früh um 08:00 Uhr mit dem Opel zu Lässig und mit dem weiter. Während wir mit dem Bahnhofsvorsteher verhandeln, schaust du dir das Verladegelände dort an, das wird dein Schwerpunkt." „Alles klar, denke bitte an Tauschsachen, ich meine, dort müssen wir ein wenig schmieren, damit es besser läuft." „Nehme ich mit, du hast recht." Hubert machte er sich auf den Weg zu Wagner.

Mit dem besprach er Arbeiten im Wald, ab Ende November sollte es hier losgehen, Erste Arbeiten bei Fietes Vater waren bereits für Anfang November vorgesehen. Später übergab ihm Wagner einen Umschlag mit 18.000 RM. „Ein paar Sachen habe ich noch, aber die sind bald weg", sagte der dazu. Sie kamen zum laufenden Jägerlehrgang.
„Samstag in einer Woche haben wir den Schießstand in der Buchhorst von den Briten dafür bekommen, Woods ist dabei der Aufsichtsführende. Übrigens, der bleibt jetzt doch bis zum Ende des Jahres hier, hat sein Ministerium verfügt. Freitag in einer Woche macht Mielke die dazugehörende Waffenausbildung, so können wir am Samstag schießen." „Kann ich vorbeikommen, um eine Waffe anzuschießen?" „Das ist kein Problem, du kennst ja Woods." „Gut kommen wir zu einer anderen Sache."
Es folgte die Sache mit dem Einsatz des Lehrganges als Treiber und die mögliche Teilnahme von Junior und Prinz. Wagner überlegte.
„Ich habe Reiner als Führer der Treiber eingewiesen. Trotz seines jungen Alters macht er das sehr gut, geht kein unnötiges Risiko ein. Wenn du deinen Sohn unter dessen Obhut mitmachen lässt, sehe ich da kein Problem. Der Junge folgt bestimmt den Anweisungen von Reiner. Die Sache mit Prinz ist nicht ganz so einfach, frage die Hundetrainerin. Wichtig ist, dass der Hund nicht zu früh das Wild aufschreckt, sondern erst beim Treiben. Ich hätte nichts dagegen."

Auf dem Weg zurück fuhr er bei seinen Eltern vorbei und bestellte bei Malwine eine Gans für den Stellvertreter. „Ist vorgemerkt. Ich hätte da momentan ein paar Enten und zwei Erpel"

76

„Reserviere einen Erpel, den kann ich heute Nachmittag einsetzen." Heinrich kam dazu und bekam einen heißen Tee. „Wie sieht es aus mit den Rüben?" fragte Hubert. „Unsere sind alle weg, das war eine ganze Menge, alles zusammen. Die Miete ist voll, da kommen wir gut mit hin. Jetzt sind wir in den Kartoffeln. Das sieht gut aus. Wenn ich unsere Pflichtabgaben abziehe, werden wir die halbe Feldscheune voll haben. Du solltest an den Abend denken, wo wir über den sinnvollen Tausch sprachen, die ersten Hamsterer sind unterwegs." „Das werden wir schnell angehen müssen., ich kümmere mich darum. So richtig weiß ich nicht wie wir damit umgehen sollen. Wie weit seid ihr mit den Kartoffeln?" „Cremlingen ist heute fertig, anschließend kommt Brunsrode an die Reihe. Im Keller sind zwei Kästen Bier und einer mit Limonade, die kannst du mitnehmen." Malwine sagte ihm: „Wenn du demnächst zwei Stangen deutscher Zigaretten übrighast, ist das der Preis für die Gans und den Erpel." „Kein Problem, das bekommst du von mir!" „Was anderes, wann wollt ihr eure Tochter taufen?"
„Hm, gute Frage, das werden wir mit Fritz und Barbara absprechen, so können wir das gemeinsam machen." „Vorschlag: Ihr könnt das hier feiern und zum Essen gibt es Hirsch!" „Das Angebot nehmen wir sehr gern an. Allerdings muss ich erst meine Frau und die anderen fragen."
„Tu das, aber bitte nicht kurz vor Weihnachten!"

Hubert verlud seine Kisten und fuhr ins Büro. Hier wartete bereits Krummrich auf ihn. „Hubert, wir stehen vor drei großen Aufträgen, die möchte ich dir gern erklären." „Komm rein, so etwas höre ich mir sehr gern an." Beide bekamen einen Kaffee,

Krummrich begann. „Als erstes zwei Lastzüge jede Woche mit Mehl von der Mühle nach Berlin, das kann mehr werden. Alles verpackt in Papiersäcken, also eine gute, saubere Ladung. Für den Rückweg können wir Sachen von Siemens mitnehmen, da verhandeln wir gerade. Als zweites: Transport von Briketts nach Berlin von der BKB. Sechs Züge pro Woche. Und als drittes: Transport von Versorgungsgütern für die Briten von Bremerhaven und Wilhelmshafen ins Ruhrgebiet und andere Regionen. Dabei sind amerikanische und schwedische Sachen, sowie Carepakete." „Wie viele Laster sollen da rollen?" „Mindestens fünf, nach bisherigem Stand. Vermutlich mehr." „Können wir das bewältigen?"

„Die Mehltransporte sind kein Problem, das machen wir mit den neuen Lastern. Die Kohle will ich mit den Wehrmachtslastern transportieren, zwei Stück pro Woche sollen rollen. Und für den Rest setzten wir die restlichen alten Laster ein und die, welche wir übrighaben." „Laufen die alten denn so gut?"

„Die waren teilweise fabrikneu, Gert hat genügend Ersatzteile dafür. Zwei sind im Einsatz für den Rübentransport, die setzen wir danach für die Briten mit ein." „Wunderbar, gut, dass wir die nicht verkauft haben. Wie sieht es mit den Fahrern aus?" „Bisher gut, alles, was fahren kann, fährt." „Hoffen wir, dass es so bleibt. Damit gehen wir gut ausgelastet in den Winter." „Das denke ich. Die Frauen sind gut ausgelastet mit der Planung und Durchführung. Aber, wir sollten uns rechtzeitig um Nachschub für den Sprit kümmern. Die Laster, die für die Briten fahren, bekommen Sprit von denen, aber die anderen nicht und das sind Strecken, der Verbrauch wird steigen." „Verstehe, da werden wir uns drum kümmern müssen. Wie sieht es aktuell aus?" „Keine Probleme, mindestens bis Januar kommen wir mit dem jetzigen Bestand aus." „Was machen unsere Tanker?" „Zwei rollen für die Briten und einer für den Verbrauch im Großraum. Zurzeit werden die ersten Tankstellen wieder eröffnet. Den Vierten halten wir momentan in Reserve. Das ist der Älteste." „Das trifft sich gut. Tankt den bitte voll aus den beiden Kesselwagen, die getarnt vor der MUNA stehen und füllt den Rest aus denen in Kanister, da sollten wir genügend leere für haben. Bei nächster Gelegenheit werden wir die, wenn sie leer sind, abholen lassen. Mal sehen, ob wir dafür neue, volle bekommen." „Das werde ich ab morgen machen lassen. Gute Idee." Krummrich informierte ihn über den aktuellen Einsatzbestand und ging wieder in sein Büro.

Gertrud hatte etwas für ihn. „Der Mann aus dem RAW kommt heute um 16:00 Uhr um mit dir etwas zu besprechen." Beim Durcharbeiten der Post, aß er ein belegtes Brot. Kurz vor dem Ende kam Becker. „Ich wollte berichten, die beiden Grundstücke in Querum sind gekauft, ich habe die Schlüssel. Wollen wir uns die anschauen?" „Das hört sich sehr gut an. Ich bin gleich fertig. Das Auto steht vor der Tür, ich komme gleich." Nachdem er die Post erledigt hatte, sagte er Gertrud wohin er mit Becker fuhr. „16:00 Uhr kommt der Mann vom RAW!" „Bis dahin bin ich wieder zurück."

Becker wartete am Auto, gemeinsam fuhren sie los. Während der Fahrt berichtet Becker von dem Kaufverhandlungen. „Die Verkäuferin war eine Frau etwas über 30, die verbliebene Tochter der letzten Besitzer. Bei Kriegsausbruch war sie zum Studium in England und konnte nicht mehr zurück, blieb dort. Über Briefe erfuhr sie vom Tod ihres Vaters. Der war wohl ein sehr vermögender Kaufmann in der Stadt. Danach fielen ihre beiden Brüder und ihre Mutter verstarb bei dem Bombenangriff, bei dem die Villa beschädigt wurde. Im Nachbargrundstück soll ein jüdischer Anwalt mit Frau und Kindern gewohnt haben, der Mitte 1944 abgeholt wurde auf Nimmerwiedersehen." „Wohnt die weiter in England?" „Ja, sie hat die englische Staatsbürgerschaft angenommen, ist mit einem Professor aus Oxford verheiratet und hat zwei kleine Kinder." „Hat die sich das Haus gar nicht mehr angeschaut?" „Sie ist wohl kurz vorbeigefahren, aber nicht mehr hineingegangen. Sie wollte das alles so in Erinnerung behalten, wie sie es verlassen hatte. Das sei ihr alles zu schwer geworden. Am Tag vor dem Verkauf hat sie sich ausgiebig um die Gräber der Familie gekümmert und deren weitere Pflege organisiert. Nach dem Termin fuhr sie nach England, sie wollte nur weg zu ihrer eigenen Familie. Irgendwie tat sie mir schon leid." „Ja, es gibt viele üble Schicksale, das ist wirklich zum Heulen. Bedeutet das, wir sind die ersten, die diese Grundstücke wieder betreten?" „Offensichtlich. Die Mutter starb an Erstickung in einem Keller in der Nähe, wo sie Schutz gesucht hatte. Die Polizei hatte beide Gebäude verschlossen, die Schlüssel dem Notar übergeben, der mit der Familie bekannt war." „Jetzt bin ich gespannt, was wir dort vorfinden!"

Mittlerweile hatten sie die Straße erreicht und suchten, langsam fahrend, die entsprechende Hausnummer. Vor dem Tor in einer großen wuchernden Hecke hielten sie schließlich an und stiegen aus. Die beiden Häuser standen auf dieser

Straßenseite allein, etwas weiter weg auf der anderen Seite waren mehrere Wohnblöcke. Becker öffnete das vergitterte Tor mit einem der Schlüssel, beide betraten das Grundstück. Das Gras des Vorgartens war hoch, mehrere Büsche rankten in den Plattenweg zum Haus. Dem folgten sie und standen vor dem Haus. Es war eine Villa, dem Baustil der 20er Jahre entsprechend, schlicht mit geraden Kanten. Schon von hier sah man das halb abgedeckte Dach. Becker ging links um das Haus, Hubert rechts herum. An einer Veranda hinten trafen sie sich wieder. Die machte einen sehr desolaten Eindruck, die Glasüberdachung war eingebrochen, der Boden war mit deren Trümmern bedeckt, einzelne Betonplatten darin standen hoch. Neben der Veranda war ein großes Loch in der Außenwand. „Auf meiner Seite ist die Außenmauer beschädigt, die Fenster kaputt, oben am Giebel fehlt ein großes Stück", sagte Becker. „Offenbar kam von dort die Bruchwelle. Schau dort im Garten ist ein großer Trichter." Beide sahen sich das Erdloch an, circa vier Meter im Durchmesser war es und ungefähr 1,5 Meter tief. „Das war eine kleinere Bombe, die Wirkung kenne ich. Da unten liegen Reststücke des Metallmantels!" erklärte Becker sachkundig. „Ein größeres Kaliber hätte das Haus dem Erdboden gleich gemacht", nickte Hubert. „Herr Becker, lass uns vorn hineingehen!" Gerade probierte Becker dort einen Schlüssel, als hinter ihnen, vom Eingangstor her, eine Stimme ertönte. „Darf ich Sie fragen, was Sie hier tun?" Beide drehten sich zum Tor, Hubert antwortete ruhig: „Sehr gern dürfen Sie das fragen. Mein Name ist Hubert Wedel und das ist mein Mitarbeiter Herr Becker. Ich habe beide Häuser gekauft und wir wollten sie uns jetzt anschauen."

„Ach so, die Tochter hat das alles verkauft und ist wieder in England?" „Stimmt", sagte Becker, öffnete seine Aktentasche und holte ein Exemplar des Kaufvertrages heraus. „Hier können Sie sich überzeugen, dass beide Häuser jetzt Herrn Wedel gehören." Der kleine, ältere Mann kam zu ihnen, setzte seine Brille auf und studierte den Vertrag, gab ihn zurück. „Nichts für ungut, in diesen Zeiten weiß man nicht, was alles geschieht. Mein Name ist Bernatz, wir wohnen hinter diesen beiden Häusern und waren mit den Einwohnern beider Häuser bekannt. Weil die Häuser leer standen, beschlossen meine Frau und ich ein Auge darauf zu haben." Hubert nickte: „Das ist sehr nobel von Ihnen. Danke dafür. Wir wollen uns ein Bild vom Zustand beider Häuser machen. Ich habe ein Bauunternehmen und möchte sie wieder wohnlich herrichten." „Das ist sehr löblich und wird sich lohnen. Das andere Haus weist kaum Schäden auf, nur das Dach muss neu gedeckt werden, wie bei uns." „Ist das bei Ihnen schon geschehen?" „Nein, wir fanden bisher keine Firma. Man hat uns auf das neue Jahr vertröstet." Becker und Hubert sahen sich kurz an, Becker sagte. „Vielleicht können wir Ihnen helfen, wir haben eine Dachdeckerkolonne." „Das wäre wunderbar, wissen Sie, ich muss meine Dokumente schützen, die Bücher und so weiter." „Oh, Sie sind Schriftsteller?" Der Mann lächelte: „Ein wenig schon, ich bin Professor für neuere Geschichte hier an der TH." „Respekt, da hätte ich später etwas für Sie. Geben Sie uns bitte Ihre Adresse, unsere Leute melden sich bei Ihnen. Hier ist meine Karte." „Es würde uns sehr freuen, wenn das klappen würde, hier ist meine Karte. Schauen Sie sich gut um, wer weiß, was alles in den Häusern ist."

Als der Mann gegangen war, betraten beide das Haus. Glücklicherweise funktionierte das Licht. Im kleinen Flur trennten sich ihre Wege, Hubert betrat rechts ein großes Wohnzimmer. An das Wohnzimmer schloss sich eine großzügige Essecke an, kostbares Geschirr stand in Glasschränken. Im Vorraum zur Veranda trafen sie sich wieder.

„Großes Arbeitszimmer mit vielen Büchern und Akten, eine sehr großzügige moderne Küche und eine Gästetoilette", sagte Becker.

„Wohnzimmer mit Essecke zeugen von einem dezenten Reichtum." „Fehlen erster Stock und der Keller, der Boden dürfte nicht benutzbar sein."

„Sehe ich genauso. Ich gehe in den Keller, nimmst du das obere Geschoss?"

Wieder trennten sich ihre Wege. Im Keller fand Hubert einen Vorratsraum mit vielen Konserven und einem Tiefkühlapparat, eine gemütliche Kellerbar mit einer wohlbestückten Theke, dazu kam ein sehr gut gefüllter Weinkeller, ein Putzraum und ein kleiner Raum, in dem ein Blechschrank stand, davor ein Tisch und zwei Stühle. „Archiv" stand oben an dem Schrank. Hubert ging wieder hinauf und traf dort auf Becker. Dem erzählte er was im Keller war. „Oben ein großes Schlafzimmer, tolles Bad, volle Schränke mit Klamotten und zwei kleine Jugendzimmer. In einem größeren mit Blick nach vorn zur Straße ein Raum, der aussieht wie ein Malatelier, mit allem Zubehör." „Na, das wäre doch was für dich", lachte Hubert. „Stimmt, melde hiermit Bedarf!" „Bitte gewährt." Sie verließen das Haus. „Ich gehe durch den großen Garten zum anderen Haus, du kannst den normalen Weg nehmen!" sagte Hubert.

Becker nickte und ging hinaus, verschloss die Gartentür. Hubert ging durch den Garten hinüber zu dem anderen Haus. Unter einer Buschreihe stieß er auf einen gepflasterten Weg, der zu einem Tor zur Straße führte. Rechts konnte er einen Flachbau erkennen, der wie eine Garage aussah. Die konnte man sich später anschauen, beschloss er, betrat das andere Grundstück. Von der Grundstücksgrenze betrachtete er das Haus, nahezu eine Kopie des anderen. Er sah zu, wie Becker durch den Eingang auf das Haus zuging und die Eingangstür aufschloss. Er folgte ihm und betrat ebenfalls das Haus. Nach dem Hausdurchgang sagte Becker: „Das Haus ist in Ordnung, nur das Dach muss ausgebessert werden. Wenn das fertig und leer ist, können wir sofort vermieten."

„Das sehe ich genauso. Wie wir das mit dem Ausräumen machen, müssen wir uns überlegen."

Auf dem kürzesten Weg fuhren sie zurück, rechtzeitig zum nächsten Termin war Hubert wieder im Büro. Kurz darauf kam der Mitarbeiter des Stellvertreters des RAW's. Man kannte sich, begrüßte einander dementsprechend. Er bekam einen Kaffee, als er am Schreibtisch Platz nahm. „Wie sieht es aus, bekommen wir das mit dem Zug geregelt?" fragte Hubert. „Ich habe eine Fahrplanlücke am Samstagnachmittag gefunden. Wir fahren am Samstag mit einer frisch reparierten Lok nach Clausthal-Zellerfeld, kuppeln die Wagen zusammen und bringen den Zug zum Hauptgüterbahnhof Braunschweig, stellen den dort ab. Da stehen vier weitere Wagen, die wir woanders fanden. Die hängen wir dran und fahren mit einer anderen Lok diesen Zug am Montag zu Ihnen. Um

10:32 Uhr sollte die Ankunftszeit hier im Bahnhof sein. Die kleine Diesellok bringt die Wagen in der Länge, wie die Rampe hier ist." „Wunderbar, rauchen Sie?" „Ja."

Hubert bot ihm eine Zigarette an. Als beide rauchten und Kaffee tranken, schob er eine Stange deutscher Zigaretten über den Tisch. Die verschwand in der Aktentasche des Mannes. „Ich hätte da eine andere Frage, kommt es vor, dass Tankwagen herrenlos herumstehen?" „Momentan kann das schon passieren, vor allem auf großen Güterbahnhöfen." „Ich frage das deshalb, weil teilweise der Nachschub für unsere Spedition stockt. Vor allem normales Benzin scheint überall zu fehlen." „Das ist gerade für eine Spedition schlecht, da muss man schauen!" Beide zwinkerten sich zu. „Ach ich habe etwas für Sie. Wenn der Zug am Montag hier ist, wartet ein geschlachteter Erpel auf Sie. Da es momentan keine Blumen gibt, ist das unser Dank für ihre Bemühungen."

„Prima, herzlichen Dank. Eine kleine Bitte hätte ich. Mein Bruder ist Lokführer bei uns, der stellt Ihren Zug zusammen und bringt den hierher. Hätten Sie für den eine Ente?" „Ja klar, kein Problem, raucht der?" „Genau wie ich, aber Zigarren, das tut man so als Lokführer." „Das Problem kann ich lösen. Kann unser Betrieb sonst behilflich sein?" „Also, wenn Sie so fragen, ja. Der Sohn meines Bruders befand sich in der Lehre zum Tischler, zweites Jahr. Aber jetzt ging die Firma pleite. Hätten Sie da etwas?" „Wir haben eine große Tischlerei, er soll sich mit seinen Papieren am Montag vorstellen." „Das werde ich so weitergeben, der Junge ist ein begeisterter Modellbauer." Ein wenig plauderten sie, der Mann verabschiedete sich. Zuvor hatte er sich sehr für die Wohnung bedankt, die er schon bezogen hätte.

Als Gertrud anschließend hereinschaute, sagte er lächelnd: „Notier dir bitte den Termin Montag 10:32 Uhr Zugentladung. Ruf bitte Malwine an, wir brauchen am Montag zu dem Erpel eine Ente und einen kleinen Sack mit Kartoffeln." Lächelnd nickte die, wusste sie doch genau, hier war gerade ein Geschäft abgeschlossen worden. „Übrigens Magda Hanisch, die für Barbara fährt, sprach mich an, ob in der nächsten Zeit vielleicht eine Zweizimmerwohnung in den Häusern frei würde." „Magda? Die hat doch ein sehr großes Zimmer in den Depothäusern!" „Naja, zu zweit ist das schon ein wenig klein auf Dauer." „Oh hat sie jemanden gefunden?" „Ja einen der Mechaniker von Gert." Hubert überlegte. „Die sind doch alle viel jünger als sie, Magda ist 40 oder 41." Gertrud lächelte. „Stimmt, aber eine sehr nette Frau und Großmutter. Aber wo die Liebe hinfällt. Wahrscheinlich ist ihr das zu öde, allein im Zimmer zu sein und die Wände anzuschauen!" Hubert lächelte zurück: „Das kann ich nachvollziehen. Ich finde das von beiden mutig, da wird es bestimmt eine Menge Tratsch geben. Aber in Ordnung, setzt sie bitte bei Becker auf die Liste."

### Magda Hanisch

Nachdem sie mit ihrer Tochter und deren Kinder aus dem Flüchtlingsheim nach Lehre gekommen war, hatte sie bei Barbara ihre Stelle als Fahrerin. Ihre Aufgabe war es, morgens die vollen Milchkannen von den Bauernhöfen einzusammeln und die leeren gesäuberten mittags wieder zurückzubringen. Anfangs war das recht hart

86

gewesen, die körperliche Arbeit war ungewohnt gewesen. In ihrem früheren Leben in Leipzig hatte sie mit ihrem Mann einen Buchladen betrieben, bis der 1940 überraschend verstarb. Allein hatte sie weitergemacht, bis der Laden bei einem Bombenangriff ausbrannte. Mehr recht als schlecht hatte sie sich mit ihrer Tochter und deren Kindern durchgeschlagen und schließlich die Flucht in den Westen angetreten. Als ihr Schwiegersohn nicht mehr zurückkehrte und ihre Tochter die Nachricht über seinen Tod in russischer Gefangenschaft erhalten hatte, war die in eine leichte Depression gestürzt und hatte sich nicht mehr um ihre Kinder gekümmert. Seitdem sie mit Dieter Kleinert zusammen war, blühte sie jedoch wieder auf, die Kinder mochten den Mann sehr. Als eine der ersten hatten die vier eine große Wohnung bezogen und fühlten sich dort sehr wohl. Seit dieser Zeit hatte sie sich zurückgezogen und wollte dort nicht ständig präsent sein. Ein paar Bücher hatte sie sich organisiert, las wieder, aber es wurde ihr mehr und mehr langweilig und öde. Ein Zufall brachte Licht in ihr tägliches Dasein. Ihr Opel Blitz musste zur Inspektion in die Werkstatt. Dort übernahm den einer der jüngeren Mechaniker, kümmerte sich sorgfältig um das Auto und behandelte sie nett und respektvoll. Das gefiel ihr sehr gut, sie fühlte sich ein wenig geschmeichelt, der Mann sah gut aus und plauderte sehr nett. So war sie froh, dass sie bald wieder mit dem Auto in die Werkstatt musste, da der Wagen nicht sauber lief. Wieder übernahm der nette Monteur und sie plauderten nett. Nachdem sie die Toilette besucht hatte und ihr Auto abholen wollte, staunte sie. Ihr Fahrersitz war mit einer weichen Decke überzogen und am Armaturenbrett klebte ein Strohstern.

„Das ist ein Talisman, der soll Sie beschützen, die Decke soll es Ihnen bequemer machen", sagte lächelnd der junge Mann. Sie bedankte sich erfreut und gab ihm als Dank eine Flasche mit frischer Milch, die sie ihm Führerhaus hatte. Öfters dachte sie an den jungen netten Mann. Das Sommerfest kam, auf das sie sich gefreut hatte. Endlich kam sie dazu, die Sachen anzuziehen, die sie von Ulla erhalten hatte. Rock und Bluse passten gut zueinander und die Schuhe mit etwas Absatz waren viel angenehmer als die Sicherheitsschuhe, die sie sonst trug. Eine leichte Strickjacke nahm sie locker über die Schulter und die Handtasche, die sie neulich ergattert hatte. Dieter Kleinert hatte sie gleich zu sich und ihrer Tochter gesetzt und tatsächlich fragte nach einiger Zeit der junge Monteur, ob er sich zu ihnen setzten dürfte. Na klar, sagte Dieter, schließlich war es einer seiner Kollegen in der Werkstatt. Jetzt bekam sie mit, wie er hieß, Klaus Muhsal. Er holte für alle ein Glas Wein und als ihre Tochter mit Kleinert tanzte, kamen sie in ein nettes Gespräch über ihre Vergangenheiten. Sie erzählte von sich, er tat er das auch. In Küstrin war er geboren und aufgewachsen, hatte dort seine Lehre als Automechaniker absolviert. Kurz danach war er eingezogen worden und kam in eine Instandsetzungseinheit und später in eine Reparaturwerkstatt der Wehrmacht, nahe Hannover. Hier blieb er, wurde Unteroffizier und war in der Ausbildung zum Feldwebel, als die Amerikaner das Werk besetzten, ihn in Gefangenschaft nahmen und wie andere später den Briten übergaben. Aus dem Lager kam er nach

Braunschweig, wo er in den britischen Kfz Werkstätten arbeitete. Bei seiner Entlassung empfahl ihm Woods hierher zu gehen. In den Osten wollte er nicht, seine Eltern waren beim russischen Beschuss in Küstrin ums Leben gekommen. „Und was haben Sie jetzt vor?" fragte Magda interessiert. „Ich möchte meinen Meister machen und bei Gert bleiben. Das ist ein tolles Team und er ein guter Chef mit Ideen und großem Sachverstand." „Das ist ein Ziel was sich lohnt", nickte sie bestätigend. Sie gingen ebenfalls tanzen und das machte er gut, sie fühlte sich in seinen Armen sehr wohl. Später gingen sie gemeinsam einen Sekt trinken und plauderten dabei weiter. Ein zweiter folgte. Als das Fest zu Ende war, bot er sich an, sie nach Hause zu begleiten. Er selber wohnte mit einem anderen Monteur in einem Zimmer einen Block hinter ihrem. Sehr gern willigte sie ein. Als sie etwas vom Festplatz entfernt waren, ergriff sie im Dunklen seine Hand, so gingen sie nach Hause. Vor der Eingangstür verabschiedet er sich artig, sie duzten sich. „Wenn du magst, komm bitte morgen um 15:00 Uhr zum Kaffee zu mir." „Sehr gerne, danke. Gute Nacht."
Als sie sich in ihrem Zimmer bettfertig machte, gestand sie sich lächelnd ein, sie hatte Feuer gefangen. Vielleicht war das ja das Ende ihrer Einsamkeit.
Das Kaffeetrinken am nächsten Tag verlief sehr harmonisch. Drei Stücken Kuchen hatte sie in Reserve, die stammten von einem Kuchen, den Barbara am Freitag spendiert hatte. Als er sich später verabschiedete, begleitete sie ihn zur Tür. Ohne ein Wort zu sagen, standen sie vor der Tür und sahen sich an. Sie brach das Eis. „Ich würde mich freuen, wenn du mir einen Kuss gibst." Er

schnaufte kurz durch, beugte sich zu ihr und
küsste sie auf den Mund. Lächelnd sagte sie: „Geht
das länger?" Als er sich zu ihr beugte, legte sie ihre
Arme um seinen Hals und jetzt wurde der Kuss
sehr lange, außerdem umarmte er sie ebenfalls.
Ein Anfang war gemacht, sie genoss es ausgiebig.
Beruflich tat sich etwas bei ihr. Barbara rief sie zu
sich.
„Magda, du machst deine Sache sehr ordentlich
und zuverlässig. Aber in der letzten Zeit fällt mir
öfters auf, wie schwer du dich mit den vollen
Kannen tust. Und es werden immer mehr. Ich
hätte jetzt einen Mann, der die Arbeit machen
könnte. Du sollst nicht deinen Rücken
überstrapazieren." „Werde ich jetzt gekündigt?"
fragte Magda erschrocken. „Ach was, nein. Ich will
dich nur etwas schonen. Ursula Bode fährt die
Schulspeisung. Jetzt ist sie hochschwanger, wir
wollen sie da herausnehmen. Wir dachten an dich,
zusammen mit Dietlind das zu fahren." „Das hört
sich gut an, ja du hast recht, es fällt mir immer
schwerer, die vollen Milchkannen hochzuheben.
Wenn das geht, würde ich das gern machen." So
geschah es, mit Dietlind fuhr sie ab sofort die
Schulspeisung, endlich hatte sie am Sonntag frei.
Das alles, zumindest die berufliche Sache, wusste
Hubert, als er daheim Ulla von den beiden Villen
erzählte.
„Das sollten wir uns anschauen. Wenn das alles so
gute Sachen sind, werde ich für uns einiges
mitnehmen. Was hast du mit den vielen Büchern
vor?" „Ich wollte Magda Hanisch mitnehmen, die
war früher Buchhändlerin. Außerdem können wir
ihren jungen Freund, einen der Mechaniker von
Gert, mitnehmen, der soll sich die Garage
ansehen." „Soweit ich mich erinnern kann, ist der

um einiges jünger als sie." „Ja, aber wo die Liebe hinfällt." „Ich finde das ganz schön mutig von ihr, solche Altersunterschiede betrachtet man immer sehr skeptisch und das sorgt für Klatsch und Tratsch. Hoffentlich wird sie nicht enttäuscht, wenn der irgendwann eine Jüngere findet." „Das kann überall geschehen und momentan gibt es einen Berg von alleinstehenden Frauen. Ich gönne ihr das und hoffe, es läuft gut." „Ja gut, das soll ja nicht unser Hauptproblem sein. Lass uns überlegen, wie wir das Ganze machen. Du bist morgen den ganzen Tag nicht verfügbar. Erst Harz, später Wochenbesprechung, und Quadrille. Ich habe morgen Unterricht für die Jägerprüfung. Also morgen geht gar nicht. Aber ab morgen, sind Herbstferien, also bin ich ab Samstag verfügbar." „Am Samstag kommen unsere neuen jungen Pferde, die ehemaligen Junghengste, die holt Richard. Frank fährt die trächtigen Stuten nach Wittingen zu Sigurd. Aber wir könnten am Samstag das packen, was wir für uns wollen." „Da nehmen wir Magda und ihren Freund am Samstagmorgen mit." Beide setzen sich an ihre Schreibtische, um etwas zu arbeiten. „Du Ulla, ich hätte da eine gute Idee!" Sie lachte auf: „Aber bitte nicht schon wieder auf dem Schreibtisch!" Lachend antwortete er: „Nein, nein, etwas ganz anderes. Der Professor, der dahinter wohnt und die Häuser bewachte, dem könnte ich die Kisten mit den Papieren vom Boden geben. Der kann damit bestimmt etwas anfangen." Ulla überlegte, sagte: „Du solltest aber vorher versuchen herauszubekommen, welche Rolle er bis 45 spielte. Wenn er zu allem positiv stand und vielleicht sogar Parteimitglied war, wird er das alles vernichten, das wäre nicht in deinem Sinne." „Ich

will das Papier aufgearbeitet haben. Aber da hast
du recht, ich lasse Erkundigungen einziehen."

## Die Häuser in Querum

Genau das tat er am nächsten Morgen. Sowohl
Gertrud als auch Fischer bekamen dessen Name
und Anschrift. Gertrud sollte das auf britischer
Seite tun und Fischer mit seinen vielfältigen
Beziehungen auf der deutschen Seite. Niemann
erhielt den Auftrag, sich beide Häuser und das des
Professors anzuschauen und einen Plan und
Kostenvoranschlag für deren Rekonstruktion
erstellen zu lassen. Mit Becker sprach er vor seiner
Abfahrt, teilte ihm mit, sie planten, morgen zur
Erkundung dahin zu fahren. Gert bat er, den
betreffenden Mechaniker mit Ausrüstung morgen
früh um 09:00 Uhr vor das Stabsgebäude zu
schicken, Magda Hanisch wurde von Getrud
alarmiert, sollte um 15:00 Uhr bei ihm im Büro
sein, es wurde es Zeit mit Karl nach Goslar zu
fahren. Dafür hatte er in seinem Rucksack
genügend Tauschmaterial dabei, in Goslar stieg
Lässig dazu. Der Bahnhofsvorsteher war durch
Lässig informiert und erwartete sie im
Bahngebäude. In seinem Büro bot er ihnen an
einem runden Tisch Platz an und entschuldigte
sich, weil er ihnen nichts anbieten könne. Hubert
lächelte: „Das können wir ändern, haben Sie
jemanden, der Kaffee kochen kann?" Dabei stellte
er ein Paket mit Kaffee auf den Tisch. Der Mann
sah das staunend an.„Das ist ja richtiger Kaffee.
Da werde ich meine Frau fragen, wir haben hier im
Gebäude unsere Wohnung, das geht schnell."
„Nehmen Sie das bitte mit, das ist für Sie!" Dabei
legte Hubert ein Paket mit englischem Tee dazu.

„Oh wunderbar, danke." „Darf unser Mitarbeiter sich im Bahnhofsbereich umsehen? Er soll hier die Verladung leiten und sich mit den Gegebenheiten vertraut machen." „Aber natürlich, sehr gerne. Ich kümmere mich um den Kaffee." Karl hatte mehrere Zigarettenschachteln in seiner Jackentasche, als er hinausging, um sich umzuschauen. Der Bahnhofsvorsteher kam zurück und hatte ein Fernschreiben in der Hand. „Das kam heute Morgen. Dort wird die Abholung der Wagen für morgen Vormittag angekündigt. Sie erfolgt durch eine Lok des RAW Braunschweig. Das hätte ich nicht gedacht, aber es ist eine gute Nachricht, damit haben wir hier endlich Platz." Hubert nickte. „Prima, das ist toll, welch eine gute Nachricht!" Die Frau des Bahnhofsvorstehers brachte Tassen und den frisch aufgebrühten Kaffee. Lächelnd sagte sie: „Ich habe schon probiert, schmeckt wunderbar. So etwas hatten wir lange nicht." Sie goss allen ein und sagte beiläufig zu ihrem Mann: „Vergiss nicht, den Herren zu erzählen, worüber wir uns gestern unterhielten."

„Mache ich. Vielleicht interessiert es Sie. Aber jetzt trinken wir den Kaffee." Das taten sie in aller Ruhe und dabei fragte Lässig, ob es möglich sei, hier irgendwo ein Büro für die Dauer der gesamten Holzaktion einzurichten. „Das ist kein Problem. Wenn Sie wollen, können Sie hier im Gebäude zwei Räume nutzen, die stehen schon länger leer, Büromöbel sind dort und wenn Sie einen Spezialisten haben, können Sie das Telefon reaktivieren, was dort ist." „Das wäre wunderbar, wir schauen uns das sehr gerne an." Hubert bot Zigaretten an, schob zwei Schachteln in Richtung des Vorstehers, die der in seine Jacke steckte. Prompt begann er zu erzählen.

„Anfangs war hier nicht viel los, nur der Eisenbahnverkehr für die Sprengstofffabrik war zu den normalen Fahrten zu bewältigen. Aber ab Januar 45 ging es hier richtig los. Zusätzliche Züge brachten Material, Waffen und alles möglich hier her und wurden in der Gegend verteilt. Schnell wurde uns klar, die Wehrmacht wollte den Harz zu einem Bollwerk ausbauen. Mehrere Baracken wurden für Arbeiter aufgestellt, die wurden mit KZ Häftlingen belegt, die hier in der Gegend arbeiteten. Kurz vor Kriegsende wurden die per Güterzug abtransportiert. Das waren üble Bilder, aber niemand konnte diesen ausgemergelten Menschen helfen, die SS Wachmannschaften, hauptsächlich Ukrainer und Balten, riegelten die systematisch ab. Wohin das ganze Zeug kam, wussten wir nicht, wir durften nicht mehr aus dem Ort. Mein Schwager, ein ehemaliger Forstgehilfe, den sie wegen politischer Unzuverlässigkeit aus dem Staatsdienst entlassen hatten, machte sich auf, als alles vorbei war und fand einige gut getarnte Lager und Depots hier in den Wäldern."
„Wissen Sie wo die sind?" fragte Lässig interessiert.
„Nur ungefähr, aber mein Schwager arbeitet als Hilfsarbeiter beim Baubetrieb gegenüber im Lager, der kann Ihnen alles zeigen." „Kann ich den Mann sprechen?" „Klar, meine Frau kann ihn holen."
„Das würde mich sehr freuen, wenn es klappt. Wir fischen hier überall nach solchen Sachen und ich möchte damit aufräumen."
Er ging hinaus und kam kurz danach weder herein. „Meine Frau holt ihn." Sie plauderten weiter, bis es an der Tür klopfte, ein etwas älterer Mann betrat den Raum. „Das ist mein Schwager, die Herren interessieren sich für deine Erkundigungen." Der Mann nickte, nahm Platz

und bekam einen Kaffee. „Das ist ja nett, darf ich fragen, warum", sagte er und schaute Hubert und Lässig interessiert an. Lässig stellte sich vor, sagte ein paar Worte zu Hubert und beendete das mit den Worten: „Wir sind dabei, im Harz die Reste der Vergangenheit aufzuräumen. Leider müssen wir den Briten unser Holz liefern. Sie waren Forstarbeiter?"

„Ja, ich war hier im ehemaligen Forstamt Vorarbeiter und führte eine Kolonne. Leider konnte ich meine Klappe nicht halten und sagte dem Förster, den man hier eingesetzt hatte, meine Meinung. Der hatte von der Arbeit vor Ort nicht viel Ahnung, war aber politisch ganz vorne und das gefiel mir gar nicht. Erst wurde ich nur verwarnt. Als aber einer seiner Gefolgsleute versuchte, einige unserer hier arbeitenden Frauen in die Mitgliedschaft der NS Frauen zu drängen, mischte ich mich ein. Es kam zu einem großen Streit, während dem er mir ankündigte, mich von seinen Helfern verprügeln zu lassen. Das versuchte einer seiner Helfer, aber dessen Versuch endete für ihn im Krankenhaus Goslar. Kurz darauf war ich entlassen und hatte Glück, nicht an die Front zu kommen. Das Ende des Krieges bewahrte mich vor weiteren Racheakten." Lässig grinste. „Sehr abenteuerlich. Zwei Fragen. Wollen sie wieder bei uns anfangen und was haben Sie gefunden?" Der Mann lächelte. „Zu erstens, ja sofort und zu zweitens, kann ich ihnen auf einer Landkarte der Gegend zeigen!" „Das haben wir gleich", sagte Lässig und zog eine Karte der Gegend aus seiner Umhängetasche, breitete sie aus und legte einen Bleistift dazu. Kurz betrachtete der Mann die Karte, ruhig malte er fünf Kreise rund um Clausthal-Zellerfeld. „Sehr gut, da werden wir uns

ab morgen drum kümmern", sagte Lässig, faltete die Karte zusammen, fuhr fort: „Wenn Sie morgen Vormittag zu mir nach Goslar in mein Büro kommen und Ihre Papiere dabeihaben, reden wir weiter über eine Wiedereinstellung!"
Der Mann erhob sich. „Danke, ich werde dort sein." Er ging er wieder hinaus. Wieder gab Hubert eine Runde Zigaretten aus. „Das war sehr interessant", sagte er dabei. „Mein Schwager ist eigentlich ein ganz ruhiger Vertreter. Aber Ungerechtigkeit kann er gar nicht leiden. Übrigens sind wir alle ohne Probleme entnazifiziert!" „Sehr gut, aber jetzt sollten wir uns das Büro anschauen", sagte Hubert und erhob sich. Karl war zurück, gemeinsam machten sie einen kleinen Rundgang. Zum Abschluss gab Hubert den Bahnhofsvorsteher eine Flasche Wein. „Danke für Ihre Hilfe. Wenn Sie etwas brauchen, wenden Sie sich einfach an unseren Mitarbeiter, der bald während der Woche hier sein wird."
Während der Rückfahrt entwickelte Lässig einen Plan für diese Depots. „Ich werde mir die anschauen. Mal sehen, ob die da noch sind. Den Rest könnt ihr räumen." „Sehr gut, das wird die zweite Aufgabe für Karl sein. Der kann das alles von hier aus koordinieren." „Das bekomme ich hin, endlich wieder etwas Handfestes zu tun, darauf freue ich mich sehr." Nachdem sie Lässig im Forstamt abgesetzt hatten, fuhren beide nach Hause, dort wartete eine Menge Arbeit auf beide. Während der Fahrt sagte ihm Karl, was er bei den dort herumstehenden Güterwagen festgestellt hatte.
„15 Waggons sind es insgesamt. Ein Kesselwagen mit Diesel, zwei größere flache Wagen mit drei Mannschaftstransportern, einer Zugmaschine und

96

zwei kleineren Lastern mit verzurrter Plane.
Außerdem zwei Flachwagen, beladen mit
Stahlträgern, zehn geschlossene Güterwagen."
„Sehr gut, vor allem den Tankwagen können wir
gut brauchen. Rede bitte nach unserer Rückkehr
mit Gert, damit der die Autos abladen kann."
Anschließend planten sie die Ausräumung der
anderen Wagen. Um alles in einer Hand zu lassen,
bestimmte Hubert Karl als Koordinator für diese
Aktion. „Hol dir von Gertrud Zigaretten und
Zigarren für unseren Bahnhofsvorsteher und den
Fahrer der kleinen Diesellok. Die Sachen für den
Lokführer und den RAW Mitarbeiter, besorge ich."

Nach ihrer Rückkehr machten sich beide an die
Arbeit. Karl suchte seine Helfer zusammen, Hubert
beschäftigte sich mit zwei vollen
Unterschriftsmappen und bereitete die heutige
Besprechung vor. Mit Gertrud besprach er die
Einweisung in das Verhalten bei Tauschvorhaben.
Mit ihr legte er den Umfang der Personen fest. Alle
drei Wedel Brüder mit Frauen, ihre Eltern, der
Bürgermeister und dessen Bruder, Schwarz,
Helma, Kokoschka, Becker, Dolle, Mielke, Lindner,
Frau Goldap und Hubertus Müller. Doris sollte die
Leitung übernehmen und aus ihren Erfahrungen
berichten. „Ach nimm bitte Hartmut dazu und
meinen Freund den Schlachter", fiel ihm ein.
„Meine Termine kennst du, mach zwei Vorschläge,
den bei dem die meisten zustimmen, nehmen wir."
„Alles klar. Ich nehme von uns Fischer und Monika
dazu." „Gute Idee, so machen wir das. Ort: Keller,
Verwaltungsgebäude."
Damit war das Vorzimmer gut ausgelastet.
Pünktlich um 15:00 Uhr kam Magda Hanisch.
Jetzt sah Hubert sie aus anderen Augen. Sie war

eine mittelgroße, schlanke Frau mit unübersehbaren weiblichen Attributen und einem freundlichen Gesicht, eine attraktive Frau, fand er. Freundlich begrüßte er sie, bat sie vor dem Schreibtisch Platz zu nehmen. Kurz erklärt er ihr den Kauf der Villen. Sie hörte geduldig zu. „Und jetzt zu dir. In beiden Häusern befindet sich eine umfangreiche Sammlung von Büchern. Ich lese zwar gern, aber du solltest dir die anschauen und sortieren. Wenn du willst, kannst du welche hier in den Keller im Aufenthaltsraum platzieren, damit jeder sie lesen kann. Die NS Bücher sollten aussortiert werden, Fachbücher können wir an die Hochschule geben. Morgen um 09:00 Uhr wollen wir von hier aus los. Muhsal kommt mit als Automechaniker, da ist eine Garage, vermutlich mit Autos. Die soll er überprüfen und fahrtauglich machen. Selbstverständlich könnt ihr beide euch Sachen für eine gemeinsame Wohnung mitnehmen." Mit großen Augen hatte sie zugehört. „Das ist ja eine tolle Aufgabe, das mache ich sehr gerne, da freu ich mich drauf. Wir werden morgen pünktlich hier sein." Vor der Besprechung kam Karl zu ihm und trug vor, wie er beabsichtigte, an die Entladung der Güterwagen heran zu gehen. Kleine Änderungen gab ihm Hubert mit, im Großen und Ganzen war es gut geplant. Dieses Vorhaben sollte Karl in der Besprechung konkretisieren. Dabei war der Planungsentwurf, wer wo bei der winterlichen Holzaktion eingesetzt würde. Die endgültige Planung würde in der nächsten Woche folgen.

Um 18:00 Uhr war er daheim und zog sich um. Ulla würde die Kinder ins Bett bringen und zum Unterricht fahren. Bevor er in den Stall ging, holte Mielke vier unterschiedliche Jagdgewehre ab, um deren Funktion zu erklären. Weber und Frank waren zurück, der Transport der Junghengste war gut verlaufen. Langsam füllte sich der Stall, alle bereiteten ihre Pferde vor und gingen nacheinander auf den Reitplatz, um sie zu bewegen. Bei einigen war das wichtig, weil sie gestanden hatten und nicht so oft bewegt worden waren.

Dementsprechend hektisch waren der Einmarsch und der Anfang der Quadrille. So konnte das nicht weitergehen, beschloss Weber und brach den ersten Versuch ab, schickte alle hinaus auf den Platz. Dort war es zwar schon dunkel, aber genügend Platz zum Bewegen. Der zweite Versuch klappt besser und im Dritten lief alles wie am Schnürchen. Nächsten Donnerstag sollte die Generalprobe sein. Gemeinsam beschloss man rechtzeitig nach Celle aufzubrechen, damit genügend Zeit zum Abreiten blieb. Als alle Pferde im Stall waren und Ruhe einkehrte, trafen sich die Reiter im Reiterstübchen. Hartmut war da, würde später Christina aus der Klinik abholen. Stolz berichtete er vom Bestehen seiner Zwischenprüfung nach einem Jahr der Lehre. Da er sie mit sehr gut bestanden hatte, war ihm das dritte Jahr der Lehre erlassen worden. Dazu gratulierten ihm alle. „Seid ihr beide am Sonntag verfügbar?" fragte ihn Hubert. „Ja, Christina hat frei und wir haben nichts weiter vor." „Wenn ihr wollt, könnt ihr mitkommen und ein Haus ausräumen. Vielleicht findet ihr etwas, was euch bisher fehlt." „Das ist gut, ich werde nachher mit ihr sprechen." „Wenn sie zusagt, organisiere dir rechtzeitig einen Opel Blitz, damit ihr genug Transportraum habt." Mit Weber, Frank und Richard besprach er die durchgeführten Transporte, wünschte Richard viel Spaß für die

Abholung der beiden Pferde. „Danke, ich nehme Thomas mit, da kann er lernen, wie man Pferde verlädt." „Viel Spaß, wir sind vermutlich ab Mittag wieder daheim."

Er ging ins Haus, zog sich etwas Bequemes an und holte die verschiedenen Kisten mit Akten und Aufzeichnungen herunter, die er morgen mitnehmen wollte. Mit einer Sackkarre fuhr er sie zu dem Hanomag, mit dem er morgen fahren würde und verstaute alles. Ulla würde morgen früh Kartons und Kisten aufladen und ihn im Betrieb abholen. Später kam Ulla und berichtete über die Waffenkunde, die sie heute hatten. „Der Mielke hat das gut gemacht, gleich von Anfang an hat man genau verstanden, um was es ging und warum alles so funktioniert. Ich habe zwar bei einer Jagd mitgemacht und geschossen, aber jetzt weiß ich, warum ich nichts getroffen habe. Eigentlich habe ich alles falsch gemacht." „So ging mir das am Anfang. Aber auch heute bin ich froh, wenn mich jemand sachkundig korrigiert. Mielke hat das bei mir einmal gemacht und seit der Zeit fühle ich mich wesentlich sicherer und treffe prompt genauer."

Das Thema beschäftigte sie eine Stunde. Mielke hatte die Waffe, die Hubert für sie ausgesucht hatte, genau untersucht und sie ihr angepasst. Bei den einzelnen Anschlägen, die sie geübt hatten, hatte er sie korrigierte. Das alles hatte ihr ein sicheres Gefühl gegeben, außerdem hatte Mielke Hubert gelobt, weil er ihr solch eine gute Waffe zugeteilt hatte. Fehlte jetzt nur der scharfe Schuss, das würden sie am Dienstag machen.

Mit dem Fahrrad fuhr er am nächsten Morgen in die Firma. Einer aus der Kolonne, die gerade abrückte, schaute ihn verblüfft an. „Was ist los Chef? Hat man dir das Auto gestohlen?" lachte er. Laut erwiderte Hubert: „Alles in Ordnung, wollte nur prüfen, ob ihr mich auf dem Rad erkennt!" Gelächter ertönte, der Laster fuhr weiter. Mielke, der aus dem Verwaltungsgebäude kam, stutzte und sagte grinsend: „Trainierst du für ein Radrennen?" „Nein, nein, die Pferde schliefen, da musste ich ein Rad nehmen." Lachend gaben sie sich die Hand. „Gratulation, man hat dich für gestern Abend sehr gelobt!" „Oh, danke, schön zu hören. Aber schauen wir mal, wenn es richtig knallt!"

Gertrud brachte ihm seinen Kaffee und hielt einen Zettel in der Hand. „Ich habe hier das, was Fischer herausgefunden hat und was ich erfahren konnte in Bezug auf den Professor. Beides deckt sich. Wegen kritischer Äußerungen zum System und zum Kriegsverlauf wurde der Mann vom Dienst suspendiert und durfte nicht mehr an der Hochschule tätig sein. Jetzt hat er wieder den Lehrstuhl für Neuere Geschichte erhalten."

„Danke, da werde ich meine Kisten mit Dokumenten los, der kann damit bestimmt etwas anfangen." Nachdem er seinen Schreibtisch leer hatte, ging er zu Fischer und fragte, ob die Laster nach Cuxhaven gut unterwegs seien. „Alles gut unterwegs, die bringen den Lebertran für den Apotheker mit. Dieses Geschäft entwickelt sich gut. Übrigens die Pferdetransporte bringen gutes Geld in die Kasse. Weber hat das in bar mitgebracht und das Landgestüt ist ein verlässlicher Zahler. Du solltest das mittelfristig im Auge behalten, die Bahn kann den Lebendtransport von Tieren nicht so gut sicherstellen." „Das habe ich mir gedacht, mal sehen, was da geht." Bei Lindner war Ruhe eingekehrt, nachdem alle Handwerker unterwegs zu ihren Arbeitsstellen waren. „Ich habe von Niemann den Auftrag für die Dächer in Querum erhalten. Der Vorarbeiter ist gerade unterwegs dorthin. Wenn das nicht zu viel ist, können wir das nächste Woche einschieben." „Das würde passen. Die Rechnung von den zwei Häusern geht an mich, die Rechnung für das Haus des Professors an den. Das wäre gut, bevor der Winter kommt. Wie sieht es bei den Neubauten hier im Ort aus?" „An den ersten drei sind bereits die Elektriker und die Installateure, anschließend die Tischler. Die Dächer der drei sind drauf. Bei den fünf Reihenhäusern müssen wir warten, bis die Maurer fertig sind." Das war sehr erfreulich, dachte Hubert, als er wieder hoch ging.

„Ist alles ruhig?" fragte er Gertrud. „Momentan schon, wir haben genug zu tun, nachher ist Lohnzahlung." „Ich fahre jetzt mit Ulla und Magda Hanisch zu den Häusern. Die soll die Bücher sortieren." Pfeifend ging Hubert in sein Büro, zog sich seine Jacke an, nahm seinen Rucksack und den Werkzeugbeutel.

„Schau heute Nachmittag vorbei, da sind die beiden Neuen gekommen! Bevor ich es vergesse, haltet sicherheitshalber die Schlüssel für drei Opel bereit, wer weiß, was wir finden." „Kümmere ich mich drum", sagte Monika und packte ihre Sachen für die Lohnzahlung. Unten standen bereits Magda und Muhsal mit einem Werkstattwagen, Ulla fuhr gerade durchs Tor. „Oh Sieglinde, bist du dabei? „Bis Mittag kann Susanne das allein machen und Richard kommt erst später, da helfe ich lieber!" „Habt ihr eine Sackkarre dabei?" „Sogar zwei und jede Menge Verpackungsmaterial", antwortete Ulla hinter dem Lenkrad.

„Na dann wollen wir mal, Schlüssel habe ich dabei!" Er stieg ein und Ulla fuhr los, Magda und Muhsal folgten. Ruhig wies Hubert den Weg und schnell hatten sie die Häuser erreicht. Vor dem Eingang hielten sie an und er erklärte, was zu tun sei.

„Ulla, Sieglinde und Magda schauen sich dieses Haus an, danach das andere. Muhsal, du bekommst die Schlüssel für die Garage, der Weg ist in ca. 20 Metern. Schau dir an, was du dort findest. Schau, ob es auf dem anderen Gelände eine Garage gibt, das weiß ich nicht. Ich nehme die drei Kisten, bringe die zu dem Professor und komme ins Haus." Gemeinsam luden sie die drei Kisten auf eine Sackkarre und er fuhr damit um das Gebäude herum zu dem dahinter liegenden Haus des Professors. Den traf er im Garten und wurde freundlich begrüßt. „Ihr Dachdecker war heute schon hier und hat sich alles angesehen. Er meinte, das sollte in zwei Tagen erledigt sein." „Die werden gleich die anderen Dächer reparieren. Ich habe hier etwas für Sie. Diese Papiere fielen uns bei verschiedenen Ereignissen in die Hände. Ich denke, die sind zu schade, um bei uns auf dem Boden zu verstauben, bei Ihnen sind Sie besser aufgehoben!"

„Aha, ja das schaue ich mir sehr gerne an. Wollen Sie die anschließend zurückhaben?" „Nein, behalten Sie die. Vielleicht helfen sie ein wenig die dunklen Jahre aufzuarbeiten." „Das ist sehr großzügig, herzlichen Dank." Nachdem er die Kisten auf der Veranda abgestellt hatte, ging er zurück in das erste Haus.

Die Frauen hatten die Besichtigung abgeschlossen und entschieden, in der Küche einen Kaffee

zuzubereiten. Kaffeepulver hatten sie gefunden
und die Kaffeemaschine schien zu funktionieren.
Während die Tassen auf den Tisch kamen,
erschien Becker mit Hannelore Gerstner. „Oh, wie
schön es riecht nach Kaffee", lachte die. „Der ist
gleich durchgelaufen, setzt euch an den Tisch",
sagte Magda. Als alle saßen, schenkte Magda ein,
ein Aschenbecher war gefunden. Hubert legte
Zigaretten auf den Tisch, alle probierten den
Kaffee. „Hm, der ist gut", sagte Becker und fügte
hinzu: „Wie wollen wir vorgehen?" „Du willst die
Malsachen haben und die Bar unten, das ist klar.
Ulla, was willst du?" „Ich möchte das gute Geschirr
und das Besteck haben. Aber erst wollen wir uns
das andere Haus anschauen." „Gut, ich schaue
mich hier um, kümmere mich um den
Aktenkeller." Muhsal kam herein, brachte beide
Schlüsselbunde zurück.
Magda gab ihm einen Kaffee und Hubert fragte:
„Na, was hast du gefunden?" „Hier in der Garage
stehen ein Sportcabrio und dahinter eine
Mercedeslimousine. Dazu ein Motorrad und drei
Fahrräder. Man kann übrigens an der Garage
vorbeifahren und kommt an den Kellereingang. In
der Garage drüben steht ein großer Opel, ein
Motorroller und vier Fahrräder, da kann man bis
in den Kelleraufgang fahren. Ich prüfe die Autos,
mal sehen, was ich zum Laufen bringe."
„Gut mach das. Fahr bitte den Opel von Becker an
den Kelleraufgang, da hat er es leichter zu
verladen." „Mache ich gleich", sagte der, stellte die
leere Tasse ab und ging hinaus. Der Rest erhob
sich und ging an die Arbeit. Becker und Hannelore
waren im Obergeschoss und bauten den Malsalon
ab, die drei Frauen waren im Nachbarhaus und
Hubert ging in den Keller. Den Weinkeller hatte er

im Auge, aber das hatte Zeit, erst wollte er sich den Kellerraum mit dem Büro anschauen und anschließend das Arbeitszimmer. Am Schlüsselbund suchte er nach einem passenden Schlüssel, der dritte doppelseitige passte. Der Schrank war voll mit Aktenordnern, zusätzlich waren zwei verschlossene Fächer eingebaut. Anhand der Aufschriften an den Aktenrücken stellte er schnell fest es handelte sich um die Geschäftsabschlüsse von 1930 - 1943. Das war nicht interessant. Die beiden anderen doppelseitigen Schlüssel passten zu den Schlössern der Fächer. Im ersten lagen zwei lederne Boxen. Er öffnete die Erste, sie war voll mit Aktien und Pfandbriefen, die zweite ebenfalls. Beide kamen in seinen Rucksack. Im zweiten Fach befand sich eine Geldkassette, der Schlüssel steckte. Neben Rollen mit Münzen lagen, fein säuberlich gebündelt, Geldscheine. Die verschwanden ebenfalls im Rucksack. Leise vor sich hin pfeifend, ging er hinauf ins Arbeitszimmer, setzte sich hinter den Schreibtisch und sah sich um. Alles, was sich auf und im Schreibtisch befand, war sehr schön, aber davon hatte er selber genug. Becker sollte sich den mit Inhalt sichern. Sein Blick fuhr entlang der Bücherregale. Das würde eine umfassende Aufgabe für Magda werden. In einem Regal mit Alben blieben seine Blicke hängen. Zehn lederne Alben standen dort. Neugierig nahm er das erste Album heraus, es war eine Briefmarkensammlung. Sechs weitere folgten, wobei in den letzten Alben Ersttagsbriefe waren. In den letzten drei befand sich eine Münzsammlung. Hinter dieser fand er eine mit Samt beschlagene kleinere Kiste, 20 Goldmünzen lagen darin. Die verschwand im Rucksack. Für die zehn Alben holte er sich einen Karton aus dem Wohnzimmer, brachte diesen in das Führerhaus des Hanomag, der Rucksack kam dazu, und er verschloss die Türen.

Vom anderen Haus sah er die Frauen zurückkommen. Im Wohnzimmer trafen sie sich wieder. „Das Haus drüben ist ebenfalls voll. Alles gute Sachen, das schaffen wir heute nicht," sagte Ulla. „Nehmt euch die Sachen vor, die ihr von hier mitnehmen wollt. Magda dir stelle ich im Keller eine Kiste mit Wein raus!" sagte Hubert. „Danke, ich schaue mir jetzt die Bücher an, habe zehn Kartons im Auto." „Wenn du Nazibücher findest, pack die in einen eigenen Karton."

„Mache ich und schreibe das drauf." „Sieglinde, gehst du an das Geschirr ins Esszimmer? Ich schau oben die Schränke an," ergänzte Ulla. Sieglinde nahm sich mehrere Kartons und eine Kiste in der Holzwolle war, machte sich an die Arbeit. Hubert ging in den Keller, um sich den Vorratsraum und den Weinkeller anzuschauen. Im Partykeller verpackten Becker und Hannelore gerade alles, was in und auf der Theke stand, dazu die Gläser und Flaschensammlung an der Rückwand. Der Malsalon war offenbar schon im Laster. „Im Arbeitszimmer steht ein schöner Schreibtisch mit Zubehör, den solltest du dir sichern", sagte er zu Becker. „Gute Idee, schauen wir uns nachher an." „Nehmt euch etwas von den Vorräten mit." „Nachdem wir hier fertig sind", antwortete Hannelore. Im Weinkeller musterte er die Regale, in denen die Flaschen lagen. Sehr edle Tropfen, stellte er bewundernd fest. Rot- und Weißwein lagen hier, dazu Champagner und französischer Cognac. Den und den Champagner

legte er vorsichtig in zwei Stapelkisten, Ulla stand
in der Tür.
„Hubert, ich brauche dich und das Werkzeug."
Dabei legte sie einen Finger auf den Mund. Sofort
folgte er ihr, nahm im Flur seine Werkzeugtasche
mit. Im Obergeschoss führte sie ihn in einen
begehbaren Schrank. Staunend sah er sich dort
um. Sie öffnete einen Schrank, in dem weibliche
Unterwäsche lag, nahm aus einem Fach Slips und
BHs raus, zeigte hinein. Dort stand ein viereckiger
Stahlwürfel, der mit einem Stahlseil an der Wand
befestigt war. Aus seinem Beutel zog er den
Bolzenschneider und durchtrennte die Stahlseile.
Als er Ulla fragend anschaute, deutete sie zu einem
Kasten, in dem ein Pelzmantel lag. Dort legte er
den Würfel hinein und sie legte zwei Pelzjacken
darüber, deckte diese mit zwei Tischdecken ab.
Gemeinsam trugen sie den Karton hinunter,
stellten ihn vor den Hauseingang. Verschwörerisch
grinsten sie einander an und gingen wieder hinein.
Mit der Sackkarre brachte er vier Kartons mit
Geschirr hinaus, es folgte eine mit Besteck und
Vasen. Die beiden Kisten aus dem Keller folgten,
anschließend sechs weitere mit Wein. Sieglinde
hatte drei Kisten für sich gepackt, die kamen
ebenfalls auf den Laster, ebenfalls zwei Kartons mit
NS Literatur. Magda arbeitete sehr sorgfältig.
Sieglinde hatte zwei Teppiche hinausgebracht und
kam zu ihr. „Wir haben dir zwei Kisten mit
Lebensmitteln gepackt, die stehen im Keller!"
„Danke die kann ich brauchen." Neben Magda
füllte Becker einen Karton mit dem Inhalt des
Schreibtisches, brachte den und den komfortablen
Drehstuhl in sein Auto. Nachdem die beiden mit
Huberts Hilfe die Sitzmöbel aus dem Partykeller
verladen hatten, war der Laster voll. „Wir fahren

jetzt nach Hause und laden dort ab. Wenn du nichts dagegen hast, würden wir morgen weitermachen." „Tut das, so ähnlich machen wir das, wir wollen ebenfalls gleich los."

Gerade wollten sie das tun, als Muhsal ins Haus kam. „Beide Autos sind fahrbereit. Den Mercedes muss ich warten, den lasse ich gerade etwas laufen." „Becker ist schon weg und wir wollen gleich los. Wollt ihr hier weitermachen?" Magda war dazu gekommen. „Also diese Bücher möchte ich fertig sortieren, das dauert etwas." Ulla und Sieglinde hatten fleißig weiter den Laster beladen, kamen dazu. „Unser Laster ist voll, wir müssen los. Die Kleine wartet und die neuen Pferde kommen." Hubert räusperte sich. „Ich schlage folgendes vor: Muhsal und Magda machen hier weiter, bringen uns die Schlüssel vorbei, dazu den Mercedes. Ulla fährst du den Sportwagen? Damit haben wir den weg." „Gerne, Sieglinde fährst du mit?" „Auja, in solch einem Auto zu sitzen habe ich mir immer schon gewünscht." „Alles klar, ich fahre den Hanomag." Muhsal ging mit beiden Frauen zur Garage und Hubert zum Laster, hatte Magda die Schlüssel übergeben. Vor dem Haus traf er den Professor. „Herr Wedel, Sie haben mir da etwas sehr Abenteuerliches übergeben, sind Sie sicher, dass ich das behalten kann?" „Ja natürlich, machen Sie daraus etwas Gutes!" „Erst muss ich das alles ordnen." „Viel Erfolg dabei. Zwei Leute sind weiter im Haus, um zu arbeiten, wir sehen uns morgen wieder." Als der Mann ging, fuhr Hubert nach Hause, kurz darauf folgte das Cabrio. Daheim stellte er den Hanomag vor das Haus und brachte die Sachen aus dem Führerhaus ins

Arbeitszimmer, anschließend holte er den Karton mit den Pelzjacken dazu.

Entspannt holte er sich eine Flasche Bier, setzte sich vor das Haus und nahm einen tiefen Schluck. Der Vormittag war sehr erfolgreich gewesen. Kurz darauf fuhr das Cabrio auf den Hof und gleich unter das Schauer. Beide Frauen stiegen aus und kamen zu ihm. „Ich glaube, das Auto möchte ich gern behalten!" sagte Ulla lächelnd. „Es soll sein, es ist jetzt deines. Aber erst muss es in der Werkstatt überprüft werden." „Den fahre ich Montag dort selber hin!" „Ich warte auf Richard und Thomas, die sollten bald hier sein." „Die werden schon kommen, lass uns etwas essen." „Prima, ich habe Hunger wie ein Wolf."

In aller Ruhe leerte er seine Bierflasche und ging hinein. Susanne hatte nach Sieglindes Anweisung das Essen zubereitet, es gab Bratkartoffeln mit Sülze. Kaum stand das Essen auf den Tisch als Junior hungrig auftauchte, er war mit Prinz unterwegs gewesen. Während des Essens klopfte es an die Haustür. Richard kam herein. „Alles gesund und munter zurück", sagte er lächelnd. „Schön, sogar sehr schön. Setz dich und iss mit, soviel Zeit haben wir. „Gerne, darf ich Thomas dazu holen?" „Klar, die beiden Pferde laden wir später ab."

Die beiden langten gut zu, nachdem sie fertig waren, war alles aufgegessen. Zwischendurch berichtete Richard von der Abholung. Mit Hilfe von zwei Schachteln Zigaretten hatten sie eine Führung auf dem Gut erhalten, vor allem hinter den Kulissen. Beide waren von der Weitläufigkeit der Anlage sehr beeindruckt.

„Viele Pferde waren nicht mehr dort, außer denen, die sie zur Arbeit brauchen. Wie wir, holten andere

ihre gekauften „Jungwallache" ab. In diese Woche wird dort sauber gemacht, anschließend kommt der neue Jahrgang. Die beiden dort stehenden Jahrgänge waren auf den großen Koppeln. Als wir uns die Papiere für unsere beiden holten, nahm mich der Leiter dort zur Seite. Er wollte wissen, ob wir die neuen Jährlinge von einigen Stationen holen könnten, wo sie eingesammelt würden. Bisher sei das mit der Bahn passiert, aber die könne das nicht sicherstellen. Hier ist seine Visitenkarte, du möchtest dich bitte Montag melden." „Sehr erfreulich, das kann ein gutes Geschäft werden, das werde ich mit Sicherheit tun. Aber jetzt los, wir laden die beiden ab."
Bis auf Sieglinde und Susanne gingen alle hinaus, wo das Gespann vor dem Stall stand. In aller Ruhe und gutem Zureden brachte Richard die beiden vom Wagen, wo Thomas einen übernahm. Aufgeregt schauten sich beide um. „Wir sollten sie auf die Paddocks stellen, damit sie sich bewegen können!" entschied Hubert, beide wurden dorthin gebracht und konnten sich ein wenig austoben. Dabei wurden sie genau beobachtet, Frank und Weber kamen dazu. „Warum wollten die den Dunklen nicht als Deckhengst behalten?" fragte Frank. „Der Landstallmeister mochte die Stellung seiner Ohren nicht, da ist er sehr pingelig", erklärte Hubert. „Aber schöne Gänge hat er, der hat Talent für die Dressur", gab Weber seinen Kommentar ab. „Deshalb habe ich ihn gekauft. Bei dem anderen ist es ähnlich, der war dem Chef zu bunt, obwohl er einer sehr guten Springerlinie entstammt und das angedeutet hat", fuhr Hubert fort. „Was hast du mit denen vor?" fragte Ulla. „Wir werden sie in aller Ruhe eingewöhnen und sachte zureiten. Wenn das erfolgt ist, werden wir weitersehen." „Da haben wir

den ganzen Winter Zeit", nickte Ulla. „Bringt die beiden in ihre Boxen wir lassen sie ankommen." „Wollt ihr heute reiten?" fragte Frank. „Ich schon, aber erst nach dem Kaffee. Ulla kommst du mit?" „Ja, ich wollte den jungen neuen Trakehner probieren, aber erst wollen wir den Laster ausräumen." Alle halfen dabei mit, das war recht schnell geschehen. „Leg dich ein wenig hin, ich wecke dich um 15:30 Uhr." Susanne hatte beim Bäcker für jeden ein Teilchen gekauft, das gab es zum Kaffee. Während er schlief, hatten die drei Frauen ihre Kartons ausgepackt, der Stahlwürfel stand neben Huberts Schreibtisch, wo sein Rucksack und der Karton mit den Briefmarken sich befanden. Junior war bei Onkel Fritz, der wollte seine Hochlandrinder überprüfen und die Schafe. Wie abgesprochen, zogen sie sich um und gingen in den Stall. Ulla nahm ihren neuen Trakehner und Hubert seine junge Stute, beide ritten sie ins Gelände. Dabei überlegten sie, wie weiter bei der Räumung vorzugehen sei. „Was willst du einpacken?" fragte er seine Frau. „Aus dem ersten Haus brauche ich nichts mehr, möchte mir aber das zweite genauer anschauen. Was hast du vor?" „Den restlichen Wein will ich holen und im zweiten Haus will ich schauen, ob es dort etwas Wertvolles gibt."

„Da reicht für uns ein Opel und dein Lieferwagen. Wer soll miträumen?" „Christina und Hartmut auf alle Fälle, Becker. Denke Frank und Weber haben Interesse. Die Möbel sollen sich Baumanns und Jurka teilen, für die neuen Häuser, die sie beziehen sollen, haben die bestimmt Bedarf." „Wie kommst du an die ran?" „Jurka ist kein Problem, Baumann kann ich telefonisch über seine

Schwiegereltern erreichen. Gertrud und Monika
könnten wir mitnehmen."
„Ich denke, Magda wird einiges für ihre neue
Wohnung brauchen. Hat die eine in Aussicht?" „In
einem deiner Häuser wird eine
Dreizimmerwohnung frei, die kann sie ab der
übernächsten Woche haben." „Weiß sie das?"
„Nein, Becker sagte es mir heute Morgen, das sage
ich ihr, wenn sie die Schlüssel bringt."

Zur gleichen Zeit hatte sich Magda darüber
Gedanken gemacht, während sie die Bücher weiter
sortierte. Klaus Muhsal war draußen beschäftigt,
wollte den Motorroller und den Opel zum Laufen
bringen. Bei den Gedanken an eine neue größere
Wohnung wurde ihr klar, da gab es einiges zu
organisieren. Sie hatte die Sortierung beendet und
beschloss, sich hier im Haus nach Sachen dafür
umzuschauen. In der Küche hatte sie mehrere
Dinge gefunden, die sie für nötig erachtete, da
würde sie nachher rangehen. Die Möbel im
Wohnzimmer waren ihr zu groß und zu wuchtig,
aber die einladende Couch mit dem dazugehörigen
Tisch hatten es ihr angetan. Sie ging in das obere
Stockwerk. Das große Bett im Schlafzimmer war
zwar etwas verlockend, aber zu groß für eine
Mietwohnung. Das im Gästezimmer war kleiner,
völlig ausreichend, ebenso der dort stehende
Kleiderschrank. In einem der Kinderzimmer
standen ein paar kleine Sessel und ein weiterer
Schrank, beides würde sie ebenfalls probieren zu
bekommen. Nun kam sie ins Badezimmer. Herrlich
groß war es, eine Wanne, sowie eine Dusche waren
hier. Heute Vormittag hatte Hubert die Heizung im
Keller angeschaltet, um zu überprüfen, ob sie
intakt war. Da sie lief, gab es heißes Wasser. Von

den hier stehenden Kosmetika wählte sie mehrere
aus und legte sie in einen Korb. In einem
Schränkchen neben dem Waschtisch fand sie
feines Rasierzeug und einige Cremes, die ebenfalls
im Körbchen landeten. Grinsend fand sie in einem
Fach 20 gut verpackte Kondome, die kamen dazu.
Als sie danach den begehbaren Kleiderschrank
entdeckte, war sie erst einmal baff von der Fülle
der Sachen. Staunend betrachtete sie die feinen
Sachen. Dabei schoss ihr ein Gedanke durch den
Kopf. Kurz hörte sie in das Haus, alles war ruhig.
Erst zögerte sie, aber jetzt siegte ihre Neugier, sie
entkleidete sich völlig und probierte die Dessous
an, betrachtete sich dabei im großen Spiegel des
Schlafzimmers. Sie schien Glück zu haben, die
Sachen passten ihr tatsächlich. Alles waren
Sachen von hoher Qualität und dazu sehr reizvoll.
In einem Wäschekorb legte sie fünf BHs, 25 Slips,
zwei Strumpfhalter mit den entsprechenden
verpackten Nylons. Drei Paar Schuhe kamen dazu,
sechs Blusen, drei Röcke und vier Kleider. Ein
Winter- und ein Sommermantel, sowie ein schönes
Kostüm folgten. Der Korb war voll. In einem
Nachtkästchen fand sie mehrere Schmuckstücke,
die in einem hübschen Kosmetiktäschchen den
Weg in den Korb fanden. Aus der großen Zahl von
Handtaschen wählte sie ebenfalls drei aus, das
sollte reichen. Zufrieden trug sie den Korb
hinunter ins Wohnzimmer.
Sie ging in die Küche, spülte die Kaffeetassen von
heute Morgen und setzte neuen Kaffee auf. Als sie
im Schrank herumstöberte, fiel ihr eine Dose mit
Schokokeksen in die Hände, die würde es gleich
zum Kaffee geben. Während der Kaffee lief, schaute
sie sich intensiv die Küche an. Herd und
Kühlschrank gefielen ihr gut, vielleicht könnte sie

die bekommen. Aber während sie den Kaffee in eine Thermoskanne goss, gingen ihre Gedanken wieder zurück zu dem wunderbaren Bad. Wie schön wäre es, das zu nutzen und zwar mit Klaus. Der war sehr artig und zurückhaltend, vielleicht ergab sich da ja etwas mehr. Lange Zeit war sie nicht mehr mit einem Mann intim gewesen, das Verlangen danach war aber ständig leicht vorhanden. Seitdem sie mit Klaus zusammen war, war es wieder größer geworden. Warum eigentlich nicht. Lächelnd stellte sie die Tassen auf den Tisch, legte die Kekse auf einen Teller, da kam er schon herein. „Fertig, alles läuft, langsam wurde es kalt draußen." „Setz dich, die Heizung ist an und der Kaffee ist heiß. Schau mal, was ich gefunden haben." „Oh wie schön, so langsam habe ich etwas Hunger." „Nimm was von den Keksen!" Während sie die Kekse aßen und den Kaffee tranken, redeten sie über das, was sie heute erledigt hatten. „Drei Kartons und einen Wäschekorb voll habe ich, das gehört uns, wie kriegen wir das weg?" „Ganz einfach du fährst den Mercedes und in meinen Werkstattwagen bekommen wir eine Menge rein." „Genau, so machen wir das. Ich hätte da eine ganz andere Idee, aber vorher wollte ich dich etwas fragen." „Nur zu, du weißt, ich bin immer ehrlich zu dir." „Ja, das finde ich sehr gut. Mein Lieber, stört es dich gar nicht, dass ich älter bin als du?" Er nahm einen Schluck Kaffee und bot ihr eine Zigarette an. Als beide brannten, sagte er ruhig: „Nein, das stört mich überhaupt nicht. Ich finde, du bist eine tolle Frau und ich habe dich sehr sehr gern." Sie lächelte ihn an. „Es stört dich also überhaupt nicht mit mir wie Mann und Frau zusammen zu leben?" „Nein, wenn du es möchtest, heirate ich dich und das mit voller Überzeugung!"

Sie strahlte ihn an: „War das eine
Liebeserklärung?" Jetzt lächelte er. „Ja, so solltest
du das sehen. Ich habe keine großen Erfahrungen
mit Frauen und bin nicht der große Redner. Nach
vier Jahren bei der Wehrmacht möchte ich endlich
wissen, wohin ich gehöre. Und das ist bei dir." Sie
strahlte ihn an. „Das ist die schönste
Liebeserklärung, von der ich je gehört habe. Ja, ich
möchte mit dir zusammen sein und bleiben, ich
fühle mich bei dir sicher und ich habe dich sehr
lieb!" Sie stand auf, ging um den Tisch und küsste
ihn leidenschaftlich. Als beide wieder Luft holten,
sagte sie grinsend: „Ich habe eine tolle Idee. Wir
nutzen dieses schöne Haus, in dem wir allein sind
und genießen eine heiße Dusche." „Oh, das wäre
toll, aber ich habe nur meine dreckigen
Klamotten." „Da oben werden wir für dich etwas
finden, lass uns hochgehen!"
Vor der Treppe zog er seine dreckigen Schuhe aus,
sie gingen Hand in Hand hinauf. Staunend stand
er in dem großen Schlafzimmer. Draußen wurde es
dunkel. Sie ließ die Rollläden herunter und knipste
eines der Nachttischlämpchen an. „Jetzt kann uns
niemand zusehen. Schau dir mal das Bad an!"
Staunend schüttelte er den Kopf: „So etwas habe
ich vorher nie gesehen!" „Ich auch nicht, deshalb
sollten wir es genießen!" Sie schaltete eine kleinere
Lampe an, löschte das große Licht und sagt zu
ihm: „Also los, angezogen können wir nicht unter
die Dusche, ziehen wir uns aus."
Sie streifte ihre Schuhe ab und zog ihre Hose aus.
Aus den Augenwinkeln sah sie, dass er zuerst
zögernd, nun aber zügig seinen Overall und die
Strümpfe auszog, in Unterhose und Unterhemd vor
dem großen Bett stand. Sie zog ihren Pullover aus,
das Hemdchen folgte. „Klaus, hilfst du mir bitte,

öffnest du mir den BH?" Kurz schluckte er, trat hinter sie und öffnete, etwas ungeschickt, den BH. Sie streifte ihn ab, drehte sich zu ihm um und zog ihm das Hemd über den Kopf, schob seine Unterhose herunter. Leise schnaufte er auf, seine Erregung war groß und steif zu erkennen, jetzt wollte sie es wissen, zog ihre Unterhose ebenfalls aus, trat vor ihn und legte ihre Arme um seinen Hals. Lange küssten sie sich und sie spürte intensiv seine Erregung an ihrem Bauch. Mühsam trennten sie sich schwer atmend. Sanft strich sie über seine Haare. „Komm Liebling!" Sie nahm ihn an der Hand, führte ihn zum Bett, schlug die Decke zurück und zauberte aus dem Nachtkästchen ein Kondom heraus. Kaum lag sie im Bett, als er neben ihr lag, sie umarmte und leidenschaftlich küsste. Widerwillig trennten sie sich, sie hielt ihm das Kondom hin. „Weißt du, wie das geht?" Er nickte stumm, nahm das winzige Päckchen, riss es auf und schob ihn über sein Glied. Wieder küsste sie ihn leidenschaftlich und drängte sich unter ihn. Sofort lag er auf ihr und drang in sie ein. Laut stöhnend kam sie ihm entgegen und nahm ihn auf. Nur ihr Stöhnen und Schnaufen war zu hören, bis sie sich gleichzeitig in einem Höhepunkt entluden. Glücklich genoss sie dieses lange vermisste Gefühl, bis er sich neben sie rollte und sie küsste. Zärtlich küsste sie ihn zurück und flüsterte: „Danke mein Liebling." Eine Zeit lang lagen sie eng aneinander, es wurde kalt. Sie klopfte ihm auf die Schulter: „Lass uns unter die heiße Dusche gehen, du wirst sehen, wie gut es dir anschließend geht." „Weißt du, wie das funktioniert?" „Ich denke schon, aber erst gebe ich dir was Schönes zum Waschen." Nackt gingen sie hintereinander ins Bad, wo Magda sich mit den

Armaturen beschäftigte. „Wenn es dir zu warm wir,
dreh das blaue Rad ein wenig auf. Nimm diese
Tube hier und schäume dich von Kopf bis Fuß
damit ein. Ich suche dir etwas zum Anziehen."
Während er unter dem warmen Wasser stand, zog
sie sich einen Bademantel an und ging zu dem
Kleiderschrank, in welchem sie die Herrensachen
gesehen hatte. Der Schrank war proppenvoll. Zwölf
Garnituren neuer Unterwäsche nahm sie heraus,
dazu dicke und normale Strümpfe. Zwei Hosen aus
Cord legte sie auf das Bett, dazu Hemden und
Pullover. Klaus kam aus der Duschkabine und
trocknete sich mit einem großen, weichen
Handtuch ab. „Und wie war es?" „Wunderbar,
hatte ich vorher nie so erlebt." „Ich habe dir ein
paar Sachen aufs Bett gelegt, probiere die mal an,
ich gehe jetzt unter die Dusche."
Sie hielt ihm einen Bademantel hin, den er erst
musterte und vorsichtig anzog. Magda legte ihren
ab und verschwand in der Duschkabine. Dort
entschloss sie in aller Ruhe, die verschiedensten
Utensilien zu benutzen und frottierte sich
gemütlich ab, trocknete ihre Haare mit einem
elektrischen Föhn, was sie vorher nie gemacht
hatte. Klaus hatte einiges anprobiert und sich für
eine Cordhose mit Hemd und Pullover entschieden.
„Oh, du siehst gut aus!" lächelte sie im Bademantel
aus dem Bad kommend. Etwas unsicher drehte er
sich vor ihr. „Prima, das passt alles. Nachher
suche ich dir weitere Sachen heraus, kannst du
mir bitte den Waschkorb aus dem Zimmer
gegenüber holen?" Er brachte ihn und sagte dabei:
„Ich fange schon einmal an, alles zu verladen." „Ja,
mach das bitte, unsere Sachen stehen im
Wohnzimmer." Sie selber kleidete sich mit einigen
der neuen Sachen, suchte für ihn einiges

zusammen, räumte das Schlafzimmer und das Bad auf, richtete das Bett wieder in den vorherigen Zustand. Ihre gebrauchten Sachen kamen in einem kleinen Koffer und zum Abschluss mehrere Garnituren Bettwäsche auf den vollen Korb. Während er alles in die Autos brachte, räumte sie die Küche auf. „Alles ist verpackt, wir sollten das in einem Keller in unserem Haus aufbewahren, bis wir Platz haben." „Das machen wir so. Wir bringen den Mercedes zur Werkstatt, fahren mit meinem Opel Blitz bei Hubert vorbei, geben die Schlüssel ab." Er nickte, nahm einen kleinen Karton mit, den sie in der Küche gepackt hatte, beide fuhren los.

Als sie gegen 19:00 Uhr auf den Wedelhof fuhren, war es bereits dunkel. Magda klopfte an der Tür, Hubert öffnete. „Hier sind die Schlüssel, die Bücher im ersten Haus sind fertig, die Kartons beschriftet. Morgen ist das nächste Haus dran!" „Prima, habt ihr euch etwas mitgenommen?" „Das hattest du ja angeboten. Problem ist nur, solange wir keine Wohnung haben, wissen wir nicht, wohin mit den Sachen." „Da kann ich dich beruhigen. Im zweiten Haus von Ulla wird Ende der nächsten Woche eine Dreizimmerwohnung frei. Wollt ihr die haben?" „Aber natürlich, sehr gern. Können wir uns dafür Möbel mitnehmen und Bettzeug?" „Ja klar, stapelt das bei euch im Keller ein und macht Zettel an die Teile, die ihr nehmt, damit die anderen es wissen. Das kann alles weg." „Hubert, du bist ein Schatz, danke. Wann sollen wir morgen dort sein?" „Wir fahren hier um 09:00 Uhr los. Behalte den Schlüssel für das erste Haus, wenn ihr wollt, räumt da aus. Aber um kurz nach 09:00 Uhr müssen beide Häuser offen sein!" „Darauf kannst du dich verlassen." Die beiden

fuhren los, hatten jetzt einiges zu planen, Hubert
schloss die Tür. Grinsend ging er ins
Arbeitszimmer, wo beide Platz genommen hatten,
um ihre „Beute" zu sichern. „Was grinst du so
spitzbübisch?" fragte Ulla. „Ach, die beiden sahen
ganz anders aus als sonst, waren gut gekleidet und
Magda zog eine Duftwolke hinter sich her. Wusste
gar nicht, dass sie so schöne lange Haare hat." Ulla
lachte. „Ich denke, die werden die Gelegenheit
genutzt haben, alles dort auszuprobieren. Das Bad
und das große Bett im Schlafzimmer. Außerdem
sind da so viele Klamotten, da werden sie sich
hoffentlich gut eingekleidet haben." „Das werden
sie genossen haben."

Das Schloss des Stahlwürfels hatte er nach dem
Reiten in der Werkstatt aufgebohrt. Im Hotel hatte
er Richard dabei zugesehen und das jetzt genauso
gemacht. Nach ersten Problemen hatte alles gut
geklappt. Der Behälter war offen und stand neben
dem Schreibtisch. Ulla hatte sich die Alben
herausgenommen und interessiert angeschaut.
„Ich bewundere die Leute, die so etwas sammeln.
Das ist alles so sauber und genau eingeordnet, die
Beschreibungen stehen darunter, einfach toll. Da
muss man Geduld für haben." „Drei andere
Briefmarkensammlungen haben wir bereits hier im
Regal. Ich finde das bewundernswert, vor allem
steckt da eine Menge Geld drin. Wir sollten warten
mit dem Verkauf, bis die Zeiten sich normalisiert
haben." „Aber schön zum Anschauen ist das
schon."
Er nahm die Kassette und öffnete sie. Als erstes
legte er die Rollen mit dem Kleingeld zur Seite, die
waren sowohl für die Firma zur Lohnauszahlung
als auch für Malwines Marktstände interessant.

Nacheinander nahm er die gebündelten Scheine heraus, auf den Banderolen stand jedes Mal, wieviel das jeweils war. Zusammengerechnet ergab es eine Summe von 65.000 RM. Darunter lagen zwei Sparbücher eines mit 36.000 RM und eines mit 28.000 RM. Schecks und eine Scheckkarte lagen außerdem dabei. Das war ein sehr ordentliches Ergebnis. Alles legte er in den Tresor, gab Ulla zwei mit Leder bezogene mittlere Boxen aus dem Stahlwürfel und legte die beiden Kisten mit den Wertpapieren auf den Schreibtisch. Alle Aktien legte er in einen der Behälter, die anderen Wertpapiere in den zweiten. Dabei überlegte er. IG Farben, da hatte er neulich in der Zeitung gelesen, dass diese Firma eng mit den Nazis verbunden war, in Auschwitz produziert und das Giftgas Zyklon B für die Vernichtung der Insassen der KZ's hergestellt hatte. Ein Prozess gegen die Firmenleitung war in Vorbereitung. Diese Aktien legte er zu den Wertpapieren. Hier würde er sich Rat suchen, bei seinem Jagdfreund, dem Bankdirektor. Ihm gegenüber überprüfte Ulla mit einer Lupe und dem Licht ihrer Schreibtischlampe Schmuckstücke. „Du, das scheint alles echt zu sein. Einiges erscheint älter, vieles aber recht neu, ich bin gleich fertig." „Lass dir Zeit, ich hole uns etwas Gutes zu trinken." Während sie weiter prüfte, holte er aus dem Kühlschrank eine Flasche Champagner, öffnete die und goss das edle Getränk in zwei Sektschalen. Eine davon stellte er Ulla auf den Schreibtisch, die andere behielt er in der Hand.

„Prost meine Liebe zu diesem Hauptgewinn, mal sehen, was wir im anderen Haus finden." Beide stießen an und genossen den Champagner.

„Ich habe den ganzen Schmuck überprüft, der ist echt. Der sollte so schnell wie möglich in Sicherheit gebracht werden."
„Das mache ich in den nächsten Tagen! Wie wollen wir das morgen regeln?" „Da sind morgen eine ganze Menge Leute am Werk, das müssen wir steuern." „Magda fährt mit einem Opel, Hartmut, wie Becker ebenfalls. Gertrud mit Monika, Weber mit Frau und Jurka. Die mit einem Hanomag. Richard fährt einen und Frank ebenfalls. Wir sollten den Rest vom kleinen Keller nehmen mit den Regalen, die kommen in den alten Tauschkeller. Was brauchst du?"
„Ich wollte nach einigen Kinderklamotten schauen für Junior. Kümmere du dich um das zweite Haus, vielleicht ist dort ein Safe oder ähnliches. Die ehemaligen Besitzer sollen vermögend gewesen sein. Sieglinde und ich nehmen uns Wäschekörbe mit und gehen gleich in das zweite Haus." „Gut, ich hänge ein Schild an die Tür vom Weinkeller auf dem „Wedel" steht und schaue mit Richard im zweiten Haus nach, der hat ein gutes Gespür dafür, wo etwas sein könnte. Aber erst versammele ich alle, sorge für Ordnung. Ich will da kein neidisches Gezeter oder Streit erleben." „Das machst du richtig, keine Hektik oder Streit. Wenn Sieglinde und ich fertig sind, kannst du das andere Haus frei geben."

Nachdem am nächsten Morgen alle gefrühstückt hatten und die kleine Hannelore fertig war, fuhren sie los, es war 08:30 Uhr. Wie abgesprochen war Magda bereits dort, hatte sich zur Verstärkung ihren zukünftigen Schwiegersohn Dieter Kleinert mitgebracht. Er und Muhsal waren bereits am Arbeiten, hatten den Laster hinten an die Veranda

gefahren, die begehbar gemacht und bereits gut verladen. Die Couch aus dem Wohnzimmer war verladen, wie das Bett und der Schrank aus dem Gästezimmer. Beide waren jetzt damit beschäftigt, den Herd und den Kühlschrank auszubauen. Ein großer Karton Verpflegung war bereits auf dem Laster und ein Wäschekorb mit Sachen für Kleinert und ihre Tochter. „Ist das so recht, wie wir das bisher gemacht haben?" Hubert grinste. „So lange ihr den anderen etwas übrig lasst, alles klar." „Wir sind hier gleich fertig. Wir packen die Bücherkartons für die Firma dazu und die beiden bringen sie in den Keller des Verwaltungsgebäudes. Ich fange jetzt mit den Büchern im zweiten Haus an." Sie ging mit Ulla und Sieglinde hinüber in das andere Haus. Richard war bereits im ersten Haus unterwegs, um es sich genau anzuschauen. Dabei hatte er den Zettel von Hubert dabei, den er an den Weinkeller klebte. Hartmut und Christina erschienen mit Gertrud und Monika. Alle gingen in das obere Geschoss, hatten dort genug zu räumen. Baumann und seine Frau wies er das Schlafzimmer zu, das würden sie für ihr neues Haus brauchen können. Becker und Hannelore brachten mit Kleinert und Muhsal den großen Schreibtisch weg, Jurka und Weber räumten mit ihren Frauen das Wohnzimmer leer.
Richard kam zu ihm. „Komm bitte mit, da gibt es einen Boden mit vielen Kartons, schau es dir an." Gemeinsam stiegen sie auf einer Treppe, die heruntergeklappt werden musste, hinauf und besahen im Schein ihrer Taschenlampen was dort vorhanden war. Zwei Bodenkammern waren dort, die eine war leer, hier befand sich ein großes Loch in der Wand. In der anderen waren Kartons und Kisten gestapelt. Alle waren sauber beschriftet.

„Wintersachen" stand auf mehreren, „Geschirr" und „Küchenteile" auf anderen. Auf drei Kartons stand „Spielzeug" und auf zweien „Eisenbahn". In die schaute Hubert, es waren jede Menge Teile einer Modelleisenbahn.

„Richard, kannst du bitte diese fünf Kisten verladen, die weiteren sollen sich die anderen teilen." „Ich hole mir Muhsal und Kleinert dazu für deine und die anderen stellen wir in das Obergeschoss." „Gut so, ich bin unten, danach gehen wir beide in das zweite Haus."

Im Haus herrschte eine rege Betätigung, aber alles verlief ruhig, ohne Hektik. Das Wohnzimmer war bereits recht leer, der Phonoschrank verschwand gerade als letztes Teil auf dem Laster von Hartmut und Christina. Im Keller war bis auf die Theke die Bar geräumt. „Grings baut mir die ab und bei uns wieder auf", sagte Becker. „Getränke hast du ja jetzt genug", grinste Hubert. „Die sollten länger reichen!" grinste Becker zurück, fügte hinzu: „Hannelore hat sich eine fast neuwertige Nähmaschine mit jeder Menge Zubehör gesichert, die müssen wir aufladen." Wieder oben stellte er fest, dass die Küche gerade vollständig ausgeräumt wurde, als Sieglinde ihn auf die Schulter tippte. „Wir haben drüben alles verpackt, die Kartons, stehen vor dem Haus." „Alles klar, Richard und ich kommen rüber." Der hatte gerade die fünf Kisten geladen und kam herein. „Lass uns rüber gehen, unsere Frauen sind fertig." Mit Rucksack und Werkzeugtasche gingen beide hinüber. Ulla stand vor dem Haus und rauchte eine Zigarette. „Wir sind hier durch, gibt es für uns etwas zu tun?" „Ja, bitte sortiert drüben im Weinkeller die letzten

Flaschen in die Kisten, die dort sind, das war es dort für uns."

Während sich Richard im Haus umschaute, ging Hubert zu Magda, die eifrig Bücher sortierte. „Ich habe eine Kiste mit Fotoalben und Büchern gepackt, das sind alles Sachen, die mit dem jüdischen Leben hier in der Region zu tun haben." „Gut, die bringe ich nachher dem Professor." „Vier Kartons sind voll mit juristischen Fachbüchern, die wären etwas für die Hochschule. Und weitere drei Kartons mit Schnittmustern fürs Schneidern." „Die sollte Doris Schneiderwerkstatt bekommen, schreib das bitte darauf." „Weiter habe ich hier ein Album mit allen Geldscheinen, die es während der Inflation in Deutschland gab." „Das nehme ich mit." Langsam ging er durch das Haus und sah sich alles an. Als letztes trat er auf die Veranda hinter dem Haus und sah sich hier um. Ein sehr gepflegter Vorgarten befand sich hier, obwohl niemand die verblühten Blumen zurückgeschnitten hatte. Weiter hinten, neben der Garage standen zwei kleinere Gewächshäuser. Die könnte doch bestimmt die Gärtnerin brauchen, überlegte er. Morgen würde er das Kokoschka sagen. Richard tippte ihm auf die Schulter: „Ich habe etwas gefunden, komm mit."

Er folgte ihm in den Keller und sie betraten den Trockenraum neben der Heizung. Auf Wäscheleinen hingen hier Wäschestücke. Fragend sah er Richard an. Der grinste und ging zu einem halbhohen Regal, in dem Waschpulver, Wäscheklammern und anderes Haushaltszeug lagen. Mit einer Hand zog Richard das Regal zur Seite, dahinter war ein Wandsafe. „Wie bekommen wir den auf?" „Ganz einfach mit dem Schlüssel." „Wo hast du den her?" „Ich sah mir das Schloss

von außen an, es ist das Gleiche, wie im Hotel.
Dabei erinnerte ich mich an einen kleinen
Schlüsselkasten vor der Heizung. Darauf stand:
Notschlüssel für die Heizung. Den hatte ich
geöffnet, weil ich neugierig war, was das für ein
Schlüssel sein würde. An einem Haken hing ein
Schlüssel für den Eingang zur Heizung und auf
dem Boden lagen zwei Schlüssel, die damit nichts
zu tun hatten. Also holte ich die, probierte und der
hier passt." Er gab ihm einen kleinen Schlüssel mit
einem Doppelbart. „Schau rein, ich suche weiter,
wofür der andere passt", und schon war er weg.
Problemlos öffnete Hubert das Fach. Eine schwarze
Kiste war darin und ein kleiner Ordner. Beides
verschwand in seinem Rucksack. Den Schlüssel
ließ er stecken, folgte Richard auf dem Kellerflur.
Ulla und Sieglinde kamen die Treppe herunter.
„Der Wein ist verladen, sogar die Regale passten
mit ins Auto." „Damit sind wir fertig." Richard
tauchte hinter ihnen auf.
„Ich habe es, der Schlüssel gehört zu einem extra
abgesperrten Lagerraum in einer großen
Vorratskammer. Da würden Sieglinde und ich gern
etwas für uns und Sigurd einpacken." „Völlig klar.
Ulla könntest du bitte im Schlafzimmer
nachschauen, hier gib es nirgendwo Schmuck." Die
nickte und verschwand. Zu dritt gingen sie in den
angesprochenen Vorratsraum. Der war proppenvoll
mit lagerfähigen Lebensmitteln und Dosen.
Richard wies auf einen Schrank, der zur Seite
geschoben war, dahinter war eine geöffnete
Gittertür. Während die beiden begannen eifrig zu
packen, ging Hubert dort hinein. Im Licht einer
Kellerlampe sah er hier ungefähr 20 Kartons mit
Spirituosen und Wein, sowie drei Kartons mit
Rauchwaren und zwei mit Kaffee und Tee. „Puh,

die hatten aber einen guten Vorrat." Er holte sich
eine Sackkarre, die im Trockenraum gestanden
hatte und stapelte vier Kartons darauf. „Wo steht
dein Auto Richard?" „Ulla hat ihn neben den
Kellereingang gefahren", rief Sieglinde. „Ich fahre
die Kisten an die Kellertür, von dort laden wir sie
auf den Laster, jetzt ist genug, sollen sich die
anderen den Rest hier holen." Als er den zweiten
Stapel brachte, trugen Richard und Sieglinde drei
große Kisten ebenfalls zur Tür. Beide gingen
hinaus und als er mit dem nächsten Stapel kam,
waren sie beim Aufladen. Ulla kam die Treppe
herunter, trug ein Kopfkissenbezug wie einen Sack
über der Schulter. „Wie konnte ich das nur
übersehen!" grinste sie. „Wir verladen hier alles,
bring bitte meinen Rucksack und diesen
Werkzeugbeutel in mein Auto, dazu deine Sachen.
Das Haus wäre bereit zum Ausräumen." Sie holte
seine Sachen und verschwand. Der Seitenkeller
war leer, Hubert half beim Beladen des Lasters.
„Ihr beide fahrt nach Hause und beginnt mit dem
Entladen. Ulla und ich kommen später." Hubert
ging um das Haus herum. „Was hast du vor?"
fragte er Richard. „Muhsal bat mich, dem großen
Roller nach Hause zu fahren." „Steckt beim Opel
der Zündschlüssel?" „Soweit ich weiß, ja." „Alles
klar, fahr vorsichtig!"
Mit der Sackkarre und den Büchern über
jüdisches Leben in der Region fuhr er zum Haus
des Professors. Dessen Frau öffnete ihm und bat
ihn herein. Ihr Mann kam aus dem Wohnzimmer,
begrüßte ihn freundlich. „Ich habe Ihnen etwas
mitgebracht, bitte schön." Der Professor öffnete die
Kiste und nahm das erste Buch heraus, blätterte
es durch. „Unfassbar, ich wusste gar nicht, dass
mein Nachbar so sehr in der jüdischen Gemeinde

verwurzelt war. Das ist ein toller Fund, der muss jetzt wissenschaftlich aufgearbeitet werden!" „Da wünsche ich Ihnen viel Erfolg. Ich muss zu meinen Leuten, wir räumen drüben aus, weil wir zügig renovieren wollen!" „Lassen Sie sich nicht aufhalten, viel Erfolg dabei."

Vor dem ersten Haus traf er Ulla. Sie saß auf einem alten Stuhl vor der Eingangstür und rauchte eine Zigarette. „Na, wie sieht es aus?" Sie lachte: „Das Haus ist leer, jetzt ist das andere dran. Hier ist der Schlüssel!" „Wunderbar. Ich werde Weber das Kommando übergeben und wir fahren nach Hause. Du müsstest allerdings den Opel aus der Garage fahren!" „Kein Problem, steckt der Schlüssel?" Er nickte. Sie trat die Zigarette aus und erhob sich. „Bis gleich, mein Räuberhauptmann." Lachend gaben sie sich einen Kuss, sie ging zur Garage und er ins zweite Haus. Magda war mit den Büchern fertig und verlud die letzten mit Muhsal, der schon wieder leer zurück war. Weber und seine Frau kamen mit einem vollen Karton die Treppe herunter. „Kannst du das hier bitte überwachen und wenn alles fertig ist, abschließen?"

„Kein Problem, können wir einiges bei dir unter dem Schauer lagern?" „Aber deckt bitte alles mit Planen ab. Morgen früh brauche ich dich, Richard und Frank um 10:00 Uhr an der Verladerampe, da kommt ein Güterzug für uns."

Zu Magda sagte er, sie möge sich gegen 10:00 Uhr im Vorzimmer melden, um die Bücher zur Hochschule zu bringen. Weber hatte die Schlüssel, auf den konnte er sich verlassen, er fuhr zufrieden nach Hause. Der Rest aus den beiden Häusern würde heute mit Sicherheit geräumt sein, nächste

Woche würde man an die Instandsetzung beider gehen können und mit der Vermietung beginnen.

Der Opel war daheim bereits entladen, Thomas hatte mit angefasst, mit Richard fuhr er den zur Werkstatt und räumte schließlich seinen Lieferwagen aus. Bevor er jedoch an die Sichtung und Verteilung der neuen Sachen ging, kümmerte er sich um die beiden neuen Pferde. Beide standen gemeinsam auf einem Paddock, in dem anderen seine Zicke, die Trakehnerstute. Als erste wurde die von ihm begrüßt, ausgiebig gestreichelt und mit zwei Scheiben trockenem Brot gefüttert. Anschließend ging er zu den beiden anderen in den Paddock. Abwartend, aber interessiert sahen ihn beide an, blieben aber in einer Ecke stehen. Ganz langsam und leise redend ging er auf sie zu, blieb vor ihnen stehen und ließ beide an seiner Hand schnuppern. Behutsam nahm er zwei kleine Scheiben Brot aus seiner Jackentasche und legte sie auf seine flache Hand, streckte die dem Fuchs mit den weißen Strümpfen entgegen. Kurz schnupperte der daran, nahm sie mit den Lippen auf und kaute genüsslich. Das gleiche tat er mit dem anderen, der das Brot ebenfalls nahm. Leicht und vorsichtig strich er erst bei dem einen, dann bei dem anderen über den Hals, redete dabei leise. Beide nahmen das ruhig auf und schauten ihn an. Noch einmal holte er zwei Scheiben Brot heraus, gab jedem eine und streichelte beide etwas länger. Die Stute nebenan hatte das beobachtet, wieherte leise und legte ihren Kopf auf die oberste Begrenzung des Paddocks. Langsam ging er lächelnd zu ihr, gab ihr eine Scheibe und klopfte ihren Hals. Beide jungen Wallache waren ihm gefolgt und beobachteten das. Er trat zwischen

beide, streichelte ihre Hälse, fuhr bei beiden längs
über ihre Kruppe, verließ ruhig den Paddock. Beide
Wallache folgten ihm zur Hälfte und sahen ihm
hinterher.

Im Haus gab es ein warmes Mittagessen, Susanne
ging später mit der Kleinen spazieren. Als beide
nach dem Kaffee ihre Pferde draußen bewegten,
kamen die anderen zurück. Gertrud kam mit
Huberts Schimmel auf den Platz. „Ich glaube, jetzt
sind die letzten zurück, eben kam gerade Weber
mit seinem Auto und stellte es unter dein
Schauer." „Der wird sich nachher bei mir melden.
Hat es sich gelohnt für euch?"
„Meine Wohnung ist nahezu komplett und Monika
hat gute Sachen, vor allem für die Kinder." „Hat sie
die Kinderkleidung gefunden?" rief Ulla. „Hat sie.
Alles konnte sie nicht brauchen, aber es gab ja
genügend andere Interessenten. Zum Schluss habe
ich mir ein paar gute Bücher herausgesucht.
Magda hat mich dabei gut beraten." Mehrfach
hatten sie die Pferde gewechselt, dabei hatten
Junior und Thomas beim Trockenreiten geholfen.
Im Stall trafen sie schließlich auf Weber, der
Richard beim Füttern und Misten half. „Den
Schlüssel vom ersten Haus habe ich Becker
gegeben, der will die Theke ausbauen und bei sich
im Keller wieder aufstellen lassen. Hier ist der vom
zweiten Haus, das ist leer. Wir sind jetzt für unser
Reihenhaus ausgestattet. Von Baumanns und
Jurka soll ich dir Danke sagen, denen geht es
genauso" „So haben wir ja alle etwas davon.
Morgen haben wir die nächste große Aktion, wenn
der Zug kommt. Da werde ich euch alle brauchen."
„Habe ich gehört, das wird ja wieder ein

Abenteuer." Hinter ihm sagte Ulla: „Wir haben Ferien, sollten wir nicht dabei helfen?"

„Das ist eine gute Idee. Ich weiß zwar nicht, was da alles drin ist, aber ihr könntet Bekleidung und Verpflegung übernehmen, wenn da etwas dabei ist. Hättest du genügend Helferinnen?" „Ich denke schon. Werde mit Frau Weber, Hannelore, Birte und Magda reden. Wenn ich Monika dazu bekäme, hätte ich schon zwei Opel zum Transport. Bei Bedarf nehme ich Sänger dazu." „Ich lasse dir freie Hand. Um 10:00 Uhr soll der Zug kommen, wir treffen uns auf der Rampe."

Während sich Ulla später um das Abendessen kümmerte, spielte Hubert länger mit seiner kleinen Tochter auf der Couch im Wohnzimmer. Später, nach dem Essen, badete er sie unter den wachsamen Augen der Mutter. Die hatte für Junior ein paar Bildbände aus dem großen Fundus sichergestellt. Mit denen hatte er sich in sein Zimmer zurückgezogen und schmökerte. Als im Haus Ruhe herrschte, beschäftigte sich Ulla mit den Spielzeugkisten. Eine davon sortierte sie für ihre Familie und eine zweite für Barbara. Der Rest würde an das Waisenhaus gehen. Derweil studiert Hubert das Album mit dem Inflationsgeldscheinen. Die aufgebrachten Summen waren so hoch, wie er es im Rechenunterricht an der Grundschule kaum wahrgenommen hatte. Ob das wertvoll sein würde, konnte er nicht sagen, aber er stellte es zu den anderen Alben. Als nächstes war der kleine Ordner dran. Der Besitzer hatte mit Aktien gehandelt und fein säuberlich alle Käufe und Verkäufe notiert. Aber es waren nicht nur Aktien, sondern dazu Pfandbriefe und ähnliche Wertpapiere. Aber wo waren die? Hier waren die nicht dabei. An der

Rückseite des Ordners befand sich eine kleine
Stofftasche, darin war ein kleiner Schlüssel und
der Hinweis auf ein Bankfach. Tief atmete er
durch, es war die Bank, bei der er seine Konten
besaß. Aber so einfach würde er hier nicht an die
Wertpapiere und den Inhalt des Bankwertfaches
kommen. Es galt jetzt herauszufinden, ob es Erben
oder andere Verwandte gab. Wie das zu klären war,
musste er herausfinden, das würde eine
Detektivarbeit werden. Überlegend legte er den
Ordner in seinen Schreibtisch. Gerade öffnete er
das schwarze Kästchen, als sich Ulla an ihren
Schreibtisch setzte und den Kopfkissenbezug
darauf auskippte. Wie erwartet war Bargeld in
Scheinen in der kleinen Kiste, dazu ein Sparbuch.
Bar waren es 32.000 RM und auf dem Sparbuch
befanden sich 63.000 RM. Beides legte er sofort in
den Safe. Gewissenhaft und sehr sorgfältig
überprüfte Ulla die Schmuckstücke auf ihrem
Schreibtisch. Ohne sie zu stören, entkorkte Hubert
einen Flasche Rotwein, füllte zwei farbige Römer
und stellte ihr einen auf den Schreibtisch. Kurz
sah sie lächelnd auf. „Bin gleich fertig, Prost!" Sie
tranken sich zu, danach machte sie weiter. Bis sie
fertig war, blätterte er wieder in dem kleinen
Ordner. Der Mann war beim Handel mit Aktien
und Wertpapieren eifrig und erfolgreich gewesen,
das war beeindruckend. „Fertig, alles überprüft
und echt. Hier sind ein paar Orden aus dem ersten
Weltkrieg, da war er wohl ein junger Offizier, hoch
ausgezeichnet!" „Und die Leute hat man einfach so
ins Gas geschickt, völlig irre."
Sie tranken sich schweigend zu, er erzählte ihr,
was in den Behältern war. „Und wie willst du jetzt
herausbekommen, ob es Verwandte gibt?" „Das
weiß ich nicht genau. Man müsste in den

Unterlagen nachschauen, welche ich dem Professor übergab, das kann ein Ansatz sein." „Das hört sich sinnvoll an und wer sollte das tun?" „Du wirst mich vielleicht für albern halten, ich dachte an Magda. Die hatte früher ein Buchgeschäft und musste da bestimmt öfters was suchen!" „So dumm finde ich das gar nicht, sogar sehr sinnvoll. Du solltest sie fragen, die ist morgen dabei!" Sie packten den Schmuck in einen Schuhkarton und brachten ihn in den Wäscheschrank. „Hubert, das Zeug muss dringend zur Bank." „Mache ich diese Woche, aber jetzt sag mir bitte, wo hast du das alles gefunden?" Sie lachte. „Es lag im Bett unter den Matratzen und in den beiden Nachtschränkchen." „Da hätte ich nicht hingesehen!" Grinsend sagte sie: „Soll ich schauen, ob ich bei dir etwas finde?" „Aber gerne, du wirst schnell Erfolg haben, ist nicht zu übersehen!"

### Der Güterzug

Die obligatorische Stabsbesprechung wurde bereits für 08:00 Uhr angesetzt, damit Kokoschka, Gert, Mielke, Lindner und Hubert rechtzeitig an die Rampe kamen. Karl hatte gut vorgearbeitet, alle wichtigen Personen wussten Bescheid, hatten Personal und Autos bereitgestellt, um möglichst schnell alles wegzubringen. Festgelegt wurde, wer die Häuser in Querum winterfest machen sollte, das war Graf, der dort Mitte der Woche beginnen könnte. Jurka wurde ebenfalls verplant, um die erworbenen Trümmergrundstücke von Hilde und Huberts Tante zu räumen. Diverse andere Dinge waren schnell geklärt, Hubert sagte, wie er sich die Räumung der Güterwagen vorstellte. „Karl und ich stellen mit Gert, Kokoschka, Lindner und Ulla fest, was überhaupt in den Wagen ist. Zuerst die Güterwagen und die Wagen mit den Autos, ganz zum Schluss der Kesselwagen, nachdem die leeren raus sind. Ich werde den Lokführer der Diessellok etwas beschenken, Karl hat das mit unserem Bahnhofsvorsteher schon gemacht. Nachher kommt der Mann vom RAW, um den kümmere ich mich. So werden wir das beginnen." Alle nickten und brachen auf. Auf dem Weg ins Büro sagte Fischer zu ihm: „Die Tour nach Cuxhaven lief problemlos." „Schön, war es finanziell erfolgreich?" „Sehr sogar, zeige ich dir, wenn alles verteilt ist." Während der Rest unterwegs war, machte sich Hubert an seine Post. Gertrud sollte heute den Kanzler der Hochschule fragen, wo die Bücher hingebracht werden sollten. Mittendrin erschien Magda. „Hubert, jetzt haben ich zwei Aufträge gleichzeitig, was soll ich als erstes machen?" „Du bekommst einen dritten, aber das regeln wir jetzt. Gertrud klärt gerade, wo die Bücher für die Hochschule hinsollen, das geht morgen. Du bist heute bei Ulla und wenn ihr fertig seid, sage ich dir den dritten Auftrag." „Ich wollte nur sichergehen, dass ich nichts falsch mache." Rechtzeitig war er fertig, konnte sogar Fritz von dem Garten und den Gewächshäusern berichten. „Da werde ich unser Obergärtnerin hinschicken, die soll entscheiden, was man davon behalten kann. Mit Sicherheit die zwei Gewächshäuser", sagte der und machte sich auf den Weg nach Hordorf. Zu Frau Goldap sagte er auf der Treppe: „Da kommt heute vielleicht was für oben, aber mit Sicherheit einiges für den Verpflegungskeller!" „Sehr gut, der Keller ist offen und ich bin oben empfangsbereit."

An der Rampe standen seine eigenen Leute, Ullas Helferinnen, Rübkes Truppe und verschiedene andere. Die einzelnen Verantwortlichen nahm er zusammen und erklärte seinen Plan. Dabei teilte er Krummrich den Abschub der leeren Kesselwagen zu und den Verschub der Neuen. Drei Ladegeräte standen bereit, bei den Lastern waren die Ladeflächen vorbereitet. Vom Bahnhof her ertönte ein schriller Pfiff, bald würde der Zug eintreffen. Karl holte den vom Bahnhof ab und sollte dort bereits für die Vorsortierung der Wagen sorgen. Sänger hatte drei Thermobehälter mit Tee gebracht und eine Kiste mit Brot. Es war kühl und feucht, das Heißgetränk war sehr willkommen. Hubert nahm sich eine Tasse Tee und beantwortete Fragen. Nach kurzer Zeit konnte man die ersten Wagen erkennen, die hereingeschoben wurden. Karl stand auf der Diesellok und winkte ihnen zu. Während auf der rechten Seite der breiten Kopframpe die ersten Wagen abgestellt und abgekuppelt wurden, kam er zu Hubert. „Die Jungs von der Bahn haben das sehr gut gemacht, ein weiterer Kesselwagen ist dabei und fünf Güterwagen, die wohl schon länger herumstanden. In einem der Kesselwagen ist Benzin, im anderen Diesel. Da haben die richtig mitgedacht." „Sehr gut, beides können wir brauchen. Krummrich kümmert sich um die Kesselwagen. Ich gehe zum Lokführer." Er winkte Krummrich heran und ging mit dem zur kleinen Diesellok, die gerade die anderen Wagen an die Rampe gebracht hatte. „Grüß dich Lokführer, schön dich mal wieder zu sehen." „Ganz auf meiner Seite, ist immer schön mit euch zu arbeiten." „Der junge Mann hier soll sich um die Kesselwagen kümmern, aber erst einmal danke." Eine Flasche Whiskey und eine

Packung Zigarren wechselten den Besitzer.
Grinsend verstaute den Mann das in seiner Lok.
„Macht los, ich kuppele ab. Seht zu, dass ihr bis
fünf fertig werdet, da sollen die Wagen wieder
abgeholt werden." In der Zwischenzeit hatte Karl
dafür gesorgt, dass die Waggons geöffnet wurden.
Mit den entsprechenden Verantwortlichen ging
Hubert an denen entlang und schaute sich den
Inhalt an. In den ersten Wagen befanden sich
Zement, Gips, Farben und andere Baumaterialien.
„Kokoschka, das gehört dir, fang an." Sofort holte
der einen Stapler und einen Kipper heran, begann
mit der Arbeit. Es kamen zwei mit Verpflegung in
Gitterboxen und auf Paletten. „Weber das sind
deine, hol dir einen zusätzlichen Stapler, die leeren
Boxen aus dem kleinen Lagerhaus erst raus, dann
die hier rein. Ulla, du sagst, was in den
Verpflegungskeller für Sänger soll!" Den Wagen mit
elektrischem Zubehör erhielt Lindner und der mit
Reifen und Kfz-Ersatzteilen Gert. Im letzten waren
Öfen und Kohle in Säcken. „Rübke, du weißt
wohin, Marsch!" Die andere Reihe war dran. „Ulla
der hier mit Uniformen und Bekleidung ist deiner!"
„Karl, der mit Werkzeug aller Art ist deiner, nimm
dir die Leute aus dem Lager dazu." Im nächsten
waren Werkzeugmaschinen für alle möglichen
Bearbeitungen. „Gert deines, verteil das bitte
sinnvoll." Jetzt kam einer mit Sanitätsmaterial.
„Rübke, alles unter das Schauer, aber vorsichtig
und mit Planen abdecken!" Den Wagen mit Büro-
und normalen Möbeln erhielt er dazu. Im nächsten
waren Funkgeräte, Lautsprecher und ähnliches zu
sehen.
„Mielke hol Frings ran, der soll das zügig abholen."
Noch ein Wagen mit Kleidung, war da. „Ulla, der ist
ebenfalls für dich." Der vorletzte Wagen war voll

mit Getreide, der letzte zur Hälfte damit und in der anderen Hälfte war Pferdefutter in Pelletform.
„Weber, du das Pferdefutter zu uns, für den Rest hole ich Fritz."
Alle wussten, was sie zu tun hatten, es begann eine wimmelnde Betriebsamkeit. Hubert wollte in die Werkstatt, um telefonisch Fritz heranzuholen, als Heinrich neben ihm bremste. „Ich bringe dir die zwei Enten", rief er aus dem Auto. „Gut, dass du kommst Vater. Ich zeige dir, was für Fritz interessant ist." Gemeinsam gingen sie zu den beiden letzten Wagen. „Wunderbar", sagte Heinrich, „das ist Saatgut. Ich fahre zum Hof, dort sind Fritz Leute dabei, das Ackergerät zu reinigen. Die hole ich mit den Traktoren her. Fritz wird schnell hier sein!"
Jetzt setzte sich Hubert auf die Kühlerhaube seines Lieferwagens und rauchte eine Zigarette. Um ihn herum herrschte ein eifriges aber zielgerichtetes Kommen und Gehen. Ulla teilte ihre Frauen ein, die Stapler arbeiteten fleißig und die ersten Laster fuhren beladen vorbei. Ulla kam zu ihm. „Ich habe die Gitterboxen mit Ölkreide markiert, die in den Keller zu Sänger kommen, die anderen passen hoffentlich alle in die kleine Halle im Depot. Die Pakete mit der Bekleidung habe ich gekennzeichnet. Große Masse an Doris, und diverse Pakete für Frau Goldap. Im zweiten Bekleidungswagen ist fast nur Zivilzeug, das schaue ich mir genauer an und lasse es entsprechend verteilen. Mal sehen, was da drin ist. Außerdem sind im ersten Wagen vier große Offizierskisten, die lasse ich zu uns bringen." „Nutz die Halle am Nordbahnhof, da ist Platz!"
Richard kam mit einem leeren Laster zurück, hielt neben ihm. „Wir haben die leeren Gitterboxpaletten

vor dem Lagerhaus gestapelt und drinnen ein
wenig umgestellt, jetzt passt wieder mehr hinein."
„Was ist mit den Sachen für Sänger?" „Erst die
Sachen ins Lagerhaus, der Stapler muss dorthin
fahren, die Sachen kommen zum Schluss." Endlich
erschien Fritz mit drei Traktoren und Anhängern
zum Aufladen, Heinrich und Georg halfen mit. Er
selber kam zu Hubert, nahm sich einen Tee und
bot eine Zigarette an. „Das ist ja richtig erfreulich,
damit hat niemand gerechnet!" sagte er gut
gelaunt. „Das ist reines Glück, die Wagen standen
wohl länger herrenlos auf den Abstellgleisen."
„Egal, wir können das Getreide sehr gut
gebrauchen. Oh, was macht Frings denn hier?"
„In einem Wagen sind Funkgeräte und das
entsprechende Zubehör, das soll er abholen." Als
Frings zu ihm kam, wies er ihn ein und sofort
machte der sich mit seinen vier Leuten an die
Arbeit. Durch die Lkws und arbeitenden Leute
drängelte sich Paul mit seinem Kaltblütergespann.
Mit seinem Lehrling begann er die Ladung des
Pferdefutters. Als er hochbeladen abfuhr rief er
Hubert zu: „Drei Säcke behalte ich, der Rest
kommt in deine Scheune."
Karl kam zu ihm, sah sich kurz um und als
niemand in der Nähe war, sagte er halblaut zu
Hubert:
„In dem Wagen sind zwei Kisten mit Gewehren und
Pistolen. Wohin soll das?" „Bring es in meinen
Lieferwagen, das kommt zu den Briten."
Der nickte und verschwand. Kurz darauf brachten
zwei Mann mit Sack- und Schubkarre die Kisten,
verluden sie auf ein Zeichen Huberts in dessen
Auto. Als erstes waren die Wagen mit der
Verpflegung entladen und der mit den Öfen und
der Kohle. Zwischendurch kam Krummrich und

berichtete, die leeren Kesselwagen seien weg, die neuen vollen an deren Stelle und seine Leute hätten die vollständig getarnt. Gerts Wagen mit den Kfz Sachen war ebenfalls leer, seine Leute halfen beim Entladen der Werkzeugmaschinen. Nachdem die elektrischen Sachen, dabei Sanitätsmaterial, verladen waren, zog die Lok diese Reihe heraus, brachte sie zum Bahnhof und kehrte mit den Flachwagen zurück. Mittag war vorüber, als Gert beginnen konnte, die Autos zu entladen. Mit dem großen Sonderfahrzeug wurden die Stahlträger von den Flachwagen per Kran entladen. Mittlerweile halfen alle mit, die auf dem Gelände arbeiteten. Ulla hatte sich mit ihren Frauen um 13:00 Uhr abgemeldet und Hubert ging gegen 14:00 Uhr in sein Büro, den Rest würden Karl und Gert alleine schaffen.

Magda bekam gesagt, wo die Bücher abzuliefern seien, und Hubert erklärte ihr, was sie ermitteln sollte. Schnell hatte sie das verstanden.
„Heute bringe ich die Bücher weg, morgen fahren ich zu dem Professor und versuche herauszubekommen, ob und welche Verwandte es gibt."
„Richtig, der Professor ist ein sehr netter Mann, bring ihm diese Flasche Wein mit, da wird er sich freuen." Gertrud sollte ebenfalls Nachforschungen bei der Stadt anstellen, der Sicherheitsoffizier der Briten hatte seine Unterstützung signalisiert. Weil er am Samstag nur in der Früh im Büro gewesen war, heute ebenfalls, hatte sich eine Menge angesammelt. Gegen 15:30 Uhr kam Kokoschka und berichtete vom Ende der Einlagerungen. „Die elektrischen Sachen und Kabel waren hilfreich, dass spart uns eine Menge Geld." „Ja, das ist es,

habt ihr Lagerkapazitäten frei?" „Nicht mehr viel, soll da weiteres kommen?" Hubert berichtete ihm von den kleineren Depots rund um Clausthal-Zellerfeld. „Mal abwerten, was die Bevölkerung bereits dort herausgeholt hat", winkte Kokoschka ab. Hubert nickte zustimmend. „Lassen wir uns überraschen."

Gegen 16:15 Uhr kamen Karl und Gert: „Alles erledigt, der gesamte Zug steht wieder im Bahnhof, leer, und wartet auf seine Abholung. Alles ist gut gelaufen, für einiges müssen wir Lagermöglichkeiten suchen, aber sonst alles in Ordnung", sagte Karl. Gert fügte hinzu: „Die Autos sind fast neu, das lange Stehen auf den Wagen, ohne Abdeckung hat denen natürlich nicht gutgetan. Aber die Motoren sind in Ordnung, die kriegen wir alle wieder hin. Wer soll die kleinen Mannschaftswagen bekommen?" „Ich dachte mir, die geben wir weiter an die einzelnen Kolonnen, so sind die viel beweglicher." „In Ordnung, aber ein wenig umspritzen sollen wir die, einen Tarnanstrich brauchen die nicht mehr!" „Stimmt, so teuer ist das nicht. Karl, das hast du gut organisiert, jetzt beschäftige dich mit der Holzaktion, besonders mit der im Harz." „Mache ich sofort." „Denk an die kleinen Depots rund um Clausthal. Sprich dich bitte mit mir ab, was du dort findest. Wenn es sinnvoll für uns ist, holen wir es zügig ab. Munition melde ich an die Briten weiter und vermutlich werden die uns bitten, das hier in die MUNA zu bringen." „Wenn ich etwas finde, erfährst du das sofort." Bevor er ging sagte er grinsend: „Unser Freund vom RAW kam später vorbei. Er hat die zwei Enten bekommen und die beiden Stangen Zigaretten. Er wollte wissen, ob wir so etwas wieder tun würden, wenn solch ein Zug zu ihnen gebracht würde, das habe ich bejaht. Mal sehen, was da passiert." „Das können wir in aller Ruhe abwarten, wir müssen jetzt dieses Zeug unterbringen!"

Anschließend brachte er seine Mappen zu Getrud. „Ich wollte dir mitteilen, Ursel Bode ist heute ins Krankenhaus gegangen, da kommt unser nächster Nachwuchs!" lachte die. „Prima, hoffentlich wird alles gut. Ach ja, ich wollte euch beiden etwas geben, gut, dass unser Lehrling weg ist." Er holte zwei kleine Kästchen aus seinem Schreibtisch, legte sie Gertrud und Monika auf den Schreibtisch. „Ulla hat das etwas aufgeteilt, damit ihr nicht den gleichen Weg wie Ursel gehen müsst." Beide schauten hinein und während Monika sich kichernd bedankte, wurde Gertrud knallrot und murmelte: „Äh, ja, danke!"

Als er auf den Hof kam, schaute er sich an, was in den drei Waffenkisten war. In einer lagen neue Maschinenpistolen, in der anderen Sturmgewehre und in der dritten waren Pistolen. Mit einer Pferdedecke tarnte er die, morgen würde er den Jägerlehrgang beim Schießen besuchen, dort würde Woods sein. Da er erst Ende des Jahres nach England zurück gehen würde, konnte er die Waffen zu Geld machen. Ulla saß in der Küche und fütterte die Kleine, die heute zum ersten Mal zu Frau Schmitz in den Kindergarten gekommen war. „Sie hat das gut überstanden, als ich kam, um sie abzuholen, hat sie mich angestrahlt", sagte sie lächelnd und fütterte die Kleine mit Brei weiter. „Da erkennt sie dich doch sehr gut, sei froh. Denke, seine Mutter wird man in diesem Alter gut erkennen!"

„Wenn hier nachher Ruhe herrscht, werde ich mich in die Badewanne legen, mit viel ganz warmen

Wasser. Da haben wir heute schon ganz schön gearbeitet, aber das erzähle ich dir später."
Nach dem Essen spielte Hubert mit Junior Halma, anschließend mehrere Partien Memory. Als schließlich der Junge mit seinen Büchern in sein Zimmer verschwand, setzte er sich an seinen Schreibtisch. Ulla war im Bad und die beiden Frauen in ihren Unterkünften. Bevor er anfing zu arbeiten, genoss er die Ruhe um sich herum. Sieglinde hatte einen Pfefferminztee gekocht, der in der Thermoskanne auf dem Schreibtisch stand. Davon goss er sich ein und überlegte. Auf einem Blatt Papier notierte er, was als nächstes zu tun sei.

Das Sanitätsmaterial musste untergebracht werden, die Verpflegung sollte er sich gründlich anschauen. Unbedingt mussten morgen die letzten Waffen an Woods übergeben werden. Mittwoch war Probe der Quadrille und Donnerstag das Treffen wegen den Tauschgeschäften. Unbedingt geklärt werden musste die Sache mit dem jüdischen Rechtsanwalt und zur Bank musste er, Schmucksachen und Wertpapiere waren unterzubringen. Was war mit den Reihenhäusern? Die Gesamtplanung des Holzeinsatzes musste fertiggestellte werden und am Sonntag stand das Landgestüt in Celle an. Vor allem mussten die drei Offizierskisten hier raus, die vor seinem Schreibtisch standen. Das beschloss er als nächstes anzuschauen. Dazu holte er aus dem Keller drei Kartons, um bei Bedarf den Inhalt zu verteilen.

Ganz oben lag in der ersten Kiste der Uniformmantel eines Obersten. Anschließend folgte der komplette Dienstanzug mit Stiefeln und allem Zubehör. Alles legte er in einen Karton und machte weiter. Ein ziviler Smoking folgte, mit Hemd, Kummerbund und Lackschuhen, eine komplette zivile Kombination. Die kam in einen anderen Karton, zusammen mit einem leichten zivilen Mantel, Strümpfen und Unterwäsche. Unten lag eine schöne zivile Pistole in einem Halfter, drei Packungen Munition und eine lederne Aktentasche. Die Pistole und Munition kam in den Schreibtisch, er nahm sich die elegante Aktentasche heraus und sah sich deren Inhalt an. In einem schmalen Ordner waren die persönlichen Papiere abgeheftet, von der Schulentlassung bis zur Beförderung zum Oberst. Dabei waren die schriftlichen Begründungen für seine erworbenen Auszeichnungen. Ein Oberst der Infanterie, der oft bei Sondereinsätzen zur Partisanenbekämpfung eingesetzt worden war und bis Februar 1945 mit einer Verletzung in einem Lazarett verbracht hatte. In einem zweiten Ordner befanden sich seine Gehaltsabrechnungen mit einem Girokonto und Scheckkarte, sowie ein Sparbuch mit 18.300 RM. Den Ordner legte er zur Seite, die anderen Unterlagen kamen in den Papierkorb. In der zweiten Kiste befand sich die Ausgehuniform eines Offiziers im Rang eines Oberstleutnants. Aus den dabei liegenden Papieren ging hervor, dass er zu dem Kommando gehören sollte, welches die Verteidigung im Harz in der Form eine Festung organisieren sollte. Die Uniform kam in den gleichen Karton wie die andere, das Zivilzeug in den anderen. Ein silberner Säbel lag hier mit dem Emblem einer Kavalleriedivision des ersten Weltkrieges. Sonst gab es nur eine Brieftasche mit 350,- RM. Das Geld kam auf Ullas Schreibtisch. Um Platz zu schaffen brachte er beide leeren Kisten auf den Hof, nahm sich die Dritte vor. An der hing ein Zettel, sie sollte nach Nordhausen weitergeleitet werden. Sofort wurde er aufmerksam, das war der Standort, wo unterirdisch die Raketen produziert worden waren. Fast hatte er es erwartet, in dieser etwas größeren Kiste lag die Ausstattung eines SS Gruppenführers, vergleichbar mit einem General der Wehrmacht. Sie sah schon sehr imposant aus, als er sie zu den anderen legte, mit Mantel und Stiefeln. Das zivile Zeug war sehr edel und nagelneu. Allerdings lagen keine weiteren persönlichen Sachen darin, außer einem dicken Ordner, der mit Zeichnungen und Berechnungen prall gefüllt war. Was immer das war, er würde es den Briten übergeben. Ganz unten lagen gut verpackt zwei Jagdwaffen, Drillinge. Es waren Einzelstücke aus einer bekannten Büchsenmacherei in Thüringen. Fast hätte er die flache Brieftasche übersehen, die auf den Boden unter den Waffen lag. Jeweils 5.000 US Dollar und 5.000 Britische Pfund waren darin. Sofort kamen die in den Safe.

Ulla kam in einem flauschigen Bademantel und in Hausschuhen aus dem Badezimmer. „Bist du schon fertig mit den Kisten?" „Ja, alles erledigt, bringe diese Kiste raus." Zwei Kartons waren mit Uniformen, zwei mit Zivilkleidung gefüllt. Er erklärte ihr, was darin war. „Die Zivilsachen behalten wir, die Uniformen kannst du morgen Woods bringen!" „Hatte ich vor, dazu diese Pistole und die drei Kisten mit Waffen. Das gibt einen guten Schub für Weihnachten! Die Kartons mit den Uniformen bringe ich in den Lieferwagen." Als er zurückkam, hatte sie sich die zivilen Sachen angeschaut, saß an ihrem Schreibtisch und trank Tee. Hubert goss sich einen ein und sagte, was er sonst gefunden hatte. „Die Zivilkleidung lassen wir

Hartmut probieren, der braucht das für die Bank. Du hast genug und mit dem Smoking warten wir ab, wer den brauchen könnte." „Das Geld dort ist für dich, da kannst du Thomas und Susanne mit bezahlen."

„Dafür habe ich jede Menge in der Kassette in meinem Schreibtisch, aber die Idee ist gut. Wir beide sollten uns morgen zusammensetzen und überlegen, was wir mit unseren Leuten zu Weihnachten und vorher machen wollen." „Oh ja, so weit ist das nicht mehr hin. Was denkst du?" „Erst müssen wir die Taufe von Hannelore durchziehen. Das sollten wir mit Fritz und Barbara gemeinsam tun. Mit ihr habe ich gesprochen, was hältst du von der übernächsten Woche, am Sonntag?" „Von mir aus gerne, aber kann der Pastor?" „Barbara hat den Termin angemeldet, nach dem Gottesdienst um 11:30 Uhr." „Malwine hat sich angeboten, die Feier bei meinen Eltern durchzuführen. Dazu will sie den Hirsch servieren, den ich neulich geschossen habe." „Habe ich gehört, warum nicht, bin völlig einverstanden. Aber wer soll Pate werden?" „Ich schlage Gert und meine Tante vor." „Nicht schlecht, wir beide sind bei Fritz vorgesehen, dazu Doris. Den vierten überlegen sie, wahrscheinlich Christina." „Na, das passt doch, ist gut verteilt." „Bitte rede du mit Gert und deiner Tante und ich kläre das mit dem Termin und dem drum herum." „Genauso machen wir das. Sag mal was riecht hier eigentlich so gut?" Sie kicherte. „Das bin ich. Nach dem Bad habe ich eine Körperlotion ausprobiert. Das war nicht nur angenehm, sondern riecht toll." „Das möchte ich doch ganz aus der Nähe riechen!" „Aber nicht hier," lachte sie.

## Schießübungen der Jungjäger

Mit einem vollgeschriebenen Zettel kam er am nächsten Morgen ins Büro und konnte gleich einige Aufträge weitergeben. „Gertrud koordiniere bitte für heute Nachmittag ein Treffen von unserem Doktor, Hartig, dem Apotheker, und wenn möglich, Frau Doktor März. Da geht es um den großen Berg von Sanitätsmaterial. Mach mir einen Termin bei unserem Bankdirektor Mittwoch- oder Donnerstagvormittag. Monika, ich brauche einen Opel, wenn ich nachher zu den Schützen fahre. Überprüft bitte, wer etwas von den Büromöbeln braucht, denkt an Hartig und März für ihre Praxis. Wieviel Lebertran können wir kaufen? Und überlegt euch Termine für diverse Weihnachtsfeiern. Hier ist der Zettel dazu." Beide hatten mitgeschrieben. „Ach ja, bereitet für Donnerstag unten den Raum vor und legt mir nachher einen Zettel hin, wer zugesagt hat."
Gertrud blieb allein im Büro und stellte auf Huberts Wunsch ein Telefongespräch mit seiner Tante her. „Mein Lieber, was kann ich für dich tun?" fragte die, als er sie am Apparat hatte. „Nichts für mich. Wir möchten, dass du die Patenschaft für unsere Tochter gemeinsam mit meinem Bruder Gert übernimmst." „Das haut mich um, es freut mich sehr. Aber gerne tue ich das, wann soll die Taufe sein?"
Hubert sagte das Datum und den bisher geplanten Ablauf. Sie notierte mit, bedankte sich für diese Ehre. „Jetzt hätte ich da etwas anderes, das würde ich dir gern persönlich geben." „Ich bin am Freitag in Braunschweig, habe ein Gespräch mit Herrn Becker. Das können wir gut verbinden."

145

Gert war hocherfreut über die Bitte zur Patenschaft und sagte sofort zu. Kurz darauf kam Gertrud herein. „Dein Termin beim Bankdirektor ist am Donnerstag um 10:00 Uhr." „Danke, das passt, trag den bitte ein."

„In Bezug auf den jüdischen Rechtsanwalt hatte ich über das DRK herausbekommen, dass die ganze Familie zu den letzten gehörte, die nach Auschwitz kamen und dort gemäß einer Liste, die sie fanden, umkamen. Da gab es einen Bruder und eine Schwester von ihm, die kamen dort schon früher hin und verstarben dort ebenfalls mit ihren Familien. Das ergab ein Vergleich der Namen, die etwas ungewöhnlich waren." Beide schwiegen kurz. „Wie entsetzlich, das darf doch alles nicht wahr sein." „Ich bin genauso betroffen wie du, das muss man verdauen!" „Lass uns einen kleinen Cognac trinken." Er goss zwei kleine Gläser halb voll und beide tranken. „Ich muss mich jetzt ablenken, danke für den Schnaps!" sagte sie, ging hinaus, man konnte ihre Schreibmaschine hören, die sie bearbeitete. Gut, dass kurz darauf das Telefon klingelte, Becker war dran.

„Ich habe für beide Häuser in Querum einen Mieter. Der eine ist der neue Rektor der TH und für das andere wird es sehr wahrscheinlich der Rektor der Pädagogischen Hochschule werden." „Sehr gut, die Arbeiten daran beginnen spätestens ab Donnerstag. Zum 1.12. kannst du den Mietvertrag fertig machen."

„Das bekomme ich hin, die Bar wird gerade bei mir im Keller aufgebaut, zur Einweihung seid ihr eingeladen." Monika kam herein. „Hubert, wir haben die Sachen aus dem Lieferwagen auf den Opel geladen, die beiden Gewehre sind im Fahrerhaus, hier ist der Schlüssel." „Danke ihr

Lieben, das hättet ihr aber nicht machen brauchen, die Kisten sind sauschwer!" „Stimmt, aber ich bin froh, wenn die wegkommen, habe so welche öfters verladen." Lächelnd hielt Hubert seinen Zeigefinger vor die Lippen. Sie grinste zurück. „Keine Sorge, ich weiß, wann ich etwas übersehen und wegschauen muss." Sie ging ins Vorzimmer und sagte zu Gertrud: „Anja und ich holen jetzt das Büromaterial!" Fritz kam ins Vorzimmer und sagte zu Gertrud: „Ja, Mäuschen ich möchte einen Kaffee!" „Weißt du eigentlich, dass Mäuse spitze Zähne haben und gut zubeißen können?" Er lachte. „Ja, das weiß ich, aber ich bin schneller als jede Maus!" „Angeber!" Grinsend begrüßte Hubert seinen Bruder. „Du bist aber gut drauf heute!" „Ja, die Kartoffeln sind raus, die Felder werden bearbeitet und ab morgen wird das Wintergetreide gedrillt. Habe mir heute Zeit genommen und wollte mitkommen, mein altes Gewehr ordentlich anschießen." „Sehr gut, ich habe einiges für Woods denke, wir bekommen einiges von ihm." „Na also, wann wollen wir los?" „Nach deinem Kaffee!" Gertrud brachte eine Tasse mit heißen Kaffee. „Hier ist dein Mäusekaffee!" „Danke, liebe Klapperschlange!" Alle drei lachten. Fritz war sehr gesprächig, er hatte gestern Abend mit seiner Frau den Gewinn der Ernte überschlagen, das war sehr erfreulich.

Am Parkplatz des Schießstandes standen mehrere Autos, unter anderem ein britischer Laster. Den britischen Militärpolizisten kannte Hubert von verschiedenen Zusammenkünften. Beide begrüßten sich freundlich. Weil Hubert mit der MP gerechnet hatte und wusste, für was sie sich heimlich interessierten, hatte er zwei Orden aus seinem Fundus in der Hand. Beide wechselten beim Händedruck den Besitzer. Auf der 100 Meterlinie der Schießbahn lagen vier Schützen auf Bastmatten und hatten ihre Gewehre auf Sandsäcken abgelegt. Hinter je zweien standen Mielke und Woods, korrigierten die Anschläge und gaben Hinweise. Am Telefon saß Wagner, hatte die anderen Schützen bei sich. „Wie läuft es?" fragte Hubert. „Bis jetzt ganz gut. Wir schießen momentan auf eine 10er Ringscheibe. Alle haben bisher ordentliche Ergebnisse, wobei die beiden Lehrer das ganz hervorragend machen, da kann sogar ich was lernen."

Während Fritz sich mit den anderen Schülern unterhielt, hoben beide Aufsichten den rechten Arm, Wagner gab das Kommando über den Feldfernsprecher weiter. Vier Scheiben erschienen wieder. Jeder der Schützen gab fünf Schüsse ab, die Scheiben wurden wieder eingezogen. Nacheinander gab Wagner die Ringzahl der einzelnen Scheiben laut weiter. Alle waren zwischen Acht und Zehn. „Respekt, das ist sehr ordentlich", sagte Hubert und Fritz nickte bestätigend.

„Der beste Schütze liegt auf Bahn Zwei, fast alles Zehner!" grinste Wagner. „Wer ist das?" „Kannst du gleich sehen, wir machen jetzt eine Pause." Fritz lachte auf, als er die Schützin erkannte. „Ulla, warst du früher mal Wilddieb?" Die grinste verlegen und ließ ihre Waffe auf Sicherheit überprüfen. Sowohl Mielke, als auch Woods kamen grinsend heran. „Die schießt wie der Teufel!" sagte Mielke, Woods klopfte Ulla auf die Schultern. „Mal sehen, wie gut du beim laufenden Keiler bist." Gemeinsam gingen alle zu einer Hütte an der Basis des Schießplatzes. Einer von Wagners Leuten hatte dort eine kleine Brotzeit aufgebaut, mit heißem Kaffee, der Holzofen bullerte. Hubert und Fritz blieben mit Woods vor der Tür und rauchten eine Zigarette. „Nun bleibst du uns doch ein wenig länger erhalten, wie schön. Ich habe ein paar schöne Sachen für dich dabei", sagte Hubert. „Das Kommando will mich bis Jahresende hierbehalten, jetzt können wir den Rest abwickeln. Alles habe ich nicht los, aber das Wichtigste." Er gab ihm einen Umschlag, der in Huberts dicker Jacke verschwand. „Lass es uns jetzt tun, solange alle dort drin sind." Den Militärpolizisten schickte Woods in den Unterstand, was dem bei dem Nieselregen gut gefiel. Halb fuhr Hubert hinter Woods Laster, beide hatten die Ladeklappe geöffnet. Fritz kam mit auf den Opel, als Woods die Kisten öffnete. Anerkennend nickte er, als er den Inhalt überprüfte. Die Kartons mit den Uniformen fand er sehr gut, sowie die zwei Kartons mit NS Literatur. „Das gibt einen großen Schluck zu Weihnachten", grinste er. „Lass uns umladen. Die 15 Kartons sind für euch!" Die Brüder schoben ihre Kartons auf die Ladefläche des Opels und im Gegenzug Huberts Kisten und Kartons auf Woods Laster. Anschließend verzurrten sie die Ladeflächen wieder und genossen einen Kaffee aus Huberts Thermoskanne. „Wollt ihr heute schießen?" fragte Woods. „Ich wollte mein Gewehr überprüfen und Hubert seine beiden", entgegnete Fritz. „Wenn ihr nichts dagegen habt, schaue ich mir die Waffen an und schieße damit. In England bin ich dafür einer der Spezialisten." „Das weiß ich, deshalb würde ich das sehr begrüßen", sagte Hubert. „Ich mache das jetzt, aber in Zukunft könnt ihr euch damit an Mielke wenden, der ist absolut fit, mein Respekt!"

Die Gruppe der Auszubildenden marschierte wieder auf die Schießbahn, Woods überprüfte die drei Waffen der beiden in der Hütte. Das machte er sehr sorgfältig, nahm sie komplett auseinander. Mit seinem Werkzeug korrigierte er einige Sachen und baute alles wieder zusammen. Interessiert hatten beide stumm zugeschaut. „So, jetzt müssten alle drei in Ordnung sein. Lasst uns damit schießen." Während die anderen die Anschläge für das Schießen auf den laufenden Keiler übten und Mielke sie dabei einwies, schossen sie allein auf einer Bahn außen auf eine 10er Ringscheibe. Fritz begann, schoss als erster eine Acht. Woods hatte die Trefferlage per Fernglas verfolgt. „Du hältst zu tief, halt etwas über die Zehn", sagte er ruhig. Der nächste war eine Neun „Höhe gut, aber zu weit nach links. Halte an auf Neun rechts hoch." Der nächste Schuss lag voll in der Zehn, der nächste ebenfalls. „Na bitte, geht doch", sagte Woods trocken, setzte sein Glas ab. „Der Nächste bitte." Hubert legte sich hin und lud seinen Drilling. Beide Schüssen waren zu hoch. Nach der entsprechenden Korrektur lagen die nächsten Schüsse in der Zehn. Beim zweiten Drilling klappte es gar nicht. Mielke hatte per Glas zugeschaut, dem sagte Woods ruhig: „Willst du es richten?" „Gerne." Mielke legte sich hin und schraubte an der Visiereinrichtung. Danach schoss er einen Lauf und traf die Zehn mittig. „Probiere es jetzt selber!" sagte er zu Hubert und der schoss das gleiche Ergebnis. Beide Brüder bedankten sich bei den Schießlehrern. „Halt, halt, ihr bleibt hier. Ihr zeigt jetzt den Lehrlingen, wie man auf den laufenden Keiler schießt!" grinste Woods und Mielke tat es ihm nach. Was blieb den beiden anderes übrig, sie taten es.

Fritz verrutschte beim ersten Schuss leicht, aber beim zweiten war es ein sauberer Blattschuss. Voll konzentriert legte sich Hubert als nächster hin und verzeichnete zwei saubere Blattschüsse. Lob und Anerkennung erfolgte von beiden Schießlehrern und von Wagner. Während jetzt die anderen dran waren, durften die Brüdern mit ihren Revolvern ein paar Schüsse am Pistolenstand abgeben. Hubert wusste schon vorher, wie das ausgehen würde. Genau war ihm in Erinnerung, wie gut sein Bruder mit Pistole und Revolver schoss und das demonstrierte er. Er selber schoss recht gut, aber nicht so souverän wie sein Bruder, die Ehre war zwischen beiden gerettet.

Während die anderen weiter übten, fuhren beide nach Hause. Bei Fritz lud Hubert einen Korb mit gemischten Dosen Rind- und Putenfleisch ab und einen Karton mit verschiedenen Obstsorten, drei Stangen Zigaretten und vier Flaschen Whisky. Zwei Packungen Tee und Kaffee legte er dazu. Den Rest brachte er zu sich mit der Hilfe von Thomas in die Garage, verschloss beide Gewehre und Revolver im Waffenschrank, fuhr den leeren Opel vor das Stabsgebäude. Vorher hatte er Thomas und Richard gebeten, seine Pferde zu bewegen. Im Büro erwartete ihn Gertrud. „Die Ärzte und der Apotheker sind um 16:00 Uhr am Schleppdach. Magda fährt alles das, was die brauchen können, mit ihrem Opel zu denen. Sie hat bei dem Professor die Ahnenreihe dieser Familie studiert und herausgefunden, welche Verwandte es gab. So schrecklich das auch ist, die gesamte Familie und zwei Glieder zurück ist entweder durch natürlichen Tod oder in den KZ's vernichtet worden. Mir ist ganz schlecht, was haben diese Menschen denn gemacht, außer einen anderen Glauben gehabt zu haben?" „Nichts, das war diese völlig idiotische Ideologie. Da werden wir viel mehr zu hören. Den Zigeunern, oder wie man sagte: Sinti und Roma, ging es genauso. Die passten nicht ins Schema. Das habe ich neulich von den Briten erfahren. Wir werden damit lange leben müssen, auch wenn wir alle persönlich nichts damit zu tun hatten. Wo ist Magda jetzt?" „Die ist beim DRK in Braunschweig und bei den Briten, lässt sich das schriftlich bestätigen. Muss gleich da sein." „Gut, dass wir das so bestätigt haben, da brauchen wir uns keine Gedanken machen wegen möglicher Erben." „Da hast du recht, so haben wir kein Unrecht begangen und andere um ihr Erbe gebracht. Übrigens die Liste der Teilnehmer für Donnerstag liegt in deiner Mappe, wir richten vorher alles her."

Kurz nach 15:45 Uhr war er fertig mit seinen zwei Unterschriftenmappen und fuhr zum Schleppdach. Gleichzeitig mit ihm kam der Apotheker, kurz darauf der Doktor. Hartig und Frau Doktor März kamen direkt vom Schießplatz aus der Buchhorst. Nachdem Hubert alle begrüßt und erklärt hatte, woher das Material stammte, inspizierten sie das umfangreiche Gut, was hier gestapelt lag. „Das kommt mir alles so bekannt vor, schon kommen die vergangenen Ereignisse wieder in einem hoch", seufzte Hartig. Frau Doktor März klopfte ihm auf die Schulter: „Max, das ist vorbei, jetzt müssen wir an Neues denken und aufbauen!"
Er nickte stumm und öffnete eine große Arztkiste. Magda kam mit ihrem Opel dazu und öffnete die Ladeklappe. „Die schriftlichen Bestätigungen habe ich Gertrud gegeben. Danke, dass ich endlich wieder mein Hirn etwas betätigen konnte. es war zwar sehr traurig, aber mir hat es Spaß gemacht.

Die Ahnentafel habe ich mitgebracht und die
Hochschule hat sich sehr über die Bücher gefreut."
„Danke Magda, das hast du sehr gut gemacht.
Donnerstagmittag ist der alte Mieter aus der
Wohnung raus. Abends könnt ihr anfangen mit
malen und einrichten." Spontan beugte sie sich zu
ihm und gab ihm ein Küsschen auf die Wange.
„Danke, das ist wunderbar."
Der Apotheker und der alte Doktor hatten die
Initiative übernommen und teilten die Sachen auf.
Alles, was an Schränken und Regalen vorhanden
war, kam auf den Laster, war bestimmt für die
Praxis Hartig/Doktor März. Zwei Kisten mit
Medikamenten waren für die Klinik bestimmt, vier
wanderten in das Auto des Apothekers. Zwei große
Alukisten nahm der Doktor für sich, sechs andere
kamen auf den Laster für die Praxis. wieder war
eine Kiste mit Kondomen zur Freude aller dabei.
Die landete bei Hubert im Auto, von dem und Ulla
würden sie weiterverteilt werden. Zwei Kisten
wurden bei Hubert ins Auto geschoben, die waren
für Schmitz, der damit die Verbandskisten
auffüllen sollte. Alles, was an weiteren
Gerätschaften vorhanden war, kam auf eine Seite
des Lasters für die Klinik. Das würde Magda
morgen dorthin bringen. Alles, was für die Praxis
Hartig/Doktor März vorgesehen war, brachte
Magda gleich weg. Die Ärzte und den Apotheker
lud Hubert zu einem Kaffee bei sich im
Dienstzimmer ein. Während Monika und Anja die
Kisten für Schmitz in den Keller brachten, bereitete
Gertrud den Kaffee zu. Alle hatten sich bei Hubert
bedankt und schnell war man beim Thema Jagd,
nachdem die beiden von ihrem Schießtraining
berichtet hatten. Die besten Ergebnisse hatten mit
den Langwaffen Frau Doktor März und Ulla erzielt,

wobei die Männer beim Schießen mit dem Revolver überlegen gewesen waren. Der Apotheker berichtete, seine Jagd bei Schladen sei wieder freigegeben und lud alle Anwesenden zur ersten Treibjagd im Dezember ein. Er und der Doktor hatten sich sofort gut verstanden, den lud er zum Ansitz auf einen der überzähligen Rehböcke ein. Hocherfreut nahm der das sofort an. Die ersten Jagden im November im Umkreis waren mit dem Lehrgang als Treiber geplant, das war bekannt und wurde als sinnvoll bezeichnet. Kurz vor 17:00 Uhr brachen alle auf, bedankten sich für das Sanitätsmaterial und den Kaffee. Gertrud brachte Hubert zwei Einladungen. Eine zu einem Adventstreffen beim Chef der BKB und eine von der Zuckerfabrik zum Ende der Rübenkampagne. Sie hatte die bereits notiert, also nahm Hubert beide mit nach Hause, um sie im Familienkalender einzutragen.

Er selber hatte sich für heute Abend etwas anderes vorgenommen, er würde zum ersten Mal versuchen, den farbigen Fuchs an der Longe gehen zu lassen. Bereits gestern hatte er Cremer gebeten, ihm dabei zu helfen. Dabei hatte er einen Hintergedanken, er wollte herausbekommen, ob der sich zutraute, den anderen jungen Wallach langsam und behutsam einzureiten. Nach dem Abendessen trafen sich beide im Stall und Hubert holte den Fuchs aus der Box. Während Cremer ihn hielt, begann er behutsam dessen Hufe anzuheben, um diese zu säubern. Recht schnell hatte das Pferd verstanden, dass ihm nichts Übles widerfuhr, und so führte ihn Hubert mit Bedacht in die Halle, ließ ihn sich in Ruhe umschauen. Für das Pferd war alles völlig neu, so etwas kannte es nicht, aber

man ließ ihm geduldig Zeit. Hubert klinkte die lange Leine an sein Stallhalfter und ging in die Mitte der Bahn. Cremer führte das Pferd im Kreis und irgendwann ließ er ihn los. Ruhig sprach Hubert mit dem Pferd und es ging weiter den gleichen Weg, den es mit Cremer ein paar Mal zurückgelegt hatte. Später nahm Cremer ihn wieder am Halfter und lief neben ihm her. Prompt fiel er in Trab und tat das später ohne Cremer. Einige Runden ließ Hubert ihn so laufen, danach hielt er ihn an, lobte ihn ausgiebig und gab ihm etwas harte Brotrinde. „Das reicht für heute!" sagte er zu Cremer. „Jetzt das Gleiche mit dem anderen, das machst du!" Junior hatte die ganze Zeit zugeschaut. „Darf ich helfen?" Cremer lächelte ihn an. „Warte ab, lass es uns probieren. Für das Pferd ist es das erste Mal, bald werde ich froh sein, wenn du mithilfst!" sagte Cremer. „Er hat Recht, das Pferd ist sehr jung und völlig unerfahren. Ganz schnell kann es sich erschrecken, dich ungewollt umrennen und dabei verletzen. Das wollen wir heute nicht riskieren. Wir selber sind dabei sehr, sehr vorsichtig. Wenn es gut läuft, kannst du immer mithelfen, versprochen!" Die Worte seines Vaters leuchten ihm ein und er nickte.
Ruhig, ohne jede Hektik, wiederholten sie die Prozedur bei dem anderen jungen Wallach. Hier zahlte sich ihre Ruhe und Geduld ebenfalls aus. Als sie den wieder in die Box gebracht hatten, sagte Junior: „Der läuft ein wenig anders als der Fuchs, setzt die Beine schöner." „Gut beobachtet, ist mir aufgefallen. Mit beiden müssen wir jetzt ruhig und geduldig weiterarbeiten, sie dürfen keine Angst vor uns bekommen und uns vertrauen. Das kann dauern, bis da jemand drauf sitzt!" antwortete sein Vater. Nachdem der Junge ins

Haus zum Schlafen ging, setzte sich Hubert mit
Cremer zusammen. „Junior hat Recht, meines
Erachtens zeigt der Wallach gute Dressuransätze.
Das sollten wir fördern. Ich möchte, dass du ihn
weiter betreust und ausbildest." „Das ehrt mich
gewaltig. Ich hoffe, dich dabei nicht zu
enttäuschen. Das ist eine Aufgabe, der ich mich
gerne stellen möchte. Für dein Vertrauen möchte
ich mich herzlich bedanken."
„Nach meinem Gefühl passt du zu diesem Pferd. Es
stehen dir alle Hilfen zur Verfügung. Richard der
Pferdeversteher, Paul der Hufschmied und
Pferdekenner, Weber der Organisator und viele
andere, wie Sigurd, Klavas, Purzer und die beiden
Dressurreiterinnen. Später werden wir Walter Korn
dazunehmen. Aber das ist Zukunftsmusik, erst
müssen die Grundlagen geschaffen werden."
Länger unterhielten sie sich, bis Hubert ins Haus
ging, wo ihn Ulla erwartete.
„Hans-Wilhelm war begeistert von den beiden
jungen Wallachen. Vor allem, wie ihr das gemacht
habt, fand er toll." „Das war recht mühselig, geht
aber nicht anders." „Mir ist das völlig klar. Wenn
ich helfen kann, sagt es mir bitte, ich habe das
lange gemacht. Ich habe mich dazu entschlossen,
meine Stute ganz in die Zucht zu geben, mit dem
Schimmel kleine Turniere zu reiten und den
jungen Trakehner zu einem Vielseitigkeitspferd
auszubilden." „Super, wobei ich denke, du solltest
dich auf die Vielseitigkeit konzentrieren, springen
kannst du mit dem." „Wenn ich mir das überlege,
hast du recht, unbegrenzt ist meine Zeit nicht.
Werde mir das überlegen." Danach berichtet sie
von der Schießausbildung in der Buchhorst. „Es ist
einfach wunderbar, zwei solche Lehrer zu haben
und Wagner dabei in der Hinterhand. In

Anbetracht der momentanen Lage hat man uns bescheinigt, die Schießprüfung für den Jagdschein bestanden zu haben. Mehr als dieser eine Tag zum Schießen war nicht drin und der nur wegen des Zudrückens beider Augen von Allen!" „Ja, ohne dessen Wohlwollen wäre das nicht erfolgt. Da werden wir uns für bedanken." „Wagner sagte der Fuchs, den Allen einmal geschossen hatte, wäre jetzt fertig präpariert. Das wäre doch ein entsprechendes Dankeschön." „Gute Idee, lasst euch von Grings einen schönen Sockel dazu machen, das perfektioniert das Ganze." Anschließend berichtete Hubert über die erschütternde Familientragödie des jüdischen Rechtsanwaltes.

„Ich bin genauso erschüttert, es ist furchtbar, was jetzt alles ans Tageslicht kommt, was in unserem Namen geschehen ist. Aber gleichzeitig bin ich doch beruhigt, dass wir niemandem bei der Ausräumung des Hauses etwas vorenthalten haben." „Es ist doch irre, was in dem großen Prozess momentan in Nürnberg zutage kommt, das ist alles jenseits von normaler Überlegung." Sie unterhielten sich länger über dieses Thema, kamen letztendlich überein, ihre Anstrengung im sozialen Bereich, wie dem Waisenhaus und in der Firma und Schule weiter zu intensivieren, um hier das Leid lindern zu können.

Beide frühstückten am nächsten Morgen allein und besprachen ihre Vorhaben. Ulla wollte sich um die Sachen im Lagerhaus am Nordbahnhof kümmern, hatte das mit Frau Weber abgesprochen. „Soll ich dir einen Opel schicken zum Transport?" „Das wäre gut, so ab 10:00 Uhr dort." „Ich schicke Magda zu dir, die muss Sachen

in die Klinik bringen, kann später zu dir kommen."
Er selber wollte im Betrieb überprüfen, was mit
den Maschinen und dem Gerät geschehen war,
was aus dem Zug geholt worden war. Außerdem
wollte er die Hotelbaustelle anschauen. Im Büro
ließ er Magda den Anschlussauftrag zukommen
und rief Frings in dessen Geschäft an. „Ich wollte
hören, ob ihr das ganze Material brauchen könnt,
was ihr am Montag geholt habt." „Wir prüfen und
sortieren weiter, das war ein großer Berg, aber zu
80% können wir das brauchen. Das Geschäft läuft
unabhängig davon gut, ich konnte den
Restbestand eines Händlers in Gifhorn sehr
günstig erwerben, was unser Angebot verbreitert."
„Das hört sich gut an, bleibt da dran."
Anschließend bot er Frings an, am Treffen für die
Tauschgeschäfte teilzunehmen, was der sofort
zusagte.
Den neuen Teilnehmer gab er Gertrud weiter. Die
kam kurz darauf mit einem Problem zu ihm.
„Hubert, das mit den Putzfrauen hier und in den
Depothäusern klappt nicht. Wir brauchen
unbedingt jemanden, der das koordiniert und
überwacht." „Hast du eine Idee, wer das sein
könnte?" „Monika hatte eine. Was hältst du von
Magda. Die ist durchsetzungsfähig und resolut.
Zusätzlich könnte die Frau Klavas oben im Lager
unterstützen. Die ertrinkt in den ganzen Sachen,
die sie bekommen hat und die weiter im Keller
stehen. Die sagt zwar nichts, aber zusätzlich hat
sie das ganze Lehrlingsheim am Hals, die arbeitet
bis spät abends, aber sagt nichts. Das würde sie
nie zugeben." „Gut, redet mit Magda ob sie sich
das zutraut, anschließend rede ich mit ihr. Aber
wir brauchen einen Ersatz für die Auslieferung der
Schulspeisung." „Wir hören uns um. Vielleicht

könntest du Ulla fragen, die hat über die Schüler guten Einblick zu den Flüchtlingen."

Nachdem er seinen Papierwust erledigt hatte, nahm er seine Jacke und ging ins Firmengelände. Als ersten besuchte er in der Metallwerkstatt Ivan, der ihm zwei neue Maschinen zeigte, von denen eine bereits genutzt werden konnte. Metallstäbe konnten damit gebogen werden. Die andere war eine Fräsmaschine, an der ein Elektriker arbeitete. Ivan erläuterte ihm die Funktionen, Goldap und der Schlossermeister zeigten es ihm an einem Beispiel. Als nächster war Grings an der Reihe, der hatte ebenfalls eine Fräsmaschine erhalten, die bereits im Betrieb war. Dem erklärte er die Sache mit dem ausgestopften Fuchs. „Das mache ich, keine Sorge. Bring mir das Tier." Bei den Zimmerern war es eine Hobelmaschine, die angeschlossen werden musste. Der Stellvertreter erklärte ihm, an was sie gerade arbeiteten: An den Dachbalken für die Häuser in Querum, später waren die Dachbalken für die fünf Reihenhäuser an der Reihe. Beim Hotel waren alle notwendigen Balken fertig, das Dach wurde von den Dachdeckern gerade fertig gestellt. Zwei von denen würden morgen in Querum an die Dächer gehen und anschließend an die Reihenhäuser. Als letztes besuchte er das Magazin, in dem an der Prüfung des neuen Materials gearbeitet wurde. Der Vorarbeiter berichtete ihm, dass fünf neue Motorsägen im Bestand sein. Die Gesamtzahl hatte sich auf 25 erhöht. „Die werden wir alle demnächst brauchen, haben wir genügend Ersatzteile dafür?" fragte Hubert. „Für jede Maschine zwei Ersatzketten. Bei Kokoschka habe ich zusätzlich 20 bestellt. Ivan und Goldap sind Spezialisten für diese Maschinen. Die haben das voll im Griff." Das andere neue Material war in einem sehr guten Zustand. Für die Arbeiten im Holz waren sie sehr gut vorbereitet.

Als letztes sah er sich den Lagerplatz für Holz und Kohle an. Die neuen Öfen standen original verpackt in einem Schuppen, der Unterstand für Kohle war bis zum letzten Eck gefüllt. Von hier aus ging er zu Gert, wurde von dem zu einem Kaffee in dessen Büro eingeladen. „Der Laster und der dazugehörige Anhänger sind mit Mörsern und Gebirgshaubitzen in Einzelteilen beladen, was soll ich damit machen?" „Fahr die zum Hüttenwerk in den Hochofen, wir brauchen die nicht. Möglichst schnell, damit die hier weg sind." „Der Laster ist wieder einsatzbereit, das lasse ich nach Mittag machen. Ich will das Zeug hier vom Hof haben." „Mach das, bevor irgendjemand dumm quatscht." „Was hast du mit den drei Autos und dem Motorroller vor?" „Für den Opel und den Mercedes habe ich wahrscheinlich Käufer, das Cabrio möchte Ulla haben und der Roller soll zu Klavas, damit der damit von Cremlingen schnell herkommen kann." „Doris hätte sich sonst für den Opel interessiert." „Sie soll den haben, den Mercedes werde ich schnell los." „Doris bietet dafür kostenlose Änderungsdienste der Kleidung für die Familie und Freunde an." „Das ist doch ein gutes Angebot, so machen wir das." „Ich möchte gern Muhsal zum Meister ausbilden lassen, kann das in Verbindung mit Büssing machen. Weißt du, wie das geht?" „Grings will Harald zum Meister ausbilden lassen. Das werde ich prüfen lassen. Außerdem werde ich das in der IHK zur Sprache bringen, da bin ich ja schließlich stellvertretender Vorsitzender." Gert grinste: „Da sitzt du ja in der

Quelle, mach das bitte." Gemeinsam tranken sie einen Kaffee und unterhielten sich über die kommenden Einsätze. „Ich will in den Harz einen Wartungstrupp für die Fahrzeuge mitgeben, damit die dort vor Ort reparieren können. Das soll Kleinert machen, der ist Meister und kann selbstständig arbeiten. Es wäre gut, wenn wir für die eine Art Werkstatt hätten." „Da werden wir Lässig dransetzen, der könnte uns etwas in der ehemaligen Luftwaffenkaserne besorgen. Kläre ich mit Karl, wie soll das mit Wittingen gehen?" „Das ist nicht so weit weg, das können wir von hier erledigen. Unseren Cousin werde ich übrigens als Landmaschinenmechaniker ausbilden. Der kann das und fühlt sich dabei sauwohl." „Auf Dauer wird der Hof seines Vaters zu klein sein. Das kann er im Nebenerwerb tun!" „Denk bitte an die neue Beinprothese, die du Peter Ziegler versprochen hast." „Kein Thema, der soll das machen lassen und mir sagen, was das kostet."

Kurz nach 12:00 Uhr war er wieder im Büro. „Hubert Ich möchte dir etwas vorschlagen", sagte Gertrud. Als sie vor seinem Schreibtisch saß, holte sie ihren Schreibblock hervor und sagte: „Wir haben das gesamte Büromaterial überprüft. Der Keller platzt aus allen Nähten, obwohl alle Organisationseinheiten voll versorgt sind. Frag bitte Ulla, ob die Schule und der Kindergarten Papier und Stifte brauchen, Blei- und Buntstifte. Wir haben in Reserve sieben Schreibmaschinen und zwei Rechenmaschinen. Die Büros sind alle sehr gut ausgestattet. Ich schlage dir dazu vor: an der IHK Königsberg habe ich die Zusatzausbildung für Ausbilder an Schreibmaschine und in Steno gemacht. Ich würde das mit den weiblichen

Lehrlingen machen, die in den Büros ausgebildet werden. Das muss aber von der IHK anerkannt werden. In Zeiten, wo der Besprechungsraum nicht gebraucht wird, kann ich da zwei- oder dreimal die Woche unterrichten. Unter dem Schleppdach steht ein Büroschrank. Den würde ich herbringen lassen und darin die Schreibmaschinen verstauen und nur für den Unterricht herausholen. Was hältst du davon?" „Das ist eine tolle Idee. Das mit der IHK schreibe ich mir gleich auf, das kläre ich, habe sowieso zwei weitere Fälle für die Meisterausbildung." „Du hast doch den direkten Draht, denke ich." „Genau, den werde ich nutzen. Und der restliche Vorschlag mit dem Unterricht ist sofort genehmigt unter der Bedingung. dass in deiner Abwesenheit das Vorzimmer besetzt ist." „Das habe ich mit Monika bereits geklärt. Wenn das nicht klappen sollte, springt Regina ein. Das habe ich mit Fischer besprochen." „Gut, fang an, meine Genehmigung hast du!"
Kurz blätterte er seinen Ordner durch. Neben den normalen Unterschriften befanden sich zwei Einladungen darin, zum Ball der Apotheker und Mediziner und zum Ball der Bäcker und Schlachter, beide im Januar an darauffolgenden Wochenenden. Beide legte er auf den Schreibtisch, die würde er heute Abend Ulla zeigen. Aber nun wurde es Zeit für die geplanten Besuche bei seinen Kolonnen, als erstes steuerte er die Hotelbaustelle an, das größte derzeitige Projekt.

Vier Dachdecker waren auf dem Dach beschäftigt und zwei befestigten hoch oben auf dem Gerüst Dachrinnen und Fallrohre. Die Schornsteine für die Zentralheizung des großen Baus waren ebenfalls neu gemauert. Alberts redete gerade mit dem Vorarbeiter der Klempner. Beide begrüßten ihn und erläuterten, was sie gerade besprachen. „Es geht um die geplante neue Verrohrung des gesamten Baus. Da müssen alle Zimmer eingebunden sein mit Wasser, kalt und warm, sowie Abwasser. Die Toilettenanlagen gehören dazu, das ist ein ganz schöner Aufwand", erklärte Alberts. „Und wir dürfen keine Leitungen vergessen, müssen an die Küche und den Gastronomiebereich denken", ergänzte der Klempner. Am Beispiel eines der oberen Stockwerke zeigten sie ihm die Komplexität der Anlage. „Gut, dass wir so viele Leute haben, sieben habe ich hier im Einsatz, drei bei den Reihenhäusern und zwei an anderen Baustellen." „Ich denke, ihr könnt gut weiterarbeiten, wenn der Frost einsetzt, oder?" fragte Hubert. „Ja schon, aber nur, wenn der Bau nach außen zu ist," kam die Antwort. „Da sind wir dabei", sagte Alberts, „Grings und Kokoschka haben eine Firma bei Hannover gefunden, die Fenster herstellt. Den Einbau müssen wir allerdings mit Grings machen." „Wie weit seid ihr damit?" „Das Dach ist morgen fertig und der Dachboden ebenfalls. Eine Bitte habe ich, wir sollen den gesamten Eingangsbereich großflächig fliesen, dazu bräuchte ich ein kleines Team von Leuten, die das können. In fast allen Kolonnen gibt es solche Spezialisten. Fünf Mann würden mir reichen, damit diese Baustelle schnell erledigt ist." „Das werde ich klären und veranlassen", erwiderte Hubert Alberts. Nachdem er sich die Arbeiten an der Zentralheizung hatte erklären lassen, verabschiedete sich Hubert. Die nächste Baustelle lag nebenan, wo Tietz in der Bruchstraße arbeitete. Vor dem Großen Stahltor, was den Eingang und die Sicht in diese Straße verwehrte, standen mehrere Baufahrzeuge. Durch das Seitentor betrat er die Straße zum ersten Mal und sah sich um. Rechts und links des Kopfsteinpflasters standen die kleinen Häuschen in verschiedenen Außenfarben. In einem leichten Bogen zog sich die Straße zum anderen Ausgang in die Innenstadt. Rechts und links hinter dem Eingang befanden sich die fünf Häuser, die restauriert werden mussten. Tietz kam aus dem ersten Haus und begrüßte ihn fröhlich. „Dir scheint es richtig gut zu gehen", grinste Hubert.

„Stimmt, das ist die beste Baustelle, die ich bisher hatte oder hast du bisher gehört, dass deine Leute mittags Kaffee und geschmierte Brötchen bekommen?" „Ne, das habe ich wirklich nie gehört und erlebt. Wie kommt das?" „Der Bauherr ist sehr interessiert daran, die Häuser schnell fertig zu bekommen, der will damit Geld verdienen. Deshalb haben seine beiden „Haushälterinnen", die für den späteren Betrieb hier zuständig sind, den Auftrag, uns gut zu versorgen und das tun sie." „Ist das hier überall so?" „Nein, was man so mitbekommt gibt es hier eine üble Konkurrenzsituation. Da gibt es hier auf der anderen Seite der Straße, beim anderen Eingang, ein ganz anders Regiment. Der Chef dort ist ein eingedeutschter Kroate mit einer üblen Vergangenheit. Da soll es vorkommen, dass die Frauen, die dort arbeiten, übel behandelt werden, wenn die Umsätze nicht stimmen. Unter der Hand munkelt man, das wäre einer der großen Hintermänner des Schwarzmarktes. Und dort wird mit ganz harten Bandagen gekämpft." „Das kann ich mir gut vorstellen, mit solchen Typen würde ich nie Geschäfte machen." Hubert ließ sich die Baustelle zeigen. Im dritten Haus war eine etwas

korpulente ältere Frau damit beschäftigt, Geschirr zu spülen. Auf dem Tisch stand eine Platte mit geschmierten Brötchen. „Guten Tag, sind Sie der Chef der eifrigen Jungs?" sagte sie laut, grinste Hubert an, trocknete sich ihre Hände in der Schürze ab und gab ihm die Hand. „Ja, das bin ich und Sie versorgen die Jungs so nett?" „Klar, die brauchen doch was auf die Knochen, arbeiten sehr gut. Wollen Sie eins von den Brötchen?" „Nein danke, die sind für die Jungs, das sollen die selber essen." „Ach machen Sie sich nicht ins Hemd, Sie bekommen eine Tasse Kaffee dazu, mit richtigem Kaffee. Anschließend dürfen Sie mir eine Zigarette spendieren. Ihre Jungs bekommen zum Feierabend jeder zwei doppelte Brote mit Wurst, das macht gerade meine Kollegin drüben." Grinsend sagte Hubert: „Wenn das so ist, nehme ich mir eines." Tietz setzt sich zu ihm und nahm sich ebenfalls eines. Beide erhielten sofort frischen heißen Kaffee. Während die Frau weiter werkelte, sagte sie laut: „Ich bin neugierig, ob das stimmt. Haben Sie etwas mit der Familie Wedel aus Lehre zu tun?" „Ja, ich bin der zweitälteste Sohn von Heinrich und Malwine Wedel."
„Aha, also doch. Ihre Mutter hatte eine weitere Schwester, die mit ihrem Mann im Bombenhagel umkam. Und die hatte zwei Kinder." „Stimmt, meine Tante und mein Onkel, ein Sohn und eine Tochter!" „Genau, der Sohn arbeitet für Sie." „Genau, woher wissen Sie das?" Die Frau setzte sich an den Tisch und nahm sich eine von Huberts Zigaretten. Nachdem sie nach dem zweiten Zug einen Ring geblasen hatte, fuhr sie fort. „Das sind amerikanische Zigaretten, eine Wohltat! Ja, woher weiß ich das? Von der Tochter." „Meine Cousine? Arbeitet die hier?" „Hat hier gearbeitet. Hat gut

verdient, geriet an den Falschen von dem sie glaubte, es sei ihre große Liebe. Der nahm sie aus und schmiss sie aus der Wohnung. Da war sie schwanger, ließ das Kind abtreiben und wollte hier wieder anfangen. Aber das klappte nicht richtig. Als sie aufmuckte, bezog sie eine üble Tracht Prügel mit einer Hundepeitsche, verlor dabei einen Zahn und hatte Glück, dass ihre Augen nur leicht beschädigt wurden. Anschließend schmiss man sie hier raus." Hubert hatte still zugehört. „Und jetzt?" Die Frau nahm sich eine weitere Zigarette. „Jetzt lebt sie mehr schlecht als recht in einem Verschlag im Keller des Hauses, wo ich wohne. Einigermaßen gesund ist sie wieder und versucht, wieder Fuß zu fassen. Von der Sache mit dem Anschaffen scheint sie komplett weg zu sein. Aber wer nimmt schon so eine Frau? Was soll die arbeiten, es gibt nichts für sie. Irgendwann wird sie als Bettlerin auf der Straße landen." „Haben Sie drei kleine Gläser?" „Na klar!" Sie stand auf, holte drei Schnapsgläser. Aus seiner Tasche holte Hubert eine kleine Flasche, die er bei der Jagd bei sich hatte, schraubte die auf und goss ein. „Das muss ich verdauen. Prost." Alle drei tranken. „Mensch, das ist ja echter Cognac, wo haben Sie den denn her?" „Psst, solche Quellen verrät man nicht." „Völlig klar. Ja, nicht sehr erfreulich, aber so wird man beim schwarzen Josip eben behandelt." „Ist das der Herrscher am anderen Ende der Straße?" „Ja, er und sein Gesindel. Alles Pack, sogenannte Volksdeutsche. Hoffentlich fällt der bald auf die Schnauze, damit hier wieder Ruhe herrscht!" Hubert stand auf. „Das waren sehr interessante Neuigkeiten. Ich werde die Familie informieren, Sie hören von mir." „Nur zu, Sie wissen ja, wo ich bin."

Tietz folgte ihm hinaus. „Das ist ja richtig übel, tut mir leid Hubert, dass du so etwas erfahren musst." „Ach weißt du, wir wussten alle, dass sie auf die schiefe Bahn geraten ist. Ihr Bruder hat versucht, sie rauszuholen. Das Erbe ihrer Eltern hat sie von beiden durchgebracht. Ihr Bruder ist der Chef des Reinigungsunternehmens bei uns." „Das ist doch ein ganz patenter Junge, fleißig und fasst überall an." „Stimmt der macht das ordentlich, der hat alles versucht, ist aber nicht durchgekommen. Jetzt muss die Familie entscheiden, was passiert." „Da wünsche ich euch eine glückliche Hand, viel Erfolg!" Tief in Gedanken fuhr er nach Hause, zu weiteren Besuchen der Baustellen war ihm die Lust vergangen. Bei der Einfahrt auf das Gelände beendete er seine Grübelei. Er würde einen Familienrat einberufen. Am besten heute Abend. Als erstes rief er seine Eltern an. „Um was geht es?", fragte Malwine sofort. „Es geht um einen Angehörigen der erweiterten Familie. Am Telefon möchte ich nicht darüber reden, bitte! Ich erzähle es heute Abend. „Du machst das aber spannend, also gut Vater und ich sind um 19:00 Uhr bei euch."

Barbara wusste nicht, ob sie einen Aufpasser für die Kleinen hatte, aber Fritz würde dort sein. Gert sagte sofort für sich und Doris zu. Gertrud bekam den Auftrag Christina und Hartmut Bescheid zu sagen, dazu Hans, ohne seine Freundin. Während die am Telefon war, kam Fischer. „Am Wochenende geht der nächste Transport, hast du besondere Wünsche?" „Ich sage mal so: Fünf Kisten mit Äpfeln für die Weihnachtsfeier im Waisenhaus und für unsere." „Nimm lieber sechs. Alles, was über ist geht gut weg." „In Ordnung, gut dass du hier bist. Ich habe heute Morgen zwei Personalien entschieden." Als erstes sagte er die Sache mit Magda und mit Gertruds Lehrtätigkeit. Fischer nickte. „Die Entscheidung mit Magda ist gut, die Reinigung hier klappt höchst selten und bei Frau Goldap liegen wirklich jede Menge Sachen zum Sortieren und außerdem betreut sie mit viel Engagement die Lehrlinge. Sie braucht Unterstützung. Die Lehrtätigkeit von Gertrud halte ich für sehr gut, das hilft der ganzen Firma. Mein Vorschlag wäre, sie in der Lohnstufe eine höher zu setzen, denn sie halst sich da einiges auf." „Abgemacht, dem stimme ich sofort zu." Er erledigte seine Sachen und fuhr kurz nach 16:00 Uhr nach Hause.

Ulla sortierte mit Sieglinde und Magda Sachen aus drei Paketen, die sie aus dem Lagerhaus mitgebracht hatten. Als erstes teilte er Magda mit, was die Firma mit ihr vorhatte. Die stimmte sofort freudig zu und fragte: „Aber wer übernimmt meine Tätigkeit der Schulspeisung?" „Da sind wir am Suchen. Vielleicht weiß Ulla jemanden aus dem Kreis der Flüchtlingseltern?" Die schaute kurz. „Zwei Leute hätte ich im Auge, reden wir nachher drüber." „Dich soll ich fragen: Wir haben Papier und Stifte über, kann die Schule und der Kindergarten etwas brauchen? Wenn ja, ruf Gertrud an, die macht das." „Auf alle Fälle brauchen wir jede Menge Papier und Stifte, da kümmere ich mich gleich morgen früh drum." „Mach das, kannst du bitte kurz mit mir in den Keller kommen, ich will dir dort etwas zeigen." Sie folgte ihm in den Keller. „Was willst du mir hier zeigen?" „Gar nichts, ich will dir etwas sagen, was nicht jeder mithören und weitertragen soll." Während er ihr sein Erlebnis aus der Bruchstraße

schilderte, rauchten sie im Partykeller eine
Zigarette. „Deshalb habe ich für heute um 19:00
Uhr den Familienrat einberufen!" Damit endete
sein Bericht. Seine Frau nickte: „Sehr gut, ich
bereite alles vor, kümmere du dich um die
Getränke." „Jetzt räume ich die Weinkisten in den
ehemaligen Tauschkeller, anschließend kümmere
ich mich um den jungen Wallach." „Ich schicke dir
Hans-Wilhelm runter, der langweilt sich und stört."
„In Ordnung, ich bleibe gleich hier." Er zog seine
Jacke aus und begann die Regale im Tauschkeller
aufzustellen. Junior kam und half ihm dabei.
Natürlich hatte er zu den vielen Flaschen Fragen.
Geduldig erklärte ihm Hubert, wie Wein hergestellt
wird, wie der angebaut und geerntet wurde. Vor
allem zur Herkunft der Flaschen fragte er nach.
Hubert beantwortete alle Fragen nach bestem
Wissen.
Als sie anschließend in den Stall gingen, kamen
Cremer und Richard mit dem anderen aus der
Halle. „Ging es gut?" fragte Hubert. „Ja, er ist zwar
sehr neugierig und kuckig, aber schließlich trabte
er ganz allein an, war wohl froh, sich bewegen zu
können." „Das kann ich mir denken, das muss für
ihn langweilig sein, ohne seine alten Kumpels in
der Box zu stehen. Wir werden jetzt den anderen
genauso bewegen." „Da komme ich gern mit, will
den mal in Bewegung sehen", sagte Richard.
„Prima, ich hole ihn und gehe in die Halle." Zu
Junior sagte er: „Du bleibst jetzt immer ganz nahe
bei mir in der Halle." Der nickte eifrig. Ganz ruhig
holten sie das Pferd aus der Box, reinigten dessen
Hufe und führten ihn in die Halle. Hier wartete
Richard, ging mit in die Bahn.

Ruhig und mit leisen Gesprächen absolvierten sie das gleiche Programm wie beim letzten Mal. Gelassen trabte der Wallach seine Runden, bis Hubert ihn anhielt, lobte und in die andere Richtung drehte und ihn so erst im Schritt, später im Trab gehen ließ, Ohne zu mucken tat er das, schnaubte hin und wieder in der kühlen Halle. Nach einer halben Stunde beendeten sie das Longieren, brachten das Pferd wieder in die Box. „In der nächsten Woche werden wir ihn mit dem Halfter und dem Gebiss konfrontieren. Ich dachte mir, da streiche ich etwas Rübensaft auf das Gebiss", sagte Hubert zu Richard. Der fand seine Bewegungen sehr ordentlich und Junior gefiel das, was er gesehen hatte. Er ging wieder ins Haus, aß zwei Scheiben Brot und überlegte, was zu bedenken war. Bevor er in den Keller ging, steckte er die Sparbücher ein, die er Hartmut geben konnte, bereitete im Keller alles vor. Hans war der erste und beide nutzten die Möglichkeit sich über seine Geschäfte zu unterhalten. So, wie der es, gewohnt vorsichtig, schilderte, schien es gut zu laufen. Das Haus am Bohlweg hatte er vollständig zur Reinigung und befand sich in Verhandlungen mit dem Investor, für den die Firma Häuser aufbaute. Dazu hatte er verschiedene andere Objekte zu bedienen. Nacheinander kamen alle anderen. Sieglinde und Susanne brachten das Brot und die Suppe, jeder bekam ein Getränk, es wurde gegessen. Nachdem die leeren Teller geräumt waren, setzte sich Hubert auf einen Barhocker und begann.
Zuerst begrüßte er alle, begann seinen Bericht von der Baustelle in der Bruchstraße und endete mit den Worten: „Bei Martina handelt es sich um ein Mitglied der Familie. Wir müssen uns entscheiden,

ob wir sie demnächst als Bettlerin in der Innenstadt erleben wollen, wobei sie einen harten Winter nicht überstehen wird, oder ob wir versuchen, sie aufzufangen. Das ist der Sinn des Treffens!" Erst herrschte kurze Stille, danach redeten alle durcheinander. Hubert hob beide Hände. „Halt, halt so geht das nicht. Natürlich sollte jeder etwas dazu sagen, aber bitte nacheinander." Jetzt kamen die Fragen. Ihr aktueller Zustand war Thema, wie es dazu kommen konnte und so weiter. Einige sagten gar nichts, hörten nur zu. Hans und Hartmut gehörten dazu, ebenso Heinrich. Plötzlich sahen alle auf Hans, denn Gert hatte gefragt: „Was sagt ihr Bruder dazu, den hat sie richtig in die Scheiße geritten." Der nahm einen Schluck Bier und sagte ruhig: „Stimmt, hat sie und unser Erbe verprasst. Ich hätte allen Grund, sie zu verbannen, aber sie ist und bleibt nun mal meine Schwester und ich glaube nicht, dass es unseren Eltern egal wäre, dass sie im Dreck umkommt. Ich denke, man muss ihr zumindest eine Chance geben." Stille, Hartmut meldete sich: „Wenn ich dazu etwas sagen dürfte: Alle, die hier sind und erfolgreich Geschäfte machen, denkt daran, es könnte auf euch zurückfallen. Letztendlich ist sie mit euch verwandt!" Wieder kurze Stille, laut sagte Fritz: „So eine verfluchte Scheiße, Hartmut hat recht. Wir können uns den Arsch aufreißen und Gutes tun, aber dabei lassen wir eine Verwandte im Dreck umkommen. Eine Chance hat sie verdient und außerdem stimmt es, was Hartmut gesagt hat." Doris fuhr fort. „Ich sehe das ähnlich. Für das, was sie vorher getan hat, bekam sie ihre Strafe, sie ist jetzt schlimmer dran als der übelste Flüchtling." Betroffene Stille herrschte, Heinrich klopfte seine

Pfeife aus und sagte: „Lasst Malwine reden. Ich weiß, dass sie lange überlegt hat. Das ist ein Kind ihrer Schwester, sie wird dazu etwas sagen." Malwine sah ihren Mann an, beugte sich zu ihm und gab ihm einen Kuss auf die Wange. „Stimmt, mein Mann kennt mich und weiß genau, was ich jetzt sagen will. Sie bekommt die Chance. Ich persönlich werde das machen, das bin ich meiner Schwester und ihrem Mann schuldig. Wir fahren da morgen hin und holen sie raus. Danach kommt sie zu uns und wird lernen, richtig und hart zu arbeiten. Das werde ich ihr klarmachen und wir werden sehen, ob das klappt. Wenn nicht, können wir nicht weiterhelfen. Versuchen will ich es. Hubert du sagst mir, wo wir diese Haushälterin finden, die wird uns sagen, wo sie ist, wir beide holen sie da raus." Tiefes Aufatmen ging durch die Runde. „Hat jemand Ratschläge dazu?" fragte Malwine. Christina sagte: „Ja ich. Wenn du sie sauber hast, fahrt mit ihr morgen nach Cremlingen. Doktor März hat nachmittags Sprechstunde. Lasst sie gründlich untersuchen auf Geschlechtskrankheiten, die brauchen wir hier wirklich nicht!" „Sehr gut Christina, das sehe ich genauso. Falls ihr sie beschäftigen wollt, ich brauche eine Putzfrau für die Molkerei", meldete sich Barbara. „Klamotten kann sie von mir bekommen", fuhr Doris fort. „Brauchst du nicht, Schwägerin. Wir sortieren gerade Pakete aus dem Zug, da ist was für sie dabei!" mischte sich Ulla ein. Hubert klopfte an sein Glas. „Also stelle ich fest, wir versuchen sie einzufangen und aufzubauen!" Alle nickten, nur Hans sagte: „Danke, aber kommt bitte nicht auf die Idee, sie zu mir zum Arbeiten zu schicken. Ich finde das toll von euch, aber nach all den Sachen brauche ich

Abstand zu ihr. Vielleicht gibt sich das wieder, aber bitte nicht sofort." „Das ist in Ordnung Hans, sie bleibt unter meinen Fittichen, wir sehen später weiter", entgegnete Malwine.

Anschließend wurde die Taufe in der kommenden Woche durchgesprochen. Schließlich holte Ulla einen Stapel mit Frauenkleidung herunter. „Das ist der erste Schwung. Schaut es euch an und nehmt, was ihr braucht, da kommt mehr." Die Männer sammelten sich spontan an der Theke. Hans verabschiedete sich, er hatte den weitesten Weg und wollte überprüfen, was seine Leute heute geschafft hatten. In einem unbeobachteten Moment gab Hubert den Umschlag mit den Sparbüchern Hartmut, der die ungerührt in seine Jacke steckte. Beide Gesprächsrunden hatten völlig unterschiedliche Themen, aber das störte niemanden, zumal sich Hubert mit Cognac und Likör sehr spendabel zeigte und das Bier kühl und frisch war. Kurz vor 22:00 Uhr waren jedoch alle auf dem Heimweg.

### Umgang mit Hamsterern

Bevor Hubert am nächsten Morgen in die Firma fuhr, packten er und Ulla den Schmuck in eine Reisetasche. Die Wertpapiere legte er in seine Aktentasche, nahm den Zündschlüssel für den Mercedes mit. Die Einladungen hatte er mit Ulla abgesprochen, gab sie Gertrud mit der Bitte um Zusagen an die Einladenden. Mit Dolle besprach er ausgiebig die momentane Bausituation. Nächste Woche würden die drei Reihenhäuser fertig werden, das war die beste Botschaft, der Rest lief planmäßig. Um 09:20 Uhr brachte er seine Tasche ins Auto und fuhr zum Termin mit dem

Bankdirektor nach Braunschweig. Pünktlich betrat er dessen Vorzimmer. Nach einer herzlichen Begrüßung legte er die gesammelten Wertpapiere auf den Tisch. „Schau dir das bitte an und sage mir, was ich damit machen soll." Paul Münch setzte seine Brille auf und sah sich alles sorgfältig an. Zwischendurch brachte seine Vorzimmerdame für jeden einen Kaffee. Drei Stapel legte er auf seinen Schreibtisch und lehnte sich zurück. „Nicht schlecht, aber von einigen Dingen solltest du dich bald, am besten sofort, trennen. Als erstes verkaufst du heute die Aktien der IG Farben. Da läuft gerade ein internationales Verfahren an. Die Vorstände werden vermutlich hart bestraft und die Alliierten sind bestrebt, diesen Konzern zu zerschlagen, also weg damit. Die anderen sind Pfandbriefe und Anleihen. Alle diese laufen in Reichsmark. Wenn es zur Währungsreform kommt, sind die wertlos. Also zügig weg und auf dein Girokonto gutschreiben lassen. Alle anderen sind entwicklungsfähig, die solltest du behalten."
„Danke, kann ich das heute machen?" „Aber klar, ich lasse unseren Wertpapierhändler kommen." Er rief etwas zu seiner Vorzimmerdame und schon kurz drauf kam der Mann. Beide kannte sich, begrüßten sich freundlich. Münch gab ihm die erwähnten Papiere und sagte, der Erlös sei auf Huberts Girokonto gut zu schreiben. Der Mann nickte und verschwand. „Jetzt habe ich eine delikate Sache für dich!" sagte Hubert und holte die Papiere für den jüdischen Rechtsanwalt und Notar heraus. Er berichtete vom Kauf des Hauses, in welchem der mit seiner Familie gelebt hatte. „Das haben wir dort gefunden." Natürlich gab er nicht dessen Girokonto an, sondern den Vermerk und den Schlüssel des Bankfachs. „Das ist ein

Schlüssel eines Bankfaches!" sagte Münch. „Sehe ich auch so. Und was machen wir jetzt damit?" „Wenn du das Haus gekauft hast, ist das deines!" „Naja, ich denke mal, so einfach ist das nicht. Die Familie ist in einem KZ gestorben, das ist nachweisbar. Hier ist der Bescheid des DRK und der Briten. So weit, so schlecht. Aber uns interessierte, gibt es Erben oder andere Verwandte. Ich zeige dir die Ahnentafel der Familie." Er holte die hervor und entfaltete sie. „Fangen wir hier bei den Großeltern des Ehepaares einfach an." Nacheinander gingen sie die einzelnen Personen durch, schließlich schaute Paul Münch Hubert entgeistert an.

„Die sind alle tot, teilweise natürlich verstorben, aber die Jüngeren alle im KZ umgebracht." „Hier ist der Beweis!" Er zeigte ihm die von den Briten beglaubigte Liste der Ermordeten. Münch studierte die, lehnte sich in seinem Stuhl zurück. „Ganz offensichtlich gibt es da keine Erben. Nur eine andere Frage: Wer hat dir das verkauft?" „Die verbliebende Tochter des ehemaligen Besitzers. Hier ist der Kaufvertrag. Sie legte Wert darauf, nichts von den dort befindlichen Sachen haben zu wollen. Sie wollte ihre Erinnerung daran nicht belasten." Münch las den Passus, schaute sich die Unterschriften an und legte alles wieder zurück. „Alles klar, das Haus gehört dir und damit die Sachen, die darin waren. Da es offensichtlich keine Erben gibt, gehört dir jetzt das Bankfach." Hubert nickte. „Also kann ich das jetzt öffnen und der Inhalt gehört mir?" „Ja, so sehe ich das, es ist eindeutig. Aber sicherheitshalber werden wir eine Notiz dazu machen und das zu den Akten legen." „Alles klar, ich möchte, dass dieses korrekt abläuft, deshalb die angestellten Nachforschungen." „Das

175

hast du sehr gut gemacht. Ich werde den Vermerk jetzt gleich erstellen lassen." Er rief seine Sekretärin und diktierte ihr den passenden Text. Als sie den abschließend verlas, nickte er und Münch sagte lächelnd: „Das Bankfach gehört dir. Informier mich irgendwann, was ungefähr darin war." „Werde ich tun. Aber jetzt etwas ganz anderes." Er legte den Zündschlüssel des Mercedes auf den Tisch. „Der steht bei uns auf dem Gelände, ist untersucht, einige Sachen erneuert und vollgetankt. Würde der dir gefallen?" Münch bekam große Augen. „Das ist ja ein Hammer, na klar würde ich den gerne haben, was soll der kosten?" „Mach ein Angebot." Der überlegte kurz und sagte: „4.000?" Hubert schob ihm den Schlüssel hinüber. „Viel Spaß damit!" „Ich werde verrückt. Bist du länger hier in der Bank?" „Ja, die Aktien muss ich abgeben und in den Keller gehen." „Das Geld bekommst du gleich von deinem Kundenberater." „Danke, ich hätte da einen nagelneuen Drilling, möchtest du den haben?" „Na klar, was soll der kosten?" „Nichts, dafür hast du mich sehr gut beraten."„Ist heute schon Weihnachten?" „Nein, aber in zwei Monaten!" Beide lachten. „Hol den ab, wenn du das Auto holst!"

Bei seinem Kundenberater ließ er sich einen Kontoauszug der Firma ausdrucken. Anschließend begleitete ihn Hartmut in den Keller. Auf der Treppe sagte der: „Beide Sparkonten sind auf deines umgetragen." „Danke. Ich bekomme etwas gutgeschrieben, vom Verkauf der Pfandbriefe und Aktien. Das kommt auf mein Girokonto. Könntest du mir bitte einen Auszug davon mitbringen?" „Ja, mache ich gern. Übrigens komme ich nächste Woche in die Kreditabteilung."

Im Keller der Bank stellte er die Tasche auf den Tisch und suchte das neue Bankfach. Gespannt öffnete er es und fasste hinein. Zwei Kistchen lagen darin, in einem lagen in Samt vier mittelgroße Goldbarren und in dem anderen flachen ein hellglänzendes Diadem, dazu eine mit Steinen bestückte Halskette, zwei Armbänder, zwei Ringe und eine Brosche. Alle im gleichen Stil, mit Edelsteinen besetzt. Das war wertvoller Goldschmuck, dachte er sich, nahm einen Ring heraus und legte ihn in seinen Geldbeutel. Den mitgebrachten Schmuck legte er in dieses Fach und verschloss es. Mit Hartmut ging er wieder hoch, setzte sich zu seinem Kundenberater. „Ich habe jetzt ein weiteres Bankfach bei Ihnen", sagte er dem. „Ja, das Vorzimmer des Direktors informierte mich. Bitte unterschreiben Sie hier, den Schlüssel haben Sie ja bereits. Ich soll Ihnen den Umschlag geben, da wäre eine zusätzliche Nachricht drin, soll ich sagen."

Er steckte den Umschlag ein, dazu den Kontoauszug der Firma und verabschiedete sich. Einige Straßen weiter war die andere Bank, bei der Ullas Konto und Sparbuch verwaltet wurde. Unproblematisch wurde das Sparbuch auf ihres umgeschrieben, er erhielt einen Kontoauszug ihres Gehaltskontos und des nachgetragenen Sparbuches. Das alles war flott gegangen, so beschloss er noch zu ihrem Juwelier zu fahren. Der erkannte ihn sofort wieder und fragte nach seinen Wünschen. Hubert nahm den glänzenden Ring aus seinem Geldbeutel und legte ihn auf ein mit Samt bezogenes kleines Tablett.

„Können Sie mir sagen, warum der anders leuchtet als Silber und Gold?" Der Juwelier klemmte sich eine Lupe ins Auge, zog sich leichte Handschuhe

an. Dann betrachtete er sorgfältig den Ring und legte ihn wieder auf das Tablett. „Das ist Weißgold, die vier Steine darin sind wertvolle Brillanten."
„Oh, das ist toll, meine Frau erbte das von einer verstorbenen Großtante, deren Mann vermögend war. Nur mal als Frage, was wäre das wert?"
„Oh", sagte der Juwelier, „da müsste ich mir die Steine genauer anschauen, aber gehen sie von mindestens 25.000 RM aus."
„Meine Güte, das haben wir nicht erwartet, wir dachten, das wäre Silber und mit Halbedelsteinen."
„Nein, da liegen Sie völlig falsch. Das ist Weißgold mit edlen Steinen, herzlichen Glückwunsch."
„Wir haben aus einem anderen Erbe einige Schmuckstücke aus Gold. Meine Frau ist der Meinung, sie hätte genug. Halten Sie es für sinnvoll die zu verkaufen?" Der Mann lächelte. „Ich könnte Ihnen jetzt sagen, bringen Sie es mir. Aber ich an Ihrer Stellte würde warten, bis wir eine neue Währung haben, danach haben Sie von dem Geld länger etwas!" „Für diesen Hinweis möchte ich mich herzlich bedanken. Sie haben mir sehr geholfen." Aus seiner Tasche zog er eine Packung Lucky Strike und schob sie über den Ladentisch. Sofort war die dahinter verschwunden. „Ich packe den Ring ein, damit er nicht beschädigt wird. Wenn Sie später verkaufen wollen, würde ich mich freuen, wenn Sie zu mir kämen."
Hubert verabschiedete sich, ging zum Schlachter und kaufte drei Mettbrötchen. Mit denen in der Tasche ging er die Straße weiter zu Doris Geschäft. Fünf Kunden waren im Laden und wurden bedient. Eine der Verkäuferinnen sagte lächelnd: „Die Chefin ist hinten, gehen Sie einfach durch." Das tat er und traf dort Doris, die vor einem Kassenbuch saß. „Oh, mein lieber Schwager, schön

dich hier zu sehen, möchtest du einen Kaffee?"
„Gern, ich habe dir etwas mitgebracht!" Er packte
die Mettbrötchen aus und gab ihr eines.
„Wunderbar, ich habe Hunger, bin nicht zum
Essen gekommen." Sie aßen die Brötchen und
tranken Kaffee dazu. Dabei erzählte ihm Doris, was
gerade gut lief. „In Anbetracht des kommenden
Winters werden viele Wintersachen zur Änderung
gebracht. Daneben ändern wir die
Wehrmachtsmäntel und dicken Jacken. So
langsam geht das los. Ich denke, wenn der erste
Schnee fällt, werden wir einiges los." „Und in
deinem Geschäft am Bohlweg?" „Das läuft, aber
ruhiger. So langsam spricht sich herum, was wir
dort haben. Ich denke, wenn die ersten Bälle
kommen, wird es sprunghaft besser." „Die ersten
Einladungen habe ich." „Na, da wird ja einiges
dazu kommen." Sie plauderten über den
kommenden Abend, den sie als Hauptrednerin
bestreiten würde. „Aber die anderen beiden sind
voll mit eingebunden. Überleg dir bitte, wie das
laufen soll, wenn jemand zu deinen Eltern kommt
und etwas zum Tausch bietet. Wie kann Frau
Goldap das einschätzen? Soll die dort hinkommen
oder wie soll das gehen?"
„Das ist ein echtes Problem, da hast du recht. Lass
uns heute Abend darüber sprechen."

Zufrieden mit den heutigen Ergebnissen, fuhr
Hubert in die Firma, Fischer bekam die
Kontoauszüge der Firma. Zwei Mappen lagen auf
seinem Schreibtisch, an die er sich gleich
heranmachte. Als er die erste aufschlug, lag darin
ein Zettel auf dem groß stand: „Bode ist Vater eines
Jungen geworden, Mutter und Kind gesund."
Gertrud hatte das geschrieben, war aber jetzt bei

ihrem ersten Unterricht, da wollte er nicht stören.
Monika schaute herein: „Magda ist da!" „Soll
reinkommen. Wann war denn die Geburt?" „Heute
Vormittag, Bode rief an und teilte uns das mit!"
„Schön, dass alles so gut abgelaufen ist!" Magda
kam herein. „Ich will nicht lange stören, wollte nur
sagen, ich übernehme die Aufgabe sehr gern. In die
Reinigung hier muss wirklich Zug kommen!" „Mach
dich an die Arbeit, da hast du eine echte Aufgabe.
Danke für deine Forschung bei dem Professor."
„Gerne, hat mir richtig Spaß gemacht:" „Viel Erfolg
beim Umzug!"

Zwei weitere Einladungen lagen dabei, zum
Hochschulball und zum Ball der Ärzte und
Apotheker. Die legte er in seine Tasche, um sie Ulla
zu zeigen. Anschließend kam Lindner und
berichtete vom Einsatz seiner Männer. Als Hubert
später zur Toilette ging, kam er am
Besprechungsraum vorbei. Getruds Stimme war
gut zu hören und das Geklapper der
Schreibmaschinen ebenfalls. Aber alles ging in
einem einheitlichen Takt. Da würde er stören,
wenn er dort hineinging. Kurz vor 17:00 Uhr fuhr
er nach Hause, war neugierig, wie das heute mit
der Abholung vom Materiallager geklappt hatte.
Vorher meldete er sich im Vorzimmer ab. Monika
versicherte ihm, für die abendliche Besprechung
sei alles vorbereitet. So fuhr er nach Hause und
legte Ullas Kontoauszug auf deren Schreibtisch.
Die fütterte gerade in der Küche die Kleine und
begrüßte ihn lächelnd. „Du siehst zufrieden aus,
war der Tag erfolgreich?" „Ja, das kann man so
sagen. Bei beiden Banken lief es sehr gut, ich
bekam das Bankfach übereignet, fünf Goldbarren
waren darin und eine wunderschöne

Schmuckkollektion. Die werde ich dir später vorführen." „Das hört sich gut an. Aber irgendwann müssen wir mit dem ganzen Schmuck aufräumen, was sollen wir damit auf Dauer?" Daraufhin berichtete er vom Gespräch mit dem Juwelier. Ulla nickte verstehend. „Ich denke, da ist was dran. wir haben eine ganze Menge Bargeld in der Hinterhand, wichtiger wäre es für die Zeit nach der Währungsreform." „Mir hat das eingeleuchtet und vor allem dürfen wir das alles nicht sofort umsetzen."

Ulla lachte „Ne, wirklich nicht, da würden wir bestimmt gefragt, woher wir das hätten." „Apropos, ich muss schauen, was ich von Woods bekam und was im Umschlag von Münch steckt." Aus dem Safe holte Hubert den dicken Umschlag von Woods und aus der Tasche, den von Münch. Im Ersten befanden sich mehrere Bündel mit großen Scheinen, 78.000 RM waren es. Die Masse vermutlich von den Waffen und den Uniformen. Sofort kam das Geld in den Safe zum anderen, ebenso die 4.000 RM von Münch. Blieb nur ein gefalteter DIN A4 Bogen, den er interessiert las. „Aktennotiz" stand darüber, es folgte ein knapper Kommentar: „Glaserei Schmidt, Adresse: Braunschweig, Hamburger Straße, Inhaber: Fritz Schmidt und Ehefrau. Fritz Schmidt, Ende 44 in Ostpreußen gefallen, Ehefrau hat übernommen. Ein Meister und drei Gesellen, ein Lehrling. Moderne Werkstatt, neues Wohnhaus auf dem Grundstück. Beides mit Hypotheken in Höhe 75.000 RM belastet. Ehefrau, keine Geschäftsfrau, Kunstmalerin. Steuerschulden: geschätzt: 25.000 RM. Insolvenz droht im Dezember." Das war sehr interessant, fand er. Gleich heute Abend würde er darüber mit Fischer und Kokoschka reden.

Ulla hatte ihren Kontoauszug studiert. „Da ist ja eine nette Summe drauf", sagte sie zufrieden. „Lies das hier bitte." Sie las und legte es wieder auf den Schreibtisch. „Wenn du das Geld hast, kauf es. Glaser hast du doch momentan keinen." „Genau so sehe ich das. Außerdem sind die Immobilien sehr interessant. Das werde ich nachher mit Fischer und Kokoschka besprechen." Da Junior heute bei seinem Freund war, aßen sie allein. Hannelore lag in ihrem Stubenwagen neben dem Küchentisch und war wach. „Jetzt bin ich aber neugierig auf die Sache mit Martina, was ist da geschehen?" „Das kann ich dir schildern. Ich war nämlich mit bei Britta März und während die Martina untersuchte, hat mir Malwine ausführlich berichtet. Heinrich und Malwine fuhren zeitig mit unserem Opel nach Braunschweig. Vor der Bruchstraße haben sie geparkt und mit Tietz Verbindung aufgenommen, der dort baut. So ganz leicht fiel es Malwine nicht, als Tietz sie in das Haus brachte, wo diese bewusste Haushälterin arbeitete. Die war wohl zuerst etwas sehr bedeckt, aber drei Packungen Zigaretten und eine Flasche Whisky ließen sie schnell freundlich und auskunftsfreudig werden. Letztendlich fand sie es wohl sehr gut, dass die Familie Martina aus dem Schlamassel herausholen wollte. Also gab sie den beiden die Adresse, wo sie wohnte und Martina im Kellerverschlag hauste. Sie verabschiedeten sich und fuhren zu dieser Adresse. Als sie das Haus betraten, kniete auf dessen Steinstufen drinnen jemand, der die mit Wasser und Seife säuberte. Malwine war erschüttert, als sie mir das erzählte. „So ein Bild des Elends hatte ich bisher nicht gesehen, nasse Füße, kaputte Klamotten, völlig verfettete und

strähnige Haare. Das konnte nur sie sein." Um ihre
Erschütterung zu verbergen, sagte sie: „Martina
steh auf." Die erhob sich mühselig und schaute
verwirrt, völlig eingefallen war sie und dürr wie ein
abgenadelter Weihnachtsbaum. Die junge Frau
sagte nur: „Tante Malwine, Onkel Heinrich, was
macht ihr hier?" „Wir holen dich ab, und zwar
sofort. Zeig mir deinen Schlafplatz." Sie führte die
beiden in den Keller und dort in einem kleinen
Verschlag. Auf einer Matratze lagen ein paar
Decken und in einer alten Tasche waren ein paar
Klamotten. Malwine ließ alles zusammenpacken
und gemeinsam trugen sie es in eine große
Mülltonne vor dem Haus. Sie bugsierte Martina in
den Opel, gab ihr die Decke vom Rücksitz zum
Zudecken und fuhren sie auf den Hof. Dort brachte
sie die Frau ins Bad, ließ sie sich ausziehen, nahm
die alten Klamotten mit und sagte sie soll sich
ausgiebig duschen und gründlich säubern.
Während die das tat, besorgte sie Unterwäsche,
einen Trainingsanzug und Hausschuhe, flößte ihr
einen starken Kaffee ein. Während die trank, fragte
sie: „Was macht ihr mit mir? Was habt ihr mit mir
vor?" Malwine hatte zwei Brote geschmiert, die sie
sofort gierig aufaß. „Die Familie hat beschlossen,
dich aus der Scheiße zu holen. Du bekommst deine
letzte Chance. Wenn du die nicht nutzt, wirst du
unter einer Brücke enden und dort sterben!" „Aber
warum tut ihr das? Ich habe so viel Mist gemacht
und alle enttäuscht!" „Du gehörst zur Familie und
die hat beschlossen, dir diese Chance zu geben.
Und ich werde genau aufpassen, dass du die nutzt.
Unterschätz mich dabei nicht, es wird hart für dich
werden. Aber wenn du das überstehst, hast du
eine Zukunft. Jetzt trink aus, wir holen Ulla ab
und fahren zum Arzt." „Wer ist Ulla?" fragte sie

und Malwine sagte nur: „Die Frau von Hubert!" Sie fuhren los, holten mich ab und wir fuhren zu Britta März. Die war von Christina vorgewarnt und nahm sie sofort dran zur Untersuchung. Wir warteten so lange draußen und unterhielten uns mit Frau Klavas. Die hatte Enten- und Hühnerküken, die sie an Malwine verkaufte. Drei neue Kaninchen nahmen sie mit und jede Menge Eier. Frau Klavas scheint eine sehr gute Hand für ihre Tiere zu haben. Dann wurden wir zu Britta hereingebeten. Martina saß auf einem Stuhl und hörte zu, als Britta ihren vorläufigen Befund gab. „Absolut unterernährt und Anzeichen von Krätze, dagegen ist diese Salbe. Völlig erschöpft und kurz vor einer Lungenentzündung. Das kann man mit diesen Tabletten abwehren. Körper völlig ungepflegt, hier ist eine Salbe zum Einreiben. Sonst scheinen aber alle Organe in Ordnung zu sein, arbeiten, aber auf niedrigem Niveau. Abstriche aus dem Genitalbereich habe ich gemacht, die werden ins Labor geschickt. Warten wir den Befund ab. Mindestens zwei Tage absolute Ruhe und langsam wieder an normales Essen gewöhnen, danach schauen wir weiter." Wir fuhren zu uns und ich verpasste ihr ein paar Kleidungsstücke, vor allem Unterwäsche, Strümpfe und Schuhe. Malwine nahm sie mit nach Hause. Heinrich brachte später den Opel zurück." Hubert hatte zugehört, legte Messer und Gabel zur Seite. „Das ist ganz gut gegangen, jetzt muss man abwarten, wie das weitergeht. Hoffentlich gehen die Untersuchungen gut aus." „Ja, das hoffen wir alle. Bin gespannt, wie das weitergeht."
Während Ulla die Küche aufräumte, ging Hubert in den Stall, besuchte seine Pferde und gab ihnen einige Leckerlis. Es wurde Zeit, in die Firma zu

fahren. Gemeinsam mit Ulla traf er dort auf
Gertrud und Monika. Die beiden hatten von Sänger
einen großen Topf mit heißem Pfefferminztee
bekommen und verteilten gerade die Tassen dazu.
Neben einem Rednerpult stand eine der Drehtafeln,
Kreide lag bereit. Es kamen Doris, Frau Goldap
und Hubertus Müller. Gemeinsam sprachen sie
sich ab. Kokoschka und Fischer kamen früher und
Hubert bat sie in den Kellergang zur Seite, zeigte
ihnen das Schreiben.
„Fragt mich nicht, woher das Schreiben ist,
überlegt, was wir damit machen sollen. Schlaft
eine Nacht darüber, morgen früh um 08:00 Uhr bei
mir."
Kokoschka notierte sich die Eckdaten und Fischer
steckte das Blatt Papier ein. Beide Förster waren
anwesend. Wagner hatte den Termin
mitbekommen und um Teilnahme von beiden
gebeten. Als erstes begrüßte Hubert alle
Anwesenden und erläuterte, um was es ging. Er
übergab an Doris, die aus ihrem geschäftlichen
Bereich vortrug und an Hubertus übergab. Der
zeigt an verschiedenen Beispielen auf, welche
Kurse momentan am Schwarzmarkt und im
normalen Bereich üblich waren. Danach erläuterte
Frau Goldap, wie man die verschiedenen
Wertgegenstände als wertvoll erkennen könnte und
welche Werte damit verbunden seien. Alle drei
blieben stehen und beantworteten jede Menge
Fragen. Es meldete sich Wagner. „Danke für diese
umfassenden und wichtigen Informationen. Wir
Förster haben eine große Bitte. Es ist absehbar,
dass eine Menge Leute demnächst in die Wälder
gehen wird, um sich Feuerholz zu holen. Solange
die das vom Boden aufsammeln, soll das so sein,
aber wir fürchten, die werden anfangen, Bäume zu

fällen. Im letzten Jahr seid ihr Patrouille geritten, könntet ihr das in diesem Jahr bitte wieder tun?" Hubert erhob sich. „Ja, das können wir tun. Wir werden eine Menge Kronenholz haben. Wir nehmen nur das Dicke und nicht die Äste. Die können gesammelt werden. Außerdem werde ich die berittene Polizei bitten, dieses zu tun." Beide Förster bedankten sich freudig. Als die Fragen etwas weniger wurden, schaltete sich Doris mit einer anderen Sache ein. „So weit, so gut. Es liegt an jedem Einzelnen zu handeln. Die Preise kennt ihr mittlerweile. Aber ein Problem haben wir. Wenn hier jemand kommt mit ausgefallenen Dingen wie einem Bild oder Schmuck, wird es euch schwerfallen, dieses zu beurteilen. Da werden Frau Goldap und ich gefragt sein. Ich kann nur am Wochenende hier sein, daher wird die Last auf Frau Goldap liegen. Aber wie bekommen wir die schnell an den Ort des Tauschgeschäftes?" Kurze Zeit herrschte Stille, Fritz sagte: „Wir haben doch mehrere Feldtelefone und Kabel dazu. Die könnten wir benutzen." „Aber sie wird ja nicht immer oben in der Tauschkammer sein", sagte Ulla. „Ab Samstagmittag und Sonntag wird sie daheim sein", ergänzte Gertrud, „und ich denke, wenn es dunkel wird oder der letzte Zug fährt, wird niemand kommen." Heinrich erhob sich. „Wir sollten eine Stelle zum Tausch einrichten, ich schlage unseren Hof vor, da ist täglich immer jemand." „Das gibt Sinn und einen Apparat in die Tauschkammer und einen zu Frau Goldap daheim", rief Gert. „Und wie soll das technisch gehen?" fragte Fischer. „Ich habe bei meinen Elektrikern zwei die Fernmelder waren, die sollten sich damit auskennen, darum kümmere ich mich, brauche nur Hilfe beim Verlegen", mischte sich Lindner ein. „Und was ist, wenn der

Schnee richtig hoch ist? Außerdem dauert es lange, bis sie aus dem Depot zum Tausch kommt", fragte der Bürgermeister. „Bei mir steht ein VW Geländewagen, mit dem schafft sie das locker. Kannst du den fahren?" fragte Gert Frau Goldap. Die nickte. „Kein Problem!" Also war dieses Problem gelöst.

Es meldete sich Fischer. „Wir sollten von vornherein Preise festlegen für die Produkte. Denke da an Kartoffeln, Holz und eventuell Kaffee und Mehl." „Stimmt, damit für jeden abgerechnet werden kann und zwar exakt", sagte Fritz. „Also ich mache das mit den Preisen, wer führt aber vor Ort die Übersicht?" „Das wird bei mir gemacht, ich habe da jemanden!" warf Malwine ein. Gertrud hatte ein Protokoll erstellt und las das jetzt vor, alle waren einverstanden. Hubert ging nach vorne. „Das war sehr fruchtbar, diese Aussprache, danken möchte ich den drei Vortragenden. Aber eines haben wir vergessen, wir brauchen dafür einen, der ein Auge auf die Gesamtleitung hat. Ich schlage unseren Vater Heinrich Wedel dazu vor." Alle klatschen Beifall. „Vater, du bist einstimmig gewählt, hast du was dagegen?" Der erhob sich grinsend. „Das hat man davon, wenn man seine Söhne zu Ganoven erzieht, die ihren Vater opfern. Ja, ich mache das!"

Gelächter und Beifall ertönten. Heinrich blieb stehen. „Zur Feier des Tages und zu meiner Wahl lade ich ein zu einem Bier. Für die Damen ist etwas Wein da, Schnaps und Likör ist von Hubert!" Jetzt spendeten alle Beifall, der offizielle Teil war beendet. Monika und Gertrud hatten gewusst, was Heinrich plante, hatten alles aufgebaut und zogen das Laken weg, was darüber gelegen hatte. Frau

Goldap kam mit zwei geöffneten Bierflaschen zu Hubert und gab ihm eine.

„Ich wollte mich bedanken, dass Sie mir Magda zur Unterstützung gegeben haben. Das alles hätte ich nicht mehr alleine geschafft." „Das haben wir uns gedacht, na dann Prost!" Beide nahmen einen kräftigen Schluck, sie sagte: „Das waren zwei gute Auftritte heute von ihr. Als erstes machte sie den beiden Putzfrauen klar, was sie erwartet und es gab einen gewaltigen Anschiss an die beiden, nachdem sie die angeblich geputzten Toiletten inspiziert hatte. Komischerweise sind die seit heute richtig sauber, und überall ist Klopapier!" Hubert lachte. „Prima, da hat sich das ja schon gelohnt." Parallel teilte Ulla Hans mit, im letzten Zug sei eine größere Menge Reinigungsmittel gewesen, die jetzt bei ihnen unter dem Schauer stand. Er möge das bitte zügig abholen. „Mache ich morgen, was bekommst du dafür?" „Hans, bei so etwas arbeiten wir Hand in Hand, du bekommst ein paar gute Sachen zum Anziehen und deine Herzallerliebste ebenfalls. Wenn ihr das morgen abholt, kommt ins Haus, ich gebe es euch dort. Hartmut warte!" sagte Ulla sofort. Der brachte Christina gerade ein Glas Wein und blieb sofort stehen. „Ich habe ein paar sehr schicke Sachen für dich. Kannst du gut in der Bank tragen und für Christina ebenfalls!" „Wann sollen wir kommen?" „Nach dem Jägerkurs um 20:00 Uhr bei uns." „Sage ich Christina, die hat Frühschicht, das passt!"

Hubert sprach mit Gert. „Der Mercedes ist verkauft, wird vermutlich morgen, spätestens Samstag, abgeholt." „Gut wieder mehr Platz, der Opel ist bei uns in der Garage, Klavas hat heute den Roller abgeholt, alles erledigt. Ich überlege gerade, die Autos, die wir nach Unfällen wieder

herrichten, zu übernehmen und anschließend
selber zu verkaufen." „Wo willst du das machen?"
„In Wendhausen auf dem Platz neben der
Lackiererei. Hubertus bilden wir gerade aus als
Verkäufer." „Da hast du den richtigen Mann
erwischt. Wie macht er sich?" „Gut, bleibt aber das
alte Schlitzohr. Er geht jetzt mit der
alleinstehenden Gärtnerin, vielleicht wird er da
ruhiger. Mein Büro überwacht ihn strikt, da kann
er nicht aus." „Mach das weiter so, brauchen
werden wir ihn auf alle Fälle weiterhin. Du machst
das richtig, führe ihn am kurzen Zügel."
Fritz kam zu ihnen und gab Hubert einen Zettel.
„Das Ende der Rübenkampagne. An dem Tag sind
Vater und wir beide eingeladen, mit einem Essen,
Trinken und Auszahlung." „Danke, da komme ich
sehr gerne mit." „Ab der nächsten Woche werde ich
mich vermehrt um die Holzsache im Elm
kümmern. Haben wir genug Langholzanhänger?"
Gert sagte: „Derzeit sechs Stück. Vier gehen mit
Zugmaschinen in den Harz, eine Zugmaschine und
zwei Anhänger kannst du haben. Ich versuche
weitere aufzutreiben. Die gehen aber zu den
anderen Stellen, werden hinter Kipper gekuppelt."
„Ein solcher Zug ist gut, für die Gespanne wäre
das zu weit." „Für die kann ich ab Montag zwei aus
Helmstedt bekommen, dazu könntest du eventuell
einen Kipper mit Anhänger bekommen."
„Das werden wir ab Montag besprechen. Diese
Woche wird das Wintergetreide gesät, dann ist
Ruhe." Fischer war der nächste, der zu ihm kam.
„Ich habe mir das alles durchgelesen und mir
meine Gedanken dazu gemacht. Mit Kokoschka
habe ich geredet. Wir werden morgen Vormittag
mit einem Bautechniker hinfahren, mit der Frau
reden und uns umschauen. Was hältst du davon?"

„In Ordnung, wenn uns das zusagt, fahren wir beide dort am Samstag hin und machen Nägel mit Köpfen. Becker sollten wir beteiligen!" „Wenn das Eisen so heiß ist, kann man es gut schmieden." Beide prosteten sich zu, das hing jetzt vom Urteil der Drei ab.

Nach und nach verabschiedeten sich die Anwesenden, um 21:15 Uhr waren Ulla und Hubert daheim, Susanne konnte ins Bett gehen. „Wir proben morgen Abend für Sonntag in Celle, ich denke, anschließend wird Jochen Bode einen ausgeben auf seinen Sohn." „Ich komme später dazu, werde dir ein Präsent mit Babysachen fertig machen." „Danke, du hast ja morgen einiges vor, da werden wir uns nur kurz sehen." „Ganz bestimmt im Stall bei Bode!"

### Die Quadrille im Landgestüt

So kam es, nur beim kurzen Abendessen trafen sie sich. Ulla hatte das Reinigungszeug an Hans übergeben, einen Laster voll, dabei hatte sie ihn und seine Freundin eingekleidet. Weitere zwei große Kartons hatte sie mit Sieglinde sortiert. Alle zivile Kleidung, die vorgesehen war, für die Verteilung an Familien im Betrieb, teilweise sehr hübsche Sachen, vieles fabrikneu. Hubert hatte drei Baustellen besucht und Probleme, die dort auftraten, gleich weitergeleitet, um sie abzustellen. In der Wochenbesprechung hatte er den Fall Martina grob thematisiert, und damit dem blühenden Klatsch den Boden entzogen. Für Montag in der Stabsbesprechung war die erste umfassende Planung für den Holzeinsatz vorgesehen. Alle Beteiligten wussten jetzt darum und bereiteten sich entsprechend vor. Nach dem

kurzen Abendessen ging er in den Stall, um mit
Weber den Transport und die Vorbereitungen für
Celle zu besprechen. Die Pferdetransporter waren
vorbereitet, dazu ein Lieferwagen mit
Pferdeanhänger und ein Opel Blitz für den
Transport des gesamten Zubehörs. Petra und
Reiner waren als Stallwache in ihrer Abwesenheit
eingeteilt, der Rest kam mit, inklusive Paul mit
seinem Gehilfen und Zubehör in einem
Lieferwagen. Ein Bus von Gert würde den Rest der
Reiter und Tietz transportieren. Um 13:00 Uhr
sollte die Hengstvorstellung in Celle beginnen.
Hubert wollte unbedingt eine Stunde Vorlauf
haben, damit alle Reiter in Ruhe ihre Pferde dort
auf dem großen Abreiteplatz vorbereiten konnten.
Daraus resultierte die Abmarschzeit, die würde um
08:30 Uhr am Sonntag sein. Bewusst hatten sie
heute auf das Reiten in den Uniformen und
Kleidern verzichtet, um die nicht unnötig zu
beschmutzen oder zu beschädigen. Hubert
versammelte alle Reiter um sich und teilte ihnen
mit, sie hätten 30 Minuten Zeit auf dem Platz ihre
Pferde abzureiten und aufzuwärmen. Drei Strahler
wurden eingeschaltet und da es tagsüber nicht
geregnet hatte, war der Platz sehr gut nutzbar. Wie
wichtig diese Maßnahme war, zeigte sich schnell,
einige der Pferde, die länger gestanden hatten,
mussten ihre überschüssige Kraft und Energie
loswerden. Auch Huberts Schwarzbrauner bedurfte
einiger energischer Maßnahmen, um wieder gut an
der Hand zu gehen. Der erste Durchgang verlief
recht gut, trotz einiger Flüchtigkeitsfehler, beim
zweiten Durchgang klappte alles wieder ohne
Tadel. Bevor sie ausritten, setzte Hubert für den
Samstagnachmittag ein allgemeines Training für
alle an, mit der anschließenden Überprüfung des

Zaumzeugs und der Kleidung. Die Pferde kamen in ihre Boxen und alle strömten ins Reiterstübchen, wo zu Ehren der Ehefrau und dem neugeborenen Sohn von Jochen Bode etwas zu essen und zu trinken vorbereitet war. Bevor man dazu überging, gratulierte Hubert im Namen aller und überreichte das Geschenk. Anschließend ließ man die Familie Bode hochleben. Jochen bedankte sich herzlich und bat darum, zuzufassen. Es wurde eine entspannte Feier, zu der etwas später Ulla mit Hartmut und Christina stießen. Fritz ließ sich blicken, um zu gratulieren und etwas zu überreichen.

Den Samstag nutzte Hubert zu einem Rundgang im gesamten Bereich der Firma. Sowohl im Verwaltungsbau als auch in den einzelnen Werkstätten ließ er sich blicken, plauderte mit allen, hörte sich Sorgen und Nöte an, notierte die und ließ einiges anschließend abstellen. Fischer hatte ihm am gestrigen Tag vom Besuch der Glaserei berichtet. Die Gebäude dort befanden sich in gutem Zustand, die fünf Beschäftigten waren offen und ehrlich, hatten die Probleme aus ihrer Sicht freimütig geschildert. Die Besitzerin machte einen zumindest leicht überforderten Eindruck und schien dem möglichen Angebot einer Übernahme wohlwollend gegenüberzustehen. Sie bat um Bedenkzeit, wollte das Ganze heute mit Fischer und Becker besprechen. Kurz vor 10:00 Uhr rief Fischer an, sagte lapidar: „Du kannst dich auf den Weg machen, die Messe ist gesungen!" Also fuhr er zur Glaserei.
Becker stand vor dem Wohnhaus und kam zu ihm, als er ausstieg. „Sie will so schnell wie möglich verkaufen, das ist ihr alles über den Kopf

gewachsen. Außerdem will sie hier raus. Eine
Wohnung für sie hätten wir in dem Haus, wo der
Nazirichter und seine Frau wohnten. Dort könnte
sie ihr Atelier weiter betreiben. Bei der Summe
kannst du etwas drücken. Sie will 200.000 RM
haben, versuch es mit 170.000. Schulden bei der
Bank und dem Finanzamt betragen momentan
110.000 RM." Hubert nickte und folgte Becker ins
Haus. In einem großen Büro saß Fischer mit der
Frau an einem Tisch im Gespräch. Der stellte
Hubert vor und sofort kamen sie ins Gespräch.
Dabei musterte er unauffällig die Frau. Salopp in
Hosen war sie gekleidet, machte aber einen leicht
hysterischen Eindruck, ihre Blicke waren fahrig.
„Wir haben eine vorläufige Bestandsaufnahme
gemacht. Derzeit stehen an Finanzamt, Bank und
ausstehenden Zahlungen an Lieferanten und
Belegschaft zirka 150.000 RM auf der Sollseite.
Frau Schmidt stellt sich eine Summe von 230.000
RM für den Verkauf der beiden Immobilien vor. Es
ist jetzt am Chef des interessierten Käufers dieses
mit der Besitzerin zu verhandeln." „Danke, Herr
Fischer", sagte Hubert formvollendet und wandte
sich der Frau zu. „Es ist sehr nett, Sie
kennenzulernen, obwohl die Umstände nicht die
schönsten sind. Frau Schmidt, Sie befinden sich
leider in einer sehr misslichen Situation. Nach
meiner Kenntnis ist die Insolvenz ihrer Firma nicht
mehr weit, das kann sehr schnell zu einer
öffentlichen Versteigerung der Immobilie mit
Zubehör kommen. Wie das ausgeht, ist vorher
nicht abzusehen, unsere Erfahrungen sagen aber,
nur in den seltensten Fällen erreicht man dabei
das, was man sich vorgestellt hat. Jeder versucht
dabei, ihre Zwangslage möglichst kostengünstig für
sich auszunutzen."

Die Frau wurde noch hektischer, zündete sich eine Zigarette an. „Unser Angebot ist, Sie mit einem Schlag zu entlasten und Ihnen dabei unbürokratisch zu helfen. Wie bieten ihn 180.000 RM für alles." Kurz schwieg die Frau, sagte: „Das ist weniger, als ich hoffte, und ich weiß nicht wo soll ich anschließend hin, was geschieht mit meinen Sachen? Ich bin völlig fertig, will das alles nur beenden. Ich kann nicht mehr malen, kann mich nicht mehr konzentrieren."

„Gnädige Frau, wir kommen Ihnen dabei entgegen. Wir bieten Ihnen eine geräumige Vierzimmerwohnung nahe der Innenstadt zur Miete an. Ordnen ihre geschäftlichen Dinge, sorgen für die Bezahlung all Ihrer Rechnungen und übernehmen Ihren Umzug mit den Sachen, die Sie mitnehmen möchten." „Meinen Sie das ernst?" „Aber ja, das können wir vertraglich festhalten, wenn Sie es möchten. Wir kümmern uns um alles." Wieder zündete sie sich eine Zigarette an, nahm einen Schluck aus einem Glas. „Also gut, das machen wir so, ich will möglichst schnell den Albtraum hier beenden. Mein kleines Cabriolet möchte ich gerne behalten." „Kein Problem, so soll es sein, natürlich behalten Sie das. Herr Becker hat einen Vorvertrag entworfen, den unterschreiben Sie bitte." Becker merkte an: „Muss nur die erfolgten Zusagen dazu schreiben, anschließend können wir den Mietvertrag ausfüllen." „So soll es sein", antwortete Hubert. Während Becker an einem Schreibtisch den Vertrag ergänzte, plauderte Hubert mit der Frau. „Wir müssen uns unabhängig von unseren Verhandlungen ein Bild von der wirtschaftlichen Situation des Betriebes machen. Haben Sie etwas dagegen, wenn sich Herr Fischer die

entsprechenden Unterlagen anschaut?" „Nein,
machen Sie das. Wenn Sie wollen, nehmen Sie die
mit, ich will sie nicht mehr sehen, nur ein
schnelles Ende möchte ich haben." Fischer erhob
sich, ging zum Schreibtisch, betrachtete sich dort
alles. Becker war fertig, ließ sie und Hubert
unterschreiben. „Um den Notartermin kümmere
ich mich, werde Sie schnell informieren. Darf ich
die Akten der Immobilien dazu haben?" „Die stehen
in dem Regal, nehmen Sie den ganzen Ordner mit."
„Mache ich. Jetzt kommen wir zum Mietvertrag für
Ihre neue Wohnung." Hubert erhob sich. „Macht
ihr das, ich schaue mich draußen um und
kümmere mich um die Belegschaft."
Er ging zur Werkstatt, wo ein Opel mit Aufbau für
den Transport von Glasscheiben vorfuhr. Vier
Männer und ein Lehrling sahen ihn neugierig ein.
„Guten Tag, meine Herren, darf ich fragen, wer hier
der Chef ist?" Ein langer hagerer Mann mit
Schnauzbart trat nach vorn. „Mein Name ist Horst
Nebel, ich bin hier der Meister und Sie sind Herr
Wedel?" „Ja", lachte Hubert, „woher wissen Sie
das?" Der Mann grinste. „Das steht an dem einen
Auto!" „Stimmt, da habe ich gar nicht dran
gedacht. Aber jetzt etwas Ernstes. Gerade habe ich
diesen Betrieb mit allem Zubehör erworben und
möchte Sie fragen, ob Sie sich vorstellen können,
bei uns in der Firma weiterzumachen." Der Mann
grinste: „Das ist ja wohl das Beste, was uns allen
geschehen kann. Natürlich machen wir das. Als
Ihre Leute gestern hier waren, haben wir das
bereits vermutet und gehofft. Auf den
verschiedenen Baustellen haben wir mit ihren
Leuten Kontakt gehabt, zum Beispiel bei dem
Hotel. Alle waren sehr zufrieden mit Ihrer Arbeit
und dem ganzen Umfeld. Von daher freuen wir uns

alle auf die Arbeit bei Ihnen." „Das ist gut zu hören, jetzt möchte ich Ihre Leute kennenlernen und einen ersten Eindruck gewinnen." Zwei Laster für Glastransporte gehörten dazu und ein Käfer zur Kundenbetreuung. Neben der Werkstatt befand sich eine Garage in der ein Mercedes und das Cabrio der Chefin stand. Durch einen Vorhang abgetrennt, standen hier sechs Motorräder. „Das war das Hobby des Chefs!" erklärte Nebel. „Gut, alles klar. Sie kommen bitte alle am Montag um 10:00 Uhr zu uns in die Firma, unterschreiben dort Ihre neuen Arbeitsverträge und werden unseren Verantwortlichen vorgestellt." „Wir werden pünktlich dort sein." „Freut mich, ich wünsche ein schönes Wochenende, bis Montag." Am Auto warteten bereits Fischer und Becker. In einen Pappkarton hatte Fischer die Geschäftsunterlagen der Glaserei mitgenommen. „Jetzt wollen wir mal", lächelte er, um kurz vor 12:00 Uhr waren sie wieder in der Firma, rechtzeitig zum Feierabend des Tages.

Daheim fragte ihn Ulla: „War deine Tante eigentlich da oder ihre Freundin?" „Das haben wir verschoben auf Montag 14:00 Uhr, da Becker mit zu der Glaserei musste. Die und die Immobilien dazu habe ich gekauft." Ausgiebig berichtete er Ulla und die war zufrieden. „Hartmut brachte gestern übrigens den Kontoauszug deines Girokontos mit, den habe ich auf deinen Schreibtisch gelegt." Nach dem Essen ging er in den Stall, wo eine eifrige Betriebsamkeit herrschte. Einige ritten draußen, andere bastelten und putzten an ihrem Geschirr oder probierte ihre Uniform oder Kleid. „Dein Geschirr ist fertig und der Schwarzbraune gesattelt", sagte Frank im

Vorbeigehen. „Danke, ich schaue kurz nach meiner Uniform, danach gehe ich raus." Die war in Ordnung, saß sehr gut, also nahm er sein Pferd und ritt auf den Platz. Kurz vor 14:00 Uhr brachte er ihn wieder in den Stall, Frank übernahm ihn. „Für morgen machen wir sie richtig hübsch jeder bekommt ein Schachbrettmuster auf den Hintern", grinste er. „Deine junge Stute ist gesattelt. Ulla wollte mit dir ins Gelände, hat ihren Sohn dabei. Gertrud und Jochen Bode kommen mit und Tietz." Hubert lachte: „Nur zu, das ist ja eine illustre Gesellschaft, wo sind die alle?" „Warten auf dich hinter der Halle." Hubert holte die junge Stute, die gesattelt in der Stallgasse stand und stieß zu den anderen. Gemeinsam genossen sie den Ausritt bei gutem Wetter. Auf dem Rückweg, der langen Geraden, wurde Jochen von den Frauen ausgefragt nach den technischen Daten seines Sohnes und den Details zur Geburt und dem derzeitigen Zustand. Natürlich hatten Britta März und Christina bei der Geburt geholfen. Nachdem die Pferde wieder in ihren Boxen standen, gingen Ulla und Hubert ins Haus, Junior blieb im Stall zum Helfen.

„Leg dich ein wenig auf die Couch, nachher gibt es Kaffee und ein paar Teilchen. Ich kümmere mich um unsere Tochter", sagte seine Frau. Das spätere Wecken verlief allerdings anders als gewohnt, plötzlich lag seine Tochter mit ihm unter der Decke und brabbelte vor sich hin. Mit ihren Händen fuchtelte sie herum, bis sie seine Haare zu fassen bekam. Er pustete sie an, was sie zum Lachen brachte. Später nahm er sie auf den Arm und ging mit ihr in die Küche, wo Kaffee und Kuchen bereitstanden. Von seinem Teilchen nahm er ein kleines Stückchen und schob es ihr in den Mund.

Zuerst passierte gar nichts, dann kaute sie darauf
herum und schluckte es schließlich. Ulla lachte:
„Das war ihr erstes Stück Kuchen. Gib sie mir,
jetzt bekommt sie ihren Brei." Mit Ulla besprach er
anschließend die Einladungen zu den
verschiedenen Bällen und anderen Festivitäten.
Mittlerweile hatten sie die Einladung zum Advent
des BKB Chefs sowie zum Ball der
Schlachterinnung und zum Ball der Bäckerinnung,
zu dem der Ärzte und Apotheker, sowie zum
Hochschulball. „Lass uns das in den Kalender für
das nächste Jahr eintragen", sagte Hubert und
nahm eine große Jahresübersicht aus seiner
Tasche. „Da sind wir ganz schön unterwegs", stellte
Ulla fest. „Also ich finde das nicht schlecht, oder
hast du damit Probleme?" „Nein, im Gegenteil, ich
überlege nur, ob ich genügend lange Kleider dafür
habe", grinste sie zurück. „Wenn das nicht der Fall
sein sollte, kaufst du dir eines bei Doris!"

Während Ulla anschließend einen Spaziergang mit
der Kleinen und Prinz machte, bereitete Hubert die
Stabsbesprechung am Montag vor. Den gesamten
Sonntag würden sie unterwegs sein, da hatte er
keine Zeit und Ruhe dafür. Zwischendurch rief
Wagner an. „Der Fuchs für Allen ist fertig, den
bringe ich dir am Montag vorbei. Du bekommst das
Geweih deines Hirsches und das von dem Bock,
den du geschossen hast." „Danke, das gebe ich in
unsere Tischlerei, die können mir dafür
Holzunterlagen bauen!" „Tu das. Wir Förster haben
uns entschlossen, für alle Jäger und Treiber drei
Tage vor Heiligabend ein kleines Fest zu gestalten.
Fleisch werden wir genug haben von den Jagden
und von Fritz bekommen wir Kartoffeln, von
Heinrich Bier. Könntest du dich mit Schnaps

beteiligen?" „Mache ich, rede mit Fritz, dass Sänger kocht. Habe ich bei dir ein Guthaben?" „Ja, 1.300 RM vom Rest." „Gut, nimm dir 300 RM für Getränke und andere Zutaten." Den Termin schrieb er auf und legte ihn auf Ullas Schreibtisch. Zusätzlich notierte er alle anderen Termine, legte sie zu den Einladungen und steckte alles in seine Tasche, das sollte am Montag Gertrud eintragen. Mit der würde er die Termine für die Firma absprechen, da gab es einiges zu klären. Auf alle Fälle wollte er dieses Mal wieder eine Bescherung durchführen. Heute hatte er endlich die Ruhe und Zeit, sich eines der Briefmarkenalben anzuschauen. Dabei erschien Junior und fragte, was das für ein komisches Buch sei. Natürlich bekam er die passende Erklärung und schaute sich mit ihm das Album bis zum Schluss an. „So etwas würde ich gerne sammeln", sagte er. „Wünsch dir so etwas zu Weihnachten und du bekommst alle Briefmarken, die wir im Büro bekommen." „Und wie bekomme ich die von den Umschlägen herunter?" „Da fragst du Gertrud, die kann das."

Kurz darauf kam Ulla zurück. „Ich habe Malwine vor dem Hof getroffen, sie kam gerade von Barbara und hatte Milch geholt. Sie will jetzt Martina aufpäppeln, die hat bisher fast nur geschlafen und heute erst angefangen, richtig zu essen. Britta März hat angerufen, der Abstrich hat keine Krankheiten ergeben. Aber demnächst muss sie zum Zahnarzt, ein Zahn ist halb weg und ein anderer hat was abbekommen. Malwine hat gesagt, als sie ins Bad kam, wo die duschte, konnte man die Striemen auf dem Rücken sehen. Sie wird sie als Arbeiterin anstellen, damit sie krankenversichert ist." „Das hatte ich mir bereits überlegt. Aber wenn Mutter das macht, ist es gut. Denke, das wird dauern, bis die wieder arbeitsfähig ist." „Das denke ich. Malwine hat vor, sie arbeiten zu lassen, im Stall und überall sonst, damit sie die Erinnerungen an ihr früheres Leben ausgetrieben bekommt." „Ich kenne meine Mutter. Dem sollte man folgen, die kann sonst sehr, sehr unangenehm werden."

Später saßen sie im Arbeitszimmer, jeder mit einem Rotwein und besprachen den Ablauf der Taufe. Danach wechselten sie das Thema, Ulla war auf ihrem Spaziergang an den Reihenhäusern vorbei gegangen und hatte sich die angeschaut. „Ich meine, die ersten drei sind fast fertig. Fenster und Türen sind drin, leider konnte ich nicht hineinschauen, aber die müssten bald bezugsfertig sein." „Da ziehen Webers, Baumanns und Jurkas ein. Wenn das erfolgt ist, werden wir die Wohnungen in den Häusern ebenfalls weitervermieten. Da gibt es genügend Anwärter."

„Wie wollen wir das bezahlen?"

„Wir nehmen das Geld von deinem Sparbuch und lösen es danach auf. Was fehlt, lege ich dazu." „In Ordnung, wollen wir mein Girokonto und die Wertpapiere, die ich dort habe, auf die Hausbank bringen?" „Besser wäre es, so müssen wir nicht für zwei Depots Gebühren zahlen." „Das gibt Sinn, ich werde das mit Münch besprechen. Und überhaupt, die Förster möchten mit allen Jägern und Treibern am 21. oder 22.12. einen gemütlichen Abend machen, der Zettel mit dem Termin liegt auf deinem Schreibtisch." „Ja, hier ist er, danke, schreib ich gleich in den Kalender. Apropos Kalender, mir fiel da vorhin etwas ein. Wenn du deinen Kunden etwas zu Weihnachten und zum

Neuen Jahr schreiben willst, lass einen Kalender mit Bildern der Firma dazu legen. So etwas kann jeder brauchen und es ist eine gute Werbung!" Hubert schaute verblüfft, sagte langsam: „Das ist ja eine tolle Idee, das ist originell. Vielleicht können wir das für unsere Reiter ebenso machen, Bilder haben wir genug." Bis zum Ende der Rotweinflasche hatten sie weitere Ideen entwickelt. Die nächstliegende war ein Adventsbasar für das Waisenhaus. Das würden sie in den nächsten Tagen konkretisieren. Aber erst stand Celle am nächsten Tag heran.

Bereits um 07:00 Uhr gab es Frühstück, alle waren fertig angezogen. Während Ulla anschließend den Opel packte und die Tochter fertig machte, half Hubert beim Verladen der Pferde, bereits gestern war der Laster von Klavas beladen worden. Dank der Routine aller lief es wie am Schnürchen, um kurz nach 08:00 Uhr war der gesamte Tross, mit Bus, abfahrbereit. Hubert setzte sich in den Opel und fuhr voraus, er wollte dafür sorgen, dass die Kolonne gleich an ihren Ort kam, um den Einsatz vorbereiten zu können. Die Fahrt verlief problemlos, die Kleine schlief und Junior wollte alles über ein Landgestüt wissen. Problemlos erreichten sie Celle und standen vor dem Tor des Landgestütes. Hubert klingelte und sagte der jungen Frau, die ans Tor kam, wer er sei und dass seine Kolonne käme. Sie wusste, um was es ging und als sie das Tor öffnete, kam der Gestütsassistent dazu, begrüßte ihn fröhlich. Er wies Hubert den Platz zu, hinten, nahe des großen Abreiteplatzes. „Der zweite Mann Ihrer Deckstation ist abgestellt, Ihnen zu helfen. Sein Chef reitet selber, lässt sie aber grüßen."

Da er das Landgestüt kannte, wusste er, wo er hinsollte, hielt dort neben einem der Ställe. Mit Ulla baute er den Kinderwagen zusammen und schaute sich um. Der Stall, neben dem sie hielten, war leer, was gut war, hatten sie doch einige Stuten dabei. Lange dauerte es nicht, da erschien die Kolonne, alle waren dabei, wurden von Hubert eingewiesen. Der Gestütswärter war bei Weber mitgefahren, hatte ihnen den Weg gezeigt. Nahezu alle kannte ihn von der letzten Decksaison, fröhlich wurde er begrüßt. Da genügend Zeit war, bot er ihnen einen Rundgang durch das Landgestüt an, was sofort angekommen wurde.

Frank und Richard blieben bei den Transportern. Die Pferde würden erst nach ihrer Rückkehr abgeladen. In den großen Stallungen herrschte Ruhe, die vorbereitenden Maßnahmen für die Vorführung begannen bereits, ohne Hektik. Im zweiten Stall begegneten sie ihrem Deckstellenleiter, der sie freudig begrüßte und erklärte, dass er bei der Vorführung der Springhengste dabei war. „Wo ist eigentlich der Trakehnerhengst, den wir damals gerettet haben?" fragte Ulla. „Im Nachbarstall, dritte Box." Das war schon beeindruckend, denn viele der anderen Hengste standen in Ständern. Erfreut wegen des großen Interesses, holte ihn sein zuständiger Gestütswärter heraus und erklärte einiges. Der Hengst stand während der Deckzeit im Kreis Verden, hatte sehr gute Bedeckungszahlen und alle warteten auf seinen ersten Fohlenjahrgang und dessen Bewertung. Heute würde er in einer Dressurnummer eingesetzt. Abschließend lud sie der Gestütsassistent zu einem Kaffee und Brötchen in das Kasino ein, das war der Lohn für ihren

späteren Auftritt, erklärte er augenzwinkernd.
Hubert bedankte sich für die Führung und fragte
ihn anschließend: „Mir ist aufgefallen, Sie tragen
gar nicht mehr Ihre Uniform, ist das verboten?"
„Naja, die graue Uniform an sich nicht. Aber die
Zeichen daran natürlich schon und außerdem sind
viele unserer jüngeren Gestütswärter im Krieg
geblieben, wir müssen alle Uniformen von
Abzeichen befreien und die Masse etwas ändern,
sehr viele passen den Bereitern nicht mehr." „Wer
soll das machen?" „Gute Frage, das ist erst letzte
Woche so festgelegt worden, da jetzt endlich dafür
Geld zur Verfügung steht. Unsere ersten Anfragen
hier in der Gegend verliefen jedoch negativ, keine
Schneiderei hatte die nötige Kapazität." Ulla
lächelte ihn an. „Ich glaube mein Mann brütet an
einer Idee!" Der Assistent sah Hubert verblüfft an.
„Hätten Sie eine Idee?" „Ich glaube schon, um wie
viele Jacken geht es denn?" „Jeder hat zwei Stück,
ca. 120 gesamt." „Meine Schwägerin hat einen
Änderungsbetrieb für Bekleidung. Die werde ich
fragen. Unternehmen Sie erst einmal nichts,
spätestens Dienstagvormittag werden Sie von uns
hören." „Die zwei Tage können wir warten. Ich
informiere den Landstallmeister." Das
Kaffeetrinken war vorbei, alle gingen zu ihren
Transportern, die Entladung der Pferde und deren
Vorbereitung stand an.
Den Rückweg nutzte Hubert, um mit Danzer das
Gespräch zu suchen. Der hatte bisher schon einige
Fotos gemacht und freute sich, dabei zu sein. Die
gesamte Entladung verlief routiniert und sicher ab.
Jeder war mit seinem Pferd beschäftigt. Richard
nahm sich Huberts Schwarzbraunen. „Kümmere
du dich um alles Andere. Ich mache das, sonst
stehe ich nur blöd herum." „Danke, aber schau dir

das nachher alles an." „Werde ich tun, habe bisher kein Landgestüt gesehen, bin sehr neugierig." Paul überprüfte alle Hufe und schlug zwei Nägel nach. Während er das tat, kam ein anderer Gestütswärter und fragte ihn, ob er helfen könne. Der Hufschmied des Landgestüts sei sehr beschäftig, es müssten aber einige Hengste überprüft werden. Kurz sah Paul Hubert an und als der nickte, folgte er dem Gestütswärter mit seinem Helfer und dem Werkzeug. Es ging langsam auf 12:00 Uhr zu und der riesige Abreiteplatz füllte sich mit Gespannen und Bereitern. Mittlerweile waren alle umgezogen und Hubert fasste die Mannschaft zusammen. „Wir haben heute einen Auftritt vor großer Kulisse und sehr vielen Fachleuten, denkt da bitte dran. Wir gehen jetzt auf den hinteren Bereich des Abreiteplatzes und machen uns dort warm. Haltet bitte die Stuten ganz hinten, nicht dass wir hier ein Drama entfesseln."

Alle grinsten, wussten sie doch genau, was er meinte. Sie saßen auf und folgten Weber und Hubert, die an der Spitze ritten. Am Eingang des Platzes standen zwei Gestütswärter und grüßten freundlich. Der eine hatte ein Blatt Papier in der Hand und sagte: „Ihr seid um 13:40 Uhr dran. Das Viereck wird aufgebaut und wenn das geschieht, hole ich euch her. Euer Mann mit der Musik ist hinter der Tribüne, die erste Probe hat gut geklappt." „Danke, euch viel Glück, Hals- und Beinbruch!" antwortete Hubert. „Danke euch auch!" Im Schritt ritten sie in den hinteren Bereich des Platzes, es war genügend Platz zum Aufwärmen. Außerdem gab es hier viel zu schauen. Unterschiedlich gekleidete Berittene tummelten sich auf dem Platz, dazu Kutschen in allen

Bespannungsarten. Es herrschte zwar eine angespannte Stille, aber hin und wieder ging das Temperament bei einigen Hengsten durch, sofort gab es eine leichte Hektik. Langsam füllte sich die Seite des Platzes, an der Zuschauer dem bunten Treiben zuschauten.

Pünktlich um 13:00 Uhr begann die Vorstellung mit einer kurzen Rede des Landstallmeisters und dem Einsatz einer Blaskapelle, die ersten Nummern wurden abgerufen. Wenn bestimmte Gruppen oder Kutschen den Platz verließen, kamen andere hinzu. Danzer kam auf dem tiefen Boden zu Weber und bat um eine Gesamtaufstellung der Quadrille. Mehrere Fotos machte er, sagte zu Hubert: „Deine Familie sitzt auf der Haupttribüne, der Rest steht am Eingang des Platzes, falls irgendetwas passieren sollte."

„Danke, schau dir das alles an."

Die Spannung stieg, der Uhrzeiger kroch weiter, jetzt kam das Zeichen vom Eingang, es ging los. Weber setzte sich an die Spitze, der Rest sortierte sich, im Schritt ritten sie an. Vom Paradeplatz kam eine Gruppe junger Hengste, die zum ersten Mal vorgestellt worden waren. Es erfolgte der Umbau, es erfolgte von innen ein Handzeichen, der Oberwärter sagte: „Marsch, viel Glück!" Weber ritt an, die Spannung in der Gruppe war greifbar. Nach einer kurzen Ankündigung begann ihre Einmarschmusik, es ging los. Anne, neben Hubert, atmete tief ein und laut aus. Der Platz war prall gefüllt mit Zuschauern, eine erwartungsvolle Stille lag über dem Paradeplatz. Gut lief der Einmarsch, ebenso die erste Grundaufstellung, die Spannung begann sich aufzulösen. Alles weitere klappte sehr gut, kein Pferd tanzte aus der Reihe. Stolz stand die Mannschaft zum abschließenden Gruß, großer

205

Beifall brandete auf. Der Landstallmeister ging ans Mikrofon und sagte einige sehr lobende Worte, erklärte die Uniformen. Wieder brandete Beifall auf. Aber er blieb am Mikrofon stehen. „Verehrte Zuschauer und Züchter, es ist mir eine Ehre, einen Mann besonders zu ehren. Ich bitte Hubert Wedel nach vorn zu mir zu reiten. Er erhält heute das Goldene Reitabzeichen für seine Erfolge vor dem Krieg und in der Zeit nach dem Krieg. Dieses Abzeichen kann nicht erworben werden, sondern wird als Anerkennung von Leistungen verliehen." „Ach du Schande", entfuhr es Hubert, als er bis zur Umlaufbahn vorzog. Der Landstallmeister kam herüber, trat neben ihn und reichte ihm eine flache Schatulle. „Das hast du sehr gut gemacht, mein Junge. Bleib dran!" Dabei drückten sich beide die Hände. Als er wieder seinen Platz einnahm, brandete wieder Beifall auf. Im Vorbeireiten sagte er zu Weber: „Ehrenrunde, versammelter Galopp, auf der letzten Gerade Jagdgalopp!" Der nickte grinsend und kommandierte die Gruppe vom Viereck herunter auf die Umlaufbahn. Die Kapelle setzte ein und er ging in einen leichten Galopp auf die Ehrenrunde. Das Publikum klatschte im Takt dazu. Nach der letzten Kurve ließ er seinen Schimmel laufen und unter dem Beifall des Publikums jagten sie hinaus, winkten dem Publikum zu, die Kleider der Frauen wehten wie Fahnen dabei. Vor dem Eingang zum Abreiteplatz zügelten sie ihre Pferde. Der Gestütsoberwärter am Eingang rief: „Bravo, gut gemacht, meine Glückwünsche!" Lachend hob Hubert die Hand. Auf dem großen Platz ritten sie ihre Pferde trocken und brachten sie zu ihren Transportern. Alle hatten Hubert beglückwünscht zu dieser Ehre und er freute sich sehr. Die Stimmung war blendend, als sie absattelten, die Pferde verluden und sich umzogen. Alle trugen zwar Stiefel und Reithosen, aber hatten jetzt andere Jacketts an. Als Hubert sein Schwarzes anzog und die Krawatte geraderückte, sagte Anne: „Hubert, du solltest dir das Abzeichen jetzt anstecken!" „Gut, hilf mir bitte dabei!" Schnell war das erledigt, die Pferde waren verladen und Hubert holte alle zusammen. „Danke für die Glückwünsche. Wir gehen jetzt alle zum Grillstand und Frank besorgt für alle ein Bier" Unter Beifall gingen sie dorthin. Da die Vorstellung lief, waren beide Stände leer, jeder bekam seine Wurst und ein Bier, Hubert bezahlte alles, das war es ihm wert. Dabei legte er fest, dass nach dem Ende der Veranstaltung sich alle bei den Autos treffen würden, um geschlossen zurück zu marschieren.

Er schlängelte sich durch die Reihen zu seiner Familie, wurde von der beglückwünscht, setzte sich zu ihnen. Lange dauerte die Vorführung nicht mehr, dann beendete der Landstallmeister nach der letzten Nummer, dem Rennen der römischen Kampfwagen, das Programm, bedankte sich bei allen und wünschte eine gesunde Heimfahrt. Er sah Hubert bei seiner Familie und kam zu ihnen. Nachdem er alle begrüßt hatte, sprach er seine Glückwünsche aus.

„Es war mir wichtig, einen Mann aus unserem Bereich zu ehren, du hast das verdient. Aber nächstes Jahr reiten wir eine eigene große Quadrille. Ihr habt das sehr gut gemacht, mein Respekt, sag das bitte deinen Leuten. Zwei Hoffnungsvolle für die Dressur hast du dabei, auf die werde ich achten. Wenn das klappt mit den Klamotten wäre das sehr gut. Aber jetzt gute Heimfahrt." Hubert bedankte sich, sie machten

sich auf den Weg zu den Transportern. Dabei
erhielt Junior eine Wurst, da er großen Hunger
hatte. „Ich habe ein paar belegte Brote eingepackt,
die können wir auf der Rückfahrt essen", sagte Ulla
und fügte hinzu: „Bevor wir fahren, muss ich aber
erst Hannelore wickeln." Das machte sie auf dem
Rücksitz, während der Kinderwagen im Kofferraum
verstaut wurde. Weber kam und teilte mit, dass
alle anwesend waren, sie könnten losfahren.
Wieder fuhr Hubert vor, um auf dem Hof alles
vorzubereiten. Gegen 17:00 Uhr traf der Rest ein,
um 18:00 Uhr war abgeladen, die Pferde im Stall
und alle verabschiedeten sich nach Hause.

### Vorbereitungen auf den Holzeinsatz

Als er am Montag ins Büro kam, wusste er schon,
der Tag war mit Terminen ausgefüllt. Als erste war
es die erweiterte Stabsbesprechung, in der es um
die aktuelle Planung für die Holzeinsätze ging. Am
Ende der Besprechung stand ein sehr gutes
Gerüst, in dem nur Kleinigkeiten der endgültigen
Entscheidung fehlten, aber auf dem Klärungsweg
waren. Letztendlich hatten Karl und Fritz die
Mannschaftstransporter bekommen, die vom
letzten Zug stammten, alle wichtigen Autos und
Geräte waren zugeordnet, die entsprechenden
Kolonnen benannt. In den nächsten Tagen musste
geklärt werden, wie die einzelnen Bauvorhaben
abliefen, damit die Arbeit im Harz und im Elm
beginnen konnte. Die jeweiligen Verantwortlichen
Karl, Fritz, Weber und Olbrich würden jetzt intern
planen und organisieren. Um 10:00 Uhr empfing
Hubert mit Kokoschka und Lindner die neuen
Glaser und die begannen mit der Eingliederung in
die Firma. Alle waren voll beschäftigt. Fischer hatte

die gesamten Unterlagen der Glaserei an Regina übergeben, die jetzt mit deren Sortierung beschäftigt war. Becker war mit dem Notar, wegen der Übernahme, beschäftigt und bereitete den Umzug der ehemaligen Besitzerin vor. Magda war umgezogen und bereitete mit Frau Goldap die Winterbekleidung für die Waldeinsätze vor, überall herrschte Betriebsamkeit. Ein paar Minuten der Ruhe hatte Hubert, als er seine Mappen durcharbeitete. Gertrud hatte die Einladungen erhalten, sagte zu und bearbeitete mit Monika die Terminvorschläge für betriebsinterne Feiern.

Mittags fuhr Hubert bei seinen Eltern vorbei, wollte sich erkundigen, wie es mit Martina aussah. Als er in die Küche kam, wo die Vorbereitungen zum Mittagessen liefen, war dort eine sehr schlanke, große Frau mit kurzen Haaren, die den Tisch deckte. Malwine sah ihn und sagte: „Martina, Hubert ist da, ein Gedeck mehr bitte." Die sah ihn kurz an, lächelte zaghaft und tat, wie ihr geheißen. „Hallo Martina, schön dich zu sehen. Das letzte Mal ist lange her." Sie schaute ihn an und sagte leise: „Ja, sehr lange. Darf ich euch besuchen? Deine Frau half mir sehr nett, dafür möchte ich mich bedanken." „Da kannst du gleich den Rest der Familie kennen lernen." „Habt ihr Kinder?" „Ja zwei, ein Junge und ein Mädchen. Wenn du willst, komm heute Abend vorbei, so um 18 Uhr?" „Das ist nett, danke. Könnte mich jemand nach Hause bringen?" „Klar, kein Problem." Malwine hatte lächelnd zugehört, wurde aber schnell wieder ernst.
„Mein Sohn, warum sagst du deinen Eltern eigentlich nicht, womit du gestern in Celle geehrt wurdest?" „Ach Mutter, ich laufe doch nicht rum

und erzähle das überall. Woher weißt du das denn?" „Von Fritz und der hat es von Gertrud!" „Oh, mein Vorzimmer plaudert!" „Reg dich ab, das tun die sonst nicht, aber sie sind alle stolz auf dich, genau wie deine Eltern." „Das freut mich, danke." Nacheinander kam der Rest herein. Heinrich haute ihm auf die Schultern und grinste: „Na, du Goldträger, herzlichen Glückwunsch!" „Danke, da werde ich wohl einen ausgeben müssen!" „Am Sonntag bei der Taufe ist eine gute Gelegenheit, ein guter Rotwein zum Hirsch!" „Mache ich, kein Problem!" Es gab Pellkartoffeln und Schwärchen, dazu Rote Beete Salat. Natürlich musste er vom gestrigen Tag erzählen, was alle freute. Nur Martina blieb leise, aß zwar mit gutem Appetit, sorgte für den entsprechenden Nachschub. Seit langer Zeit saß Malwine neben ihrem Mann und stand nicht am Herd. Das war bemerkenswert, fand Hubert. Nach dem Essen rauchte Hubert mit seinem Vater vor der Tür eine Zigarette. „Und wie läuft es mit ihr?" „Gestern Abend hat Malwine sie sich richtig zur Brust genommen, ohne jede Rücksicht. Die hat heftig geschluckt und ist schließlich in Tränen ausgebrochen. Denke, ihr ist völlig klar, was sie angestellt hat. Heute Nachmittag zum Kaffee möchte sie mit uns reden, da bin ich gespannt. So langsam kommt sie körperlich wieder hoch, aber wie du deine Mutter kennst, wird die jede Menge Arbeit haben, die sie nie hat machen müssen. Aber wenn sie aus dem Dreck raus will, muss sie da durch. Aber wir passen auf, dass alles im Rahmen bleibt." „Hoffen wir das Beste. Heute Abend kommt sie zu uns, mal hören, was sie sagt. Ich muss los, habe gleich zwei Termine. Danke für das Essen."

Im Büro erledigte er gerade seine letzten Briefe,
schon stand seine Tante vor der Tür. Beide setzten
sich nach freudiger Begrüßung in die Sessel um
den Tisch und Hubert berichtete von Martina.
Gespannt hörte sie zu, sagte aufatmend: „Gut,
dass ihr sie eingefangen habt. Ich glaube meine
Schwester wird das in ihrer resoluten Weise gut
hinbekommen. Wenn ihr Hilfe braucht, sagt es
mir. Wir sehen uns zwar alle am Sonntag, aber
bitte sag Malwine, ich trage alles mit und bedanke
mich herzlich für ihr Vorgehen." „Werde ich tun,
aber jetzt zu etwas Anderem. Ich habe hier etwas,
wo ich deine Hilfe brauche." Vom Schreibtisch
holte er die Unterlagen der beiden Girokonten und
legte sie ihr hin. „Oh, du warst wieder erfolgreich?
Na klar, darum werde ich mich kümmern, mach
dir keine Gedanken. Vielleicht kann ich dir am
Sonntag schon etwas sagen." Sie plauderten eine
Weile, vor allem bedankte sie sich für seine Hilfe in
der Affäre ihres Mannes. „So, aber jetzt muss ich
zu Herrn Becker, ich will zwei
Trümmergrundstücke kaufen, da müssen wir
drüber reden. Den Bau bekommst du natürlich.
Meine Freundin Hilde wird mich bei dir vertreten,
sie will etwas mit dir besprechen." „Zwei so schöne
Frauen nacheinander hier zu haben, ist doch
etwas sehr Schönes!" „Alter Schmeichler, aber es
tut gut, bis Sonntag!"
Tatsächlich dauerte es nicht lange, bis Hilde in der
Tür stand. „Welch Freude, dich zu sehen, möchtest
du einen Kaffee?" „Da sage ich nicht nein, mit
einem Spritzer Milch, wenn es geht!" „Wird
gemacht", sagte Gertrud hinter ihr. Hubert nahm
ihr den Mantel ab und beide setzten sich wieder an
den Tisch.

211

„Nächste Woche möchte ich eine Vorstandssitzung machen. Unser Schriftführer hat seinen ausgebauten Keller bereitgestellt, die Adresse gebe ich dir nachher." „Mittwoch wäre gut", sagte Hubert mit Blick auf den Kalender, „wenn du möchtest hole ich dich ab und bringe dich zurück." Sie lächelte: „Beides Mal ja. Das passt sehr gut." Der Kaffee kam, so wie sie es gewünscht hatte. „Danke Gertrud!" sagte er, die ging hinaus, schloss die Tür. „Ich hätte da ein paar Sachen, über die wir reden sollten." Er erklärte die Problematik mit den Abschlüssen, die woanders gemacht worden waren. „Die Gültigkeit sollten wir unbedingt bestätigen, die in ehemals deutschen Gebieten erworben wurden." Sie schilderte einen Fall aus dem besetzten Polen. „Diese Problematik sollten wir unbedingt klären und dazu kommt die jetzige Ausbildung zum Meister." Das besprachen sie ausführlich, sie erwähnte einen anderen wichtigen Punkt, den Anbau eines Geschäftsbereiches und die Anstellung von Leuten, die dafür benötigt wurden. Darüber tauschten sie sich länger aus, bis es klopfte und seine Tante wieder in der Tür stand. „Entschuldigung, aber ich muss langsam los, ich habe einen weiteren Termin." „Wir haben die nächste Vorstandssitzung besprochen und sind eigentlich durch, oder?" fragte Hilde. „Wenn wir diese Punkte durchhaben, wird es spät werden", antwortete er. „Egal, aber das ist wichtig. Drei Grundstücke kaufe ich gerade, dein Herr Becker macht das sehr gut. Das wollte ich dir sagen!" „Danke, das Lob werde ich weitergeben."
Die Damen machten sich auf den Weg. Gertrud räumte die Tassen ab und schnupperte leicht. „Ist irgendetwas?" fragte Hubert hinter seinen Schreibtisch. „Ne, ne, nur ein etwas

ungewöhnlicher guter Geruch, das hat man hier nicht oft." „Soll das heißen, dass ich Parfüm benutzen sollte?" Gertrud lachte. „Um Gottes Willen, wenn du nicht nach Pferd riechst, würde mir was fehlen!" Beide lachten und sie ging hinaus. Während er seine Post erledigte, kamen verschieden Anrufe. Mielke sagte ihm, die ersten Reihenhäuser seien ab Freitag beziehbar, so würde er das an Becker weitergeben, damit der sich um die Nachmieter für Weber und Jurka kümmern konnte. Die beiden Häuser in Querum seien ab Mitte der nächsten Woche wieder vermietbar. Hubert gab das an Becker weiter, als der ihn über den Notartermin am Donnerstag für die Glaserei informierte. „Die Nachmieter für die beiden sind kein Problem, da stehen genügend auf meiner Liste, für die beiden Häuser in Querum spreche ich gerade mit Interessenten der Hochschule, mit der Stadt Braunschweig und mit der Pädagogischen Hochschule. Das wird zum 1. November klappen. Soll ich am Donnerstag per Scheck bezahlen?" „Nein, das bekommst du von mir bar am Mittwoch!" Schließlich kam Fritz und berichtete, die beiden Gewächshäuser in Querum seien abgebaut und auf dem Gartenbetrieb in Hordorf aufgestellt worden. „Außerdem hat sich unsere Gärtnermeisterin an den Sträuchern und Stauden dort bedient. Einiges aus den Gewächshäusern konnte sie ebenfalls retten. Ich denke, die wird für das Frühjahr Verstärkung brauchen." „Was hältst du davon, wenn die sich mittelfristig selbständig macht?" „Hm, ich glaube, das hätte eine Perspektive. Wir können im Winter mit ihr reden. Auf alle Fälle scheint die Wäscherei immer besser ins Geschäft zu kommen. Da sollten wir über ähnliches nachdenken." „Du hast recht, das

behalten wir uns für den Winter vor, wenn es
etwas ruhiger ist."
„Wir warten ab, wie es mit dem Holzeinschlag
weitergeht. Ich habe mit Winterfeld gesprochen,
der hat eine Menge in seinen Waldstücken vor, das
wird dauern. 30 Kronen habe ich mit ihm
herausgehandelt, es können aber mehr werden."
„Super, ich glaube, unser gestapeltes Holz wird
zügig weggehen."

Fischer kam danach, um ihm zu sagen, die Glaser
würden ab morgen für die Firma arbeiten, alle
bürokratischen Hindernisse seien für die Arbeiter
übersprungen. Mit ihm sprach Hubert über den
geplanten Holzverkauf. „Das würde ich gern
übernehmen, habe da einige Kandidaten, die gern
kaufen würden." „Gut, übernimm das komplett, so
ist es in einer Hand." „Gerne, Regina ist übrigens
mit der Sichtung der Glasereiunterlagen gut
beschäftigt, hat neben negativen Sachen einiges
Positives zutage gebracht. Bis jetzt hat sie fünf
Rechnungen gefunden, die nicht bezahlt, aber zwei
die bezahlt worden sind. Die Besitzerin hat
offensichtlich völlig den Überblick verloren. Als
nächstes wird sich Frau März der Sache
annehmen." „Im Großen und Ganzen haben wir
aber einen guten Fisch damit an Land gezogen."
„Das ist ein ganz großer Fisch. Becker hat mir den
Grundbuchauszug erklärt, da gibt es eine
Freifläche von circa 2.500 m² hinter den
Gebäuden, die bebaut werden kann. Das ist ein
echter Joker!" Wieder waren zwei Einladungen in
der Post. Einmal die Einladung zum
Jahresempfang des Haus- und
Grundbesitzervereins, da würde er zusagen,
Becker, sowie Bode mitnehmen, das vermerkte er

für Gertrud. Zum anderen war es die Einladung zum „Wintervergnügen des Kreisreiterverbandes". Da wollte er mit seinen Reitern sprechen, wer mitkommen wollte. Gegen 16:45 Uhr fuhr er nach Hause. Bevor Martina kam, wollte er seinen neuen Fuchswallach in der Halle bewegen. Ulla fand es völlig in Ordnung, dass er sie eingeladen hatte, plante aber nichts Besonderes mit ihr. Sie würden sich in der großen Wohnküche bei einem Tee unterhalten. Mit Junior bewegte er den Fuchswallach an der Longe, das Pferd machte gut mit, mit Junior freundete er sich ein wenig an, ließ sich von dem artig in seine Box bringen. Allerdings war Hubert dabei, um eventuell eingreifen zu können.

Nach dem Essen hatten sie Zeit, die sie zum weiteren Terminaustausch nutzten. Ulla selber hatte zwei Einladungen bekommen, einmal zu einem Adventskaffee für Schulleiter beim Schulamt und zu einem Adventstreffen der wiedergegründeten Landfrauen. „Wer ist denn da jetzt Vorsitzende?" fragte Hubert überrascht. „Deine Tante, die Frau des Bürgermeisters!" „Prima, das ist eine sehr patente und nette Frau, die gerne um die Ecke denkt." „Ich werde dir berichten. Barbara und Helma sind ebenfalls eingeladen. Malwine natürlich und die Mutter von Barbara." „Wo soll das sein?" „In der Gastwirtschaft im Dorf."

Kurz vor 19:00 Uhr klopfte es an der Haustür, Heinrich brachte Martina. „Komm herein", sagte Hubert, rief seinem Vater zu: „Ich bringe sie nachher zurück!"

„In Ordnung", sagte der und stieg auf sein Fahrrad. Still stand sie im Flur und wartete auf ihn. „Schön, dass du hier bist, komm mit in die

Küche." Still und fast scheu setzte sie sich an den Tisch und sah sich kurz um. „Ulla kommt gleich, die bringt die Kleine ins Bett. Möchtest du einen Tee?" „Ja, sehr gerne." „Vielleicht einen Rum dazu bei der ungemütlichen Kälte?" „Nein danke, ich trinke keinen Alkohol mehr." Oh, dachte Hubert, da wirkt Malwine schon!

Er goss Tee in die Teegläser und setzte sich zu ihr. Beide verrührten ihren Zucker darin, als Ulla kam und sie freundlich begrüßte. Auch ihr gegenüber wirkte sie sehr scheu und zurückhaltend. Zäh begann ihr Gespräch bis Hubert sagte: „Martina, du kannst hier völlig offen sein, wir tun dir nichts, werden dir gar nichts vorhalten." Beruhigend wollte er seine Hand auf ihre legen, aber sie zuckte sofort zurück. Ulla hatte das gesehen und sagte ruhig: „Wir sind nicht deine Richter oder so etwas ähnliches, wir möchten dir helfen und dir klar sagen, du gehörst zur Familie, wir sind für dich da!" Die junge Frau schluckte, trank einen Schluck und sagte leise: „Danke, ich glaube euch das, aber ich fühle mich so sauelend, das kann ich kaum beschreiben. Malwine und Heinrich kann und möchte ich damit nicht belasten, sie haben schon so viel für mich getan. Ich habe so viel Mist gemacht und andere enttäuscht. Als ich alleine, verprügelt, in dem Keller lag, wurde mir das zum ersten Mal richtig klar. Aber da war es zu spät, ich kann es nicht wieder gut machen. Ich konnte mich nicht mehr rühren, habe da mehrere Tage gelegen, konnte nur in der Waschküche zum Pippi machen gehen, über dem Abfluss. Und das war schon schlimm und schmerzhaft. Wenn die Haushälterin mir nicht hin und wieder Brot gebracht hätte, wäre ich dort krepiert und es hätte niemand gemerkt. So einsam und verzweifelt war ich noch nie und ihr habt mich da herausgeholt. Ich hatte mit allem abgeschlossen. Warum habt ihr mir geholfen, wo ich so viel Schande über alle gebracht habe. Ich habe meinen Bruder um sein Erbe gebracht, habe betrogen, habe sogar, wenn es nicht so lief, meine Freier beklaut, bin blind hinter einem Verbrecher hergelaufen, der mich weggeworfen hat, wie ein Stück zerknülltes Papier. Schließlich habe ich meinen ganzen Mut zusammengenommen und bin mit einer Hundepeitsche verprügelt worden. Als ich blutete und jammerte, haben sie mich einfach rausgeschmissen, mich bei den Mülltonnen abgelegt. Wenn die Frau mich nicht gefunden und mitgenommen hätte, wäre ich da krepiert und es hätte niemanden gestört!"

Die Tränen liefen über ihr Gesicht, Ulla gab ihr ein sauberes Taschentuch. Sie schnäuzte sich, sagte leise und stockend: „Ich war ein Stück Dreck, hätte nur gefehlt, dass mich dort ein Hund angepinkelt hätte!" Wieder schluchzte sie, murmelte: „Und so eine holt ihr aus dem Dreck und seid nett zu ihr. Das habe ich gar nicht verdient!" Hubert sagte ruhig: „Martina, wir wissen das. Vielleicht nicht alles, aber eine Menge. Natürlich haben wir dich verflucht, weil du Hans so dreist betrogen hast. Aber letztendlich gehörst du zur Familie und Blut ist dicker als Wasser. Wir beide hier haben in den letzten Jahren sehr viel Schreckliches erlebt. Hier gibt es Frauen, deren Kleinkinder erfroren in ihren Armen und es gab kein Grab. Als sie ihre Trauer kaum verdaut hatten, wurden sie vergewaltigt oder verprügelt. Schau dich hier um, hier gibt es mehrere, die im Krieg Teile ihres Körpers verloren haben, die waren Krüppel, um die sich niemand mehr kümmerte. Hier gibt es Kinder, die Vollwaisen sind, die erleben mussten, wie ihre

Väter mit einem Gewehrkolben erschlagen wurden und ihre Mutter von mehreren vergewaltigt wurde und anschließend starb. Davon gibt es hier viele, die solch oder ähnliches Schicksal haben. Ich rede jetzt nicht von denen, die in einem KZ waren und das glücklich überstanden hatten, während alle um sie herum erschossen oder ins Gas geschickt wurden. Warum sage ich dir das? Weil wir denen allen geholfen haben, ihnen Lohn, Brot und Selbstvertrauen zurückgegeben haben. Frag Ulla, was sie auf der Flucht bei 30 Grad Minus erlebt hat. Ich kann dir genau erklären, wie es in einer Stellung aussieht, wenn sie einen Artillerievolltreffer bekommt. Diese Menschen sind unverschuldet da hineingezogen worden. Du bist sehenden Auges in dein Unglück hineinmarschiert und hast es selber provoziert. Ich glaube dir selbstverständlich, dass du dich hundeelend gefühlt hast und es dir sauschlecht ging. Gar keine Frage. Aber du bist mit Hilfe der Familie da herausgeholt worden. Entschuldige bitte, dass ich jetzt so viel gesagt habe, aber das lag mir am Herzen. Noch einmal: ich verstehe dich völlig und vielleicht ist es einfach zu früh dich zu fragen, was du vorhast, aber ich tue es trotzdem!"
Ulla hatte die ganze Zeit schweigend die Reaktion der jungen Frau beobachtet. Der liefen zwar die Tränen herunter, aber sie hatte Hubert genau zugehört. Jetzt nahm sie einen kleinen Schluck vom Tee, wischte sich das Gesicht ab, schluckte zweimal trocken und begann leise zu reden.
„Einiges habe ich von dem gehört, was du gerade gesagt hast. Aber nicht in dieser Deutlichkeit. Um es ganz ehrlich zu sagen, es war mir ziemlich egal, habe nur an mich gedacht, in Saus und Braus gelebt. Seit gestern ist mir bewusst geworden, was

da alles um mich herum geschehen ist. Eine der Frauen, die bei Malwine arbeiten, hat mich gefragt, ob ich in die Hände der Polen geraten bin, die sie aus ihrem Dorf geprügelt haben. Als wir zusammenarbeiteten, hat sie mir davon erzählt, das hat mich furchtbar erschreckt, konnte das alles gar nicht glauben. Und diese Leute haben gar nichts verbrochen, außer dass sie deutsch waren. Ich weiß, das kann man nicht vergleichen mit meiner Situation. Zu deiner Frage kann ich nur antworten: Danke, ihr habt mich zurückgeholt in die Familie. Ich habe viel gut zu machen, um als normales Familienmitglied zu gelten. Als erstes muss ich völlig mit meinem alten Dasein abschließen, das habe ich momentan einigermaßen geschafft. Aber ich muss mich jetzt auf meinen neuen Anfang konzentrieren, den ich machen muss und will. Irgendwann muss ich wieder zu meinem Bruder finden, das ist mir sehr wichtig."
Jetzt meldete sich Ulla zu Wort.
„Durch diesen Krieg und diese Politik habe ich alles verloren. Meinen ersten Mann, meine Heimat und alle Sachen, die mir lieb und teuer waren. Geblieben sind mir mein Sohn aus erster Ehe und zwei Pferde. Ich habe unendliches Leid und Elend gesehen. Bin in dieser Familie aufgenommen worden. Seit der Zeit habe ich viel Gutes und Schönes erlebt, zum Beispiel die Geburt unserer Tochter. Natürlich haben wir viel Glück gehabt bisher, uns geht es sehr gut, wenn man die Sorgen und Nöte des Menschen erlebt, mit denen man täglich konfrontiert wird. Ich würde mich sehr freuen, wenn du mich als eine Vertrauensperson akzeptieren würdest. Ich helfe dir sehr gerne, du kannst mit allen Sorgen und Nöten zu mir kommen. Das gilt ebenfalls für meine beiden

Schwägerinnen und für Christina, soll ich dir sagen."

Martina hatte ihr mit großen Augen zugehört, sagte gar nichts, nahm wieder einen Schluck Tee. Langsam antwortete sie leise. „Ich weiß gar nicht, womit ich das alles verdient habe. Außerdem kenne ich das gar nicht, einfach zu jemanden zu kommen, um mich dem anzuvertrauen. Ich danke dir ganz herzlich für deine Worte. Ich möchte euch wirklich alle kennenlernen und mich in diese Familie einfügen. In den Tagen ganz allein habe ich mich danach gesehnt, mit jemanden reden zu können, es war einfach schrecklich so allein zu sein. Malwine hat mir klargemacht, dass ich lernen muss zu arbeiten und das will ich jetzt tun. Für nichts werde ich mir zu schade sein, weder beim Ausmisten, beim Wäschewaschen oder bei welchen Arbeiten auch immer. Bisher habe ich kein Ziel, aber ich weiß, ich kann mehr und das will ich herausfinden."

Hubert goss sich einen weiteren Tee ein. „Also wenn du dir demnächst im Klaren bis, was du willst, mache ich dir ein Angebot. Du kannst eine kleine Wohnung in den Häusern im Depot haben und du kannst in der Firma mitarbeiten. Dazu brauchst du einen Führerschein, aber den kannst du machen. Aber erst finde zu dir selbst und komm mit dir ins Reine. Wenn du später einen Vermittler zwischen dir und deinem Bruder haben möchtest, sag es mir, ich würde das tun."

„Danke, das ist ein Ziel, was ich anstreben werde."
Ulla erhob sich. „So, das hätten wir geklärt, komm mit, ich werde dich vernünftig einkleiden!" Beide gingen hinaus und Hubert nahm seinen Tee, ging ins Arbeitszimmer, setzte sich hinter seinen Schreibtisch. Hier notierte er sich alles, was er

heute besprochen und veranlasst hatte. Morgen würde er sich um die neuen Reihenhäuser kümmern und Dienstaufsicht bei den anderen Kolonnen machen. Das hatte er sich für die folgenden Tage ebenfalls vorgenommen. Im inneren Bereich lief es gut, alle waren beschäftigt und hatten gut zu tun. Als nächste Ausgaben stand die Bezahlung der drei Reihenhäuser und die 180.000 RM für die Glaserei heran, das Geld für die Glaserei würde er Becker morgen mitgeben. Als nächstes überlegte er weiter, welche Bauvorhaben er selber vorhatte, es waren die fünf Reihenhäuser, die zwei Grundstücke in der Sonnenstraße und die zwei am Nordbahnhof. Bei dieser Gelegenheit zog er seinen letzten Kontoauszug aus dem Ablagekorb und schaute sich den an. Der Verkauf der Pfandbriefe und der anderen Wertpapiere hatte 53.000 RM gebracht. Gesamt befanden sich derzeit 68.793 RM auf seinem Privatkonto. Tief schnaufte er durch. All das musste er rechtzeitig vor der Währungsreform unterbringen.

Unterdessen waren Ulla und Martina fertig mit der Einkleidung. Zwei große volle Taschen standen im Hausflur. „Oh, das sieht gut aus", sagte er lächelnd. Martina lächelte verlegen zurück: „Leider hatte ich nichts mehr und die Fummel, die ich lange genug trug, will ich gar nicht mehr haben. Das ist genau richtig, was mir Ulla gab." Ganz herzlich bedankt sie sich bei ihr. Hubert zog seine dicke Jacke an. „Ich hole Prinz wir können los." Jeder der beiden nahm sich eine Tasche, mit dem Hund an der Leine gingen sie durch das Dorf zum elterlichen Hof. Heinrich öffnete die Tür und sagte lächelnd: „Oh, warst du einkaufen?"

„Ja, man hat mich eingekleidet", sagte sie und
brachte die Taschen in ihr Zimmer, nachdem sie
sich von Hubert verabschiedet hatte. „Alles gut?"
fragte Heinrich und Hubert nickte. „Schauen wir
mal, was sich ergibt." Er machte eine Runde durch
das Dorf, brachte Prinz in den Zwinger und ging
wieder hinein. „Was meinst du zu der ganzen
Sache?" fragte ihn Ulla. Er zuckte die Schultern.
„Da bleibt uns nur abzuwarten, wie sie sich macht.
Wenn alles gut läuft, werde ich für sie einen Job in
der Firma finden." Sie seufzte. „Ein wenig Zutrauen
zu mir scheint sie ja gefunden zu haben. Als ich
ihre Striemen auf dem Rücken anschaute, sagte
sie: „Wenn du möchtest erzähle ich dir, wie es da
zuging. Da gibt es so viele, die Dreck am Stecken
haben, wenn das die Polizei wüsste."
Als ich sie fragte, um wen es da ginge, sagte sie
mir: „Die Clique um die Eingedeutschten, da geht
es nicht nur um Prostitution, sondern um viel
mehr."
Dazu habe ich gar nichts gesagt, warten wir mal
ab, was sie auspackt!"

### Dienstaufsicht und eine Verletzte

Nachdem er seine Morgenpost erledigt hatte, fuhr
Hubert zu seinen Baustellen. Erst zu Baumann,
der an dem Mietshaus für den Investor arbeitete.
Hier war das Dach fertig und die ersten beiden
Stockwerke, zwei weitere und der Bodenausbau
waren in Arbeit. In den fertigen Stockwerken waren
die nächsten Handwerker bereits bei der Arbeit.
„Morgen haben wir das nächste Stockwerk fertig,
da warten wir auf die Fenster", erklärte Baumann.
Hubert notierte sich alles, bat ihm zu sagen, wenn
es dabei größere Verzögerungen gab. Von den

Elektrikern erfuhr er, die Kabel, welche sie aus dem letzten Zug geholt hatten, seien wesentlich stabiler als die anderen. Das notierte er ebenfalls, würde fragen, warum die anderen Lieferungen nicht so seien. Bevor er sich verabschiedete, bedankte sich Baumann bei ihm für die Möglichkeit mit seiner Familie in eines der Reihenhäuser einziehen zu können. „Wann zieht ihr dort ein?" wollte Hubert wissen. „Am Freitag bringen wir die ersten Möbel dorthin. Heute tapezieren wir unten. Die Sachen, die wir uns aus Querum mitnehmen durften, sind ein wunderbarer Grundstock, um in dem Haus zu leben. Samstagnachmittag holen wir den Rest aus unserem alten Haus und ab Sonntag werden wir endgültig dort sein." „Ist mit dem Mietvertrag alles klar?" „Alles geregelt, kein Problem. Im Frühjahr wollen wir hinter dem Haus einen Garten anlegen." „Klar, so etwas entlastet den Geldbeutel für die eigene Versorgung!"

Von Dix wurde er im Siegfriedviertel angesprochen, ob es nun endgültig geklärt sei, was seine Kolonne im Winter genau machen sollte. „Dolle hat mir von zwei neuen möglichen Aufträgen erzählt. Das wird sich heute oder morgen entscheiden. Wenn es eine Sache gibt, wo man drinnen arbeiten kann, bekommt ihr die!"

Die bisher abgeschlossenen Verträge zum Bau der Häuser waren fast erfüllt. Allerdings hatte die Gesellschaft schon angefragt, ob sie Interesse an weiteren Bauten hätten. Die bedurften jedoch alle der konstruktiven Planung und Genehmigung. Das konnte sich hinziehen. All das erklärte er Dix und Schmidt. Sagte ihnen, sie müssten sich keine Sorgen über die Beschäftigung im Winter machen, es gäbe genügend Arbeit. Hellwig hatte nach der

Reparatur der zwei defekten Häuser damit begonnen, die beiden Häuser Huberts am Nordbahnhof aufzubauen. Beider Keller waren voll nutzbar und nachdem Jurka den Schutt und die letzten stehenden Mauerteile weggeräumt hatte, konnte hier mit dem Aufbau begonnen werden. Beim ersten Haus war bereits die Decke des Erdgeschosses gegossen worden und während diese trocknete, hatte er damit begonnen, das gleiche beim zweiten Haus zu machen. „Diese und nächste Woche habt ihr Zeit, danach geht es in den Harz", sagte er zu ihm. „Darauf freuen wir uns, mal was anderes. Am Wochenende sind wir ja daheim, das bekommen wir schon hin."

„Ich gehe davon aus, bis dahin bekommt ihr die Häuser hier nicht fertig. Aber wenn ihr wieder zurück seid, macht ihr weiter. Gibt es etwas Besonderes auf der Baustelle?" „Nein, das läuft alles glatt. Doch halt, das muss ich sagen, damit ihr das wisst. In drei Kellern haben wir jeweils heile Einmachgläser mit Inhalten gefunden. Die habe ich unter meinen Leuten aufgeteilt und einiges nehmen wir mit in den Harz. In einem Keller haben wir fünf nagelneue gute Öfen gefunden, die sollten wohl hier eingebaut werden und eine Gefriertruhe." „Funktioniert die?" „Die ist zwar leer, aber sie läuft, habe ich getestet." „Gut. Die und die Öfen lasse ich morgen von Rübke abholen, das Zeug können wir gut für die Reihenhäuser brauchen." „Rübke soll sich morgen bei mir melden, ich zeige ihm alles."

Als letzten besuchte er Müller in der Polizeikaserne. Hier waren die Gebäude für den zukünftigen technischen Bereich im Rohbau fertig und die Grundplatte für die Sporthalle ebenfalls gegossen.

„Wir haben die Außenbereiche so gut wie fertig und wenn jetzt der Winter zuschlägt, machen wir drinnen weiter." „Was kommt anschließend?" „Zwei Unterkunftsbereiche sind fertig, da gehen wir innen als erstes ran. Wenn das fertig ist, kommt das Kantinengebäude dran." „Prima, da seid ihr über den Winter gut beschäftigt!" „Das sehe ich so. Neulich war der Beauftragte der Direktion hier und hat sich lobend über uns geäußert. Er sagte mir, sie würden in der alten Husarenkaserne einen Umbau planen. Dazu bräuchten sie aber die Genehmigung und die entsprechenden finanziellen Mittel, das würde etwas dauern."

„Das wäre gut, so hätten wir einen Folgeauftrag." Zufrieden fuhr er auf direktem Weg nach Hause. Derzeit lief alles recht gut, ohne Komplikationen. Die Probleme, die er sich auf einzelnen Baustellen notiert hatte, würde er daheim lösen lassen. Aber jetzt warteten zwei volle Ordner auf ihn. Bevor er damit begann, erklärte er Gertrud, welchen Auftrag Danzer hatte, er sollte den entsprechenden Kalender entwerfen. „Ich werde den Herren fragen, wie weit der Künstler ist. Wir werden vorbereiten, wer den bekommen soll und um ein schönes, verziertes Anschreiben werde ich mich kümmern, da kann der Künstler mithelfen," sagte Gertrud dazu. „Du wirst das schon machen. Für Rübke habe ich einen Auftrag morgen." Er erklärte ihr das, sagte, wo das sei und sie machte sich an die Arbeit.

Dolle kam als erster nach Gertrud zu ihm. „Es hat geklappt! Wir haben zwei sehr gute Aufträge für den Winter. Einmal der Innenumbau eines Gebäudes der Pädagogischen Hochschule und einen Umbau im Klinikum an der Salzdahlumer Straße." „Sehr gut, wer soll das machen?" „Dix die Klinik und Klages die PH. Damit hätten wir fast alle im Winter beschäftigt." „Zwei Fliegen mit einer Klappe, sehr gut!" Seine Leute seien bereits in Verbindung mit den jeweiligen Baubeauftragten und würden anfangen zu planen, erklärte Dolle weiter. Becker kam, um sich das Geld für den Kauf der Glaserei abzuholen. „Die Notarkosten und Steuern zahlst du bitte von meinem Mietkonto." „Morgen Nachmittag treffe ich mich mit den Mietern für die Häuser in Querum, der Mietvertrag wird ab November dieses Jahres laufen." „In Ordnung. Klappt alles mit den Vermietungen hier bei uns?" „Die Verträge mit den drei Reihenhäusern sind erledigt, Umzug an diesem Wochenende. Wir sind dabei, die Wohnungen, aus denen sie auszogen zu vermieten. Die beiden sind bereits weg. Als nächstes sind die fünf Reihenhäuser dran. Da kommen zuerst Paare mit Kindern dran und parallel läuft die Nachvermietung der bisher vermieteten Wohnungen." „Das passt gut, das haben wir vor Weihnachten erledigt. Könntest du bitte eine Zweizimmerwohnung im Depot für meine Cousine Martina freihalten?" „Bei den ganzen Bewegungen werde ich sie berücksichtigen."

Er widmete sich seinen zu bearbeitenden Dingen. Zwei Rechnungen waren dabei. Die erste war für die Räumung der Häuser am Nordbahnhof von Schutt in Höhe von 21.578 RM, als zweite die Rechnung für die drei Reihenhäuser in Höhe von 261.365 RM. Kurz überlegte er, da würden sie das Konto bei der zweiten Bank auflösen müssen, was sie sowieso vorhatten. Mit Münch, dem Bankdirektor der Hausbank, ließ er sich verbinden und schilderte ihm die Sache.

„Natürlich nehmen wir Ulla als Kundin sehr gern auf. Ich schlage dir folgenden Weg vor: Ruf dort an und lass dir das Geld von deren Sparbuch auszahlen, das dauert ein oder zwei Tage, danach holst du das mit ihr ab, sie muss dafür unterschreiben. Informiere sie vorab, dass du das Konto ganz auflösen willst. Ich lasse hier ein neues Konto für Ulla eröffnen. Die Nummer gibst du ihnen, dorthin sollen sie das Guthaben überweisen. Die Wertpapiere kannst du dir aushändigen lassen, dafür erweitern wir hier dein Depot auf euch beide. Hier kannst du sie abgeben und dazu legen." „Alles klar, machen wir so. Gib die neue Nummer bitte Hartmut, den können wir fragen, wenn es Probleme gibt." „So machen wir das, mach gleich mit ihm einen Termin für die neuen Anlagen in eurem Depot!" Mit Ulla verabredete er einen Termin für diese Banksache, es wurde Freitag 10:00 Uhr. Als er anschließend Ullas Bank über diese geplante Transaktion informierte, versuchte man zwar, ihn umzustimmen, aber das wies er höflich aber bestimmt zurück. Die Probleme, die er heute festgestellt hatte, notierte er auf einem Formblatt für den jeweiligen Abteilungsleiter mit der Bitte um Veranlassung und entsprechender Rückmeldung. Viertel vor Fünf war er fertig, brachte alles zu Gertrud. „Zeit, ein wenig zu reiten", sagte er zu ihr. „Das möchte ich nachher tun!" erwiderte sie lächelnd, fuhr fort: „Morgen legen wir dir die Termine für die firmeninternen Feiern vor und Danzer kommt mit Bildern für den Kalender." „Prima, da haben wir ja etwas zu tun!" grinste er zurück.

Ulla hatte die gleiche Idee mit dem Reiten und gemeinsam gingen sie in die Halle, als die Abteilung von Weber fertig war. Während sie ihre Pferde aufwärmten, erzählte er vom geplanten Ablauf des Bankbesuches am Freitagmorgen. „Da habe ich viel zu tun über das Wochenende, am Donnerstagvormittag kommt Britta März, will sich Hannelore und mich anschauen, wir frühstücken gemeinsam. Abends Sitzung bei uns mit dem Waisenhausvorstand, Freitag Bank, abends Prüfung Jagdlehrgang, Samstag bei den Treibern den ganzen Tag und Sonntag Taufe." Er lachte. „Mir geht es ähnlich. Morgen Abend Sitzung IHK Vorstand, Freitagabend Sitzung Vorstand Reitverein und das Gleiche wie du!" „Irgendwann sollten wir wieder ein paar Tage ausspannen." „Denk mal an die Tage zwischen Weihnachten und Neujahr!" schlug Hubert vor. Als er sie später im Bett an sich zog, gab sie ihm einen Kuss und sagte leise: „Hubert, ich habe schon etwas zu lange meine Tage, sei nicht böse und ich habe leichte Schmerzen im Unterleib." „Keine Sorge, rede mit Britta März darüber, lass die das anschauen!"

Als erstes erhielt er am nächsten Morgen die Termine für mögliche Weihnachtsfeiern im internen Bereich. Hubert legte fest: 7.12. Waisenhaus und abends Führungskreis mit Meistern und Frauen, 8.12. Basar, 14.12. Feier Belegschaft, 21.12. Treffen mit Freunden (privater Termin), 15.12. Adventsfeier BKB, 22. Feier mit Reitern, 23. Für die Jäger. „Wenn alles vorbei ist, mache ich fünf Kreuze", sagte er anschließend und sah Gertrud an. „Das kommt davon, wenn man der Chef und der Vorsitzende ist. Aber wir werden dir, so gut es geht, helfen." „Danke ihr Lieben, ihr seid

so gut zu mir!" grinste er sie an. „Draußen steht
Danzer mit den Fotos für den Kalender, den
können wir gleich mitnehmen." „In Ordnung, dazu
gehen wir aber an den Tisch vorn und du schaust
mit!"
Danzer hatte eine Mappe mit 30 Fotos dabei, die er
auf dem Tisch ausbreitete. Gemeinsam
betrachteten sie diese und wählten schließlich
zwölf davon aus, alle Bereiche der Firma waren
abgebildet. Kurz besprachen sie die Beschriftung
und die Texte. Schließlich sagte Hubert: „Und was
hast du in der zweiten Mappe?"
Danzer grinste. „Die Fotos kannst du dir
anschauen, aber mehr nicht. Gertrud und ich
erstellen daraus einen Kalender für unsere Reiter,
damit wollen wir dich überraschen. Aber der Name
der Firma wird erwähnt." „Wie schön, das will ich
heute gar nichts sehen, sondern mich überraschen
lassen." „Bis zum Weihnachtstreffen der Reiter
wollen wir das fertig haben!" rief Gertrud beim
Hinausgehen. „Herr Danzer, ich möchte, dass du
dir Gedanken über eine vernünftige und zündende
Werbung für die Firma machst. Dies ist gedacht
für Publikationen, die für uns interessant sind, wie
der Haus- und Grundbesitzerverein, die IHK und
andere Sachen, die demnächst auf den Markt
kommen. Du kannst eine Werbung für die Zeitung
entwerfen, wo wir allen ein schönes Weihnachtsfest
und ein gutes Neues Jahr wünschen. Die Firma
bezahlt diese Werbung. Und hier hast du 200 RM
für den Reiterkalender!"

Er fuhr los, besuchte die Baustelle der
Postwohnhäuser, die neuen Wohnhäuser des RAW,
die Baustelle von Hildes Haus und kurz das
Theater. Von dort fuhr er ins Büro, erledigte

Schriftverkehr und fuhr nach Hause, die Vorstandsitzung der IHK stand an und er musste Hilde pünktlich abholen. Nach einer schnellen Dusche zog er sich um und aß etwas. „Heute siehst du sehr seriös aus", lächelte ihn Ulla dabei an. „Danke für das Kompliment, aber ich will da nicht aussehen, wie der Junge vom Land." „Das tust du mit Sicherheit nicht. Viel Spaß bei der Sitzung!" „Danke, das kann etwas länger dauern." Pünktlich holte er Hilde ab und während sie zur Sitzung fuhren, erzählte sie ihm einiges, was es zu besprechen galt. Wie erwartet wurde es eine sehr intensive Sitzung mit vielen Beschlüssen. Vor allem die Besetzung des IHK Büros mit hauptamtlichem Personal wurde länger diskutiert. Schließlich einigte man sich auf einen Vorschlag, den Hilde eingebracht hatte. Das war sehr wichtig, weil nicht nur Hubert die Problematik der Meisterprüfungen und der Anerkennung von Abschlüssen auf den Tisch brachte. Die Beitragszahlung der zugehörigen Betriebe wurde endgültig geregelt, diverse andere Punkte folgten. Sie führte die Besprechung sehr souverän und versuchte, schnell Beschlüsse zu fassen, die Zeit drängte. Ganz am Ende sprach sie einen Punkt an: Die Durchführung eines Jahresempfanges und die Schaffung einer Publikation, um allen Mitgliedern Informationen zukommen zu lassen. Hier erklärte sich Hubert bereit, diese mit Werbung zu unterstützen. Das wurde freudig unterstützt. Gegen 23:00 Uhr war die Sitzung beendet und er fuhr Hilde nach Hause. Vor dem Aussteigen sagte sie ruhig: „Eigentlich würde ich dich ja gern zu einem Espresso einladen, aber jetzt bin ich etwas kaputt, das verschieben wir." „Kein Problem, ich muss morgen früh wieder raus. Aufgeschoben ist nicht aufgehoben!" „Richtig, aber ich möchte mich mit einem Kuss bei dir für die gute Unterstützung bedanken!" Sie beugte sich zu ihm, küsste ihn auf den Mund und ließ dabei ihre Zunge mit seinen Lippen spielen. Abrupt beendete sie den Kuss und stieg aus. Hubert fuhr los und bemerkte schmunzelnd, was dieser Kuss in seiner Hose angerichtet hatte. Bis er den Hof erreichte, hatte sich alles wieder beruhigt.

Am nächsten Morgen weckte ihn Ulla kurz vor 7:00 Uhr zum Frühstück. Danach fuhr er ins Büro und berichtete Fischer von der gestrigen Sitzung. Der nickte und fand die Ergebnisse sehr gut. Er würde mitgehen zum Empfang der IHK, was ihn sichtlich stolz machte. Während er seine Ordner durcharbeitete, klingelte das Telefon. „Alberts ist dran, da ist etwas passiert", rief Gertrud, bevor er abhob. „Hubert, wir haben hier gerade eine Frau gefunden. Sie lag in dem Verschlag, wo wir die leeren Zementsäcke sammeln. Die ist verletzt, blutet, kann sich nicht bewegen und lässt keinen an sich ran, was sollen wir machen?" Huberts Gehirn arbeitete. „Als erstes stellst du eine Wache vor den Verschlag, alle anderen weg da, du bleibst in der Nähe. Ich rufe die MP an und komme mit einer Ärztin, alles klar?" „In Ordnung!" „Gertrud gib mir ganz schnell Ulla." Blitzschnell hatte er die am Hörer. „Notfall, im Hotel haben sie eine verletzte Frau gefunden, die MP wird informiert. Britta soll den Opel nehmen, ihren Arztkoffer und mich hier abholen, wir beide fahren dahin!" „Ist sofort unterwegs!" Gertrud hatte in der Tür mitgehört. „Ruf die MP an, teil denen das mit, ich fahre mit einer Ärztin hin!" Schnell zog er seine Jacke an, trank hastig den Kaffee aus und machte

231

sich auf den Weg. Hinter ihm her rief Gertrud: „MP ist informiert, fährt dorthin!" Er verließ das Verwaltungsgebäude und trabte zum Eingang der Firma. Kaum war er dort, als Britta mit dem Opel kam. Kaum saß er auf dem Beifahrersitz, als sie in hohem Tempo Richtung Hauptbahnhof fuhr. Während sie konzentriert und sehr schnell fuhr, erzählte er ihr, was er wusste. Sie nickte und gab Gas, sicherheitshalber hielt Hubert sich fest. So schnell war er bisher nie zum Hotel gekommen, dort stand schon die MP. Ohne sich um die zu kümmern ging Britta März in den Verschlag zu der Frau.

Hubert ging zum Captain der MP. Beide begrüßten sich. „Wir beide treffen uns immer nur bei Dramen!" sagte der Captain. „Stimmt, ich mache einen Vorschlag, demnächst haben wir wieder eine Treibjagd, dazu lade ich Sie ein!" Beide lachten, der Captain stimmte freudig zu. „Die Frau ist Frauenärztin und sehr gut drauf, lassen Sie die bitte schauen", fuhr Hubert fort. „Kein Problem, gleich kommt einer von der neuen deutschen Kriminalpolizei, den möchte ich gerne dabeihaben." Kurz darauf kam ein junger Mann und stellte sich als Kommissar der Kripo vor. Der MP Chef und Hubert sagten ihm, was bisher geschehen war. Hubert gab eine Zigarette aus, während sie warteten. „Ich kann mir denken, um was es hier ging, so nahe an der Bruchstraße", sagte der MP Chef. Der Kommissar nickte: „Darauf tippe ich. Es wäre einfach schön, wenn man dort mal zugreifen könnte." „Drauf warten wir genauso, vielleicht klappt es ja dieses Mal!" Britta März kam aus dem Verschlag und wischte sich ihre Hände ab. „Sind Sie beide von der Polizei?" Die beiden nickten.

„Ich habe die Frau untersucht, sie steht unter Schock, kann aber reden. Sie ist übelst verprügelt worden, ich tippe auf eine Hundepeitsche. Linkes Auge ist zu, Rücken blutig, Platzwunden am Kopf. Da ihre Kleidung ziemlich zerrissen ist, tippe ich zumindest auf eine versuchte Vergewaltigung. Sie heißt Ina Möller, ist Flüchtling aus der jetzigen Tschechei. Ihre Tasche mit Geldbörse und Pass ist nicht da, sie ist aus einem Haus hinter der Bruchstraße geflüchtet und hat es bis hierher geschafft. Ich schlage Ihnen vor, sie gründlich zu untersuchen. Danach werde ich sie zum Hof von Herrn Wedel bringen, wo sie unterkommen kann. Heute Nachmittag dürfte sie vernehmungsfähig sein, jetzt habe ich ihr Beruhigungsmittel gegeben, sie hat starke Schmerzen."

Der Captain nickte. „Machen Sie das so, wir beide kommen heute gegen 15:00 Uhr zur Familie Wedel und werden sie befragen. Ich kenne mich bei den Wedels aus", fügte er grinsend hinzu. Der Kommissar nickte. „Ich bin dann da. Brauchen Sie einen Krankenwagen?" „Nein, nein, ich werde sie in den Opel setzen und Herr Wedel wird mich zu meiner Praxis in Cremlingen bringen." Hubert holte eine Decke aus dem Auto und folgte Britta in den Verschlag. Die half dort der jungen Frau hoch, beide fassten sie unter und brachten sie zum Opel. Der deutsche Polizist öffnete die Tür für die Rückbank und nachdem Britta sie in die Decke gehüllt hatte, setzte sie die stöhnende Frau ins Auto. Alberts hatte alles beobachtet. Zu ihm sagte Hubert: „Wir bringen sie zu Frau Doktor März in deren Praxis, dort wird sie behandelt. Hör dich vorsichtig um, ob sich irgendetwas tut. Die Polizei ist um 15:00 Uhr bei mir, um mit ihr zu sprechen. Wenn du etwas hörst, ruf mich an." Der nickte verstehend, Hubert stieg ein und fuhr vorsichtig los. Britta März saß hinten neben der Frau und kümmerte sich um sie.

Vor der Praxis hielt er an und sie begannen die Frau vorsichtig aus dem Auto zu holen. Frau Klavas kam dazu und löste Hubert ab. Britta sagte zu ihm: „Ich untersuche sie jetzt, fahr bitte zu Ulla und besorge mir etwas zum Anziehen für sie. Am besten einen Trainingsanzug, Unterwäsche und ein Paar leichte Schuhe. Könnt ihr sie aufnehmen?" „Ja, kein Problem." „Bereitet das vor, wir beide bringen sie nachher zu euch, damit die Polizei fragen kann."
Auf dem Weg zum Hof kam ihm plötzlich eine Idee und je länger er darüber nachdachte, je besser gefiel sie ihm. Daheim erklärte er Ulla und Sieglinde, um was es ging. Jetzt zeigte sich sofort wie praktisch beide Frauen waren. „Ich suche ihr das zusammen, warte hier." Sieglinde übernahm sofort ungefragt das Herrichten einer der Kammern, sagte zu Susanne, sie solle um 15:00 Uhr eine große Kanne Kaffee fertig haben und etwas von dem Topfkuchen von gestern. Hubert setzte sich ans Telefon und rief Malwine an. „Ich brauche Martina heute Nachmittag ganz dringend. Könnt ihr sie mir jetzt ins Büro bringen." „Die muss sich kurz waschen, Heinrich bringt sie zu dir!" Ulla kam mit einer kleinen gepackten Tasche. „Ich fahre jetzt kurz ins Büro, kläre da alles, nehme Martina mit und fahre wieder nach Cremlingen. „Warum Martina?" Er grinste bösartig. „Vielleicht kann sie der Polizei ein paar Tipps geben, die warten auf sowas. Das Ganze hat mit der Zuhälterei dort zu tun." „Verstehe. Bring ihr das ruhig bei und mach bitte keine

Befehlsausgabe." Jetzt lachte er wieder: „Das bekomme ich hin!" Im Büro informierte er Fischer und Gertrud. „Kümmere dich da drum, hier ist alles ruhig und wenn es brennt, rufen wir dich an", sagte Fischer und Gertrud fügte hinzu: „Wir sind heute Abend sowieso im Stall zur Versammlung. Wenn was Wichtiges ist, bringe ich es mit!"

Als beide hinausgingen, kam Heinrich und brachte Martina. „Ich muss wieder los, bringt sie nachher zurück", sagte der und ging wieder. Gertrud brachte zwei Kaffee und beide setzen sich in die Sessel. „Martina, du willst mit deiner Vergangenheit abschließen, da kann ich dir heute eine große Hilfe anbieten. Aber zuerst erzähle ich dir etwas." In knappen Worten schilderte er ihr, was sie erlebt hatten. Als er fertig war, sagte sie leise: „Das ist die übliche Methode eine Frau gefügig zu machen, wenn sie nicht freiwillig auf den Strich will. Dafür ist diese Horde bekannt." „Ich denke wir können ihnen das Handwerk legen, mit deiner Hilfe." Sie nahm einen Schluck Kaffee und sah ihn mit großen Augen an. „Hubert, ich habe wahnsinnige Angst, dass die mich finden, deshalb gehe ich nicht allein aus dem Haus." „Das kann ich völlig verstehen. Aber du weißt eine Menge, um sie hinter Gittern zu bringen, oder?" „Ja, nicht nur normales Gitter, eher Zuchthaus." „Wenn ich mit der Polizei rede, dass du nirgendwo als Zeuge auftauchst, dein Name nirgendwo genannt wird, könntest du helfen?" Beide rauchten eine Zigarette, sie sagte: „Du hast recht, ich muss das loswerden, sonst verkrieche ich mich den Rest meines Lebens. Ja, ich werde auspacken, aber du garantierst mir, dass mein Name nirgendwo auftaucht!" „Ich werde allein mit den beiden

Polizisten reden, erst wenn sie das garantieren können, hole ich dich. Weißt du einen Köder für die beiden?" Sie überlegte, machte ihre Zigarette aus und sagte: „Gepanschtes Penicillin!" „Ach du Scheiße", entfuhr es Hubert, „das wird sitzen! Komm mit, wir holen die Frau von Doktor März."

Sie fuhren nach Cremlingen und meldeten sich dort im Geschäftszimmer. Britta März kam heraus und holte sie in ihr Behandlungszimmer. „Schön, dich zu sehen, Martina, wie geht es dir?" „Körperlich täglich besser, mit dem Rest kämpfe ich weiter." „Du hast eine tolle Familie, lass dir von der helfen. Das wird zwar nicht immer problemlos sein bei deren Temperament, aber halte dich an die, es wird alles besser. Ich helfe dir gern, wenn etwas ist." „Danke, das werde ich tun." „Was habt ihr zwei vor, so langsam kenne ich euch doch!" grinste sie Hubert an. Der erzählte ihr, um was er Martina gebeten hätte.
„Das wäre eine Chance diesen Gangster das Handwerk legen zu können. Und, Martina, ich denke, das würde dir persönlich helfen, alles hinter dir zu lassen." Die nickte tapfer: „Ich habe zwar jede Menge Angst, aber wenn Hubert das so hinbekommt, würde ich mitmachen." „Ich bin nachher dabei und setze mich dazu, wenn Hubert mit der Polizei redet, ich helfe dir gerne. Aber jetzt zu der anderen. Momentan schläft sie in einem Nebenraum. Hartig hat mir bei der Untersuchung geholfen. Die Vergewaltigung ist wohl nicht ganz gelungen, aber Schäden hat sie schon davongetragen, außer den Striemen und Verletzungen im Gesicht. Sie muss sich sehr gewehrt haben und wie sie flüchten konnte, weiß sie nicht mehr genau. Sie muss irgendwo aus einer

Höhe heruntergesprungen sein, vielleicht aus einem Fenster. Ihre Knie sind geschwollen und die Knöchel. So hat das Hartig diagnostiziert, der kannte das aus Kriegszeiten. Wir geben ihr jetzt die Sachen zum Umziehen und werden zu euch fahren. Martina hilfst du mir bitte dabei?" „Ja, gerne." „Hubert, du darfst vor dem Haus warten!" Lächelnd stand der auf, ging auf den Hof. Draußen stand Klavas vor der Scheune, putzte seine Kaltblüter. Hubert ging zu ihm, bot eine Zigarette an. Der griff dankend zu und als beide brannten sagte der: „Wie geht es der jungen Frau?" „Ist gut versorgt, medizinisch, jetzt nehmen wir sie mit zu uns, da bleibt sie erst einmal."

„Glück gehabt, für sie. Auf der Flucht hat sich niemand um so eine Frau nach Vergewaltigungen und Schlägen kümmern können. Entweder sie kam weiter mit oder sie war verloren!" „Davon habe ich gehört, ja. Aber jetzt kann man helfen und ich denke die Polizei wird die Täter finden." „Das wäre es. Dann wüsste man, dass Recht und Ordnung zurückkommen." „Ich denke, das wird immer besser. Was machen die beiden?" „Habe heute mit Stämmen hier im Forst geübt. Es wird immer besser, ich freue mich schon darauf, mit denen zu arbeiten." „Ihr werdet genug zu tun haben, das verspreche ich euch." „Das muss so sein", grinste Klavas. Britta kam aus dem Haus. „Hubert wir können!" Er klopfte Klavas auf die Schultern und ging zum Auto. Martina kam mit der jungen Frau aus dem Haus, stützte sie kräftig. Beide kamen auf die Rücksitze, Britta nach vorne.

Bei ihnen daheim gab es in der Küche einen kräftigen Eintopf, alle aßen gemeinsam in der Küche. Die junge Frau war still, aß sehr vorsichtig. Alles ging in großer Ruhe vor sich. Niemand fragte, kaum wurde geredet. Als das Essen beendete war, sagte Britta März: „Frau Möller, Sie sind hier in Sicherheit, die Familie Wedel nimmt Sie auf, hier können Sie sich in aller Ruhe erholen. Vorher haben wir jedoch einen Termin mit der Polizei hier. Sie können ganz ruhig bleiben, ich werde die ganze Zeit dabei sein." Die junge Frau begann wieder zu zittern. Ulla neben ihr legte eine Hand auf ihre. „Sie brauchen sich nicht zu fürchten, niemand, außer uns, weiß, dass Sie hier sind. Sie sind hier in Sicherheit. Es kann Ihnen nichts passieren." Leise sagte sie: „Ja, aber falle ich Ihnen nicht zur Last?" Hubert sagte lächelnd: „Nein, überhaupt nicht. Machen Sie sich darüber keine Gedanken. Wenn Sie können, sagen Sie bitte der Polizei, was genau geschehen ist. Es macht Ihnen niemand für irgendetwas Vorwürfe. Schildern Sie denen genau, was geschehen ist." Der jungen Frau kamen die Tränen.

„Ich schäme mich so. Ich weiß nicht, ob ich das sagen kann, wenn die Männer mich fragen." „Ich bin dabei, wenn es Ihnen so schwerfällt, reden Sie einfach mit mir", sagte Britta. „Wann ist das denn?" fragte die Frau leise.Hubert sah auf die Uhr: „Die müssten bald kommen. Frau Doktor März und ich werden zuerst mit denen reden, Sie bleiben hier bei den anderen Frauen in der Küche. Wenn es soweit ist, holen wir Sie." Sie nickte und nahm dankend ein Taschentuch, was Ulla ihr gab. Britta und Hubert gingen hinaus und rauchten eine Zigarette. „Wie willst du das nachher angehen?" fragte sie. „Zuerst solltest du ihnen deinen ärztlichen Befund mitteilen, dann sage ich denen, dass ich nachher etwas sehr Interessantes für sie hätte. Und dann muss sie reden und antworten. Anschließend werde ich ihnen sagen, wir hätten eine Zeugin für das Unwesen der Bande. Die würde aber nur etwas sagen, wenn sie nicht als Zeuge aussagen muss." „Da bin ich gespannt." Während sie plauderten, fuhr ein Landrover mit MP Abzeichen auf den Hof, hinter ihm ein Käfer. Der Captain stieg aus und der deutsche Kommissar kletterte aus dem Käfer. „Wie sieht es aus?" fragte der Brite. „Einigermaßen, sie wird reden können. Ich möchte Sie bitten, mich als Ärztin dabei zu lassen, zu mir scheint sie Vertrauen zu haben", sagte Britta März. „Kein Problem, sie sollten uns vorher ihren Befund erläutern." Hubert führte die drei in das Esszimmer, wo der Kaffee und ein paar Teile vom Topfkuchen bereit standen. „Ich habe es gewusst, die Familie Wedel schafft bei solchen Gelegenheiten immer eine sehr gute Atmosphäre", grinste der Brite, legte seinen Hut ab, zog seinen Schreibblock heraus und nahm Platz. „Greifen Sie zu, ich muss Ihnen etwas sagen. Wir hätten da eine absolut gute Zeugin für die Geschäfte und das Innenleben dieser Bande. Allerdings sagt dieser Zeuge, eine Frau, nur etwas, wenn sie nirgendwo erwähnt wird." Beide Polizisten sahen sich verblüfft an. Der Deutsche sagte: „Das ist sehr ungewöhnlich, wir bräuchten sie schon als Zeugin." Hubert nickte und spielte seinen Joker. „Sehe ich völlig ein, aber wenn die Ihnen sagen kann, wo das gepantschte Penicillin ist, könnten sie das doch finden, wenn sie nach den Papieren von Frau Möller suchen, oder?" Bei dem Namen Penicillin waren beide Köpfe hochgegangen. „Auf den Deal gehen wir ein, vielleicht finden wir mehr, so haben wir die endlich", sagte der Brite, fuhr fort: „Aber jetzt bitte die ärztliche Diagnose." Britta nickte: „Die bekommen Sie von mir schriftlich, aber jetzt

erzähle ich es vorab." Das tat sie und beide
schrieben mit. „Das sieht recht übel aus", sagte der
Brite, „jetzt sollten wir hören, wie es dazu kam."
„Ich hole sie und bin im Arbeitszimmer", sagte
Hubert und ging hinaus, brachte die junge Frau in
das Esszimmer. Gerade saß er ein paar Minuten
dort, als das Telefon ging. Alberts war dran. „Gegen
Mittag kam ein Mann zu uns und fragte, ob wir
eine Frau gesehen hätten, die aus der Bruchstraße
kam. Ich ließ mir die Frau beschreiben. Das war
exakt die Beschreibung der Frau, die wir gefunden
hatten. Ich sagte, so eine hätten wir nicht gesehen
und meine Männer, die er danach fragte, waren
alle vergattert, die Klappe zu halten, was sie taten.
Er zog wieder ab." „Das habt ihr gut gemacht. Die
Polizei ist sehr interessiert an der Sache, bleibt bei
dieser Aussage." „Machen wir!" Martina kam zu
ihm. „Hast du denen gesagt, dass ich kein Zeuge
sein will?" „Habe ich, denke sie werden das tun,
wenn du das mit dem Penicillin sagst und vor
allem, wo das ist." „Das werde ich tun, habe mehr
für sie." „Beschreib es ihnen genau, so können sie
es „zufällig" finden, wenn sie die Papiere der jungen
Frau suchen." „Das hast du gut gemacht, die Frau
tut mir richtig leid, ich will das alles hinter mich
bringen!"
Hubert nahm ihre Hand. „Mach es, danach lebst
du freier." Die Tür öffnete sich, Britta März kam
mit der Frau heraus. „Du bist dran!" „Martina ich
hole dich."
Er ging hinaus uns setzte sich mit an den Tisch.
„Das hätten wir. Das übliche Drama. Man hat sie
mit einer Arbeit und Unterkunft geködert. Alkohol
kam ins Spiel, plötzlich war die Tasche weg und
zwei Männer zogen sie in ein anderes Zimmer und
vergriffen sich an ihr. Sie wehrte sich, bezog derbe

Prügel. Schließlich ließen die beiden von ihr ab,
sagten, sie kämen gleich wieder und gingen zu den
anderen, die im Nachbarraum irgendetwas
spielten. Sie nahm ihren Mut zusammen, obwohl
sie sich kaum mehr bewegen konnte, öffnete das
Fenster und kletterte hinaus. Rutschte von einem
Dach ab und fiel hinunter. Glück gehabt, war nicht
sehr tief. Sie rannte weg, der Rest ist bekannt. Das
ist alles schlimm und übel, aber damit bekommen
wir die Bande nicht hinter Gittern, wir brauchen
mehr." Hubert legte eine Schachtel Zigaretten auf
den Tisch und erzählte die Geschichte von
Martina. „Und sie weiß, wo das alles ist?" fragte der
Kommissar. „Ich denke schon. Darf ich
dabeibleiben, ich sage nichts, ich möchte ihr durch
meine Anwesenheit Mut machen." „In Ordnung,
jetzt bin ich sehr gespannt", sagte der Brite. „Sie
kann das genau beschreiben, ich habe einen Plan
der Straße und Umgebung dabei", sagte der
Deutsche, holte etwas aus seiner Tasche und
faltete es auseinander. „Jetzt wollen wir mal", sagte
Hubert und holte Martina. Der Brite eröffnete das
Gespräch: „Wir haben mit Herrn Wedel einen Deal
gemacht. Wir würden uns freuen, wenn sie uns
genügend Munition lieferten." Martina nickte, sah
Hubert an und als der nickte, begann sie. Erst
leise und zögerlich, schließlich immer fester. „Es
geht um Schieberei in großem Maße, um
Erpressung und Prostitution."
Nacheinander sagte sie, wo das Penicillin
verlängert und aufbewahrt wurde. Sagte, wo
regelmäßig verbotene Glücksspiele mit einem
gezinkten Roulettetisch stattfanden, wo Alkohol
und Zigaretten für den Schwarzhandel gebunkert
waren. Sie zeigte auf ein Haus und sagte, dort
werden die Wertgegenstände vom Schwarzmarkt

241

gelagert, wo die Zentrale der Bande war, mit den Verstecken für Geld und Gold und den Pässen der gezwungenen Prostituierten. „Und da gibt es ein Lagerhaus, wo Sachen für den Schwarzmarkt aufbewahrt werden und am Güterbahnhof ein Lager für Benzin und Diesel!" Der Brite ließ seinen Stift fallen: „Und woher wissen Sie das?" „Ich war die Geliebte eines der Stellvertreter und Prostituierte. In den war ich völlig verknallt. Und da ich mit dem zusammen war, habe ich das mitbekommen. Der war es, der mich halb zu Tode geprügelt hat, als ich aufhören wollte." Sie schwieg. „Alles klar, darf ich telefonieren?" sagte der Brite. „Das Telefon ist im Arbeitszimmer." Er ging hinaus und telefonierte, der Kommissar fragte einige Details nach. Der Brite kam zurück und sagte: „Ich habe freie Hand vom Militärstaatsanwalt bekommen, wir greifen heute zu. Wie viele Leute haben Sie?" fragte er den Deutschen. „Einen Zug Bereitschaftspolizei und fünf Mann meiner Dienststelle." „In Ordnung, es ist jetzt 16:00 Uhr, wir treffen uns um 18 Uhr bei uns in der britischen Wache und besprechen das, wir greifen an!" „Sie hören von mir", sagte er zu Hubert, beide fuhren los.

Als erstes nahm Hubert Martina in den Arm. Prompt begann die zu schluchzen. „Alles ist gut, das hast du wunderbar gemacht. Geht es dir besser?"
„Ja, irgendwie schon", schniefte die, „aber alles kam wieder hoch, was habe ich nur für einen Scheiß gemacht!" „Nun hast du das alles gut erklärt und gesagt. Ich kann mir vorstellen, das hat sehr auf dir gelastet." „Ja, in den letzten Tagen ging mir das immer wieder durch den Kopf,

hoffentlich kann ich jetzt wieder ruhiger schlafen."
„Ganz bestimmt. Wenn das alles so stimmt, werden
die Typen ganz schnell im Knast sein. Vor denen
brauchst du keine Angst mehr haben."
„Glaubst du mir?" „Doch, das tue ich, aber es
könnte ja sein, dass die, aus welchen Gründen
auch immer, vieles umgelagert haben." „Das glaube
ich nicht, dazu sind die viel zu sehr mit ihrem
eigenen Vergnügen beschäftigt und fühlen sich
sicher." „Wir werden es hören, aber jetzt ist
Schluss damit, wir müssen alle nach vorn sehen.
Außerdem gibt es heute genug zu tun." Sie machte
sich frei. „Du hast recht. Ich habe bei Malwine
genug zu tun. Hast du etwas dagegen, wenn ich
mich um die junge Frau kümmere?" „Nein, ganz im
Gegenteil, das würde mich freuen und Ulla
ebenfalls." „Ich habe eine Bitte, habt ihr vielleicht
ein altes Fahrrad für mich?" Hubert lachte. „Ja,
das haben wir, sogar ein Damenfahrrad!"
Mit Martina ging er zu den anderen in die Küche.
Dort war die junge Frau umfassend verarztet
worden. Jetzt sollte sie Kleidung erhalten und ihre
Kammer kennenlernen. „Hubert könntest du mich
bitte nach Cremlingen bringen, ich habe heute
einige andere Patienten", fragte Britta März. „Das
können wir sofort tun." Aber vorher rauchten sie
vor der Tür eine Zigarette, Ulla kam dazu. „Ich bin
gespannt, was die Polizei jetzt veranstaltet und
findet", sagte sie. „Das Schlimmste ist die
Verlängerung des Penicillins, das hat tödliche
Folgen, dafür allein sollte es eine harte Haftstrafe
geben", sagte Britta. „Hauptsache, die sind weg von
der Bildfläche. Dazu muss man den ganzen Sumpf
austrocknen!" schloss Hubert das Thema und holte
das Auto. Kurz nachdem sie losgefahren waren,
sagte Britta März: „Ich habe heute Morgen Tochter

und Mutter untersucht. Bei der Tochter ist alles in Ordnung, die ist sehr gut drauf. Aber bei deiner Frau möchte ich eine gründliche Untersuchung in der Klinik machen. Sie hat Blutungen und Beschwerden, die nicht in Ordnung sind. Ich tippe auf eine Zyste an der Gebärmutter, aber so richtig konnte ich das nicht erkennen. Wenn das wirklich so ist, müssen wir einen kleinen operativen Eingriff vornehmen und sie muss ein paar Tage im Krankenhaus bleiben. Das hatte ich ihr so gesagt und sie hat zugestimmt. Es ist nichts Großes, aber sollte gemacht werden.",,Sie hat es mir angedeutet, danke für deine klaren Worte. Lieber jetzt, als das zu verschleppen, ich werde sie entsprechend unterstützen." „Gut, ich werde zusehen, dass es so schnell wie möglich geht."

Beide, Ulla und Hubert, hatten abends eine Besprechung. Ulla mit dem Waisenhausvorstand und er mit dem Reitverein. Gertrud kam etwas früher zu ihnen und brachten einen Pultordner mit. „Hubert, das sind nur mehrere Rechnungen, die zügig raus sollen und eine Einladung." Es war die Rechnung über die drei Reihenhäuser und die Aufstellung von Becker über den Kauf der Glaserei und einiges anderes. Dazu die Einladung zum Empfang der IHK, Mitte Januar. Die behielt er, ebenso die Rechnung. „Wir sind morgen bei der Bank und zahlen die dort ein, sag das bitte Fischer." „Das habe ich vermutet, deshalb habe ich sie mitgebracht", antwortete Gertrud. „Ich komme gleich rüber, muss mit Ulla etwas besprechen." Ulla erklärte er anschließend, wie er das mit dem Bezahlen plante. „Auf deinem Sparkonto sind circa 240.000 RM, ich lege den Rest dazu, um die 261.365 RM auf das Firmenkonto einzahlen zu können. Der Rest bei der Bank ist vorbereitet,

ebenfalls bei unserer Hausbank." „Alles klar, das
machen wir so." „Bei dieser Besprechung für die
Weihnachtsfeier im Waisenhaus kannst du mit
1.000 RM von mir rechnen." „Sehr nobel, das hilft,
sehr schön", antwortete sie sehr erfreut. „Woods
hat mir gesagt, er wollte uns dafür etwas besorgen
mal sehen, was das wird. Äpfel bekommt ihr dazu!"
„Wollen wir die Feier wie im letzten Jahr machen?"
„Gerne, ich bespreche das mit den Reitern."

Nachdem er im Reiterstübchen von den
Ereignissen des heutigen Tages berichtet hatte,
kamen sie schnell zu den anstehenden
Entscheidungen. Gertrud sagte zu, mit Niemann
wieder die Rolle wie letztes Jahr zu übernehmen.
Schließlich hatte Jochen Bode eine Idee. „Du
beabsichtigst eine Weihnachtsfeier durchzuführen.
Was hältst du davon, wenn wir das mit einem
Weihnachtsreiten verbinden?" „Wie stellst du dir
das vor?" fragte Hubert neugierig. „Wir erstellen ein
Programm von reiterlichen Vorführungen und
später kommt der Weihnachtsmann und verteilt
Geschenke!" „Und wo willst du die ganzen Leute
unterbringen?" „Das können wir so machen, wie
bei der Hengstpräsentation im Frühjahr." „Du
meinst mit Verpflegung dabei?" „Ja, das können
wir hinbekommen." „Und wer soll da helfen?"
Sofort meldeten sich Niemann, Gertrud und Tietz.
„Und ich organisiere das Ganze", grinste Bode.
„Darf ich dabei helfen?" fragte Weber. „Aber na
klar, gemeinsam werden wir das gut
hinbekommen." „Also gut. Wenn ihr das machen
wollt gerne. Gibt es Gegenstimmen?"
Es gab keine. Einige andere Dinge wurden
besprochen, so der Vorschlag von Anne, im Winter
in der Halle ein kleines Dressurturnier

auszurichten. Dem wurde ebenfalls zugestimmt. Als Organisatoren fanden sich Cremer, Anne und Dietlind. Hubert stimmte dem zu, bat aber darum, die dazugehörige Bewirtung durch die Waisenhausstiftung machen zu lassen. Das fand Zustimmung. Trotz der vielen Beschlüsse war die Sitzung relativ schnell zu Ende. Der Rest beschloss, ein Bier zu trinken, aber Hubert zog es heute nach Hause. Vor allem wollte er wissen, was die junge Frau vorher gemacht hatte, wie ihre Biografie war. Die Sitzung daheim ging gerade zu Ende, er konnte die Botschaft überbringen, dass die Reiter genau dasselbe wie letztes Jahr machen wollten. Damit konnte die Planung für die Weihnachtsfeier weiter ins Detail gehen.

„Jetzt brauche ich einen Cognac nach diesem Tag", sagte Hubert seufzend. „Das geht mir genauso, schenk mir bitte einen ein", antwortete seine Frau. Er tat das und stellte ihren auf den Schreibtisch. Beide nahmen einen Schluck, jeder berichtete von den Ergebnissen seiner Besprechung.

Anschließend sagte Hubert: „Jetzt würde ich gerne wissen, was wir dieses Mal für ein Findelkind unter unsere Fittiche genommen haben." „Da kann ich dir helfen, als du mit Martina bei den Polizisten warst, hat sie einiges erzählt. Sie stammt aus Glogau, ging mit ihren Eltern und der Großmutter auf die Flucht. Als erste verstarb die Großmutter und bei einem russischen Tieffliegerangriff kamen beide Eltern ums Leben. Sie selber rettete sich in die jetzige Tschechei und kam dort vom Regen in die Traufe. Zwei Widerstandskämpfer hatten sie dort aus einem Zug herausgeholt und wollten sich mit ihr vergnügen, als sie von einer russischen Streife gestört wurden. Sie nutzte die Chance und flüchtete hinten aus dem Haus, mogelte sich in einen Eisenbahntransport, in dem Deutsche in den Westen abgeschoben wurden. In Fulda wurde sie von den Amerikanern abgewiesen, weil sie keine Arbeit hatte. Sie versuchte, in die britische Zone zu kommen, wurde aber aus einem Güterzug herausgeholt und in eine kleine Hütte auf dem Güterbahnhof gesperrt. Ein älterer Hilfsarbeiter hatte sie dort eingesperrt. Später brachte er ihr ein paar Scheiben Brot und fragte sie, ob sie in die britische Zone wollte. Als sie das bejahte, bot er seine Hilfe an, aber unter einer Bedingung. Er ließ seine Hose herunter und sagte, sie solle ihn befriedigen oder er würde die MP rufen. Als sie das tat, befummelte er sie dabei gierig. Aber er half ihr tatsächlich, gab ihr eine alte Decke und zeigte ihr in einem Güterzug einen Wagen mit einem Bremserhäuschen. Dort verkroch sie sich, der Zug fuhr nach Norden. Irgendwann kam sie in Braunschweig auf dem Güterbahnhof an, meldete sich hier bei den Briten und kam in ein Sammellager. Später kam dort ein Mann vorbei, musterte sie kurz und fragte sie, ob sie Arbeit und eine Wohnung bräuchte. Als sie das bejahte, holte er sie am Abend ab und brachte sie in ein Haus, wo sie etwas zu essen und zu trinken bekam. Danach wurde sie zu Anderen gebracht, die sie ausgiebig musterten. Schließlich sagte einer mit fremdländischem Aussehen zu zwei der Männer: „Testet sie, aber richtig und gründlich. Wenn sie nicht will, zeigt ihr, was wir mit solchen Frauen machen." Naja, den Rest kennst du." Hubert nahm einen tiefen Schluck Cognac und schüttelte den Kopf. „Wahnsinn was hier alles geschieht, man könnte meinen, die Welt geht unter. Ich will jetzt nichts mehr hören, ich gehe ins Bett." „Wenn du

247

nichts dagegen hast, komme ich mit, den Rest bereden wir morgen."

Am Frühstückstisch besprachen sie den Ablauf des Tages, gegen 09:15 Uhr würde Hubert sie abholen, um zur Bank zu fahren und dort alles zu erledigen. Erst berichtete er Fischer und Gertrud, was alles geschehen war. Beide schüttelten den Kopf. „Was hat die junge Frau beruflich gemacht?" fragte Fischer. „Das muss ich feststellen. Warum fragst du?" „Ich bräuchte dringend eine Bearbeiterin oder Bearbeiter für die Steuersachen und das Rechnungswesen. Übrigens hat Regina jetzt alles von der Glaserei geprüft. Herzlichen Glückwunsch, es stehen mehrere große Rechnungen aus, die nicht bezahlt wurden. Das war das Schnäppchen überhaupt, der Kauf der Glaserei. Ich werde mich jetzt dranmachen, das ausstehende Geld einzutreiben. Kannst du bitte nachher, wenn du die Rechnungen bezahlt hast, einen aktuellen Kontoauszug mitbringen?" Vom gestrigen Tag gab es einiges nachzuarbeiten, aber rechtzeitig unterbrach er das und holte Ulla ab. Gemeinsam fuhren sie los. „Unser Findelkind habe ich in die Küche zu Sieglinde verfrachtet, soll frühstücken und ihr helfen. Aber jetzt musst du mir helfen. Heute Abend ist die Prüfung für den Jagdschein, bitte frag mich ab, was drankommen könnte." Grinsend begann Hubert mit Fragen dazu, wie sie ihm gerade einfielen. Auf alles konnte sie antworten, nur zwei kleine Unsicherheiten hatte sie, aber die waren schnell erledigt.

In der ersten Bank wurden sie zwar höflich aber etwas distanziert behandelt. Das Geld von ihrem Sparbuch wurde Ulla vorgezählt, es stimmte. Es

wurden ihr die Wertpapiere und ein Kontoauszug ausgehändigt, aus dem ersichtlich war, dass ihr Geld auf das neue angegebene Konto überwiesen worden war. Abschließend musste sie alles unterschreiben, dazu Hubert als Ehemann. Als sie draußen waren, schnaufte Ulla durch. „Das war eine komische blöde Situation, aber wir haben es geschafft. Was jetzt?" „Wir gehen zur anderen Bank und zahlen das dort ein." Das taten sie. Verblüfft stellte Hubert fest, sein Kundenberater war nicht da, dafür empfing sie Hartmut. „Ich vertrete heute meinen erkrankten Kollegen, weiß genau, um was es geht." Zuerst zahlte sie die Rechnung für die drei Reihenhäuser. Das fehlende Geld legte Hubert bar dazu. Da die Erstellung des aktuellen Kontoauszuges der Firma etwas dauerte, übernahm er Ullas Wertpapiere und fügte sie Huberts Depot hinzu. Gleichzeitig wurde Ulla als Bevollmächtigte eingetragen. Das Gleiche erfolgte für den Zugriff zu den Wertfächern. Ihre Kontoeröffnung wurde schriftlich nachvollzogen und sie erhielt ihren ersten Kontoauszug, Hubert den der Firma. „Kann ich sonst etwas tun?" fragte Hartmut schließlich. „Momentan nicht, aber demnächst müssen fünf Reihenhäuser bezahlt werden, das möchte ich gern von meinem Sparbuch aus tun." „Kein Problem, einfach nur sagen, ich erledige das."
Zufrieden mit dem Erreichten, verabschiedeten sie sich und verließen die Bank.
„Jetzt gehen wir eine Bratwurst essen!" sagte Hubert und steuerte die Bude auf der anderen Seite an. Während sie ihre erste Bratwurst aßen, setzte sich das Frage- und Antwortspiel für die Jagdprüfung fort, hielt die gesamte Rückfahrt an, bis sie den Hof erreichten. Lachend sagte Hubert:

„Gut, dass wir da sind, jetzt wäre mir nichts mehr eingefallen. Mach dir keine Sorgen, du wirst bestehen!" „Dein Wort in Gottes Ohr! Komm kurz mit rein, sehen wir, was unser Findelkind macht." Die saß am Küchentisch und schälte Kartoffeln. „Na, wie geht es?" fragte Ulla. Die Frau legte ihr Messer weg. „Danke schön, viel besser. Ich möchte mich bedanken, Sie haben mich einfach so aufgenommen, danke schön." „Kein Problem, wir haben bereits einige Erfahrungen mit weiblichen Findelkindern. Sollten wir sie ärztlich versorgen?" fragte Ulla. „Das habe ich bereits gemacht, wir müssen ihr nur etwas anders zum Anziehen geben", rief Sieglinde vom Herd her. „Das machen wir nach dem Essen!" „Darf ich Sie fragen, was Sie beruflich vor dem Drama gemacht haben?" „Sehr gern, ich war in einer Steuerkanzlei angestellt." „Jemanden mit dem Wissen könnten wir in der Firma brauchen, aber da sprechen wir später drüber, wenn sie wieder in Ordnung sind. Ich fahre in die Firma!" sagte Hubert und fuhr nach dem Essen los.

**Erste Jagd im Herbst**

Auf seinem Schreibtisch wartete eine Menge Arbeit, in die er sich stürzte. Zwanzig vor drei hatte er endlich alles erledigt und während er genüsslich seinen Kaffee trank und eine Zigarette rauchte, erschienen seine Brüder. „Wir wollen jetzt genau wissen, was da gestern geschehen ist, hier schwirrt so viel durch die Luft, aber keiner weiß was Genaues", sagte Gert. „Setzt euch hin, ich erzähle es euch. Ihr mögt bestimmt einen Kaffee, oder?" Gertrud kam herein: „Hier ist er!"

Während die beiden ihren Kaffee tranken, berichtete Hubert ausführlich. „Das ist ja ein Ding und was ist danach geschehen?" „Keine Ahnung, ich warte auf einen Anruf!" Sie redeten darüber, als Gertrud hereinschaute: „Der Chef der MP ist da.",,Oh, bitte sofort herein, frag ihn, ob er einen Kaffee möchte."

Der Captain kam herein und sagte: „Wenn das so weiter geht, werde ich zum Kaffeetrinker. Aber ja, ich nehme gern einen." Da er beide Brüder kannte, begrüßte man sich lächelnd, sie setzten sich. „Hier sind die Papiere von Ina Möller. Ich fand sie neben denen von fünf anderen jungen Frauen. Und um es vorwegzunehmen, wir brauchen die andere Zeugin nicht. Wir sind genauso verfahren, wie sie vorschlugen, waren auf der Suche nach den Papieren dieser Frau und weil so viele mit Geldstapeln dort gemütlich um einen Roulettetisch saßen, nahmen wir das zum Anlass, uns umzuschauen. Während zwei Züge Bereitschaftspolizei alles abriegelten und die dabei einige andere zwielichtige Gestalten einfingen, ging ich mit meinen Leuten und der deutschen Kripo an die Arbeit. Da kann ich nur sagen, die Jungs haben das sehr gut und gründlich gemacht. „Zufällig" fanden wir den Ort mit dem gestreckten Penicillin und der Abfüllanlage, vier Kisten mit Pistolen und Munition, Sprengstoff und zwei große Kassetten mit Zahngold. Eine Kiste mit Pässen und eine Kassette mit gefälschtem Geld, britische Pfundnoten. Zwei Mädchen konnten wir aus einem Keller befreien. In dem Lagerhaus lagerten palettenweise Zigaretten. Ach ja, mehrere goldene Uhren und drei Zigarrenkisten mit gutem Schmuck waren da. Schnaps und Wein in großer Menge lag in der Lagerhalle. Parallel durchsuchte die deutsche Polizei die große Lagerhalle am Güterbahnhof. Zwei kleine Laster und fünf Pkws standen dort, drei große Tanks mit Benzin, zwei mit Diesel und zehn Tonnen mit Heizöl. Dazu jede Menge anderes Zeug. Und das Beste kam dann, der Bereitschaftspolizei fiel ein Mann in die Hände, der sofort anfing zu reden, vor lauter Angst. Er sei nur ein Kurier, der etwas von Hannover überbringen sollte. Das, was der ungefragt erzählte, reichte, um unsere Dienststelle in Hannover zu alarmieren. Die fragten bei mir nach und als ich erzählte, was und wen wir hier alles gefunden hatten, beschlossen sie dort das Gleiche durchzuführen. Das läuft, da kann ich nichts zu sagen. Unsere ersten Ermittlungen haben ergeben, der Chef dieses feinen Clubs, ein eingedeutschter Kroate, war in KZ Sachsenhausen als Wachsoldat tätig und zwei andere ebenfalls. Das alles zusammen sollte für den Strick reichen. Übrigens das Zahngold stammt sehr wahrscheinlich aus diesem KZ." Ohne etwas zu sagen, holte Hubert die Cognacflasche, vier Gläser und goss ein. „Ich bin beeindruckt, auf den Erfolg sollten wir einen trinken!" Sie prosteten einander zu. Gert und Fritz saßen schweigend da. „Was dürfen wir jetzt mit Frau Ina Möller machen?" „Die brauchen wir nur als Zeugin in ihrer Sache. Sonst ist die frei, kann arbeiten und hingehen, wo sie will." „Eventuell kann ich sie bei uns im Betrieb beschäftigen." „Damit hat das das für die junge Frau ein gutes Ende. Ich muss wieder los, die Verhöre laufen und ich will wissen, was in Hannover geschieht." „Wir bedanken uns für diese Nachrichten, weiterhin viel Erfolg dabei!" Als der Mann weg war, schüttelte Fritz den Kopf und sagte: „Das ist ja völlig abenteuerlich, Sack und Asche. Gut, dass wir mit dem nichts zu tun hatten!" „Das kannst du laut sagen. Das haut einen schon ein wenig um", fügte Gert hinzu. Hubert nickte: „Man muss wirklich unheimlich vorsichtig sein, mit wem man Geschäfte macht. Aber ich finde es gut, dass Martina da völlig raus ist. Denke mal, dies wird ihr sehr helfen." Gertrud klopfte: „Die Besprechung geht gleich los!"

In der folgenden Besprechung erläuterte Hubert den gesamten Fall mit dem eben gehörten Ergebnis. Stille war im Raum, bis Dolle sagte: „Unfassbar, diese Schweine sind doch tatsächlich unter uns und sahnen ab!" Sofort setzte ein Stimmengewirr ein. Hubert ließ alle gewähren, klopfte später erst auf den Tisch und fuhr fort mit anderen Punkten. Der Einsatz in den Wäldern war der nächste Schwerpunkt, der länger besprochen werden musste. Nach Ende der Besprechung nahm er Weber im Auto mit zum Hof. „Morgen ist Jagd, da fährt Richard mit. Kann Frank mir beim Umzug helfen? Thomas und der Gehilfe von Paul versorgen die Pferde." „Kein Problem, seht zu, dass ihr gut reinkommt. Baumann und Jurka bauen Überstunden ab, die ziehen ebenfalls um."

Daheim erzählte er alles, was der Brite berichtet hatte. Martina war ebenfalls da, alle hörten gebannt zu. Als er fertig war, sagte Martina: „Das habe ich nicht gewusst, die Sache mit dem KZ und dem Zahngold. Mein Gott bin ich froh, da raus zu sein. Danke Hubert, dass du geschafft hast, mich rauszuhalten."

Ulla packte kopfschüttelnd ihre Sachen und fuhr in die Firma zur Prüfung. Ina trug etwas anderes als ihren Trainingsanzug und unterhielt sich mit Martina, als Junior mit der Spielesammlung erschien. Er hatte von dem großen Drama nichts mitbekommen, nahm die Neuen einfach hin. „Habt ihr Lust, mit mir etwas zu spielen?" fragte er die beiden jungen Frauen. Die sahen sich verblüfft an, Martina sagte: „Was denn Hans-Wilhelm?" „Wir fangen mit Halma an!" entschied der. Lächelnd verabschiedete sich Hubert: „Ich muss mich um meine Sachen für die Jagd morgen kümmern. Und du Junior bist um 8 Uhr im Bett, damit du morgen fit bist."

Nachdem er sein Gewehr gereinigt hatte, Munition in seine Umhängetasche zum Fernglas gelegt hatte, reinigte er seinen Revolver und steckte die Munition dafür ein. Dabei fiel ihm etwas ein. Wagner hatte ihn beim letzten Mal, als sie über diese Jagd sprachen, gesagt, alle Jungjäger sollten bei dieser Jagd zum ersten Mal unter seiner Aufsicht ein Stück Wildbret eigenhändig aufbrechen und zwar jeder. Sein eigenes sehr scharfes Jagdmesser war schon in seiner Tasche, aber Ulla hatte keines. Also suchte er unter den vorhandenen zehn Jagdmesser aus dem zweiten Schrank eines für sie heraus. Da er es nicht als besonders geschliffen empfand, würde er morgen Ivan fragen, ob er das schnell machen könnte. Und was war mit den anderen? Kurz entschlossen nahm er fünf weitere mit, als Reserve. Als er fertig war und wieder nach oben ging, war Junior tatsächlich im Bett, die beiden jungen Frauen saßen in der Küche, tranken Tee und unterhielten sich. Er nahm sich einen davon und setzte sich an den Schreibtisch, um einiges aufzuräumen und abzulegen. Schließlich verabschiedeten sich die beiden Frauen ebenfalls. „Soll ich dich zu meinen Eltern begleiten, Martina?" „Danke nicht nötig, bin mit dem Rad da, Licht geht, alles in Ordnung!" Sie wünschten sich eine gute Nacht, Hubert arbeitete in der Stille weiter. Allerdings dauerte das nicht sehr lange, Ulla kam Ulla zurück. „Bestanden, und als Beste. Das hätte ich nicht gedacht!" „Mein Glückwunsch und Weidmannsheil!" lachte Hubert. „Als Belohnung hat mir Wagner einen Bock versprochen. Den will er mit mir gemeinsam ansitzen und Britta als Zweitbeste darf das gleiche mit ihm auf ein Schmaltier tun." „Respekt! Meinen ersten Bock habe ich erst viel später schießen dürfen." „Aha, das ist ja eine richtige Ehre. Warum sollen wir morgen ein scharf geschliffenes Messer dabeihaben?" Hubert grinste breit. „Ich weiß es, verrate es aber nicht. Nur so viel: Es ist ein ganz wichtiger Bestandteil der Jagd. Ich habe für dich eines herausgesucht, das wird morgen nachgeschliffen. Nimm dir ein paar Lappen oder ein altes Handtuch mit, du wirst es brauchen!" Mit den Messern ging er am nächsten Morgen zu Ivan und bat den, die nachzuschleifen.

Der betrachtete die und sagte: „Sehr gute Messer, die werde ich ganz vorsichtig behandeln. Wann brauchst du die?" „Spätestens um 9 Uhr." Hubert war bereits jagdlich gekleidet, als er in sein Büro kam. „Oh, das sieht aber gut aus!" sagte Monika spontan. „Danke meine Liebe, das baut auf. Um viertel nach Neun muss ich los, um Ulla abzuholen. Bis dahin müssen wir heute fertig werden." „Liegt schon auf deinem Schreibtisch!" Zwischendurch klingelte öfter das Telefon. Als erste berichtete Doris, sie wäre mit dem Landgestüt handelseins geworden, am Montagmorgen würden zwei ihrer Frauen dort hinfahren, sich alles anschauen und die erste Ladung mitbringen. Als zweiter meldete sich Becker, die beiden Häuser in Querum seien fertig und vermietet.

Etwas später informierte ihn Dolle, die fünf
Reihenhäuser würden nächste Woche fertig sein,
bis auf innere Restarbeiten. „Informiere bitte
Becker, er kann mit der Vermietung beginnen."
Kurz vor 9:00 Uhr kam Ivan und brachte die
Messer. „Vorsicht, die sind jetzt richtig scharf",
grinste er. „Danke, das hast du sehr gut gemacht!"
Drei Schachteln Zigaretten fanden ihren Weg in
Ivans Kittel, danach brachte er seine Mappe zu
Gertrud. „Ich bin erst am späten Nachmittag
wieder daheim. Wenn was ist, morgen früh."
„Machen wir, Weidmannsheil!"
Ulla war wetterfest und warm angezogen, genau
wie Junior, der Prinz an der Leine hatte. Auf dem
Weg zu Wagner gab er ihr das nachgeschliffene
Messer. „Pass gut auf, es ist richtig scharf und
bitte verliere es nicht!" „Danke, ich binde es mir
fest an den Gürtel, da kann es nicht verloren
gehen." „Junior, du bleibst mit Prinz immer bei
Reiner, egal, was geschieht und hältst den Hund
kurz und fest an der Leine. Ist das klar?" „Ja, ich
bleibe mit Prinz immer bei Reiner!"
Bei Wagner sammelte sich der Rest der
Jagdgesellschaft. Während Hubert zu den Jägern
ging, versammelte Wagner die Treiber um sich und
sagte, sie hätten unbedingt den Anweisungen von
Reiner zu folgen. Transportiert wurden sie von
einem der Neunsitzer, den Richard fuhr.
Anschließend überprüfte er die Messer des
Lehrganges. Die von Schwarz, Ulla und den zwei
Freunden fanden seine volle Zustimmung, den
Rest lehnte er ab. Britta hatte nur ein großes
Taschenmesser, Hartig sein altes, aber recht
stumpfes, Armeemesser und Krummrich sein
Fahrtenmesser, was zwar schön aussah, aber
überhaupt nicht scharf war. „Hubert, mit was

wollen deine Leute eigentlich vernünftig jagen?"
Der lachte: „Ich dachte es mir. Moment!" Aus dem
Auto holte er drei der frisch geschliffenen Messer
und brachte sie zu der Gruppe. „Von jedem 10
Pfennige!!" „Gern, aber warum?" fragte Hartig.
„Messer zu verschenken, bedeutet ein Schnitt
durch die Freundschaft! „Ah ja, alles klar." Jeder
gab ihm eine Münze und erhielt ein Messer.
Wagner prüfte sie und sagte grinsend: „Sehr gut,
passt auf, dass ihr euch damit nicht selber
verletzt!"

Alle versammelten sich, die Jagdsignale ertönten,
Wager sagte, was frei sei: Schwarzwild, Fuchs und
Dachs. Die Treiber saßen auf und fuhren los,
Wagner fuhr in seinem VW Geländewagen voraus,
um vor Ort die Schützen einzuteilen, die auf den
Pritschenwagen von Paul kletterten und
hinterhergefahren wurden.
Nacheinander wurden sie aufgeteilt. Die
Jagdfreunde von Hubert, Joachim, Fritz, Mielke,
der Doktor und Hubert selber. Paul stand mit den
Kaltblütern und seinem Helfer am Ende, der würde
die Strecke schließlich aufladen. Wagner und
Reiner hatten von Fritz Funkgeräte erhalten,
sprachen sich kurz ab, das Signal ertönte, das
Treiben begann. Lichter Wald war vor den
Schützen, alle hatten gute Sicht. Mielke schoss als
erster, ein Fuchs war ihm vor das Gewehr
gelaufen, lag jetzt im Farn. Weiter hinten erwischte
der Apotheker einen Dachs. Ein Sprung Rehe
sprang über eine Lichtung vor ihnen, aber die
bleiben ungeschoren. Aus einer Gebüschgruppe
trat ein Keiler hervor, witterte und bekam eine
Kugel. Mit der zweiten Kugel streckte ihn Rudi
Busch der Schlachter. Ganz langsam kam der

Lärm der Treiber näher und jetzt wurde es
lebendig. Eine große Rotte Wildschweine suchte ihr
Heil in der Flucht parallel zur Reihe der Schützen.
Auf der ganzen Linie knallten die Schüsse und
kaum waren die letzten verschwunden, schoss der
Doktor wieder. Ein weiterer Fuchs wollte sich vor
der Gefahr verdrücken, schaffte es aber nur bis zu
ihm. Das Signal ertönte: Jagdende. Die Schützen
gingen vor, um die geschossenen Tiere auf den Weg
zu bringen. Dabei ertönte ein Schuss, der Keiler
erhielt einen Gnadenschuss von Rudi Busch. Die
Treiberkette kam heran und half beim Transport
zum Weg. Ein Keiler, drei Sauen, sieben
Überläufer, zwei Füchse und ein Dachs lagen
nebeneinander. Wagner sammelte alle um sich.
„Wir machen heute eine weitere Strecke. Aber hier
und jetzt müssen wir mit dem Lehrgang etwas
Wichtiges erlernen, jeder bricht eines der Schweine
auf, dass muss unter Anleitung praktisch geübt
werden. Ich teile vier Leute ein und zu jedem einen
erfahrenen Helfer. Für die Innereien haben wir eine
große Wanne, die entsorge ich später. Schwarz
erhielt den Keiler und Rudi als Helfer, die zwei
Ärzte jeder eine Sau mit Mielke und Münch als
Helfer und Ulla einen großen Überläufer mit
Joachim als Helfer. Während alle mit der Arbeit
begannen, lud der Rest die verbleibenden Tiere auf
den Pritschenwagen, zog sich danach zu einem
Kaffee, den der Apotheker mitgebracht hatte,
zurück. Wagner beaufsichtigte das Ausweiden.
Nachdem alles erledigt war, verlegte man zur
nächsten Försterei, zu Fietes Vater. Hier erfolgte
das gleiche Vorgehen, wie vorher, nur Fritz
tauschte seinen Platz bei den Schützen mit
Heinrich. Dafür war jetzt Fiete dabei, hatte Gertrud
mitgebracht. Ähnlich wie beim Treiben lief es

dieses Mal ab, nur die Strecke war anschließend größer. Zwei Keiler, sieben Sauen, neun Überläufer, ein Fuchs und drei Stück Damwild lagen am Wegesrand. Dieses Mal überwachte Fietes Vater das Aufbrechen. Britta, Hartig, Dolle und Krummrich bekamen zwei Sauen und zwei große Überläufer. Der Apotheker, Münch und Fiete halfen dabei. Als schließlich die gesamte Strecke verblasen und die Jagd beendet war, wurde zum Schüsseltreiben in der Försterei geladen. Alle Jäger hatten sich abgesprochen und das Schüsseltreiben finanziert. Zum deftigen Eintopf mit frischem Brot gab es drei Kästen Bier, zwei Flaschen Korn und Kräuterlikör.

Vor dem Essen wurden die Lehrgangszeugnisse und die amtliche Bescheinigung als Jäger zukünftig tätig sein zu dürfen, an die Teilnehmer verteilt. Reiner erhielt als Dank für seinen Einsatz als Chef der Treiber eine Flasche Likör. Endlich begann das Essen und Trinken. Junior saß dabei artig neben Reiner, aß und trank eine Limonade. Prinz lag schlafend neben ihm unter dem Tisch. Es war schon dunkel, als sich die Gesellschaft auflöste. Gertrud hatte Hubert eine der Mappen auf den Rücksitz gelegt, da würde er morgen ganz früh drangehen, vor der Taufe. Heinrich und Rudi Busch verhandelten mit den Förstern über den Verkauf von Wildbret. Rudi erstand ein Stück Damwild, eine Sau und zwei Überläufer. Davon würde er dem Apotheker, Münch und Joachim etwas abgeben. Den Rest, zehn Sauen, zwölf Überläufer und die drei Keiler kaufte Heinrich. Malwine würde die an Struss weiterverkaufen. Auf dem Rückweg schlief Prinz als erster im Fußraum des Beifahrersitzes und Junior ebenfalls kurz nach der Abfahrt. Ulla gähnte laut. „Meine Güte, bin ich

kaputt und der Kräuterlikör hat mir den Rest
gegeben!" Lächelnd fragte Hubert: „Hat es dir
gefallen?"

„Ja, sehr. Jetzt weiß ich, wie das von der Seite der
Treiber läuft und wie man ein Stück aufbricht. Du
hattest völlig recht, wenn das Messer nicht scharf
gewesen wäre, hätte das nie geklappt!" „Hartig hat
sich dabei in die Hand geschnitten?" „Nein, der
nicht, aber einer von den Freunden. Wagner hat
ihn gut verbunden." „Also ist ja alles in Ordnung,
nichts Ernsthaftes passiert." „Hubert, wie machen
wir das jetzt weiter mit den Gewehren?" „Du hast
ja eines, den leichten Drilling, mit dem ihr geübt
habt und die anderen? Ich habe einige in Reserve,
aber so ganz billig sind die nicht."

Daheim wurde Junior sofort ins Bett geschickt,
Ulla fütterte Hannelore und machte die ebenfalls
bettfertig. Martina und Ina hatten mit ihr einen
langen Spaziergang gemacht, sie war ebenfalls sehr
müde. Susanne wollte sich mit Petra, Reiner,
Thomas und den anderen Jüngeren im
Reiterstübchen treffen, das hatte ihnen Hubert
erlaubt. Richard würde zwischendurch hin und
wieder nach dem Rechten sehen und um 22:00
Uhr das Licht löschen.

Nachdem Ulla geduscht hatte, plauderte sie ein
Weilchen mit Hubert und ging dann ins Bett, der
nächste Tag würde ebenfalls anstrengend werden.
Allein ging Hubert durch die Ställe, verwöhnte
seine Pferde und sagte den Jugendlichen im
Reiterstübchen Guten Abend. Die hatten einen
halben Kasten Malzbier und einen halben mit
Limonade erhalten und plauderten angeregt
miteinander, Reiner berichtete von der Treibjagd.
Zurück im Haus setzte er sich kurz entschlossen
an seinen Schreibtisch und blätterte den Ordner

durch, den Gertrud mitgebracht hatte. Die
Rechnung für die Reparatur der Häuser in Querum
lag dabei, sie betrug 31.280 RM. Das Geld würde
er Fischer am Montag geben. Den Rest zeichnete er
ab, schrieb auf einige Anweisungen und
verschwand ebenfalls im Bett.

## Taufe

Am nächsten Morgen ließ man ihn etwas länger
schlafen. Als er im Trainingsanzug in der Küche
erschien, herrschte hier bereits eine erhöhte
Betriebsamkeit. Die letzten Vorbereitungen für
diesen Tag wurden getroffen. Ulla ging ins Bad und
anschließend zum Ankleiden. Sieglinde und
Susanne waren damit beschäftigt, Hannelore das
Taufkleid anzuziehen, Junior wurde nebenbei
schick angekleidet, was dem nicht wirklich gefiel.
Aber ein Machtwort seiner Mutter hatte schnell für
Klarheit gesorgt und er ließ das ergeben über sich
ergehen. Nachdem Ulla fertig war, ging Hubert ins
Bad, rasierte sich und zog einen hellgrauen Anzug
an, den sie ihm hingehängt hatte. Seinen Mantel
hängte er an die Garderobe. Es wurde Zeit, mit
dem Auto fuhren die vier zur Kirche, wo die
Großeltern und Barbaras Eltern bereits warteten.
Nacheinander traf der Rest der Familie ein.
Huberts Tante war besonders aufgeregt, durfte sie
doch die Kleine über das Taufbecken halten.
Lächelnd betrachtete Hubert die Gesellschaft. Alle
Frauen hatten sich in Schale geworden und die
Männer sahen ebenfalls sehr gut aus. Danzer
erschien zum Fotografieren, was der Pfarrer
natürlich gestattet hatte, war es doch seine erste
Taufe hier im Ort. Den bewusst kurz gehaltenen
Taufgottesdienst hatte er sehr gut vorbereitet und
führte ihn souverän durch. Beide Söhne von Fritz

ließen ungerührt Wasser auf ihren Köpfen zu, aber Hannelore fand das gar nicht schön, protestierte lautstark. Allerdings beruhigte sie sich schnell in den Armen ihrer Taufpatin. Der gesamte Vorgang lief sehr gut ab, als die Musik am Ende einsetzte, zerdrückten beide anwesenden Großmütter dezent ein Tränchen. Eine sehr großzügige Spende für die neue Orgel, ließ anschließend den Pfarrer strahlen.

Auf dem Wedelhof war die große Tafel in der Diele gedeckt. Auf den ersten Blick erkannte Hubert das Service, es war aus dem Göringschen Salonwagen mit allem Drumherum, Messern und Gabelbänkchen, Kerzenleuchtern, Damasttischdecken und Servietten. Malwine hatte alles aufgefahren, was sie hatte, dass freute ihn besonders. Die drei Täuflinge wurden während des Essens von Susanne und Frau Schmitz betreut, so lief das Essen ungestört und in aller Ruhe ab. Behaglich lehnte sich Hubert zurück. So hatte er sich das alles vorgestellt. Der leckere Wein funkelte in den Kristallgläsern, die Frauen in ihren Kleidern hatten ihren Schmuck angelegt. Malwine trug die Bernsteinsachen, die sie zum Geburtstag erhalten hatte. Christina ihren Silberschmuck, der Rest Gold mit und ohne Steinen darin. So hatte es sich die Familie gewünscht, dafür hatten sie alles, auch viel Halbseidenes, gemacht. Es ging ihnen sehr gut. Aber gleichzeitig dachte er an die, denen es nicht so gut ging. Er würde alle Feiern der Belegschaft und des Waisenhauses mit seinem Geld ausrichten und seine Sorgen- und Findelkinder weiter mit allem fördern und stützen. Ulla stieß ihn an. Fritz hob sein Glas und hielt eine kurze Rede. Das Essen wurde aufgetragen. Martina und eine Verkäuferin von Malwine taten das in

weißer Bluse, schwarzem Rock, dazu eine kleine
weiße Schürze. Das gesamte Essen war perfekt.
Dafür bedankten sich Ulla und Hubert
anschließend im persönlichen Gespräch bei
Malwine. Später taten das Fritz und Barbara.
Geschenke für die Täuflinge gab es. Zumeist waren
es Bekleidung und Spielzeug, wie das große
Schaukelpferd was Gert für Hannelore hatte
anfertigen lassen. Huberts Tante würde ein
Sparbuch für die Kleine eröffnen, setzte jedoch
hinzu, sie würde das erst nach der
Währungsumstellung tun, damit nichts verloren
ginge.
An diesem Ehrentag spielte sogar das Herbstwetter
mit, so konnte man sich nach dem Essen im
Garten die Beine vertreten. Dabei wurde Hubert
von seiner Tante zu einem kleinen Spaziergang um
den Hof gebeten. „Beide Girokonten konnte ich
auflösen und auszahlen lassen. Das war nicht ganz
so einfach. Einiges musste ich in bestimmte Leute
investieren und ein wenig habe ich mir davon
gegönnt, das war ein kleiner Kraftakt. Von einem
Konto sind für dich 33.000 RM und vom anderen
48.000 RM übriggeblieben. Kannst du damit
leben?" „Danke, dass du das so hinbekommen
hast. Du weißt, ich vertraue dir, ich gehe davon
aus, du hast das Beste aus der Situation gemacht."
„Ja, leider war es nicht anders möglich und das
hat mich einiges an Mühe und Überredung
gekostet."
„Danke, ich kann damit sehr gut leben. Allerdings
muss ich jetzt schauen, das Geld umzuwandeln in
Grund und Boden, oder in Wertpapiere." „Dein
Onkel arbeitet gerade an einem Verkauf von
ehemaligen Blöcken der „Kraft durch Freude"
Organisation der NSDAP. Er wird dir, per

offiziellem Anschreiben, demnächst ein Angebot machen. Weitere Angebote anderer Wohneinheiten aus dem gleichen Bereich gehen an entsprechende Interessenten. Da gibt es diverse Bauvorhaben für Reparatur und Wiederaufbau. Die Namen der Käufer bekommst du von mir, da kannst du Angebote erstellen. Das wären zwei Fliegen mit einer Klappe." „Sehr gut, hoffen wir, dass der Winter nicht zu hart wird, dann wären wir weiter voll beschäftigt." Sie grinste. „Geh mal davon aus, von dem Kuchen erhalte ich ebenfalls ein Stück. Nur ist es mir nicht ganz so wichtig, wann du damit beginnen würdest. Im Übrigen, steck bitte den Umschlag ein, darin ist dein Geld!" Hubert steckte den Umschlag in eine Mantelinnentasche und gab ihr einen Kuss auf die Wange. „Danke liebe Tante!" Sie kicherte: „Hmm, wie angenehm. Leider bist du mein Neffe, sonst hätte ich dir zu gern meine Briefmarkensammlung gezeigt!" Beide lachten hell auf, kehrten zu den Anderen zurück.

Hier drehten sich die Gespräche um die politische Situation des gesamten Norden des Landes. Der Onkel erklärte, wie sich das aller Wahrscheinlichkeit demnächst entwickeln würde. Dabei zeigte er genau auf, was zum zukünftigen Land Niedersachsen gehören würden. So, wie es sich derzeit entwickelte, würde Hannover die Hauptstadt dieses neuen Gebildes sein. Den Protest aller, die ungeliebte Nachbarstadt dazu auszuwählen, verstand er, sagte aber klar, dass diese Entscheidung bereits feststand. Beendet wurde diese hitzig werdende Diskussion durch Malwine, die zum Kaffee bat. Barbara und ihre Mutter hatten sich dafür ins Zeug gelegt und mehrere Torten gezaubert. So gut sie schmeckten, es war unmöglich, alles zu essen. Der Rest wurde schließlich aufgeteilt, jede Familie erhielt einen reichlichen Teil davon zum Mitnehmen. Der Kaffee dazu war sehr gut und ebenfalls schmeckte der von Hubert mitgebrachte französische Cognac. Gegen 17:00 Uhr löste sich die Gesellschaft auf. Alle zogen sich in ihre Häuser zurück. Nach dem sehr guten und reichlichen Essen hatte niemand mehr Interesse an großen Aktivitäten. Wieder daheim erhielten alle auf dem Hof Anwesenden einen Teil des Kuchens, trotzdem blieb eine Menge über. Den würde Hubert am nächsten Tag im Büro unter die Leute bringen. Dem einzigen, dem es nicht so gut ging, war Junior. Grinsend attestierte ihm Hubert, er hatte sich an dem tollen Kuchen einfach „überfressen". Zwei längere Aufenthalte auf der Toilette linderten das Problem ein wenig. Einige Glückwünsche in Form von Karten waren eingegangen, die studierten Hubert und Ulla, nachdem im Haus Ruhe herrschte.

### Einsatz im Holz

Das beherrschende Thema bei der Stabsbesprechung waren die Vorbereitungen für die Einsätze im Harz und in Wittingen. Neben Karl als Gesamtleitendem im Harz waren Graf, Hellwig, Schubert dabei, Olbrich für Wittingen, Fritz für den Elm und Weber für den Bereich der umliegenden Förstereien. Für den Harz war der Beginn der Arbeiten für den nächsten Montag geplant. Bis Donnerstagmittag mussten die drei ihre Bautätigkeit beenden, um sich darauf vorzubereiten. Freitag wurde als der Tag des Transportes für die gesamte Ausrüstung und der Vorbereitung ihrer Unterkünfte festgelegt. Am

Samstag blieb Zeit für restliche vorbereitende Maßnahmen wie dem Empfang zusätzlicher Wärme- und Nässekleidung. Für Olbrich galt das genauso. Nur da mussten die benötigte Verpflegung und der Ausbau der Stallungen als Unterkunft eingeplant werden. Ulla hatte bis Donnerstag frei, die würde mit Frau Olbrich die Verpflegung zusammenstellen, vor allem aus dem Lagerhaus im Depot und den Teilen, die im alten Feuerwehrhaus standen. Olbrich würde mit seiner Frau das Gästezimmer dort beziehen. Viele Kleinigkeiten wurden geklärt. Im Harz würde Lässig die Orte des Einsatzes festlegen, vor allem rund um Clausthal-Zellerfeld. In Wittingen sollte Olbrich als erstes an den Wald des Brauereibesitzers gehen, später an den Staatsforst und als letzter war der Wald von Hubert dran. Alle Verträge mit den Auftraggebern waren geschlossen, dieses Thema war erledigt. Fritz würde mit Fink und Wolke ebenfalls in dieser Woche beginnen, das hing von der Fertigstellung der jeweiligen Bauvorhaben ab. Weber hatte Zeit, Baumann und Tietz brauchten etwas, um mit ihren Bauten fertig zu werden. Die Kolonne von Schmidt und Neumann sollten dort einspringen, wo Bedarf war. Auf alle Fälle wurden sie teilweise auf dem Gelände für die Aufbereitung des angelieferten Holzes eingesetzt werden. Rübke war zuständig für die Ablieferung des gelagerten trockenen Holzes und der vorhandenen Kohle. Gegen 10:30 Uhr war alles weitestgehend geklärt, der normale Betrieb setzte wieder ein.

Hubert bezahlte die offenstehenden Rechnungen bei Fischer und begann seine Arbeit am Schreibtisch. Gegen 12:00 Uhr klopfte Gertrud. „Hier ist Besuch für dich, die deutsche

Kriminalpolizei!" Hubert erhob sich und ging zwei Männern entgegen. Sie stellten sich vor als Albrecht, Leiter der Kripo Braunschweig und Nagel, das war der Kommissar, der mit der MP die Sache in der Bruchstraße durchgezogen hatte. „Bitte nehmen Sie Platz, meine Herren, was kann ich für Sie tun?" Der Kripochef bedankte sich, beide nahmen Platz. „Wir wollten uns bedanken für ihre Hilfe und Unterstützung. Das war das erste Mal, dass wir eine sehr gute Zusammenarbeit mit der MP hatten und Herr Nagel ist der Meinung, es hätte hauptsächlich an ihren guten Beziehungen zu deren Chef gelegen. Das ganze Unternehmen war ein Schlag gegen diese organisierte Kriminalität, nicht nur hier, sondern ebenfalls in Hannover, wie wir von Kollegen hörten." „Dazu beglückwünsche ich Sie, das freut uns alle. Unsere Leute haben das mit großem Interesse verfolgt und sind stolz auf ihre Arbeit." „Das freut uns, wir sind dabei, uns die Anerkennung in der Bevölkerung zu erkämpfen, was nicht so leicht ist, nach den Erfahrungen der letzten Jahre." „Das glaube ich Ihnen gern. Um auf Ihre Frage zu antworten, wir haben die Briten ein paar Mal logistisch unterstützt bei den Meldungen über gefundene Munitionsbestände und haben diese, in deren Auftrag, hier in die MUNA gebracht. Außerdem hatten wir im letzten Jahr hier im Dorf eine sehr gute Zusammenarbeit, als es um die Festnahme einer gefährlichen Bande ging." „Davon wurde mir berichtet, vor allem, wie sie unsere Beamten damals unterstützten und versorgten. Jetzt, Herr Wedel, haben wir ein ganz anderes Problem, bei dessen Lösung Sie uns möglicherweise helfen könnten. Wir haben diese Lagerhalle am Hauptgüterbahnhof gefunden. Der Besitzer war ein

Spediteur, der Anfang 45 starb. Als Erbe gibt es eine Tochter, die das Gebäude jedoch nicht haben will. Sie will es unbedingt loswerden. Das ist nicht unser Problem, die Adresse geben wir Ihnen jedoch sehr gerne. Unser Problem sind die gesamten Sachen, die sich darin befinden. Natürlich haben wir vieles aufgenommen, wissen aber jetzt nicht, wohin damit. Die Briten wollen nichts davon haben und wir auch nicht. Wir haben gar keinen Platz, um das länger aufzubewahren. Das haben wir unserer vorgesetzten Dienststelle gemeldet und die hat das weitergegeben an den Vorläufer des demnächst entstehenden Finanzministeriums des Landes Niedersachsen. Auf deren Stellungnahme warten wir. Vorab hat man uns signalisiert, man wüsste ebenfalls nicht, wohin damit. Lange Rede, kurzer Sinn, wir hoffen, Sie kaufen diese Halle und die Sachen dürfen dort bleiben bis das zukünftige Ministerium mitteilt, was damit geschehen soll." Aufmerksam hatte Hubert zugehört, dabei waren ihm einige Ideen durch den Kopf gegangen. Vielleicht konnte man da ein Geschäft mit seinem Onkel machen, aber zuerst die Halle. „Ich bedanke mich, dass Sie an unsere Firma dachten. Ja, der Kauf der Halle wäre sehr interessant. Und wenn wir die besitzen würden, wäre es gar kein Problem, die beschlagnahmten Güter dort weiter zu lagern. Da würden wir sehr gern mit der Besitzerin reden." Bevor der Kripochef antworten konnte, erschien Gertrud mit drei Tassen Kaffee. Hubert bedankte sich bei ihr und legte eine geöffnete Schachtel mit amerikanischen Zigaretten auf den Tisch. Danach erhob er sich und holte die Cognacflasche und drei Gläser, goss ein und sagte: „Auf den Erfolg der Braunschweiger Kripo!" Der junge Kommissar sah seinen Chef an, der hob das Glas, roch daran und

sagte: „Mmh, sehr gut. Auf Ihr Wohl Herr Wedel!"
Sie tranken den Cognac, den Kaffee und bedienten
sich an den Zigaretten. „Ich werde meine Fachleute
ansetzen zum Kauf der Halle." Wortlos schob ihm
der junge Kommissar ein Zettel zu, es war die
Adresse der Besitzerin. Sie wechselten das Thema.
„Draußen im Flur hängen einige Reiterbilder, wer
ist der Reiter?" fragte der Kripochef. „Das bin ich.
Ich versuche gerade meine Springreiterkarriere, die
durch den Krieg unterbrochen wurde,
fortzusetzen." Der Mann lachte hell auf. „Das hätte
mir doch auffallen müssen, Sie sind Hubert
Wedel!" „Ja, das bin ich, haben wir uns schon
einmal gesehen?" „Flüchtig, bis 1938 war ich
Vorsitzender des Kreisreiterverbandes Lüneburg,
habe bis dahin die Turniere in Lüneburg
organisiert. 38 wurde ich abgesetzt, weil ich kein
Mitglied der Partei werden wollte. Seit 41 war ich
nicht bei der Kripo Lüneburg, aus demselben
Grund. Habe mich als Verwalter eines Gutes
durchgeschlagen, bis mich die Briten entdeckten
und ich wieder in den Dienst kam."
„Glück gehabt, dass es so unproblematisch
abging." „Ja, ich erkrankte an Typhus. War nicht
schön, aber in der Situation wollte man sich nicht
mit mir abgeben und später vergaß man mich."
„Wenn Sie möchten, besuchen Sie uns, schauen
sich unsere Pferde an." „Das werde ich gern tun.
Momentan suchen meine Frau und ich eine
Wohnung. Wenn das geregelt ist, melde ich mich
gerne." „Ach, geben sie mir bitte Ihre Adresse,
vielleicht hätten wir etwas." „Gerne, ich schreibe
sie auf!" Der junge Kommissar hob zaghaft seine
Hand, als sein Chef schrieb. Hubert nickte und
machte mit einer Hand das Zeichen fürs
Schreiben, was der sofort tat. Kurz darauf

verabschiedeten sich die beiden, bedankten sich für die gute Zusammenarbeit und gingen.

Hubert setzte sich an den Schreibtisch und dachte nach. Gertrud räumte das Geschirr ab und fragte: „Ist etwas passiert, was wir nicht wussten?" Grinsend antwortete er: „Nein, nein, alles im grünen Bereich, wir haben eben ein tolles Angebot erhalten. Bitte ruf mir Fischer, Kokoschka und Becker. Da gibt es etwas sehr Wichtiges und vor allem Dringendes zu besprechen." Es dauerte nicht lange, da waren die Drei vor seinem Schreibtisch. Alle drei waren informiert über die gesamte Polizeiaktion Bruchstraße, also konnte er gleich beginnen, fasste das Gespräch zusammen. „Und jetzt die entscheidende Frage: „Können wir diese Halle brauchen?" Sofort antwortete Kokoschka: „Aber wie, dann hätten wir endlich ein größeres Lager und könnten drei kleine schließen und anders verwenden." Fischer nickte: „Er hat recht. Ich gehe davon aus, die soll die Firma kaufen?!" „Natürlich. Haben wir das Geld dazu?" „Ja klar, wir müssen investieren!" „Alles klar. Fischer und Becker, ihr verhandelt. Wenn wir Zutritt haben, macht Kokoschka sofort eine Bestandsaufnahme von den Sachen, die dort drin sind und sagt mir, was das ungefähr wert ist. Becker haben wir zwei Wohnungen frei?" „Eine im ehemaligen Richterhaus und eine Dreizimmerwohnung in den Blöcken an der Berliner Straße." „Gut. Die im Richterhaus für den Kripochef, die andere für den Kommissar! Hier sind deren Adressen." „Werde ich morgen machen." „Das ist gut. Du regelst den gesamten Kauf der Halle. Herr Fischer hier ist die Adresse der Hallenbesitzerin. Ich wünsche viel Erfolg."

Als die gegangen waren, sagte er zu Gertrud: „Verbinde mich bitte mit meinem Onkel." Kurz darauf klingelte sein Telefon. „Hier spricht dein Patensohn", sagte Hubert. Prompt lachte sein Onkel hell auf. „Du bist schneller, als ich dachte. Es geht bestimmt um die Halle mit dem Lager der Schwarzhändler, oder?" „Stimmt, die Halle werden wir kaufen, da gibt es eine Besitzerin, die das Ding loswerden will. Jetzt geht es um den Inhalt, den ihr loswerden wollt."

„Das haben wir gerade auf dem Tisch bekommen und ich dachte sofort an dich. Ich habe keine Zeit, keine Leute, die das alles aufnehmen und bewerten können. Möglichst bald will ich das vom Tisch haben. Also mache ich dir einen Vorschlag. Lass deine Leute das alles bewerten und teile es mir schriftlich mit. Zu dem Preis kannst du das alles zusammen haben. Aber bitte warte zwei Wochen, diese Schamgrenze sollten wir bewahren." „So machen wir das, mein Cheflogistiker hat schon den Auftrag dazu. Ich melde mich bei dir damit in 14 Tagen." „In Ordnung, ich lege mir das auf Wiedervorlage in 14 Tagen. Da wäre etwas anderes, unser Reitverein braucht zwei Schulpferde mit Sattel und Trense. Da kannst du mir ein Angebot machen." „Ich kümmere mich darum, Grüße an die Tante." Zufrieden lehnte sich Hubert in seinem Schreibtischstuhl zurück und rauchte eine Zigarette. Das war ein schönes Ding mit dieser Lagerhalle. Kokoschka würde er sagen müssen, dort keine Höchstpreise anzusetzen. Aber das hatte Zeit.

Gertrud brachte die Post. „Der Entwurf für den Kalender ist fertig, möchtest du den sehen?" „Ja, wenn wir das jetzt in den Druck geben, können wir

das rechtzeitig versenden." Sie brachte den
Entwurf. Danzer hatte sich genau an das gehalten,
was sie ausgemacht hatten. Zufrieden legte er den
Entwurf auf den Schreibtisch. „Das ist gut
geworden. Alle Bereiche der Firma sind in Aktion
getroffen, das gefällt mir." „Am Anschreiben arbeite
ich, die Adressatenliste haben wir morgen fertig, da
kann ich dir das vorlegen." „In Ordnung,
anschließend können wir das Anschreiben und den
Kalender gemeinsam in Druck geben."
Nach dem Essen erzählte er Ulla von den Dingen,
die sich tagsüber ereignet hatten. „Hubert, Hubert,
hoffentlich hält diese Erfolgs- und Glückssträhne
an, es ist eigentlich kaum zu glauben. Aber solange
alles läuft, nutz es!" „Mir wird das alles langsam
unheimlich. Hoffentlich kommt da kein dickes
Ende."
„Ach Hubert, das wirst du schaffen. Aber jetzt
etwas ganz Anderes. Mir geht es nicht gut, die
Blutungen kommen und gehen. Ich habe mit Britta
März für Donnerstag einen Termin in der Klinik
ausgemacht. Sie riet mir, meine Sachen
mitzunehmen. Wenn etwas gefunden wird, könnte
man das gleich dort erledigen. Wenn es nicht so
schlimm ist, komme ich schnell wieder nach
Hause." „Ist es denn so schlimm?" „Sie sagte etwas
von einer möglichen Zyste an der Gebärmutter.
Das könne man schnell und problemlos erledigen,
allerdings ein paar Tage sollte ich zur Beobachtung
dortbleiben." „Wenn Britta das so sagt, glaube ich
ihr das. Aber was geschieht mit der Kleinen? So
richtig kann ich nicht als Mutter fungieren." Ulla
lächelte. „Da habe ich vorgesorgt. Frau Schmitz
wird in diesen Tagen hier im Gästezimmer
übernachten und sich um die Kleine kümmern.
Tagsüber nimmt sie die mit in die Babygruppe im

Kindergarten. Außerdem macht Susanne das mittlerweile sehr gut, die ist ja da." „In der Firma ist viel los, da kann ich nicht wegbleiben." „Kümmere du dich um die Firma, den Rest organisiere ich."

Den nächsten Tag nutzte er für die restlichen Besuche bei den Kolonnen, die er bisher nicht gesehen hatte. Erst am frühen Nachmittag war er zurück und hatte neben einem vollen Schreibtisch gleich seine Abteilungsleiter zum Vortrag da. Als erstes kamen Fischer und Becker. „Wir haben die Sache im Griff", grinste Fischer und fuhr fort: „Die junge Frau war hellauf begeistert, als ich sie anrief und unser Interesse anmeldete. Vorher hatte sie von der Bande Miete für diese Halle erhalten, ohne zu wissen, was die dort lagerten. Als die Kripo ihr das mitteilte, war sie völlig erschrocken. Sie brauchte diese Miete, weil sie mit ihrem Mann ein Trümmergrundstück erworben hatte, auf dem ihr neues Haus entstehen sollte. Die Miete war als Grundlage zur Finanzierung des Aufbaues dieses Hauses geplant, das fiel nun völlig weg. Sie bat uns zu einem Gespräch, dem wir sofort entsprachen. Gemeinsam fuhren wir dorthin, machten einen Umweg über den Hauptgüterbahnhof, um uns das Projekt anzuschauen." Becker fuhr fort: „Das ist eine massiv gemauerte sehr große Lagerhalle mit einem Spitzdach auf dem keine Dachpappe, sondern Ziegel sind. Ein paar Lücken im Dach konnten wir feststellen, sonst sah alles sehr gut aus."
„Das half uns bei der Verhandlung mit der Frau und ihrem Mann. Sie hatten schon einen Kredit aufgenommen für den neuen Hausbau, aber der droht jetzt zu platzen, hatten wir zumindest den

Eindruck. Schnell kamen wir zur Sache. Das
Ehepaar hatte sich überlegt, diese Halle zu
verkaufen, um diesen Kredit abzusichern und
bauen zu können. Ihr Einkommen würde dazu
nicht reichen. Sie hat einen Laden für Wolle und
Stricksachen und er ist Ingenieur bei der MIAG.
Also nannten sie uns einen Preis, für den sie die
Halle verkaufen wollten. Der lag fast bei 300.000
RM. Das nahmen wir lächelnd zur Kenntnis."
Wieder war Becker dran. „Ich sagte ihnen, was
momentan die aktuellen Preise seien, da bröckelte
die Fassade. Als wir die Löcher im Dach
erwähnten, wurden sie viel zugänglicher.
Letztendlich einigten wir uns auf einen Preis von
185.000 RM." „Das war nicht alles. Wir machten
ihnen ein Angebot, ihren Hausbau zu überplanen
und den durch uns vollenden zu lassen. Dabei
konnte ich ihnen sagen, dass ihre Angebote zum
Hausbau recht teuer seien, was stimmte. Ende
vom Lied: wir kaufen die Halle für das Geld, mit
Anschlussgleis und haben einen Bauauftrag
zusätzlich." Grinsend fügte Becker hinzu: „Deine
Schwägerin sollte sich für das Geschäft der Frau
interessieren, denn wir hatten den Eindruck, das
läuft nicht so gut. Termin für den Kauf ist Freitag,
das habe ich geregelt. Kokoschka hat bereits die
Schlüssel der Halle und beginnt ab morgen mit der
Überprüfung des Inhaltes." „Das habt ihr beiden
sehr gut gemacht, mein Kompliment. Das gehört
belohnt!" Aus dem Schrank holte er zwei Flaschen
Sekt und stellte jedem eine hin. Völlig verblüfft
bedankten sich die beiden und gingen wieder an
die Arbeit. Jetzt war Hubert gespannt, was
Kokoschka dort vorfand. Durch diesen Erfolg ging
ihm die Schreibtischarbeit schneller von der Hand.
Als Dolle ihm mitteilte, die fünf Reihenhäuser

wären Ende der nächsten Woche bezugsfertig, war er ganz zufrieden und erleichtert.

Nach dem Abendessen kam es in der Küche zu einem längeren Gespräch mit Ina Möller. Er hatte schon von Ulla die Fluchtgeschichte gehört, deshalb fragte er sie jetzt, was sie sich weiter vorstellte. Mittlerweile trug sie im Haus nicht mehr die Augenklappe. Rings um das getroffene Auge schillerte es zwar in vielen Farben, aber sie konnte wieder richtig sehen, was alle beruhigte. Die Wunden auf dem Rücken begannen gut zu verheilen. Mittlerweile hatte sie einen Grundstock an neuer Bekleidung von Ulla erhalten. In den letzten Tagen hatte sie sich, ohne zu fragen, an den Hausarbeiten beteiligt, mit Sieglinde eine große Wäsche hinter sich gebracht und den heutigen Tag in Ullas Wäschekammer beim Bügeln verbracht. Eine der Flüchtlingsfrauen, die ständig bei Malwine halfen, war beruflich Friseure gewesen, die hatte sowohl Ina, als auch Martina einen Haarschnitt verpasst, mit dem beide sehr zufrieden waren.

„Jetzt sollten wir uns Gedanken machen, was du beruflich vorhast", begann Hubert das Gespräch. Ulla stellte eine Kanne mit Tee auf den Tisch und setzte sich dazu. Die junge Frau nahm einen Schluck, begann zögerlich. „Als erstes möchte ich mich ganz herzlich bedanken für eure Unterstützung. Ohne die würde ich jetzt vermutlich in irgendeiner Flüchtlingsunterkunft herumsitzen, wenn ich alles gesundheitlich überstanden hätte. Aber es muss ja weitergehen. Aber wer sucht jemanden wie mich? Alleinstehende Frau, Flüchtling aus dem Osten und so eine Ausbildung und ehemalige Tätigkeit. Ich kann schon verstehen, warum einige junge Frauen das schnelle Geld wittern und sich als Nutte verkaufen oder hinter einem Besatzungssoldaten her sind. Aber das alles will ich nicht." „Fangen wir von vorn an, was hast du gelernt und was genau hast du beruflich gemacht?" fragte Ulla. „Ich habe in einem Steuerbüro gearbeitet. Habe dort gelernt, die Prüfung zum Abschluss mit zwei bestanden und dort die steuerlichen Dinge von Firmen bearbeitet. Das hat gut geklappt. Schnell bekam ich ein eigenes Büro und die Kundschaft war sehr zufrieden mit mir. Leider kamen das Ende und die Flucht. Aber das habe ich bereits berichtet." Hubert hatte aufmerksam zugehört. „Ich erkläre dir jetzt, wie unsere Firma aufgebaut ist und was alles dazu gehört." Das tat er ausführlich und sie hörte aufmerksam zu.

„Wir haben eine exzellente Steuerberaterin und einen sehr guten Kontakt zur nächsthöheren Steuerbehörde. Dazu möchte ich derzeit nichts weiter sagen. Aber ich weiß sehr genau, wir bräuchten jemanden, der sich um die Steuerproblematik aller Firmenteile intensiv kümmert. Das ist eine Menge Arbeit, würdest du dir das zutrauen?" Sie nahm einen Schluck Tee. „Ich habe so etwas in der Steuerkanzlei bereits gemacht, war für insgesamt sechs Firmen zuständig und man war mit mir sehr zufrieden. Allerdings bräuchte ich ein paar Tage, um mich einzuarbeiten. Ich weiß nicht, welche Neuerungen es gibt, das müsste ich mir erarbeiten." „Das hört sich sinnvoll an. Du solltest aber erst körperlich voll einsatzbereit sein, deinem Körper die nötige Regeneration gönnen. Morgen Vormittag kommst du bitte zu mir ins Büro, dort werde ich dich mit Fischer bekannt machen. Wenn ihr beide gut miteinander auskommt, steht einer Anstellung bei uns nichts im Wege. Allerdings solltest du dir etwas Ruhe gönnen, um später aktiv ins Geschehen einzugreifen. In dieser Zeit könntest du dich mit eventuellen Neuerungen vertraut machen." Sie strahlte ihn an. „Das wäre ein absoluter Glücksgriff für mich, ich werde euch nicht enttäuschen, freue mich schon auf den morgigen Termin." Ulla mischte sich ein. „Den Zeitpunkt deiner Genesung sollten wir Frau Doktor März überlassen. Wenn die dem Ganzen zustimmt, ist es das grüne Licht." Sofort stimmte Hubert dem zu, der Termin morgen um 09:30 Uhr blieb jedoch bestehen. „Da wäre etwas anderes," fuhr Hubert fort, „du kannst dich hier bei uns in aller Ruhe auskurieren. Aber ich denke, du brauchst einen Ort, wo du dich allein wohnlich einrichten kannst und wo du dich wohl fühlst. Wir werden in den nächsten Wochen eine größere Umzugsbewegung in den Unterkünften haben. Da werden einige Zimmer in den Häusern des Depots frei. Dort könntest du eines bekommen." „Das wäre mehr, als ich gehofft habe. Ich möchte euch nicht ständig zur Last fallen, dieses Angebot möchte ich sehr gern annehmen. Wenn ihr es gestattet, hätte ich eine Bitte. Ich habe mich die letzten Tage mit Martina angefreundet, ich kenne die Dinge, die waren, bevor sie herkam. Sie würde gern wieder auf eigenen Füßen stehen, arbeiten und solch eine eigene Wohnung haben. Möchte allen zeigen, dass sie arbeiten kann, und ihre Vergangenheit damit bewältigen." Ulla und Hubert sahen sich an und als Ulla nickte, sagte Hubert: „Wenn sie das so will, soll sie morgen ebenfalls zur gleichen Zeit zu mir kommen. Ich hätte da etwas für sie." Auf den fragenden Blick von Ulla sagte er zu der: „Es fehlt

doch die zweite Frau beim Essenstransport für die Schulkinder und der beginnt morgen wieder!"
„Richtig, momentan ist Dietlind allein, du hast recht, das wäre das richtige."
Als sie später allein waren, brachte Ulla eine ganz andere Sache ins Gespräch.
„Als die Flüchtlingsfrau den beiden hier die Haare in Ordnung brachte, nutzten Sieglinde und ich das, um unsere Haare ebenfalls etwas in Form bringen zu lassen. Wie das beim Friseur so ist, kamen wir dabei ins Gespräch. Die Frau ist Friseurmeisterin und hatte einen eigenen Salon in Pommern. Ihr Mann fiel in Italien vor drei Jahren. Als die Russen kamen, floh sie mit ihrer Mutter und drei Kindern erst nach Mecklenburg und als dort die Russen ihnen den Rest abgenommen hatten, flohen sie weiter und kamen schließlich hier in das Flüchtlingslager. Die arbeitet sehr gut und ordentlich, aber sie muss ihre Mutter und die Kinder durchbringen, was sie momentan bei Malwine macht. Alle drei Kinder sind bei uns in der Schule. Gut erzogen, aber bei dem Ältesten merkst du schon, ihm fehlt der Vater. Cremer hat den aber sehr gut im Griff. Vielleicht können wir den ja als Lehrling brauchen." „Ja, da solltest du den Jungen fragen, wozu er Lust hat. Mit der Friseurin weiß ich nicht wirklich, was wir mit der anfangen sollten." „Überlass das mir. Der Friseur hier im Dorf ist schon recht alt, der will niemanden einstellen, das was er macht, reicht gerade für ihn." Hubert lachte: „Und so toll findet den eigentlich keiner. Ersten klatscht er ständig und zweitens finden alle seine Kunst nicht so toll, deshalb geht man dort nicht so gern hin. Also gut, wenn du da etwas findest, dann können wir drüber reden."

## Beginn der Arbeit im Holz

Als erstes informierte Hubert Fischer über sein Gespräch mit Ina Möller. „Wenn die das kann, wäre sie eine wertvolle Hilfe für die Firma. Es wird schon viel, alle Teilbereiche steuerrechtlich gut abzudecken. Besonders denke ich da an Becker, Frings und die Reinigungsfirma. Aber deine Brüder könnten ebenfalls profitieren. Für den gesamten Baubetrieb wäre sie ein Gewinn." „Schau sie dir an und teste sie. Wenn du zustimmst, kann sie bei dir arbeiten. Aber ein paar Tage müssen wir ihr Ruhe gönnen." „Wenn das klappt, habe ich genügend Verordnungen, in die sie sich in dieser Ruhephase einlesen könnte."

„Na prima, um 09:30 Uhr ist die hier. Sie bringt Martina mit. Die möchte ich jetzt bei Dietlind im Essenstransport einsetzen und ihr irgendwann den Führerschein verpassen." „In Ordnung, da hätte ich zwei weitere Kandidaten. Dazu einen von Gert und einer von Fritz." „Na bitte, das können wir in einen Block abarbeiten. Die Wohnungen der beiden jungen Frauen lasse ich über mein Vorzimmer klären."

Um 08:00 Uhr kamen Karl und Fritz. Sie hatten vereinbart, während der Vorbereitungen zum Holzeinsatz im Harz und im Elm täglich über den aktuellen Stand zu informieren. Um alles so vorzubereiten, damit der Einsatz in der kommenden Woche reibungslos beginnen konnte, war der Grund dieser täglichen Besprechungen, diverse Kleinigkeiten waren zu regeln. Nachdem Karl schon wieder unterwegs war, fragte Hubert seinen Bruder: „Was hältst du davon, wenn wir wieder im Familienkreis eine umfassende,

279

geschäftliche Besprechung machen?" „Sehr gute Idee, meine Ernte ist unter Dach und Fach, einiges schon verkauft. Aber das sollten wir zügig machen, ich bin bald im Elm und möchte am Wochenende bei meiner Familie sein." „Wir machen das am Samstag bei uns."

„Dieses Mal bringen wir etwas zum Essen mit. Einen der Überläufer habe ich mir gesichert und meine Schwiegermutter hat den sehr gut verarbeitet. Einen kalten Braten stifte ich und das Brot dazu bringe ich mit. Sagst du Mutter sie möchte von ihren neuen Mixed Pickles etwas mitbringen?"

„Mache ich, Gert informiere ich." „Samstag 19:00 Uhr bei euch?" „So ist es!" Als er Gert informierte, war der sofort dabei. „Ich habe einige Dinge, die ich mit euch besprechen will, Doris auch! Ach, ehe ich es vergesse, ich habe ein neues Bier, das bringe ich mit!"

Als Ina und Martina erschienen, übergab er Ina an Fischer, der sie in sein Büro mitnahm. Mit Martina unterhielt er sich, machte ihr dabei das Angebot, mit Dietlind den Essenstransport zu fahren, was die sofort annahm, er bot ihr an, den Führerschein auf Firmenkosten zu machen. „Hubert, das ist so großzügig, eigentlich kann ich das nicht annehmen, aber ich tue es trotzdem und bedanke mich sehr herzlich für euer Vertrauen." „Das ist ein Startschuss für dich, bitte nutz den." „Darauf kannst du dich verlassen." „In Ordnung. Deine Freundin Ina verwandte sich für dich. Wir haben zwei kleine Wohnungen in den Häusern im Depot. Wenn ihr die haben wollt, redet mit Monika." „Danke Hubert, das mache ich sofort. Ihr braucht euch um nichts kümmern, wir bekommen das eingerichtet." „Vergiss nicht bei Fischer vorbeizugehen, damit er dich auf die Lohnliste setzt. Ich werde es Malwine sagen, kümmere dich um die Wohnung und ab morgen fährst du mit Dietlind, such die und sprich alles Nötige mit ihr ab." Schon war sie strahlend unterwegs.

Hubert zog seine Jacke an und meldete sich im Vorzimmer ab.

„Ich fahre jetzt zu Schwarz und schaue mir an, wie der mit den Baracken und Wellblechhäusern weiterkommt!"

Erst kürzlich war dieser Auftrag erweitert und verlängert worden. Mielke hatte geschätzt, Schwarz würde dort bis Weihnachten zu tun haben.

Die erste Siedlung mit den Baracken war fertig gestellt, jetzt war Schwarz damit beschäftigt an einer anderen Stelle runde Wellblechhütten aufzustellen, die aus britischen und amerikanischen Beständen geliefert waren. Hubert kam dazu, als die Planierung für den dafür vorgesehen Platz erfolgte. Jurka war mit zwei Baggern und seinen Kippern damit beschäftigt, Trümmer, die überall herumlagen, zu beseitigen. Der erste Teil der Fläche war bereits fertig zum Aufbau dieser im Volksmund als „Nissenhütten" bezeichneten Wellblechunterkünfte. Im Gespräch mit dem Stadtbaurat stand Schwarz am Anfang diese Fläche. Von beiden wurde er begrüßt. Kurz schilderte Schwarz, was sich gerade hier tat und endete mit den Worten: „Gut, dass du hier bist, der Stadtbaurat hat einen Anschlag auf dich vor." „Da komme ich ja gerade richtig, um was geht es denn?" Der Baurat begann sofort.

„Nach den letzten Flüchtlingstransporten aus Polen und der Tschechei platzen wir aus allen Nähten, wir wissen nicht mehr wohin mit den Menschen.

Dazu kommt unsere eigene Bevölkerung, von denen viele keine ausreichende Unterbringung haben und die Flüchtlinge vom letzten Jahr sind in völlig überfüllten Lagern. Wir müssen mehr von solchen Hütten und Baracken aufstellen. Baracken werden an anderer Stelle abgebaut und hierher transportiert. Aber uns fehlt Transportraum. Das Einzige, was wir haben, ist Platz zum Aufbau, aber der muss erst von Trümmern geräumt werden. Wir müssen den Auftrag erweitern und verlängern. Dazu Transportraum." Hubert überlegte, hatte er überhaupt Leute übrig? Wie sah es bei Krummrich mit den Fahrern aus?

„In Ordnung. Das vertragsmäßige regelt Fischer mit euch. Die Sache mit dem Aufbau bespreche ich mit Mielke, der meldet sich heute bei euch. Eine Kolonne kann ich mit Sicherheit dazu einsetzen, vielleicht eine Zweite." „Das wäre sehr gut, uns brennt der Kittel. Alle werden wir damit nicht unterbringen können, aber eine Menge schon." „In Ordnung, ich sehe zu, was ich machen kann, das wird schon klappen." „Danke, du hilfst uns bei einem großen Problem. Ich werde mich dafür mit Sicherheit revanchieren können." „Das machen wir, wenn es so weit ist, jetzt muss ich los, um das hinzubekommen."

Eigentlich wollte er mit Schwarz reden, aber das hatte Zeit. Er fuhr zurück, hielt aber bei seinen Eltern an. Hier war die Essenzeit gerade vorbei, aber Malwine hatte zwei Eierpfannkuchen mit Marmelade für ihn und einen Kaffee. Beide, Heinrich und sie hörten zu, was er mit Martina vorhatte und was sie für Samstag planten. „Das mit Martina halte ich für gut, was du da machst. Sie muss wieder eine Aufgabe haben und allein fertig werden. Und wenn sie mit der anderen jungen Frau befreundet ist, umso besser!" sagte Heinrich gelassen. Malwine stimmt ihm zu, sagte für Samstag zu, die Sachen würde sie mitbringen.

Wie erwartet herrschte auf dem Hof eine strukturierte Geschäftigkeit, dafür sorgte Ulla. Als er aus dem Auto stieg, kam sie auf ihn zu, stemmte ihre Arme in die Hüfte und sagte grinsend: „Was hast du uns denn jetzt wieder geschickt. Wir dachten gerade fertig zu sein und prompt kommt der nächste Laster. Hubert Wedel, hoffentlich war das für heute der letzte!" Lächelnd gab er ihr einen Kuss. „Es ist für heute der letzte, ganz sicher." „Gut so, die Kleidung ist bereits drinnen, die Wurstdosen packen wir gerade weg. Alles andere ist in den Verschlägen neben der Garage." „Habe ich doch gewusst, ihr macht das gut." „Du weißt schon, wie du uns beschäftigen kannst! Gegen 14:00 Uhr kommen die Olbrichs. Er will dir berichten und sie bekommt Verpflegung von mir, das gibt Luft, ist alles bereit." „Prima, damit sind wir das los. Bis Olbrich und vermutlich Karl kommen, werde ich etwas essen." „Wir sind gleich fertig, ich komme mit ins Haus."
In der Küche spielte Susanne mit Hannelore. Hubert hatte seine Sachen abgelegt und setzte sich an den Küchentisch. Kaum saß er dort, war seine Tochter in seinem Arm. Strampelnd griff sie nach seiner Nase und brabbelte dabei. Lächelnd erzählte er vom bisherigen Tag. Kurz lauschte sie seiner Stimme, dabei quietschte sie und strampelte weiter. Ulla nahm ihm das Kind ab. „Die junge Dame hat Hunger!" Während Susanne und Sieglinde das Essen auftrugen, wurde die Kleine mit einem Brei gefüttert, der ihr offensichtlich sehr gut schmeckte. Anschließend machte er einen

283

Gang durch die Ställe. Als er aus dem letzten kam, fuhr Olbrich mit seiner Frau auf den Hof.

Hubert begrüßte beide und bat sie in die Küche. Ulla stellte eine Kanne mit Tee auf den Tisch, beide berichteten. Schnell stellte sich heraus, nach einigen kleinen Anlaufschwierigkeiten hatte sich die Arbeit beim Förster gut eingespielt. Die Unterbringung im Stall und der Scheune hatte sich bewährt. Ulla fragte nach den Verpflegungsbedürfnissen, was Frau Olbrich sofort beantworten konnte. „Wir gehen in den Keller, da habe ich einiges für euch", sagte Ulla, beide gingen hinaus, Hubert und Olbrich tauschten sich aus. „Mit Sigurd und dem jungen Mann, der die Rückepferde betreut, kann man sehr gut zusammenarbeiten. Sigurd fährt das Kronenholz vor seinen Hof, wo wir es nächste Woche auf die zwei Kipper mit dem Bagger verladen und mitbringen. Die beiden Kaltblüter stehen bei Sigurd am Wochenende im Stall und werden von ihm versorgt." „Gut so, ich gebe euch 150 RM mit für frisches Brot und zwei Stangen Zigaretten für deine Jungs. Was macht ihr mit euren Kindern, während der Zeit, wenn ihr nicht da seid?" „Die Kleine ist mit und fühlt sich richtig wohl. Der große Junge geht zur Schule und ist bei Nachbarn. Wenn die Schulleiterin es erlaubt, nehmen wir ihn gerne eine Woche mit. Er ist ja recht gut in seinen Leistungen." „Die kannst du gleich selber fragen. Kann mir denken, sie hat etwas für euch." Tatsächlich kam Ulla kurze Zeit später zurück in die Küche.

„Verpflegung ist bereits bei euch im Auto, jetzt bekommt ihr für die gesamte Familie etwas zum Anziehen." Während das Ehepaar mit Ulla ins Esszimmer ging und Sachen anprobierte, holte

Hubert aus dem Keller drei Stangen der deutschen Zigaretten und zwei Pfund Tee, legte das Geld für Olbrich in einen Umschlag und gab ihm das. Zwei von den älteren Koffern wurden gefüllt, es waren Sachen für deren Kinder dabei.

Kurze Zeit später kam Karl. Er berichtete präzise, wie es bisher gelaufen war und endete mit zwei Bitten. „Ersten möchte ich nächstes Wochenende mit Dietlind in Goslar in meiner Offizierswohnung verbringen und zweitens sollten wir beide nächste Woche die ersten zwei Lager inspizieren. Alle vier habe ich eingezeichnet in meine Karte und sie bereits angefahren, möchte das aber gemeinsam mit dir anschauen." „Warum nur zwei?" „Jeweils zwei liegen relativ nah zusammen, aber die anderen weiter weg. Das schaffen wir nicht an einem Tag." „In Ordnung, passt es dir Dienstag?" „Ja, das wäre gut, dabei kannst du zwei Kolonnen besuchen." „In Ordnung und jetzt die Frage, warum kommt Dietlind erst Samstagnachmittag? Ist das nicht ein wenig knapp?" „Stimmt, aber wie soll das gehen. Sie fährt Samstag den Essenstransport für die Schulen." „Das können wir klären, ich besorge eine Vertretung für Samstag und Montag, so kann sie Montag mit dem Zug zurückkommen!" „Das wäre natürlich wunderbar, wie kommen wir zu dieser Ehre?" Hubert lachte: „Nimm es als Anerkennung für gute Arbeit von beiden. Ist doch bestimmt schön zu zweit allein woanders zu sein!"

Nachdem Karl wieder gegangen war, genoss er die Ruhe auf der Couch. Bevor er einschlief dachte er daran, den beiden eine Freude bereitet zu haben. Wie gern würde er das wieder einmal mit seiner Frau genießen, sein Bedürfnis danach war sehr hoch, aber er würde sich weiter gedulden müssen. Nach einem Kaffee und Marmeladenbrot machte er mit Ulla, Kinderwagen und Hund einen Spaziergang durch das Dorf, stattete dem Wedelhof einen Besuch ab. Vorher waren sie durch das Baugebiet gegangen, hatten all denen, die dort gerade in die Reihenhäuser einzogen, alles Gute gewünscht. Malwine freute sich, die Kleine zu sehen und auf den Arm zu nehmen. Gemeinsam tranken sie dabei Tee. Irgendwie kam das Gespräch auf die Arbeiten in den Wäldern und er berichtet von Karl und dessen Absicht mit Dietlind ein Wochenende in Goslar zu verbringen. „Jetzt muss ich schauen, wen ich als Ersatz für sie bekomme, die Verpflegung für die Schulen muss ja weiter gehen." Ulla sagte: „Das ist sehr wichtig, die Schulkinder brauchen das unbedingt." „Da könnte ich helfen. Am Samstag entfällt der Markt in Braunschweig, der Platz wird hergerichtet. Das kann Agnes Albrecht machen, so hat sie was zu tun. Montags ist kein Markt und fahren kann sie das Auto!" „Das wäre eine gute Lösung, denn meine Fahrer sind alle beschäftigt", sagte Hubert, „kannst du mir die am Montag in der Früh schicken?" „Kein Problem, brauche sie erst ab Mittag hier."

Abends waren beide bei Becker und seiner mittlerweile Angetrauten in dem neuen Partykeller eingeladen. Dort war es sehr gemütlich, sie plauderten über alles Mögliche. Schließlich zeigte er ihnen seine Bilder, die er in der letzten Zeit gemalt hatte. Beide waren begeistert von seiner Arbeit und Ulla bot ihm an, die Bilder bei ihrem geplanten Adventsmarkt auszustellen. Nachdem er sich etwas geziert hatte, überzeugte ihn jedoch seine Frau und er sagte zu. Als sie nach Hause gingen, spürten beide, es begann kälter zu werden, am nächsten Morgen war alles mit Raureif bedeckt. Mit einigen anderen ritt Hubert auf seiner Trakehnerstute aus. Die Luft war herrlich klar, es war kalt, aber langsam setzte sich die Sonne durch, der Raureif glitzerte wie eine Ansammlung von Edelsteinen. Zufrieden und gut gelaunt kehrten sie zurück.

Wieder im Büro ließ er sofort Fischer und Mielke zu sich kommen. Fischer war bereits früher da und berichtete über sein Gespräch mit Ina. „Die junge Frau ist gut drauf und weiß sehr gut, um was es geht. Die möchte ich unbedingt behalten. Habe ihr gesagt, dass ich mich bei dir für sie einsetzen werde und habe ihr einige neue Unterlagen mitgegeben, die sie durcharbeiten soll." „Na also, da haben wir das Problem erledigt. Nimm sie auf, aber bitte erst nächste Woche hier im Büro." „Das machen wir, ich lasse gerade einen Arbeitsplatz für sie herrichten. Deine Cousine habe ich aufgenommen, die hat bereits mit Dietlind Verbindung aufgenommen." „Gut, so läuft das. Oh, Herr Mielke. Setzt euch, wir haben einen Zusatzauftrag." Kurz und knapp schilderte er, was ihm der Stadtbaurat gesagt hatte. „Ich denke, wir werden das machen. Herr Fischer, du übernimmst die Vertragssachen und du Herr Mielke koordinierst diesen Auftrag. Welche Kolonne können wir da nehmen?" „Schmidt und Neumann werden nächste Woche fertig. Einen von beiden wollten wir hier auf dem Hof zur Verladung von Holz und Kohle einsetzen. Außerdem muss das frische Holz was kommt, gespalten und eingelagert werden. Teile von Rübke sind bei Schwarz, der braucht die und der Rest ist hier verteilt. Wer soll das jetzt machen?" „Da habe ich mir was überlegt. Schmitz ist wieder gut belastbar. Der soll sich fünf oder sechs Leute von den Flüchtlingen holen und diese Aufgabe übernehmen." „Ah, gute Idee, das mache ich. Der wird froh sein, endlich wieder so einen Auftrag zu bekommen." „Der soll die bei Fischer melden, die bekommen einen Zeitvertrag. Das Geld dafür holen wir locker mit dem Verkauf des Holzes raus."

Dieses Mal nickte sogar Fischer zustimmend, beide wollten sich sofort um diese Sachen kümmern.

Endlich kam Gertrud mit den Ordnern zum Zug. „Zwei kleine Wohnungen nebeneinander haben wir für die beiden Frauen vorgesehen. Bei Möbeln und andere Dinge helfen wir beim Suchen." „Schön, das ist sehr kameradschaftlich, danke."

Eine weitere Einladung fand er dieses Mal in der Post, das RAW lud ein zu einem Wintervergnügen in der großen Kantine des Werkes, das von ihnen gebaut war. Da würden sie teilnehmen, beschloss er und steckte die Einladung ein. Gerade hatte er das Papier bewältigt, als Kokoschka erschien.

„Wir haben heute den Bestand der Halle überprüft. Dabei hatte ich Frau Baumann und Braun, den Meister von deinem Bruder. Der sollte überprüfen, was dort an Fahrzeugen steht. Nur so viel vorab. Drei Opel Blitz, zwei davon fahruntüchtig, einer so halbwegs. Vier Pkws, drei davon müssen ebenfalls total überholt werden, zwei Motorroller und sechs Motorräder, Wehrmacht. Ach so, zusätzlich zwei mit Beiwagen und zehn Fahrräder. Bauer sagte, sie würden die Preise dafür errechnen und Gert wollte die kaufen. Für uns ist dort eine Menge an Baustoffen, Material für die Klempner und Elektriker, sowie Glas und Holz. Diesel ca. drei Laster voll und Benzin, ebenso viel, mindestens.

Heizöl und Farben sind da. Dazu stehen dort ca. 20 Pakete mit Kleidung und ca. 25 mit Lebensmitteln. Das ist der erste große Überblick. Das Werkzeug haben wir nicht festgestellt. Reifen und allgemeines Verbrauchsmaterial sind da. Morgen überprüfen zwei Leute von mir weiter. Bis Montag bekommst du eine Liste mit Preisen und den Gesamtinhalt. Bevor du was sagst, ich weiß, dass dafür nicht der Ladenpreis angesetzt wird, ist alles gebraucht!" grinste er. Hubert grinste zurück. „Macht das mal. Also du meinst, das lohnt sich?" „Na klar, das können wir alles brauchen und zwar sehr, sehr preiswert!" „Frohes Überprüfen. Wenn ihr etwas überseht, macht das nichts." Grinsend verabschiedeten sie sich voneinander. Daheim informierte er Ulla über die Veranstaltung am Samstagabend. „Wenn die etwas zu essen mitbringen, haben wir kaum Aufwand, außer dem Geschirr und den Gläsern", nahm sie es entspannt hin. „Wir müssen bald unser Lager am Nordbahnhof umräumen, um alles unterzubringen, wegen der Sachen aus der neuen Halle." „Warte ab, was da drin ist. Anschließend können wir aktiv werden, am Montag um 09:00 habe ich den Termin bei Britta."

Neugierig ging Hubert zu Krummrich. Der war mit seinen Frauen gerade mit der Einsatzplanung der Fahrzeuge fertig geworden.
„Wir haben alle Fahrzeuge im Einsatz, einige fahren bereits ohne Beifahrer. Alle abgestellten Laster aus Cremlingen rollen derzeit. Aber wenn der britische Auftrag zum Lebensmitteltransport kommt, müssen wir uns etwas einfallen lassen." „Hilft es dir, wenn wir die Gespanne und unsere Trecker dazu nehmen?"

„Das würde helfen. Ich kann mir vorstellen, die beim Holztransport einzuplanen." „Die Gespanne könnten wir hier im Bereich für den Holztransport des Kronenholzes einsetzen und bei Fritz im Elm." „Das würde uns sehr helfen. Fritz kann zwei seiner Traktoren mit jeweils zwei Anhängern einsetzen und hier könnten wir mit zwei maximal drei Gespannen etwas bewirken." „Zur Not kann ich zwei Traktoren dazu geben, aber das wäre die allerletzte Reserve!"

„Die sollten wir nicht angreifen, denn da müssten wir beide vermutlich selber fahren. Gert hat seine Besatzung ausgedünnt, da sind welche im Harz." „Jetzt nehmen wir für den Bereich hier die Gespanne. Vor mir kannst du Thomas dafür bekommen, Romeike und da ist einer der jungen Fahrer, die bisher Holz ausgefahren haben." „Gut, ich werde Paul herholen, mit dem werde ich das besprechen." „Wenn es Probleme gibt, sag mir Bescheid. Priorität hat der Einsatz im Harz, danach Elm und Wittingen und zum Schluss unser Bereich." „In Ordnung, kann ich in Wittingen deinen Verwalter Sigurd einsetzen?„Natürlich. Die Ernte ist drin, der kann das, ich kümmere mich darum."

In Gedanken wegen der angespannten Kfz-Situation ging er in Richtung Büro, als er fast Schmitz umlief, der auf dem Weg zu ihm schien. „Oh, fast hätte ich dich umgerannt, willst du zu mir?" sagte er. „Ja, ich wollte dir berichten. Fünf Leute von den Flüchtlingen habe ich zusammen. Wann sollen wir beginnen? Mit Fischer will ich klären, wie das mit den Zeitverträgen für die laufen soll." „Gut, die fünf sollten ausreichen. Fangt ab Montag an, Holz in Säcke zu packen, die findest du im Lager. Das neue Holz kommt ab Mitte der

Woche. Um das lagern zu können, musst du Platz schaffen, deshalb Holz in Säcke. Für die Kohle liegen da Säcke, aber das kommt erst später. Erst das Holz." „Verstanden. Ich bereite alles vor. Soll ich mich um die Auslieferung kümmern?" „Gute Idee, darüber haben wir gar nicht gesprochen. Ja das kannst du machen, sprich das mit Fischer ab, der verkauft. Und sichere dir einen Opel Blitz, alle anderen Laster sind im Einsatz." „Gut zu wissen." „Aber keinen Übereifer, damit es keinen Rückschlag gibt." „Da passt meine Frau sehr genau auf!"

Zurück im Büro legte ihm Gertrud das Schreiben an die Geschäftspartner vor. Gemeinsam gingen sie es durch, stellten etwas um, so konnte es in Reinschrift gehen und gedruckt werden. 65 Adressaten waren es, denen das zugesandt werden sollte. Bei einer Tasse Kaffee saß er an seinem Schreibtisch, als Gertrud hereinkam. „Hubert, Sänger ist da und hat einen im Schlepptau, den du angeblich kennst!" „Lass sie rein, mal sehen, wer das ist." Als erster kam Sänger und sagte: „Tag Chef, schau mal, wen ich aufgegabelt habe. Komm rein, du brauchst keine Angst haben!" Hinter ihm schob sich ein ziemlich verwahrloster Mann vorsichtig durch die Tür. Reste der ehemaligen Uniform konnte man erkennen, die Stiefel waren völlig kaputt, ein fleckiger Rucksack hing auf seinem Rücken. Stumm sah Hubert ihn an, seine Gedanken und Erinnerungen überschlugen sich. Während Sänger grinste, sah er den Mann genauer an. Leise sagte er: „Dieter Kruse, Pardon, Unteroffizier Dieter Kruse?" Mühselig lächelte der Mann: „Ja, das war einmal." Hubert erhob sich und kam zu den beiden. „Setzt euch hin, Gertrud wir brauchen zwei Kaffee!" Vorsichtig setzten sich beide auf die Ränder der Sessel. Eine geöffnete Schachtel Zigaretten legte er auf den Tisch. „Bedient euch, wo hast du ihn aufgegabelt?" Sänger blies den Rauch aus. „Helma bat mich, etwas vom Schlachthof abzuholen und ihr mitzubringen. Da saß er vor dem Tor des Schlachthofes und bettelte. Zwei Jungs ärgerten ihn. Ich stieg aus und verjagte die, gab ihm zwei Scheiben Brot. Er sah mich an und sagte: Mensch Sänger, dass wir uns so wieder sehen müssen! Da habe ich ihn in den Opel gepackt, habe mein Zeug in Wolfsburg abgeliefert und bin hierhergekommen. Chef, der gehört zu uns!" „Das weiß ich und wir werden uns um ihn kümmern." Er wandte sich an Kruse, der vorsichtig an der Kaffeetasse nippte, die Zigarette zitterte in seiner Hand. „Dieter Kruse, das letzte Mal, als ich dich sah, hast du im Ruhrkessel das erste Geschütz im Feuer aus der Stellung geholt, als wir dort vor den Briten abhauen mussten. Das Geschütz kam mit allen, sogar mit der Munition zurück, aber du warst weg. Was ist da geschehen?"

Kruse stellte die Tasse weg und sagte leise: „Da lag ein verletzter Kanonier von uns, den wollte ich mitnehmen. Als ich den hochhob, schlug es neben mir ein, das hätte das ganze Geschütz vernichtet. Ich wurde weggeschleudert und war bewusstlos. Als ich später mühsam aufwachte, lag ich unter einer ganzen Schicht Dreck und Staub. Mühsam habe ich mich freigeschaufelt und da standen zwei Briten vor mir, beide mit angeschlagenem Gewehr, das war es. Ich kam in ein Lager für Kriegsgefangene, irgendwo in einer Moorgegend. Vor einer Woche bin ich freigelassen worden und habe mich mühsam nach Hause durchgeschlagen,

war ja in Peine verheiratet, damals eine
Blitzhochzeit im Urlaub. Aber als ich ankam, lebte
dort ein anderer Mann, sie hatte den geheiratet,
weil ich ja vermisst war. Sie hat mir klar gesagt,
dass sie jetzt den hätte, mich nicht mehr bräuchte.
Da bin ich raus und zu Fuß nach Braunschweig
zum Schlachthof. Dachte, hier könnte jemand
einen ehemaligen Soldaten brauchen, aber
Pustekuchen. Und da fand mich Sänger." „Wir
haben damals ein Kommando losgeschickt, um
dich zu suche und zu bergen, aber die haben dich
nicht gefunden, weil du bewusstlos unter dem
Schutt lagst. Mir blieb nichts anderes übrig, als
dich vermisst zu melden." „Ist klar, ich mache
niemanden einen Vorwurf, ist halt übel gelaufen.
Was ist mit dem Verletzten geschehen?"
„Den haben sie mitgebracht, wurde verbunden und
ins Lazarett gebracht. Der hat das überlebt." „Das
freut mich. Ich werde versuchen, mich irgendwo
unterzubringen. Danke für den Kaffee und
Zigaretten." Er wollte aufstehen, aber Sänger zog
ihn wieder runter. Hubert nickte Sänger zu und
sagte:
„Du gehst nirgendwo hin, du bleibst hier! Wir
werden für dich hier Arbeit finden. Du hast doch
damals bei der Auffrischung der Batterie einen
Führerschein gemacht, nicht wahr?" „Ja, ich sollte
zur Munitionsstaffel gehen, um dort zu fahren,
blieb aber bei der Batterie, weil der Unteroffizier
dort schwer erkrankte. Dessen Platz habe ich
eingenommen." „Ich weiß. Du wirst bei uns bleiben
und einen Laster fahren. Ich weiß, was du damit
machen sollst. Erst bleibst du unter den Fittichen
von Sänger, wirst eingekleidet und bekommst eine
Stube. Der sorgt dafür, dass du zu Kräften
kommst. Wenn du wieder in Ordnung bist, sage

ich dir, was du machst!" Kruse erhob sich mühsam. „Das ist eine Chance, die werde ich nutzen!" Jetzt mischte sich Sänger ein. „Hier gibt es mehrere aus der alten Batterie, das wirst du schnell merken. Aber jetzt holen wir dir neue Sachen, du gehst duschen, ziehst dich um, deine alten Sachen kommen in die Tonne. Ein Bett zum Schlafen besorge ich dir. Morgen erledigen wir die Bürokratie, da helfe ich dir. Aber jetzt los. Du bist eingestellt und wir haben alle gut zu tun!" Grinsend bugsierte er Kruse aus dem Zimmer. Tief in Gedanken saß Hubert in seinem Schreibtischsessel, als Gertrud leise sagte: „Entschuldigung, wer war das?" Hubert erzählte ihr die Geschichte des Unteroffiziers. „Da hat die Kuh ihn einfach so rausgeschmissen, hatte einen anderen geheiratet?" „Ja, so war das wohl!" „Ich fasse das nicht. Was soll der jetzt bei uns machen?" „Mir fiel etwas ein, woran wir nicht dachten. Zu den weit entfernten Arbeitsstellen müssen wir einen Fahrer haben. Wie sollen die sonst Ersatzteile und andere Sachen bekommen? Das soll er machen und später, wenn alles vorbei ist, schauen wir weiter."
„Daran habe ich nicht gedacht. Klar, da muss einer fahren, wenn etwas kaputt ist oder die Post und etwas dringend brauchen, du hast recht!" Nachdem ihm Becker berichtete, beide Käufe, sowohl die Glaserei, als auch die Halle, seien sauber über die Bühne gegangen, fuhr er nach Hause. Nachdem er seine Pferde bewegt hatte, berichtete er Ulla von dem Geschehen. Die war ebenfalls erschüttert. „Er war doch „nur" vermisst? Das finde ich schon schrecklich. Gut, dass keine Kinder davon betroffen sind. Wie soll das jetzt

weitergehen?" „Da werde ich morgen unseren Rechtsanwalt anrufen."

Das tat er am nächsten Morgen als erstes. Kramer hörte sich alles in Ruhe an und sagte: „Von solchen Fällen habe ich schon gehört. Das Scheidungsgesetz ist ja sehr rigide, aber ich denke, da werde ich ein paar Informationen einholen. Vielleicht gibt es eine Lösungsmöglichkeit." „Das wäre sehr schön. Wenn du etwas weißt, lass von dir hören." Ein wenig plauderten sie über die Situation der Firma und die Familie, beendeten das Gespräch. Hubert hatte beschlossen, Kruse zu helfen, kannte ihn als einen anständigen, loyalen Mann, der nie negativ aufgefallen war. Einen kleinen Abstecher machte er in das Neubaugebiet und sah sich die neuen fünf Reihenhäuser an. Hier waren die Maler und Elektriker mit Restarbeiten beschäftigt, das große Ladegerät war damit beschäftigt, den Aushub rings um die Häuser zu verteilen, damit hier später etwas angepflanzt werden konnte. Die drei anderen Häuser waren bezogen, Gardinen waren an den Fenstern und die Wege zu den Eingangstüren waren bei allen in Arbeit. Zufrieden stellte er fest, ab der nächsten Woche konnten diese Häuser bezogen werden. Bei Becker erkundigte er sich, wer dort einziehen würde. Grings war dabei, der mittlerweile Frau Klinke geheiratet hatte, Kleinert mit der Tochter von Magda, Frau Ehrling, die Familie Petersen mit dem Säugling. Frank, der das Aufgebot mit Frau Mielke bestellt hatte, dazu Lindner und Regina Kraft, die sich vor Weihnachten standesamtlich trauen lassen wollten. Auf alle Fälle waren es Familien mit Kindern, so hatte er es sich gewünscht. Die freigewordenen Wohnungen, aus denen die ausziehen würden, waren ebenfalls vergeben. So hatten sie es geschafft, fast alle aus den Behelfsunterkünften zu bekommen. Eine davon ging bereits in die Miete von Doris über, die hier ein Lager für ihre Änderungsschneiderei aufbauen würde. Bei Dolle ließ er sich in die Baupläne für die Hochschule und das Klinikum einweisen. Fast ausschließlich waren das Arbeiten im Inneren der Gebäude, die während einer Frostperiode fortgesetzt werden konnten. Bei seiner Rückkehr hörte er, wie im Kellerbereich Magda mit erhöhter Lautstärke den beiden Putzfrauen klar machte, was sie von ihnen erwartete. Klar sagte sie denen, es gäbe genügend andere, die sofort dankbar ihre Arbeit übernehmen würden, wenn sie sich nicht an ihre Anweisungen halten würden. Grinsend ging er in sein Dienstzimmer, in diese Auseinandersetzung würde er mit Sicherheit nicht eingreifen, Magda war durchsetzungsfähig genug, um das allein zu bewältigen.

Im Vorzimmer wartete bereits Kokoschka mit einer Mappe. „Wir haben alles überprüft, hier ist die Zusammenfassung!" „Sehr gut, komm rein, das schau ich mir an." „Die Sache mit den Fahrzeugen hat Gert erstellen lassen, das machen wir anschließend", sagte Kokoschka und begann. Ein Exemplar der Ergebnisse übergab er Hubert. „Die für uns wichtigsten Sachen stehen vorn, einige Sonderfälle zum Schluss. Du siehst, allein der Betriebsstoffbestand ist sehr gut, wie das Heizöl. Dazu kommen eine Menge Baustoffe, vor allem für den Bereich Elektro und Sanitär. Bei den Lebensmitteln handelt es sich ausschließlich um Konserven, dahinter entdeckten wir Gitterboxpaletten mit Hülsenfrüchten, Reis und

anderem. Bei der Bekleidung handelt es sich um mehrere Lieferungen. Teilweise Lieferungen im Rahmen der Winterhilfe der NSDAP und um verschiedene Lieferungen an Bekleidungsgeschäfte und Modehäuser, die es gar nicht mehr gibt. Bei dem Werkzeug handelt es ich um Sachen, die wir selber sehr gut brauchen können. Ebenso die Malersachen, Fußbodenbeläge und das Glas. Kommen wir zu den Dingen, die exotischen Charakter haben. Drei Schlauchboote mit Außenbordmotoren, Musiktruhen, eine Schallplattensammlung und eine Kiste mit kleinen elektrischen Geräten. Mehrere Leitern, zwei Waagen für Geschäfte, drei Kassen und zwei landwirtschaftliche Geräte, von denen Braun sagte, eine sei für das Heu- und Strohpressen und eine zur Verteilung von Saatgut. Mag sein, wir haben etwas übersehen, aber das stellt sich erst nachher heraus. Wir kommen auf eine Summe von 36.000 RM und Gert auf eine von 15.000 RM. Dabei sind Bekleidung und Lebensmittel nicht enthalten."
„Das ist ein Gemischtwarenladen, da kann man alles brauchen, wir sollten das nehmen!" „Ich sehe das auch so. Wie sollen wir damit jetzt umgehen?" „Schreibt bitte beide Listen zusammen, aber nehmt diese Sachen dort heraus." Er strich die landwirtschaftlichen Geräte, die Schlauchboote und die Musiktruhen mit dem Zubehör raus. „Jetzt wird das ein weniger billiger, 33.000 RM!" bemerkte Kokoschka. „Das ist so. Die komplette Liste bitte zu mir und damit gebe ich unser Gebot ab." „Gut, das lasse ich gleich machen, spätestens morgen früh hast du die." Die Liste von Kokoschka nahm er zu seinen Unterlagen. Vor der Freitagsbesprechung kam Fritz herein.

„Das ist ja ein Ding mit dem Kruse. Gut, dass du ihn aufgenommen hast." „Der war völlig heruntergekommen und dann das Drama mit seiner Frau, sehr abenteuerlich." „Was willst du jetzt machen?" „Der wird aufgepäppelt und später fährt er mit einem Opel die Verbindung in den Harz und nach Wittingen in der Woche. Wie es danach weitergeht, müssen wir sehen. Auf alle Fälle braucht Krummrich ständig Fahrer." „Das ist ein guter Ansatz. Ich werde mir den schnappen und mit ihm reden. Meine Kolonne für Montag ist fertig, morgen prüfen wir das Werkzeug und holen uns Bekleidung." „Habt ihr bei Winterfeld genügend Platz?" „Ist alles vorbereitet. Ich will dich nur vorwarnen. Als ich vor ein paar Tagen im Wald war, traf ich dort den Vertreter des dortigen Försters, der ist immer noch krank. Als er mir erzählte, dass sie Probleme mit der Abfuhr des Holzes hätten, bot ich unsere Hilfe gegen Bezahlung an. Er will sich das überlegen. Wenn, nur mit Vertrag und entsprechendem Kronenholz." „Verhandele mit dem und schick ihn zu Fischer, der erledigt das!"
Olbrich kam und berichtete, in Wittingen sei alles vorbereitet, die eine Gulaschkanone sei bereits dort, ebenfalls die Masse der Werkzeuge. Morgen wollte er den Rest erledigen, am Montag pünktlich aufbrechen. Mit dem Förster hatte er alles abgesprochen, dort würde er beginnen! In der großen Besprechung kündigte er den Einsatz von Kruse als Kurierfahrer an. Besonders Karl war damit sehr zufrieden, brauchte er so kein eigenes Fahrzeug bei Bedarf losschicken. Während die anderen zu Wort kamen, hatte Hubert eine Idee. Er sprach Müller nach der Besprechung an. „Ihr baut doch bei der Polizei die Gebäude für die dort

benötigte technische Unterstützung auf. Kannst du
nachfragen, ob die drei Schlauchboote mit
Außenborder brauchen könnten?" „Mache ich
gerne. Der Verantwortliche dafür ist sehr
zugänglich. Willst du dafür einen besonderen Preis
haben?" „Nein, ich will kein Geld. Wenn er dafür
etwas zum Tausch hat, gerne."

Am nächsten Morgen ließ sich Hubert im
Technischen Bereich blicken. Überall wurden die
letzten Vorbereitungen getroffen. Neben Fritz und
Karl war Weber aktiv, bereitete ebenfalls seinen
Einsatz vor. Vor allem im Gerätelager herrschte
Hochbetrieb, Werkzeug wurde getauscht oder
ausgegeben. Dabei wurde vermerkt, was hinaus
ging und wer es empfangen hatte. Bei Gert in der
Werkstatt was Hochbetrieb, letzte kleine
Reparaturen wurden durchgeführt, oder Sachen
verpackt. An jeder Stelle ließ sich Hubert Zeit für
Gespräche, hörte zu und beobachtete alles. Bei
Ivan im Metallbereich wurden die Ketten für die
Motorsägen überprüft, Äxte und Beile
nachgeschliffen. Im Tauschlager war Frau Goldap
mit Unterstützung von Magda beschäftigt, Sachen
zu tauschen oder neue auszugeben. Klatte
nebenan war ebenfalls mit den letzten
Ausbesserungen beschäftigt. Im Erdgeschoss
begann die Lohnauszahlung. Als er in sein Büro
ging, lief ihm Ina über den Weg. Sie schien gut
erholt, die Farbe um ihr Auge war kaum zu sehen.
„Ich habe Herrn Fischer die Unterlagen
zurückgebracht. Denke ich bin auf den aktuellen
Stand. Weil mir langweilig war, habe ich mir die
Abrechnung des Elektrogeschäftes vom letzten
Monat geben lassen, da werde ich mich heute
dransetzen." „Langsam, keine Hektik. Bist du

schon wieder richtig fit?" „Sagen wir mal so: Gewaltmärsche würde ich mir nicht zutrauen, aber in dem Büro, was die mir eingerichtet haben, kann ich gut sitzen und arbeiten. Ich muss wieder etwas tun!" „Alles gut, aber denk an deine Erholung." „Mache ich, morgen ziehen Martina und ich in unsere kleinen Wohnungen, da freue ich mich drauf!" Becker berichtete ihm von den Mietzahlungen für den neuen Monat.

„Alles ist da, wir haben dieses Mal jedem einen Zettel mitgegeben, dass man die Miete und Nebenkosten zukünftig als Dauerauftrag überweisen könne. Das gilt natürlich nur für die, welche ein Girokonto besitzen. Einige scheinen das bereits zu haben. Für uns wäre es eine Erleichterung, da muss nicht jedes Mal Monika vorbeifahren und kassieren." „Mit wie vielen Leuten rechnest du?" „Ich denke mal, wenn es ein Viertel ist, ist das gut. Die Frau aus der Glaserei ist umgezogen, das Haus dort leer. Momentan lasse ich es von meinem Hausmeister überprüfen. Der repariert ein paar Kleinigkeiten. Beide Kripobeamten sind sehr begeistert. Montag haben wir Besichtigung in den Wohnungen, und danach werden wir einen Mietvertrag abschließen." Nachdem er seine Post erledigt hatte, ging er zur Lohnzahlung, plauderte mit den dort anstehenden Arbeitern und besuchte den vor dem Haus stehenden Bäcker. In der Schlange stand Susanne mit dem Kinderwagen. Als erstes ging er zu ihr und begrüßte sie und seine Tochter, die strampelnd unter der Decke lag und warm angezogen war. Mit einem Finger strich er ihr über deren Stirn und redete mit ihr. Sofort umfasste sie seinen Finger und verzog ihr Gesicht zu einem Lachen. „Kauf ihr bitte etwas Weiches, damit sie darauf herumkauen

kann!" sagte er zur Susanne. „Das hatte ich vor,
ich soll Brot und Teilchen kaufen, da bekommt sie
ein kleines, weiches Stück ab." Wohlwollend hatten
die Frauen in der Schlange ihn dabei beobachtet.
Kaum war er weg, wurde das zum Thema der
Gespräche unter den Wartenden. Der Bäcker
selber hatte zur Verstärkung seit Neuestem eine
Frau als Verkäuferin dabei, denn mittlerweile
kaufte fast das ganze Dorf hier ein. Nebenbei
plauderte der Bäcker mit ihm, er wollte unbedingt
zu Fritz. „Wegen des Weizens!" zwinkerte er Hubert
zu. Der nickte verstehend und sah dabei Müller
aus dem technischen Bereich kommen. Der
deutete kurz auf ihn und machte mit einer Hand
das Zeichen zum Reden. Also ging er ihm entgegen.
Etwas abseits der anderen trafen sie sich. „Ich
habe mit dem Chef der technischen Einheit
gesprochen. So etwas wie diese Schlauchboote
fehlt ihnen, die würden sie gern nehmen." „Na also,
da lag ich ja gar nicht verkehrt. Was bietet er an?"
Müller grinste. „Wenn wir die auf einem großen
Anhänger bringen, können wir den vollbeladenen
mit Benzin- und Dieselkanistern wieder
mitnehmen." „Wunderbar, das ist eine gute Sache.
Eine Woche müssen wir warten, danach läuft das.
Die Motoren sollten wir vorher überprüfen." „Bei
mir in der Kolonne sind zwei ehemalige Pioniere,
die das können."
In seinem Büro wartete bereits Gertrud. „Du
möchtest bitte Wagner anrufen." „Hubert, wir
müssen mit den berittenen Streifen in den Wald
beginnen, da ziehen immer mehr Leute zum
Holzsammeln hin. Ich selber fahre heute
Nachmittag in der Buchhorst Streife. Könnt ihr
bitte um das Forsthaus und in euren Waldteilen
reiten?" „Machen wir heute und morgen, ich

organiseire das." Mit Gertrud besprach er das. „Ich reite heute Nachmittag mit meiner Familie und morgen Vormittag mit Richard, Thomas und Tietz. Könntest du bitte morgen Nachmittag organisieren?" „Da reite ich mit Fiete, der ist ab Nachmittag bei mir. Den Rest hole ich mir zusammen." Monika hatte mitgehört. „Wann soll mein Mann da sein?" „09:00 Uhr am Stall."

Als Hubert auf den Hof kam, informierte er Richard und Frank über ihr Vorhaben. „Nimm heute Thomas und Petra mit, damit die mal wieder rauskommen." „In Ordnung. Dabei reiten die meinen guten alten Springer und die Springstute. Ich nehme die Trakehnerin und Ulla ihren neuen Schwarzen, Junior ist klar." „Wann?" „14:30 Uhr im Stall." Beim Mittagessen gab er das an seine Familie weiter. „In Ordnung, aber wir sollten uns warm und regenfest anziehen", fügte Ulla hinzu. Für ein Stündchen legte er sich auf die Couch, später gingen sie, wetterfest angezogen, zum Stall. Ihre Pferde waren bereits gesattelt, Thomas und Petra warteten auf sie. Hubert übernahm die Spitze, die anderen folgten, Ulla war Schließende. Anfangs war alles ruhig, Hubert ließ sich von Thomas berichten, was er bei Klatte lernte, der Junge schien ein gutes Geschick zu haben, er würde Klatte dazu befragen. Je weiter sie nach Westen in Richtung Braunschweig kamen, desto mehr Leute trafen sie an. Einige trugen dicke Äste als Bündel auf dem Rücken, hin und wieder waren welche mit dem Handwagen unterwegs, darin Zapfen von Kiefern und zerbrochene Äste. Bei einem dieser Wagen hielt Hubert an, deutlich sichtbar lagen zwei Äxte darin. „Darf ich Sie fragen, wozu Sie die Äxte brauchen?" fragte er ruhig. Die hagere Frau, die mit ihren drei Kindern den Wagen zog, sagte: „Ist das hier Ihr Wald?" „Ja, das ist er, deshalb frage ich."

„Wir holen die Äste, die unten liegen und versuchen sie mit den Äxten zu zerschlagen, damit mehr in den Wagen passen." „Alles in Ordnung, bitte keine Bäume damit fällen, das bringt gar nichts, weil das Holz zu feucht ist und nicht brennt." „Das wissen wir, aber irgendwann haben wir nichts mehr zum Heizen, was machen wir dann?" „Ab der nächsten Woche arbeiten wir hier im Wald, da dürfte genügend für Sie übrigbleiben." „Aha, und wo?" „Das hören Sie am Lärm der Motorsägen!" „Danke für den Tipp, das werden wir tun!" Sie ritten weiter, hielten große Abstände. Plötzlich schloss Junior auf. „Papa, ich soll dir von Mama sagen, da rechts sägen welche!" „Danke, das schauen wir uns an." Drei Frauen, ein älterer Mann und mehrere Kinder waren dabei einen schon länger umgefallenen Baum zu zersägen. Teile des Stammes waren bereits vermodert, aber die Äste waren recht trocken. „Bitte nur solche Äste abmachen, keine frischen Bäume", rief Ulla. Eine der Frauen schrie zurück: „Was willst du Schickse, dir ist bestimmt nicht kalt." Hubert ritt genau vor die Frau, die sofort zurückwich. „Hör zu du Schreihals, das ist unser Wald! Wenn ich jetzt die Polizei hole, seid ihr alles los. Nehmt euer Zeug und haut sofort ab!" Sehr giftig sah ihn die Frau von unten her an, der alte Mann sagte: „Komm her, lass uns gehen, wir haben den Wagen doch voll." Nachdem die Leute mit dem Wagen verschwunden waren, sagte Petra: „So welche haben uns damals böse verjagt, als wir uns auf der Flucht aufwärmen wollten!" Thomas sagte zu Ulla: „Die hätten mir nichts gegeben, als ich allein mit dem Zug

303

hierherkam. Ich bin so froh, dass ich bei euch bin!"
Er trieb sein Pferd an und ritt nach vorn zu
Hubert. Später daheim erklärte Ulla Junior, warum
alle diese Menschen im Wald Holz gesammelt
hatten. Der hörte ihr genau zu und fragte: „Aber
wir können hierbleiben und brauchen nicht im
Wald Holz sammeln?" „Ja natürlich, aber wir
haben Glück gehabt, hier zu sein Wir brauchen
nicht frieren und haben genug zu essen!" Huber
hatte ein kleines Nickerchen im Sessel gemacht,
jetzt wurde es Zeit, den Keller vorzubereiten.
Sieglinde brachte Teller und Besteck nach unten,
kurz darauf kamen die ersten.

### Die Familienkonferenz und ihre Folgen

Hartmut kam zu ihm in den Keller, während
Christina sich Hannelore anschaute. Während es
im Keller über Finanzsachen ging, erklärte Ulla
ihre Probleme. Christina hatte ruhig zugehört und
sagte schließlich: „Ich denke, du machst das
richtig. Lass dich genauer untersuchen und wenn
es da etwas gäbe, was schnell zu erledigen ist,
mach es. Verlass dich auf das Wissen und die
Fähigkeit von Frau Doktor März. Die stimmt sich
mit dem Chefarzt ab und wenn beide zu einem Rat
kommen, befolge ihn. Lieber gleich machen lassen,
als es mit sich herumzuschleppen. Außerdem hast
du genügend Leute, die auf die Kinder aufpassen
und sich um Hubert kümmern." „Du hast recht,
ich will sorgenfrei leben. Es gibt genug zu tun."
Malwine und Heinrich kamen, sofort wurden ihre
Mitbringsel auf Teller verteilt. Das gleiche erfolgte
nach der Ankunft von Fritz und Barbara. Gert und
Doris als letzte brachten die beiden Bierkisten in
den Keller, wo sie von Hartmut hinter der Theke in

Empfang genommen wurden. Als alle im Keller versammelt waren, ließen sie sich das Essen schmecken. Ulla und Hubert erzählten von ihren Erkenntnissen während der Streife im Wald. „Das wird mit Sicherheit schlimmer, wir sollten uns da auf einiges einstellen", bemerkte Heinrich. Das Essen war fertig, nur ein kleingeschnittener Käse und das restliche Brot standen auf dem Tisch, jeder hatte etwas zu trinken, darum kümmerte sich heute Hartmut. „Schön, dass alle da sind. Ich habe mit Fritz darum gebeten, um unsere Aktivitäten abzusprechen und um zu schauen, wer was macht oder Unterstützung braucht. Damit das in Gang kommt, fange ich an," sagte Hubert. Kurz stellte er die momentane Situation der Firma da und endete mit den Worten: „Bei der gesamten Holzaktion sollten wir klären, wer daran wie profitiert." Das nahm Fritz zum Anlass, um zu sagen: „Lassen wir den Harz und den Elm außen vor. Da wird hauptsächlich die Mannschaft und der Maschineneinsatz von dir gestellt. Das solltest du eintreiben. Das gilt ebenso für die Einsätze hier in unserer Region. Wobei die Holzerlöse aus dem Familienwald unseren Eltern zustehen und mir die aus dem Wald, der zu meinen Flächen gehört. Wenn du meine Leute, mich und meinen Vater als Arbeitskraft einsetzt, solltest du uns entsprechend bezahlen. Das müssen wir schon machen, sonst fragt uns die Steuer, ob wir mit unseren Maschinen spazieren gefahren sind. Dafür solltest du das Kronenholz haben, denn das wird ja von deinen Leuten und Maschinen verarbeitet." „Dann rechne ich die Transport- und Teile der Arbeitslöhne mit euch ab?" „Das wäre das Sauberste!" bekräftigte Heinrich, „der Gewinn bei der Sägerei wäre unser." Hinter der Theke meldet

305

sich Hartmut. „Wenn ich als Unparteiischer dazu etwas sagen darf: Das wäre eine saubere Lösung, damit kann euch keiner an den Wagen fahren, vor allem die Steuer nicht. Details müsst ihr aber genau vorher klären, nicht dass es anschließend Ärger gibt." „Ich lasse das durch Fischer kalkulieren und lege es euch vor", stimmte Hubert zu.

Malwine meldet sich zu Wort. „Unsere Geschäfte laufen sehr gut, fast zu gut. Der Handel mit Struss und der Marktverkauf laufen blendend. Aber was mache ich mit dem Geld, was reinkommt? Irgendwann kommt die Währungsreform und dann ist es weg." Doris bestätigte das. „Das sehe ich genauso. Eine Idee hätte ich, aber da komme ich später zu." Wieder meldete sich Hartmut. „Du hast völlig recht. Wir alle wissen nicht, wann das kommt, aber die Zeichen stehen an der Wand. Du solltest das Geld woanders parken. Zum Beispiel einen neuen Verkaufswagen erwerben und dein Geld in anderen Dingen anlegen. Auf alle Fälle nicht auf das Sparbuch legen, da wird es vermutlich verschwinden. Ich mache mich gerne sachkundig im Bankbereich und zeige euch ein paar Möglichkeiten auf." „Wir versuchen das ebenfalls so. Wir kaufen vom Guthaben neue Autos, Maschinen und legen es in Wertpapiere an. Das haben uns nicht nur die Bank, sondern die Steuerberaterin und mein Patenonkel so geraten", bestätigte Hubert den Vorschlag Hartmuts. „Gut. Hartmut mach dich bitte schlau und komm vorbei, wir reden darüber", gab Malwine zurück. Barbara meldete sich als nächste.

„Ich will euch etwas mitteilen. Das ist ganz neu, erst ein paar Tage alt und bleibt vorerst bitte hier im Raum. Es gibt Probleme bei der Versorgung mit

Molkereiprodukten. In mehreren
Molkereierzeugnissen hat man Verunreinigungen
festgestellt, die gesundheitsgefährdend sind.
Derzeit läuft eine große Überprüfung dieser
Produkte. Als ich das hörte, habe ich meine
Sachen als Erste prüfen lassen mit einem guten
Ergebnis, bei mir ist alles in Ordnung. Allerdings
nicht bei anderen. Über die Hälfte der Molkereien
hier in der Region müssen bereits ihre Produktion
einstellen. So ist das Ergebnis des
Gesundheitsamtes. Jetzt kommt es zu einem
Problem. Wenn die nicht mehr arbeiten können,
stockt die Versorgung ganz erheblich. Welche
Probleme daraus entstehen, sollte jedem klar sein.
Seit drei Tagen ist alles bei mir verkauft. Ich kann
gar nicht so viel produzieren, wie man von mir will,
und das wird dauern, denn so einfach wird man
das nicht in den Griff bekommen. Das wirkt sich
aus, die Bauern werden ihre Milch nicht mehr los,
die wissen nicht mehr wohin damit. Aber ich kann
nichts mehr annehmen, meine Kapazitäten sind
erschöpft." Alle hatten aufmerksam zugehört.
„Kannst du bei dir in der Molkerei nichts
anbauen?", fragt Ulla. „Ein wenig schon, aber
mehr, dazu fehlt mir der Platz." Alle überlegten,
Hartmut füllte Getränke nach. Plötzlich sagte
Heinrich: „Was ist denn mit der alten Molkerei in
Sickte?" Alle sahen ihn an, Hubert fragte: „Wo war
dort eine Molkerei?" Malwine erklärte es. „Der alte
Besitzer verstarb 1941 und niemand wollte die
Nachfolge antreten. Wir kennen die Tochter, die
das geerbt hat. Auf dem Gelände hat sie mit ihrem
Mann einen kleineren Hof. Sollen wir nachfragen?"
Barbara sah Fritz an, der nickte. „Nun ja, fragen
kann man ja mal, warum nicht? Aber da muss
man bestimmt eine Menge machen und braucht

mehr Autos und Personal. Ich weiß nicht, ob ich das einfach so stemmen kann." „Wozu hast du einen Schwager der eine Baufirma hat und finanzielle Unterstützung kann ich leisten", warf Hubert ein. Gert ergänzte: „An Autos soll es nicht scheitern. Da kann ich helfen, dazu sage ich gleich etwas." Wieder sahen sich Barbara und Fritz an. Er nickte und sagte: „Prüfen und kalkulieren sollte man das auf alle Fälle!" Sie holte tief Luft. „Also gut. Stellt die Verbindung her und wir sehen weiter!"

Jetzt meldet sich Gert zu Wort. „Hubert, du solltest was zu der Lagerhalle sagen." „Mache ich gern, vorher Prost!" Alle nahmen einen tiefen Schluck, Hubert berichtete von der Halle und sagte, warum sie nicht darüber gesprochen hätten. „Nächste Woche schicke ich meinem Patenonkel das Ergebnis der Überprüfung und mache das Angebot. Gert und ich sind dort beteiligt." „Genau so ist das. Ich habe das Angebot für alle Motorfahrzeuge gemacht. Offiziell sind sie nicht gebrauchsfähig, aber wir haben genug Teile im Vorrat, um die wieder lauffähig zu machen. Dabei wäre ein Opel Blitz für Barbara." „Was gibt es denn da noch", fragte Fritz neugierig. „Für dich sind da einige interessante Sachen dabei, eine Stroh- und Heupresse und eine Drillmaschine." „Oh sehr interessant, denkt bitte an mich!" „Keine Sorge, das tue ich. Aber erst müssen wir es haben. Da sind andere interessante Dinge dabei, zum Beispiel Bekleidung für Doris."

„Ach ja? Das hört sich sehr interessant an." „Wir holen das bei uns auf den Hof, schauen uns an, was das alles ist."

„Gut so, aber ich hätte da etwas. Hubert, du hast mir von der Frau erzählt, die ein Wolle- und

Strickgeschäft hat. Mit der habe ich Verbindung aufgenommen und mir das angeschaut. Die Frau hat das Geschäft von ihrer verstorbenen Mutter übernommen, aber so richtig kommt sie damit nicht klar. Vor allem mit der Buchführung und der Beratung der Kunden scheint es erheblich zu hapern. Ich überlege, das Geschäft samt dem dazugehörigen Haus zu erwerben. Das Geschäft würde gut zu meinen anderen passen und ich hätte zwei Frauen, die das führen könnten", berichtete Doris. „Und an was scheitert das?" fragte Hubert. „Ganz einfach, am Bargeld. Außerdem möchte ich die anderen Geschäfte nicht mit einer solchen Ausgabe belasten." „Lass unsere Ingenieure das prüfen und macht eine Aufstellung der Kosten. Danach können wir weiter darüber reden." „In Ordnung, das werde ich tun, werde mich am Montag darum kümmern." Gert hatte etwas auf dem Herzen, das er jetzt bekannt gab. „Ich werde den Lackierbetrieb erweitern und dort die Autos ausstellen, die wir ausgebessert haben. Wenn der Betrieb demnächst neue Autos kauft, würde ich die alten übernehmen und dort ebenfalls zum Verkauf anbieten." „Momentan ist das schlecht, die Spedition braucht alle Autos dringend, sie hat sehr viele Aufträge", warf Hubert ein. „Das weiß ich, es ist ja nicht die Rede von sofort. Aber das wird irgendwann so sein." Christina fragte nach: „Willst du irgendwann neue Autos dort verkaufen? Ich denke bei VW geht die Produktion wieder los?" „Das habe ich gehört. Das ist eine Option, ja, das habe ich in der Zukunft so vor. Irgendwann möchte ich neben den Landmaschinen Pkws verkaufen."
Das waren die großen Dinge, die in der nächsten Zeit anstanden. Jetzt ging es um andere Dinge.

Hubert berichtete von den anstehenden Bällen und Empfängen. Fritz und Barbara wollten zum Reiterball und zum Empfang der IHK mitkommen, wie Doris und Gert. Alle, die etwas mit Jagd zu tun hatten, würden bei der Jahresendfeier bei Fietes Vater dabei sein. Fritz fiel ein, er würde gern mit Barbara beim Ball der Schlachter teilnehmen. Gert und Doris würden zu einer Veranstaltung des neugegründeten ADAC gehen und zum Büssingempfang. Hartmut und Christina hatten die Absicht, zum Ball der Apotheker und Ärzte, sowie zum Ball der TH, mitzugehen. Die Eltern waren eingeladen zum neuen Landvolk und zum Gesangsverein. Später löste sich das Ganze in Einzelgespräche auf. Doris unterhielt sich intensiv mit Hartmut, vor allem waren es finanzielle Dinge, die sie besprachen. Ulla klärte mit Malwine, wie mit Junior zu verfahren sei, wenn sie im Krankenhaus bleiben müsste. Mehrere kleine Vorhaben wurden in diesen Gesprächen geklärt. Vor allem wurde Hartmut oft einbezogen, was Hubert besonders freute, der Junge war voll in die Familie integriert. Es war ein gelungener Abend, stellten Ulla und er schließlich fest, als sie wieder allein waren. „Willst du Barbara und Doris finanziell unterstützen?" fragte sie auf den Weg ins Schlafzimmer. „Ich denke schon, denn für beide bietet sich die Möglichkeit ihre Existenz auf breite Füße abzustützen und das tut der ganzen Familie gut." „Da hast du Recht und du hast das Geld. So kann niemand sagen, wir hätten das nur für uns ausgegeben." „So vermeiden wir mit Sicherheit neidische Gedanken, die alles schnell vergiften können."

Am nächsten Morgen ritt er mit Richard, Tietz und Regina einen ähnlichen Wegebereich ab. Dabei ließ er sich von Tietz erklären, wie der Bau in der Bruchstraße vorankam. „Die Dächer sind alle fertig, die wurden gemacht, bevor Olbrich mit seinen Leuten nach Wittingen ging. Maurerarbeiten sind nicht mehr viele zu machen, die Klempner und Elektriker sind dabei, sollten aber bis Ende der Woche fertig werden. Anschließend gehen sie zu Alberts ins Hotel."

„Damit kannst du ab Mitte nächster Woche hier im Forst anfangen." „Ja, ich spreche morgen mit Weber alles ab und beginne mit den Vorbereitungen. Die restlichen Bauarbeiten macht mein Vertreter." Mehrere Personengruppen, hauptsächlich Frauen mit Kindern, trafen sie an. Allerdings war kein Ausreißer dabei, wie gestern. Dankbar nahmen viele den Hinweis an, dass demnächst Arbeiten im Wald stattfinden würden und dabei würde ganz sicher für sie Holz abfallen. Im Stall zurück bereitete sich dort bereits die nächste Gruppe auf ihren Ritt vor. Gertrud, Fiete und Dietlind würden in dem Bereich von Fietes Vater reiten. Weber, Bode, Niemann und Birte wollten in den Wald von Wagner. Zufrieden ging Hubert zum Essen ins Haus. Alles war gut gelaufen.

Bevor er am nächsten Morgen in die Firma fuhr, verabschiedete sich Hubert von seiner Frau und sagte dabei: „Wenn da etwas ist, was schnell erledigt werden kann, mach es. Momentan ist es ruhig, aber bald bekommst du jede Menge zum Auspacken aus der Lagerhalle." „Ich weiß und das Lager am Nordbahnhof muss überprüft werden. Richard fährt mich mit dem Opel, die Kleine bringe

ich zu Frau Schmidt." In der Firma verabschiedete
er die drei Arbeitskolonnen, die ab heute auswärts
arbeiten würden, es begann die wöchentliche
Stabsbesprechung. Dieses Mal ging es um
Kleinigkeiten, die schnell geklärt werden konnten.
Kokoschka gab ihm die Liste mit den Inhalten der
Halle. Dazu diktierte er Gertrud das Anschreiben
an seinen Onkel und nannte die Summe in Höhe
von 36.000 RM. Die setzte er etwas weiter
herunter, denn Kokoschka hatte einiges nicht auf
der Liste. Die Summe, die der ausgerechnete hatte,
stimmt mit seinem Kaufgebot überein. Mittags
besuchte er seine Eltern zum Essen. „Dein Vater
war heute Vormittag mit Barbara in Sicke. Die
Erbin war offensichtlich sofort hellwach. Auf alle
Fälle scheint die sehr interessiert zu sein", sagte
Malwine. Heinrich legte seinen Löffel weg. „Sie bot
uns an, das Gebäude von innen anzuschauen.
Grundsätzlich muss da einiges gemacht werden,
sah ich auf den ersten Blick. Aber alle alten Geräte
und Milchkannen waren da. Barbara nahm das
ungerührt zur Kenntnis, stellte Fachfragen, welch
die Frau aber nur zur Hälfte beantworten konnte.
Auf alle Fälle muss die Rampe gemacht werden.
Schau einfach bei ihr vorbei, sie wollte jetzt
rechnen."
In der Molkerei traf er Barbara. Die saß an ihrem
Schreibtisch, hatte eine Rechenmaschine neben
sich und jede Menge Papier auf dem Schreibtisch.
„Hallo liebe Schwägerin!" „Sei gegrüßt Hubert, stör
dich bitte nicht an dem Chaos auf meinem
Schreibtisch, ich habe ein Problem." „Kann ich
helfen?" „Ich weiß nicht, das Ganze übersteigt
meine Mittel. Wenn, kaufe ich das Gebäude. Da
sind zwar jede Menge Geräte und Maschinen drin,
aber über die Hälfte muss ich erneuern. Das würde

schnell gehen, ein Anruf und es würde geliefert."
„Was ist denn der Hauptposten?" „Das Gebäude.
Die Frau will 230.000 RM dafür haben. Für die
neue Ausrüstung habe ich das Geld, aber für das
Gebäude langt es nicht." „Gib mir bitte dein
Telefon!" Sie schwenkte das Gerät zu ihm hinüber.
Hubert rief Gertrud an. „Bitte schicke mir sofort
Niemann und Becker zur Molkerei. Sie sollen mit
dem Auto kommen, sie müssen anschließend nach
Sickte."
Er schob ihr das Telefon zurück. „Ein
Bautechniker und unser Immobilienmensch
kommen gleich. Mit denen fährst du da bitte hin!
Die werden die Frau von dem Preis runterholen.
Wir beide gehen jetzt deine weitere Kalkulation
durch." Das taten sie Schritt für Schritt, bis es laut
klopfte. Becker und Niemann standen grinsend vor
der Tür. „Neues Abenteuer?" fragte Niemann.
Hubert lachte. „Nein, nicht wirklich. Ihr beide
müsstet meiner Schwägerin helfen mit all eurem
Fachwissen." Er beschrieb das Problem der alten
Molkerei. Beide hörten aufmerksam zu. „Auf was
müssen wir uns bei der Frau einstellen?" fragte
Becker. Barbara seufzte: „Sie jammert sehr. Früher
war sie in der Molkerei tätig, aber seit sie zu ist,
hat sie keine Arbeit. Ihr Mann kam aus der
Gefangenschaft und hat bis Ende des Jahres einen
Aushilfsjob als Fahrer bei der Genossenschaft,
aber dann ist da Schluss." Niemann nickte.
„Verstanden, brauchst du Personal für die
Molkerei, die du da aufmachen willst?" „Ja, aber
das muss ich suchen." „Na, dann hast du doch
schon zwei, die Beiden." „Du meinst...?" „Ja,
warum nicht, das ist doch ein guter Köder!" „Du
hast recht, warum eigentlich nicht." „Na also, lass

313

uns machen, was meinst du, wie marode das Gebäude ist?"

Sie lachte. „Also gut, fahren wir hin, das kann ich nicht so richtig einschätzen." „Hubert, wenn da Bauland dabei ist, soll ich das mit verhandeln?" fragte Becker im Hinausgehen. „Mach das, aber bitte mich erst fragen!" Die drei fuhren nach Sicke und Hubert ins Büro, wo Gertrud schon aufgeregt wartete. „Du sollst sofort Frau Doktor März anrufen!" Hubert überfuhr ein Schauer. „Mach mal und stell durch."

Kaum saß er, als das Telefon klingelte, Britta März war dran. „Hallo Britta, was ist passiert?" „Bleib ruhig, wir haben alles im Griff. Unser Professor hat Ulla heute Morgen untersucht und festgestellt, sie hat eine Zyste an der Gebärmutter, daher die Probleme. Da eine geplante Geburt sich nach hinten verschob, haben wir Ulla gleich ins OP genommen und er hat operiert. Ich war dabei. Nach 45 Minuten war alles erledigt. Sie hat alles gut überstanden, schläft jetzt. Also, keine Hektik, alles ist gut gelaufen. Wenn die Heilung gut läuft, kannst du sie am Donnerstag abholen." „Kann ich sie morgen besuchen?" „Ja, sage, du willst zu mir, so bekommen wir das außer der Reihe hin." „Danke Britta, auf dich wartet eine Flasche Sekt!" Gertrud schaute herein. „Alles in Ordnung?" „Ja, alles gut gelaufen." Er erzählte ihr, um was es ging. „Prima, dass es gleich so klappte. Soll ich Blumen besorgen?" „Ja, ich fahre morgen hin. Hier sind 20 RM." Da er wusste, Junior war bei seinen Eltern, rief er dort an. Erst sagte er Malwine, was mit Ulla war, ließ Junior ans Telefon kommen und erklärte es dem kindgerecht. „Ich hole dich nachher ab und wir üben mit dem Wallach." „Au ja, darf ich den führen?" „Ja, darfst du!" Aber jetzt wurde es Zeit, seine Pultordner durchzuarbeiten. Gegen 15:45 Uhr standen Becker und Niemann an der Tür. „Wir melden Vollzug!" sagte Becker. „Bin begeistert, setzt euch und erzählt." Niemann begann. „Wir hatten Glück, der Ehemann der Frau kam dazu, hatte Feierabend, so konnten wir mit beiden verhandeln. Natürlich schauten wir uns das Molkereigebäude sehr sorgfältig an. Dabei wies ich auf mehrere Mängel hin. Das Dach hat einige, aber keine großen, die Rampe muss neue gemacht werden, die Türen sind alt und müssen erneuert werden, ebenso wie einige kaputte Fenster. Im großen Arbeitsraum müssen die Bodenfliesen neu verlegt werden, die Elektrik funktioniert mangelhaft und die Installationen müssen teilweise erneuert werden. Zur Technik sagte Barbara einiges, da müssen Geräte erneuert werden, dazu das Handwerkszeug. Die Masse der Milchkannen sind Schrott. Dazu fanden wir beide andere bauliche Mängel. Die Frau wurde immer stiller. Ich kalkulierte kurz und kam auf einen Reparaturbedarf von 125.000 RM. Danach setzte Becker an."

Der fuhr fort: „Die Frau verdaute gerade den Preis für die Reparaturen, da erklärte ich ihr, welche Preise für Gebäude gerade aufgerufen würden und wie problematisch die Beschaffung von Baustoffen sei. Als ihr ihr den Quadratmeterpreis für die Stadt und der umliegenden ländlichen Bereiche nannte, sagte sie gar nichts mehr. Dafür ihr Mann. „Das habe ich dir schon oft gesagt, du bekommst für diese Ruine nicht das, was du dir erträumst. Wer soll das kaufen, bei dem Reparaturbedarf?" sagte er ihr ganz ruhig und fügte hinzu: „Du hast keine Arbeit und ich am Ende des Jahres auch nicht. Wovon willst du leben?"

Der Mann hatte das ganz richtig erkannt. Sie sagte, sie könnten ja von der Pacht der 32 Morgen Land leben, die dazu gehörten. Darauf schüttelte er den Kopf und sagte: „Das reicht doch gerade zum Leben und wenn im Haus etwas ist, denk an unsere drei Kinder." Ab dem Zeitpunkt wusste ich, wir hatten gewonnen. Also schlug ich ihr einen Kaufpreis von 95.000 RM für das Molkereigebäude und die drei Morgen dazugehöriger Fläche vor. Erst war Ruhe, aber wir boten ihnen eine Lucky Strike an und gaben beiden die restliche Schachtel, da entspannte sie sich wieder. Schließlich sagte sie zaghaft: Sie würde gern 150.000 RM haben. Ich kam ihr entgegen und sagte: 100.000 RM und wir übernehmen alle Notarkosten und die Erwerbssteuer. Während beide überlegten, setzte Barbara ihren Joker. Beiden bot sie eine Arbeitsstelle in der Molkerei an. Das war der entscheidende Schachzug. Er stieß sie an und sie stimmte zu. Ich setze mich an einen der Schreibtische, holte einen Vordruck für einen vorläufigen Kauf aus meiner Tasche, füllte den aus und sie als Besitzerin unterschrieb. Ich schlage dir vor, Barbara kauft die Molkerei und den Platz drumherum und du nimmst drei Morgen als Bauland davon. Da kann man Einfamilienhäuser bauen, das wird bestimmt irgendwann lukrativ. Die Stadt Braunschweig ist recht nah, das wird was." „Das hört sich gut an. Was soll Barbara denn zahlen?" „Zieht man die drei Morgen ab, ca. 80.000 RM." „In Ordnung, kümmerst du dich darum?" „Klar, wir müssen schnellstmöglich zum Notar, aber Niemann hat etwas anderes."
„Ja, das sollte für Fritz interessant sein. Während sich die Frau mit Barbara und Becker beschäftigte, plauderte ich mit dem Ehemann, fragte ihn einfach

so, wie das mit der Pacht denn so liefe. Er winkte ab, das würde nicht reichen, um eine fünfköpfige Familie zu ernähren und den Resthof zu unterhalten. Außerdem liefe der Pachtvertrag Ende des Jahres aus und einige Bauern versuchten ihn bereits jetzt zu drücken. Auf keinen Fall könnten sie die 32 Morgen selbst bewirtschaften, dazu fehle ihnen das Gerät und das fundierte Wissen. Außerdem ginge eine Anstellung in der Molkerei vor, damit wäre beiden mehr geholfen. Als ich ihn fragte, ob er das Ackerland verkaufen wollte, sagte er, das würde davon abhängen, wie das Angebot aussähe. Als ich ihn fragte, ob er sich ein Angebot anhören würde, bejahte er das sofort. Fritz ist momentan im Elm, könnte das nicht euer Vater machen?" „Das ist eine gute Idee, das werde ich denen sagen. Aber wir machen erst den Kauf der Molkerei fest. Ich überlege gerade, ob man Baumann daran setzten könnte, die Arbeit im Wald kann er danach machen. Mit der ganzen Kolonne könnte er da gut was reißen, bevor es zu kalt wird." „Das sehe ich genauso. Von den Dachdeckern sind zwei und der Vorarbeiter hier, um andere Sachen abzuschließen." „Prima, so bekommen wir das in den Griff. Becker macht den Kauf, das Geld bekommst du von mir und du kümmerst dich um die Reparaturen."

Als sie gegangen waren, rief er Barbara an und sagte ihr zu, das Geld für den Kauf zu übernehmen, jedoch die drei Morgen Bauland selber behalten zu wollen. Außerdem bat er sie, mit Fritz zu sprechen und schlug ihr dazu vor, ihr Vater könne sich darum kümmern. „Das ist ein guter Weg, Heinrich ist momentan nicht groß gebunden, das sollten wir so tun. Soweit ich weiß, kann Fritz das bezahlen."

Zufrieden fuhr er später zu seinen Eltern, um Junior abzuholen. Dabei nutzte er die Gelegenheit, um seinen Eltern vom Stand des Molkereikaufes zu informieren. Als er vorschlug, ihr Vater könnte sich um den Bodenerwerb kümmern, war Heinrich sofort einverstanden, wollte das gemeinsam mit Barbaras Vater übernehmen. Wie versprochen, beschäftigte er sich mit Junior anschließend im Stall und bei der Arbeit mit dem jungen Wallach. Später unterhielt er sich im Wohnzimmer mit Frau Schmidt, die während der Abwesenheit von Ulla die Betreuung von Hannelore übernommen hatte und wieder im Gästezimmer untergebracht war.

Bevor er am nächsten Tag zu Ulla ins Krankenhaus fuhr, hatte er ein längeres Gespräch mit Dolle und Mielke. Einer der Bautechniker hatte das Haus mit dem Laden, was Doris kaufen wollten, genau inspiziert. Dabei war herausgekommen, es gab zwar Schäden am Gebäude, aber die waren nicht sehr gravierend, konnten jedoch gut zur Preisdrückerei verwendet werden. Auf alle Fälle wollte Doris mit ihm reden wegen der Finanzierung. Niemann hatte gestern Abend etwas länger gemacht und die Zahlen für den Kostenvorschlag in der Molkerei zusammengeschrieben. Nach seiner Berechnung sollte das um die 55.000 RM betragen. Huberts Idee, das durch Baumanns Kolonne machen zu lassen, hielt Mielke für die Beste, vielleicht wäre die Reparatur des Hauses von Doris auch von ihm zu erledigen. Das hing jetzt alles vom Kauf, der Finanzierung und dem Wetter ab. Zu dritt diskutierten sie das Für und Wider, schließlich packte er seine Sachen und holte den Blumenstrauß aus dem Vorzimmer. Für die Station, auf der Ulla lag, hatte er Schokolade und ein Pfund Tee eingepackt. Wie Britta März es ihm gesagt hatte, wurde er zu ihr vorgelassen. Die hatte gerade einen Moment Pause und freute sich über sein Kommen. „Alles ist gut verlaufen, wir rechnen mit keinen Komplikationen!" sagte sie ihm, zeigte ihm auf einer Schautafel, was geschehen war. „So wie es momentan aussieht, kannst du sie am Donnerstag abholen. Aber, sie bedarf der Schonung. Rein körperlich nicht, sie ist wieder voll einsatzbereit und kann ihrer täglichen Arbeit nachgehen. Mit dem Reiten sollte sie eine Woche aussetzen, danach ist alles in Ordnung. Allerdings solltet ihr mit dem Geschlechtsverkehr etwas warten und ganz behutsam vorgehen. Ich sagte dir das als ärztliche Empfehlung." „Danke, ich kenne und schätze deine offene und ehrliche Ansprache, so soll es sein!" Nachdem er ihr die Mitbringsel für die Station übergeben hatte, brachte sie ihn zu Ulla. Die lag mit zwei andren Frauen in einem Zimmer und freute sich über seinen Besuch und die Blumen. Hubert erzählte von Junior und von Hannelore. Da dieses alles ordentlich lief, war sie beruhigt. Sie hoffte, am Donnerstag daheim zu sein. Ihre Nachbarin zur Linken schien sehr nett zu sein, kümmerte sich um eine Vase für die Blumen.

Als beide Nachbarinnen kurz nicht im Zimmer waren, sagte Ulla schnell: „Meine Nachbarin ist eine sehr nette Frau, obwohl sie eine schlimme Sache durchgemacht hat. Mit ihren zwei Kindern wollte sie über die Grenze hierher, aber sie wurden von den Russen erwischt. Ihre Kinder hat man irgendwohin gebracht und sie wurde mehrfach vergewaltigt. Danach hat man sie einfach über die Grenze abgeschoben. Gott sei Dank hatte sie jetzt eine Fehlgeburt, sodass sie nicht ein Kind nach

den Vergewaltigungen gebären musste. Sie weiß
jetzt, wo ihre Kinder sind. Die wollen zu ihr, aber
sie lebt in einem alten Bunker und weiß nicht
wohin mit denen. Furchtbar!" „Was hast die für
einen Beruf?" „Soweit ich weiß, war sie früher
Hauswirtschaftsmeisterin auf einem Gut in
Pommern." „Barbara sucht Leute für ihre neue
Molkerei. Frag sie mal, ob sie sich das vorstellen
kann." „Mache ich, auf alle Fälle lasse ich mir
ihren Namen und Adresse geben." Kurz darauf
kam eine Krankenschwester und kündigte die
bevorstehende Visite an, ein Wink an Hubert jetzt
zu gehen. Folgsam tat er das, sagte Ulla, er würde
sie am Donnerstag abholen.
Bevor er in die Firma fuhr, machte er einen
Abstecher zu Barbara. Mit der besprach er
ausführlich den momentanen Sachstand zur
Molkerei. „Ich mache dir einen Vorschlag: Ich
kaufe die Molkerei, das heißt, ich gebe dir das Geld
und zahle die Ausbesserungsarbeiten. Das
Baugelände behalte ich und du gibst mir später
50.000 RM zurück." Kurz schnappte sie nach Luft.
„Das wäre natürlich optimal. Willst du das Geld
auf einmal zurückhaben?" „Nein, du kannst mir
das häppchenweise zurückzahlen, so wie es dir
passt. Hier ist meine Kontonummer, auf das
kannst du es einzahlen. Lass dir Zeit dabei, das
muss nicht sofort sein." „Wäre jetzt nicht
gegangen. Von meinen Rücklagen kaufe ich gerade
die Sachen, welche ich dort für den Betrieb
brauche." Er berichtete von der Bettnachbarin
Ullas. „Oh, das hört sich interessant an. Meine ihre
berufliche Qualifikation, der Rest ist völlig
widerwärtig. Die könnte ich oben in der dortigen
Molkerei unterbringen, da sind zwei Wohnungen
drin. Um die Möblierung kümmere ich mich.

Morgen fahre ich nach Braunschweig, um neue Sachen zu kaufen. Da kann ich auf dem Rückweg im Krankenhaus vorbeifahren, Ulla besuchen und mit dieser Frau sprechen." „Tu das, das Geld für den Kauf und die Reparatur bekommst du von mir morgen." „In Ordnung, ich warte jetzt ab, wann der Notartermin ist. Danach können wir loslegen."

Im Büro wartete eine Menge Papier auf ihn. Zwischendurch rief Barbara an. Sie hatte vergessen, ihm zu sagen, dass Fritz die Flächen dort kaufen wollte. Heinrich würde mit der Landwirtschaftskammer der Preis ermitteln. Becker kam zu ihm ins Büro. „Ich habe einen Termin beim Notar: Dienstag nächste Woche." „Gut, Barbara erhält von mir 150.000 RM, davon kauft sie die Molkerei und verkauft mir anschließend die zwei Morgen Bauland. Der Rest ist für die Reparatur der Molkerei. Bekommst du das hin?" „Kein Thema, ich werde das genau mit ihr und dem Notar absprechen, das kriegen wir hin." Als letztes in der Post fand er die Rechnung für die fünf Reihenhäuser: 463.370 RM. Die würde er von seinem Sparkonto auf das Firmenkonto überweisen, damit war da einiges weg. Mit Monika sprach er ab, wie das technisch am besten zu machen sei. „Unterschreib mir bitte einen Überweisungsträger. Ich fahre morgen in die Stadt, muss zur Druckerei, danach erledige ich das dort mit dem Kundenbetreuer Hartmut", sagte sie resolut und lächelte dabei. „Ach so, gib mir bitte dein Sparbuch mit, um es dort einzutragen! Ich schaue dort nicht rein, das macht Hartmut!" „Da hätte ich keine Probleme mit, weil ich weiß, du bist verschwiegen!"

Als er später Junior von seinen Eltern abholte, sagte ihm Heinrich: „Am Freitagvormittag treffe ich mich mit dem Schätzer der Kammer bei der Molkerei. Fritz will die Stallungen dazu, um Lagerraum zu haben. Außerdem kann man dort Vieh aufstallen." „Jetzt greift er richtig an, mein Bruder." „Er kann es sich leisten vom Erlös der Ernten. Du hast es doch vorgemacht. Lieber das Geld in Grund und Boden investieren, als es bei der Währungsreform in Luft auflösen zu lassen." „Das stimmt, kann ich nur zustimmen. Übrigens: Barbara bekommt die Masse zum Kauf und die Reparatur des Gebäudes von mir. Sie braucht mir nur einen kleinen Teil zurückzahlen. Wann, ist ihre Entscheidung!" „Das machst du sehr gut, danke!"

Daheim kamen nach dem Essen Ina und Martina vorbei. Ihre neuen Wohnungen wurden gerade eingerichtet und konnten erst in zwei Tagen bezogen werden. Beide waren die idealen Opfer für Junior und seine Spielesammlung. So konnte er sich an den Schreibtisch setzen und in Ruhe die nächsten Schritte überdenken, dabei gönnte er sich einen Whisky. Als schließlich Ruhe im ganzen Haus herrschte, nahm er einen zweiten. Bequem zurückgelehnt im Schreibtischsessel, ließ er seine Gedanken einfach laufen, vor allem die Ereignisse des bald abgelaufenen Jahres zogen wie ein Film an ihnen vorbei. Die geschäftlichen Erfolge, die geglückten „Raubzüge", wie sie von den anderen bezeichnet wurden, die Zusammenarbeit mit seinen Angestellten, die Hilfe, die er den verschiedenen Menschen geben konnte und den reiterlichen Erfolgen. Nie hätte er sich das alles vorgestellt, das Glück hatte ihn ihm Visier, hoffentlich verließ es ihn nicht. Ganz zum Schluss, nachdem er sich den dritten Whisky eingeschenkt hatte, kamen seine Gedanken zu den Erlebnissen, die er mit den Frauen gehabt hatte. Ja, er liebte seine Frau, die Mutter seiner Kinder, die Frau, die ihn mit Rat und Tat den Rücken freihielt. Aber seine sexuellen Bedürfnisse waren doch recht hoch und da er sie aus den unterschiedlichsten Gründen daheim nicht stillen konnte, hatte er die Erlebnisse mit den beiden Frauen sehr gern mitgenommen. Dabei ging es nicht darum, sich von seiner Familie zu trennen, das würde er nie tun. Aber, es hatte seine Bedürfnisse gestillt und er hatte es genossen. Langsam, ganz langsam hatte sich das sexuelle Interesse seiner Frau wieder etwas eingestellt. Jedoch war es jetzt wieder auf eine nicht absehbare Zeit nicht vorhanden. Für ihn war das eine wunderbare Befriedigung, da konnte er alle Sorgen und Nöte dabei einfach vergessen und Kraft schöpfen für das weitere Vorgehen. Aber das war nun wieder nichts. Seufzend trank er sein Glas leer und ging zu Bett.

Der nächste Tag verlief relativ ruhig, Karl rief aus Clausthal an und berichtete, sie hätten mit ihrer Arbeit begonnen, die Zusammenarbeit mit der Forstverwaltung klappte gut, Unterbringung und Verpflegung waren in Ordnung, die ersten Stämme seien verladen. Olbrich meldete Ähnliches aus Wittingen. Die hatten im Wald des Försters begonnen, es lief nach kleinen Missverständnissen gut ab. Fischer informierte ihn über die Anfrage des Forstamtes Königslutter. Dort hatte man zu wenig Kapazitäten, die vorgesehenen Arbeiten zu schaffen. Morgen würde der verantwortliche Forstbeamte kommen und mit ihm den Arbeitsaufwand besprechen und das in einen

Vertrag unterbringen. Damit wäre die Beschäftigung dieser Kolonnen bis in das neue Jahr gesichert. Im Technischen Bereich traf er Weber und sagte dem, er müsse mit einer Kolonne auskommen. „Das ist kein Problem, so können wir das Unternehmen problemlos strecken. Wir fangen nächste Woche an und sehen, wie wir vorankommen." Im Bereich des Holzlagerplatzes traf er auf Schmitz, der hier mit seiner Gruppe von Flüchtlingen arbeitete. „Alle sind angemeldet, es läuft gut. Allerdings musste ich einen gestern gleich wieder rausschmeißen. Der stänkerte und drückte sich vor der Arbeit. Aber kaum war der draußen, da hatte ich bereits einen Ersatzmann, der sofort anpackte." „Völlig in Ordnung. Wenn du solche begründeten Entscheidungen triffst, stehe ich voll dahinter!" „Ich hätte da eine Idee, die ich dir gern vortragen möchte!" „Für gute Ideen bin ich immer zu haben, schieß los!!"

„Wir packen das Holz in Säcke, wie die Kohle. Wenn man aber die Leute aus der Stadt sieht, die hier zum Hamstern kommen, können die das nicht tragen. Was hältst du davon, wenn wir die Briketts in Zehnerbunde binden und das Holz genauso. So könnten die das tragen!" „Stimmt, daran habe ich gar nicht gedacht. Aber einige Säcke müssen wir schon packen, denn die gehen an verschiedene Händler." „Das ist klar, machen wir. Aber die kleinen Bündel finden ganz bestimmt Abnehmer." „Wie soll das gehen?" „Dünnes Seil haben wir jede Menge im Lager. Wenn du gestattest, hole ich zwei Frauen von den Flüchtlingen, die diese Pakete packen." „In Ordnung. Dies Bündel bringt ihr danach bitte zum Hof meiner Eltern, da ist die Tauschzentrale." „Kein Problem. Einer der Flüchtlinge hat einen Führerschein und einen Opel

Blitz bekomme ich von Krummrich. Wenn du mehr Kohle besorgen könntest, wäre es sehr gut." „Einiges bekommen wir nächste Woche aus dem neuen Lagerhaus, aber ich werde da nachhaken." „Übrigens, die Eierkohlen füllen wir in kleine Säcke, so kommen wir länger hin." „Sehr gut, jetzt werden bald die ersten Ladungen mit Kronenholz kommen, die müssen zum Trocknen gestapelt werden."

Gerade wollte Hubert zu Gert in die Werkstatt gehen, als Reiner mit einem Trecker und zwei Anhängern auf dem Holzplatz fuhr. Er stieg ab und rief zu Schmitz: „Wo soll ich die zwei Anhänger mit Holz abkippen?" Der kam zu ihm und sagte: „Dort wo die vier Hackklötze stehen. Da werden die kleingemacht."

Bevor er wieder auf seinen Trecker kletterte, ging Hubert zu ihm. „Ist das die erste Ladung?" „Ja, das ist von gestern. Ich fahre jetzt wieder raus und hole weitere zwei Anhänger voll. Momentan haben wir nur Buche und Eiche. Kiefer und Fichte machen wir zwischendurch. Die ersten Stämme sind schon im Sägewerk." „Sehr gut. Ihr bekommt einiges vom Forstamt Königslutter dazu!" „Da haben wir gut zu tun. Aber wir haben nicht nur frisches Holz, sondern altes vom letzten Jahr, was nicht abtransportiert wurde."

Auf dem Weg in die Werkstatt überlegte Hubert: Wenn das jetzt alles dazu kam, würden sie das Schauer zum Trocknen des Holzes vergrößern müssen. Wie üblich war in der Werkstatt überall Betrieb. Einen der ehemaligen Wehrmachtslastzüge war gerade in Arbeit. Gert gab ein paar Anweisungen und kam zu ihm. „Lust auf einen Kaffee?" „Klar, sehr gerne." „Muss mir nur die Hände waschen, geh schon mal vor."

Hubert ging voraus in sein Büro und schenkte zwei Tassen Kaffee ein. Kurz darauf kam Gert und setzte sich zu ihm. „Wann fährt dein Versorgungsfahrzeug in den Harz?" „Bisher gar nicht, habe keine Anforderung."
„Meine Jungs brauchen einige Teile und wie sie mir sagten, zwei Ersatzketten für die Motorsägen, dazu Öle und Fette." „Damit fährt der morgen in der Früh. Wenn Karl nachher anruft, frage ich ihn, ob er etwas benötigt. Um 07:30 Uhr steht er vor der Werkstatt." „Sehr gut, ich lasse das heute verpacken. Was hat sich bei Barbara ergeben?" Hubert schilderte ihm die derzeitige Situation ausführlich. „Das hört sich gut an. Wäre prima, wenn das so klappt. Doris war heute ständig am Rechnen, ich denke, sie wird heute zu dir kommen." „Soll sie tun, noch habe ich eine Kolonne, die bei ihrem neuen Haus eingesetzt werden kann. Wenn sie das will." „Davon gehe ich aus, die ist entschlossen, das zu tun. Ihr erster Laden wirft gute Gewinne ab, das Modegeschäft läuft ebenfalls gut an. Dieses Woll- und Strickgeschäft würde ihre Basis verbreitern. Außerdem käme die Miete dazu." „Stimmt. Sie kann das von Becker bewirtschaften lassen, da hat sie selber keine Probleme am Hals." „Erkläre ihr das bitte. Ich selber habe ein Schnäppchen gemacht. Bei einem Schrotthändler standen vier Pkws, die defekt und zerbeult sind. Die habe ich mir für kleines Geld geholt. Wir werden die wieder herrichten und durch Hubertus Müller verkaufen lassen. Der macht sich sehr ordentlich. Weiß mittlerweile, er hat eine gute Chance mit dem Autoverkauf. Allerdings musste ich ihn dazu kräftig auf den Topf setzen. Bin richtig laut geworden, wusste gar nicht, dass ich das kann!"

Hubert lachte. „So etwas muss hin und wieder sein, ich kenne das aus der Zeit als Batteriechef und aus meinem eigenen Bereich, es hilft! Aber zu oft sollte man es nicht machen, sonst verpufft die Wirkung." „Der Rest, der das irgendwie mitbekam, war völlig verblüfft, wie laut ich wurde. Aber es hat geholfen. Er wohnt jetzt mit der zweiten Gärtnerin und ihrem Kleinkind in der alten Wohnung von Kokoschka und beiden scheint das sehr gut zu tun."

„Prima, in dem Jungen steckt mehr, wenn er seine Energie und Findigkeit zielgereicht einsetzt." „Bis jetzt geht es gut, aber ich werde es genau beobachten und mein Büro dazu. Wann rechnest du mit der Freigabe der Halle?" „Gekauft ist sie bereits, jetzt warte ich auf die Freigabe durch unseren Onkel. Das soll bald geschehen. Du wirst es sofort erfahren und kannst dir dein Zeug dort zügig herausholen. Ich bezahle übrigens die gesamte Rechnung." „Oh, danke, das ist ja eine schöne Überraschung. So kann ich dem Schrotthändler die restlichen Wehrmachtsfahrzeuge abkaufen, die der stehen hat."

Es wurde Zeit wieder ins Büro zu gehen. Dort wartete Papier auf ihn. Allerdings auch Anderes. „Wagner hat angerufen, Karl ebenfalls, der braucht etwas. Habe ich hier notiert. Die Klinik hat angerufen, du kannst Ulla morgen um 10:00 Uhr abholen." „In Ordnung, stell mir bitte Wagner durch und besorge mir Kruse. Der muss gleich aus Wolfsburg zurückkommen." Wagner hatte eine Neuigkeit für ihn. Er hatte über die Forstverwaltung um Amtshilfe ersucht, die Reiterstaffel der Polizei während der Woche in den Wäldern Braunschweigs Streife reiten zu lassen.

Das klappte aber nur während der Woche. „Könnt ihr mir bitte am Wochenende helfen?" „Das machen wir, ab Samstagsmittag." „Gut, das wird helfen. Wann wollt ihr mit dem Holz anfangen?" „Ab nächster Woche fängt Weber bei dir an." „Gefällt haben wir einiges, das kann alles raus." Als sich Kruse bei ihm meldete, erklärte er ihm, was zu tun sei, gab ihm den Zettel, auf den Gertrud alles notiert hatte, was Karl brauchte. „Morgen früh um 07:30 Uhr bist du an der Werkstatt, lädst den Rest auf, den Gert bereitgestellt hat. Wo du das abliefern musst, weißt du ja."

Mit Fischer besprach er sich wegen der gesamten finanziellen Situation der Firma. Das Guthaben würde sich vergrößert haben, wenn Monika von der Bank zurückkehrte, wo sie den Betrag für die Reihenhäuser überwiesen hatte. Kurz vor dem Feierabend brachte sie ihm sein Sparbuch.

„Hat alles gut geklappt. Hartmut wusste, um was es ging. Hier ist dein Sparbuch." „Danke Monika, mach Feierabend für heute."

Fritz besuchte ihn abends, als er mit seinem Hund die Abendrunde ging. „Vater hat sich die Felder angeschaut, die versprechen guten Ertrag. Für einen Nebenerwerb würden sie reichen, aber dazu musst du das entsprechende Gerät haben und das hat er nicht. Der Schachzug von Barbara, denen eine Arbeitsstelle in der Molkerei anzubieten, war gut! Das hat denen den Rest gegeben, zu verkaufen und die Felder dazu. Ich habe mir überlegt, die leerstehenden Stallungen und die Scheune dazu zu kaufen. Da könnten wir die Färsen unterbringe, zumal hinter dem Stall eine kleine Koppel ist." „Wer soll die versorgen, ist das nicht ein wenig

weit?" „Ich werde dem Ehepaar das anbieten, da
können sie sich etwas dazu verdienen." „Das gibt
Sinn, aber pass auf, dass du dich nicht
verzettelst." „Genauso etwas hat mir Vater gesagt.
Stimmt! Aber darauf werde ich genau achten, jetzt
ist Schluss mit Dazukaufen." „Das ist schon eine
ganze Menge. Hast du das Geld dafür?" „Ja, ich
habe mehrere gute Verkäufe gemacht. Zum
Beispiel Weizen an den Bäcker verkauft und Hafer
an die Polizeireiter. Bei den Zuckerrüben sieht es
nach gutem Gewinn aus. Außerdem haben wir 15
Säcke Kartoffeln in kleineren Mengen sehr gut
verkaufen können." „Wie teilt ihr das auf?" „Ein
Viertel bekommen unsere Eltern, drei Viertel ich.
Für einen Sack Kartoffeln haben wir ein echtes
Silberbesteck eingetauscht. Frau Goldap hat das
überprüft und als echt eingestuft." „Behaltet das
unbedingt. Irgendwann kann man das verkaufen,
hauptsächlich wegen des Preises für Silber." „So
haben wir das vor. Ach, ich soll dir von Barbara
sagen, der Tipp mit der Frau im Krankenhaus
neben Ulla, sei Gold gewesen. Die kommt in die
neue Molkerei als Vertreterin von ihr."
„Glückwunsch, da hat sie ja richtig zugeschlagen."
Sie wechselten das Thema, sprachen über die
Arbeit im Elm. Dabei sagte Hubert seinem Bruder,
was er mit dem Holz und der Kohle vorhatte. „Gute
Idee, das werde ich morgen unseren Eltern sagen.
Der Gewinn davon wird dir zukommen."

Bevor er am nächsten Tag nach Braunschweig
fuhr, um Ulla zu holen, kam in der Früh Doris zu
ihm. „Hubert, ich habe alles durchgerechnet und
kalkuliert. Das Haus mit dem Laden möchte ich
kaufen. Um den Laden mit dem Material zu
übernehmen, kann ich auf meine Rücklagen

zurückgreifen. Das Gleiche gilt für die anstehende Reparatur des Hauses, wenn es bei den veranschlagten 34.000 RM bleibt. Was ich nicht finanzieren kann, sind die 95.000 RM für das Haus." „Das befindet sich in der Innenstadt, oder? Wie viele Mietparteien gehören dazu?" „Es befindet sich in der Nähe vom Altstadtmarkt. Im Erdgeschoss befindet sich der Laden und eine kleine Wohnung, darüber sind zwei Etagen mit je 3 Wohnungen und der Boden, den man irgendwann ausbauen kann."

„Das ist gut und der Preis für die Reparaturen ist nicht so hoch. Also, du bekommst die 95.000 RM von mir. Allerdings habe ich einen Vorschlag dazu. Bitte nutz Becker beim Kauf und übergib dem die Mietverwaltung. Das kostet dich zwar etwas, aber du hast keinen unmittelbaren Ärger mit der ganzen Vermietung." „Das tue ich. Er wird den Notartermin beschaffen und dabei sein. Anschließend übernimmt er die Verwaltung. Wie soll ich dir das Geld zurückzahlen?" „Hier hast du meine Kontonummer. Überweis mir das, was du kannst darauf. Aber bitte nicht erst in zehn Jahren." Beide lachten.

„Ich sehe zu, es so schnell wie möglich wegzubringen und ganz herzlichen Dank für deine Hilfe." „Morgen bringe ich das Geld zu Gert oder soll ich es Becker geben?" „Das wäre am besten, dann hat er das." Einige Dinge regelte er, nun wurde es Zeit, Ulla abzuholen. Obwohl er pünktlich war, wartete die bereits im Flur auf der Station auf einer Bank. „Alles in Ordnung?" fragte er und gab ihr einen Kuss. „Der Professor sah sich alles gestern Abend an und sagte nur: Entlassen! Du sollst kurz bei Britta März reinschauen." „Mache ich sofort." Die schrieb gerade einen Bericht. „Hallo

Hubert, ich habe nur wenig Zeit. Alles in Ordnung,
aber bitte zwei bis drei Wochen warten, du weißt,
was ich meine. Sie kann sich aber ganz normal
bewegen, kann wieder arbeiten, kein Problem.
Reiten erst nächste Woche. Danke soll ich dir von
der Station sagen für deine Mitbringsel." „Kein
Problem, ich informiere dich, wann die nächste
Jagd ist. Bis bald!"
Auf der Fahrt erzählte er Ulla, was er der Station
mitgebracht hatte. Das fand die sehr passend, er
brachte sie auf den neuesten Stand in Bezug auf
die Aktivitäten ihrer Schwägerinnen und Schwager.
Sie interessierte sich sehr für die dazugehörigen
Details und so verging die Rückfahrt sehr schnell.
Als erstes kümmerte sich Ulla daheim um
Hannelore, die von Susanne bereits von Frau
Schmidt abgeholt worden war. Sieglinde hatte zur
Begrüßung Pfannkuchen gebacken, von denen
Hubert einige aß. Hannelore saß dabei auf dem
Schoß ihrer Mutter und kaute ebenfalls einige
Brocken davon. Kurz vor Mittag saß Hubert wieder
in seinem Büro. Neben Rechnungen und anderen
Dingen lag ein Brief der Oberfinanzdirektion
Hannover vor. Den öffnete er neugierig. Der Leiter
dieser Behörde, sein Onkel, hatte geschrieben. Als
erstes wurde der Eingang des Angebotes der Firma
bestätigt und danach wurde dem Angebot
entsprochen. Am schönsten war der Zusatz, in
dem gesagt wurde, aufgrund des teilweise
desolaten Zustandes der dort gelagerten Sachen
würde man den Übernahmepreis senken. Man bat
um die Anweisung von 28.500 RM. Abschließend
hieß es: „Nach erfolgter Anweisung kann die Halle
unverzüglich geräumt werden." Grinsend bat er
Gertrud, Fischer zu ihm zu holen. Als der kam,

zeigte er ihm das Schreiben. Er las es und gab es ihm lächelnd zurück.

„Das ist ein sehr, sehr gutes Angebot. Ich werde das Geld sofort anweisen lassen und behalte das für die Akten mit dem Angebot." „Mach das, ich werde den Rest informieren und heute mit der Räumung beginnen lassen." „Was weg ist, ist weg. Kokoschka hat den Schlüssel." „Jetzt kann er planen, was dort rein soll. Die freien Lagerstätten können wir als Grundstücke zum Bauen nutzen." „Zumindest zwei Grundstücke weiß ich schon, dass von den Dachdeckern und den Gerüstbauern." „Ja, die liegen sehr günstig, da können wir eine oder sogar zwei Kolonnen zur Räumung einsetzen. Damit können wir die Winterzeit gut nutzen." „Stimmt, übrigens die Neue macht sich sehr gut. Die sieht die Arbeit und lässt nicht locker. Momentan bearbeitet sie den Laden von Frings und anschließend geht sie an den von Becker." „Lass sie machen. Am Wochenende hat sie ihre Wohnung, da kann sie sich voll darauf konzentrieren."

Als ersten informierte er Kokoschka.

Der wollte sofort loslegen. „Siehe bitte zu, dass du Müller erwischst. Der soll sich morgen einen zweiten Anhänger an den Laster hängen und die Schlauchboote mit den Motoren aufladen. Die nimmt er mit zur Polizei. Von denen hat er ein Angebot, das adäquat einzutauschen. Um was es dabei geht, weiß ich nicht. Gert werde ich in Kenntnis setzen. Der wird unverzüglich anfangen wollen." Genauso war es. „Wir haben gerade ein kleines Loch, da fangen wir gleich an. Ich weiß, wie wir die Kisten zum Laufen bringen, werde das mit Kokoschka absprechen." Während er weiterarbeitete, fiel ihm wieder die Sache mit den

Kohlen ein. „Gertrud verbinde mich bitte mit dem
Direktor der BKB." Kurz darauf hatte er ihn am
Telefon.
Nachdem sie über Alltägliches gesprochen hatten,
fragte der Direktor: „Du wirst bestimmt etwas von
mir wollen, was hast du auf dem Herzen?"
Hubert lachte. „Stimmt, ich wollte dir einen Tausch
vorschlagen. Ich bräuchte Brikettes von dir und
frage, was ich dir dafür geben kann." Jetzt lachte
der Direktor. „So etwas ähnliches wollte ich dir
vorschlagen, denn ich brauche tatsächlich etwas.
Wir sind dabei, etwas umzubauen. Du hast doch
sehr schicke Fahrzeuge, die fertigen Beton liefern.
Davon könnte ich drei Laster voll brauchen." „Kein
Problem, momentan geht das. Wenn es richtig
friert, geht das nicht mehr. Also drei Ladungen
Beton?" „Genau, dafür bekommst du von mir drei
Eisenbahnwagen voll Briketts. Da habe ich
mehrere von, die auf einem Abstellgleis stehen,
was die Briten nicht wissen. Ich lasse die an einen
Zug anhängen, der nach Braunschweig geht. Von
dort werden sie zu dir herübergebracht."
„Wunderbar, ab wann brauchst du den Beton?"
„Ab Montagmorgen. Ausgeschachtet ist alles, die
könnten gleich abladen." „So machen wir das, ich
bringe das in Fahrt." Unmittelbar danach
informierte er Lindner, die Betonmischer am
Montag dort hinzuschicken. Das war ein sehr guter
Tauschhandel.

Die Anrufe von Karl und Olbrich klangen ebenfalls
gut, dort schien alles in Ordnung zu sein.
Nachdem er sich die Arbeit von Schmitz Leuten
angeschaut hatte, war ihm klar, die Anlage zum
Trocknen des Holzes musste vergrößert werden.
Aus dem Elm kamen täglich zwei, oder sogar drei,

Treckerladungen. Die Haufen wurden immer größer, obwohl die Männer dort fleißig Holz spalteten und wegräumten. Seit gestern waren zwei Frauen damit beschäftigt, Kohle und Holz zu bündeln, das klappte ebenfalls sehr gut. Schmitz hatte mit Sänger abgesprochen, Tee, und wenn möglich, Brot für seine Leute zu liefern. Als er kam, unterbrach er die Arbeit und verordnete eine Pause, um den Tee und das Brot von heute zu genießen. Hubert gesellte sich zu ihnen, kam mit allen ins Gespräch. Das wurde freier, als er eine Runde Zigaretten spendierte. Schnell stellte er dabei fest, die Herkunft der hier Beschäftigten war sehr unterschiedlich. Aus Pommern, ganz Schlesien oder aus dem russisch besetzten Gebiet kamen sie. Wie die Herkunft, waren die früher ausgeübten Berufe sehr unterschiedlich. Als das Gespräch darauf kam, wurde er sofort hellhörig. Einer der Männer, sehr ruhig und etwas wortkarg, war gelernter Stellmacher und hatte das Kriegsende als verwundeter Infanterist in einem Lazarett erlebt, war mit seiner Familie auf abenteuerlichen Wegen in den Westen gekommen. Seine Frau war eine sogenannte Weißnäherin. Eine der Frauen war mit ihren Kindern aus Görlitz gekommen. Vorher war sie in Niederschlesien auf einem Gut beschäftigt, hatte Milchvieh betreut. Ihr Mann war in Griechenland gefallen. Die andere Frau kam aus Oberschlesien war im Betrieb ihres Mannes als Weberin tätig gewesen und hatte die, nachdem ihr Mann in Finnland gefallen war, weitergeführt. Die drei Leute würde er Barbara, Doris und Grings anbieten. Allerdings sagte er das nicht, sondern fragte Schmitz nach der Pause, was er von den dreien hielt. „Der Mann ist sehr fleißig, macht das alles sehr ordentlich, zieht voll durch.

Beide Frauen haben sich sofort gemeldet und machen das ebenfalls sehr gut. Allerdings ist es erst der zweite Tag, dass sie hier sind. Aber sie machen einen sehr guten Eindruck." „Wir werden sehen, ob wir für die eine dauerhafte Beschäftigung haben. Ich werde mit den Verantwortlichen reden."

Das tat er im Anschluss, als erstes mit Grings. Der rieb sich nachdenklich das Kinn und sagte: „Also der Beruf als solcher ist sehr interessant und wäre bei uns brauchbar. Aber ich möchte den Mann persönlich kennen lernen und sehen, wie der arbeitet. Wenn das passt, sehr gerne." „Völlig klar. Ich denke, wir lassen den dort arbeiten und du schaust dir ihn später an. Was hältst du von in 14 Tagen?" „Da wissen wir, ob er bei Schmitz durchgehalten hat."

Als Hubert anschließend bei seinen Eltern vorbeifuhr, hatte Schmitz tatsächlich bereits die erste Ladung hier abgeliefert. Heinrich führte ihn in einen abgetrennten Teil der Scheune und zeigte ihm, wie hier alles zum Tauschen aufgebaut war. „Fritz sagte, ihr hättet bereits ein silbernes Besteck eingetauscht?" Heinrich lachte. „Nicht nur das. Zwei silberne Kerzenständer haben wir und zwei kostbare chinesische Vasen. Frau Goldap hat die geprüft und in Kartoffeln umgerechnet." „Also klappt das gut, das freut mich." „Malwine hat ihre Hühner- und Entenschar vergrößert und ebenso die Kaninchen fleißig decken lassen. Bin gespannt, was da alles kommt. Was willst du für die Kohle und das Holz haben?" „Das könnt ihr in Geld umsetzen, aber sonst nehme ich solche Sachen." „Gut, das werden wir so machen." „Was hat das Gespräch mit der Bank gebracht?" „Das war sehr überzeugend. Hartmut war immer dabei. Wir hatten ein wenig Schiss, in Aktien zu investieren, aber nachdem man uns erklärte, das Sparbuch sei nicht wirklich sicher, haben wir 5.000 RM in Aktien angelegt."

„Ich mache das genauso. Wenn ihr die Chance habt, Grund und Boden zu erwerben, macht das."

„Mein Bruder der Bürgermeister sagte gestern, einer der Grundstücksbesitzer im neuen Baugebiet sei abgesprungen. Vielleicht kaufen wir das." „Gute Idee, aber wartet nicht zu lange, sonst ist es weg. Ihr könnt immer Becker um Unterstützung bitten, der hilft euch." Auf dem Rückweg fuhr er bei Barbara vorbei, erzählte ihr von der Frau in Schmidts Arbeitsgruppe.

„Danke für diese Information, da werde ich mich nächste Woche drum kümmern. Momentan bin ich gerade dabei, Sachen für die neue Molkerei zu kaufen. Helma hat mir gesagt, dass im Landkreis Gifhorn eine Molkerei geschlossen hat, aus Altersgründen. Das Material kann ich zu einem sensationell günstigen Preis übernehmen. Aber erst muss das auf Sauberkeit geprüft werden. Das wird gerade gemacht. Mittlerweile sind 15 andere Molkereien gesperrt. Das will ich mir auf keinen Fall antun." „Völlig klar, sollen wir dir beim Transport der Sachen helfen?" „Das wäre ganz toll."

Auf dem Weg in die Firma überholte er Gerts Sonderkfz. Das hatte zwei Pkws geladen, wohl welche aus der Lagerhalle. Also waren die dort bereits eifrig am Arbeiten. Was dort heute alles geschah, würde er am nächsten Tag in der Früh bestimmt erfahren. Es war kurz vor Feierabend und den beschloss er, heute daheim zu genießen, aber vorher wären einige Pferde zu bewegen. Bei einem Glas Rotwein mit seiner Frau beschloss man diesen ereignisreichen Tag.

Bevor er am nächsten Morgen das Haus verließ, sprach er mit Ulla etwas ab. Die würde erst am Montag wieder in der Schule anfangen, sollte nicht zu viel tun, wollte sich aber unbedingt beschäftigten. „Wenn es geht, lasse ich die Kartons mit der Bekleidung bringen, damit kannst du dich beschäftigen." „Hier gibt es genügend Helfer, die mir die ins Haus bringen können."

Wie er vermutet hatte, war Kokoschka der Erste, der bei ihm vorsprach. „Die Autos sind bereits alle weg, die Werkstatt ist unterwegs, die restlichen Teile zu holen. Das wird etwas dauern. Wir haben gestern die Kanister aufgeladen und in den Betriebsstoffbunker gebracht. Jetzt kommen der Diesel und das Heizöl. Müller holt gerade die Schlauchboote mit den Motoren. Ich bekomme heute das Sonderkfz, da kann ich die Bekleidung zu dir bringen und anschließend die Verpflegung. Die Baustoffe und die Sachen für die Klempner und Elektriker lasse ich dort." „Die Sachen für mich kannst du bei mir unter das Schauer stapeln lassen." „In der neuen Halle werde ich anschließend mehrere große Regale einziehen lassen, damit alles sauber und übersichtlich dort ist. Da ist eine große Menge vorhanden, das hatte ich anfangs gar nicht so gesehen."„Wie schön. Vielleicht gibt es ja weitere Überraschungen." „Das kann gut sein. Ich fahre jetzt hin, bin spätestens zur Besprechung wieder hier."

Zufrieden widmete sich Hubert seiner Arbeit. Bei Gert ließ er sich später zeigen, was die Werkstatt erhalten hatte. „Die drei Opel Blitz konnten wir dort wieder beweglich machen. Zwei von den Pkws ebenfalls. Die restlichen vier, die Motorräder und - roller haben wir verladen. Die Ersatzteile und das Werkzeug sortieren wir morgen in unser Lager. Momentan holen meine Jungs die Reifensammlung dort ab. Dazu die Schneeketten und ähnliches Zubehör. Eine Feuerwehrspritze auf einem Anhänger haben sie vorhin mitgebracht. Aber die müssen wir untersuchen. Was soll mit dem Lastzug, der hinter der Halle steht, geschehen?" „Davon weiß ich gar nichts, aber der dürfte dazugehören. Steht ja auf dem Gelände", antwortete Hubert. „Habt ihr da mal reingeschaut? „Ja, aber nur auf den Anhänger, der ist voll mit Spritkanistern." „Holt den her, Sprit können wir immer brauchen?" „Mal sehen, was für eine Überraschung uns im Motorwagen erwartet."

Im Büro waren zwei Telefonanrufe aufgelaufen. Den Chef der Reiterstaffel rief er als erster an. Der erklärte ihm, sie würden jetzt in den Wäldern um Braunschweig Streife reiten. Er hätte jedoch ein Problem. „Der Anmarsch von hier ist sehr lang. Wäre es möglich, unsere Pferde bei euch unterzubringen? So könnten meine Reiter mit dem Auto hin und her, wären sofort im Gebiet, was die durchreiten sollen?" „Bei mir selber sind alle Boxen voll, aber beim Tierarzt sind mehrere Stände frei. Den frage ich, das sollte kein Problem sein. Wie machen wir es mit dem Futter?" „Da gibt es eine Pauschale, die würden wir dem Tierarzt zahlen." „In Ordnung, ihr hört von mir." Der zweite Anruf war von Karl, den rief er zurück. „Dein Versorgungsfahrer war hier und hat alles abgeliefert. Dem haben wir das Auto mit Holz vollgepackt. Wir sind morgen Mittag zurück, klappt das mit der Bezahlung der Jungs?" „Ja, wir warten bis ihr hier seid. Gert schickt die zwei Busse nach Goslar." „Sehr gut. Ab nächste Woche komme ich an die nächsten zwei versteckten Lager. Melde mich rechtzeitig, was ich gefunden habe." „Viel Erfolg, wenn du Lust hast, komm morgen bei mir vorbei."

Mit Purzer nahm er Verbindung auf. Der stimmte dem Wunsch der Polizei sofort zu, wollte sich mit denen selber in Verbindung setzten. Als er mittags durch den technischen Bereich ging, informierte er Schmitz über den Holztransport von Kruse. Auf dem Weg zurück, kam ihm Müller mit seinem Laster und Anhänger entgehen, hielt genau neben ihm und stieg aus. „Wir haben ein gutes Geschäft gemacht. Der Chef der technischen Einheit freute sich über die Boote und Motoren. Ich sollte den Anhänger um 11:30 Uhr wieder abholen. Das tat ich, weil ich mit Mielke etwas besprechen musste und die Besprechung nachher ist. Schau mal rein!" Beide kletterten hinten am Anhänger hoch und als Müller die Plane hob, staunte Hubert nicht schlecht. Der Anhänger war über die Bordkante mit Kanistern voll Sprit geladen." „Wunderbar. Frage lieber nicht nach, woher er das hat." „Nein, nein, werde ich nicht tun. Aber wenn du ein paar Zigaretten über hast, nimmt er die bestimmt gerne." „Bekommst du von mir nach der Besprechung!" Sofort informierte Hubert Krummrich über die neuen Spritlieferungen, der wollte das Abladen zügig übernehmen, freute sich über den neuen Lastzug, den Gerts Leute entdeckt hatten.

Monika hatte den Kalender aus der Druckerei geholt und einen auf seinen Schreibtisch gelegt. Neugierig blätterte er den durch und war zufrieden.

In seiner Mappe lag außerdem der Entwurf einer Anzeige für die verschiedenen Publikationen. Mit Danzer sprach er einige Änderungen durch und beauftragte Gertrud anschließend mit dem Versand an die IHK und den Haus- und Grundbesitzerverein. Die entsprechenden Rechnungen würden von der Firma getragen. Danzer hatte ihm zusätzlich die Entwürfe für Beckers Immobiliengeschäfte und die Reinigung gezeigt. Nachdem das erledigt war, kam Fischer zu ihm.

„Wir müssen ein schärferes Auge auf die Wäscherei haben. Ina hat deren Unterlagen geprüft und da einige Bolzen festgestellt!" „Oh, keine gute Sache. Was schlägst du vor?" „Ich denke, das ist alles nichts Bösartiges, sondern schlicht und ergreifend Unwissenheit. Wir werden die Tochter zu uns holen und mit der das gründlich durchgehen. Anschließend werden Ina und Regina mit der eine Weiterbildung machen. Wir müssen deren Kassenbuch neu schreiben lassen, da findet man nicht mehr durch, sie selber auch nicht. Das wird ein paar Tage dauern, bis das in der geforderten Form ist. Danach ist Frings dran, dem muss ebenfalls einiges erklärt werden. Aber der hat ja keine entsprechende Vorbildung, das werden wir jetzt nachholen müssen. Bei Becker ist alles in Ordnung. Er selber hat sich weitergebildet und seine Mitarbeiterinnen wissen, um was es geht." „Bleib da bitte eng am Ball, ich möchte keinen Ärger mit dem Finanzamt haben." „Keine Sorge, ich ebenfalls nicht, das bekommen wir hin." Während er über die eben gehörten Missstände nachdachte, kam Fritz frisch aus dem Wald. „Sieh zu, genug Platz zu schaffen für das Holz, was wir im Elm bekommen, da kommt das von der

Försterei dazu." „Schmitz mit seiner Mannschaft arbeitet gut und den Unterstand für das zu trocknende Holz lasse ich gerade vergrößern." „Gut so. Vater war heute mit dem Mann der Kammer auf dem Hof bei der neuen Molkerei. Letztendlich war der Preis für die Ackerflächen, die Scheune und die Stallungen für das Ehepaar in Ordnung. 45.000 RM werde ich dafür zahlen. Momentan bräuchte ich von dir 20.000 RM, den Rest habe ich. Wenn die Rüben abgerechnet sind, bekommst du das zurück." „Behalte es, das will ich gar nicht zurückhaben. Betrachte es als Geschenk. Sind da bauliche Maßnahmen erforderlich?" „Nein, das bekomme ich mit meinen Leuten hin. Vater und der Altknecht sind jetzt mit den Traktoren unterwegs, um die Maschinen aus der Halle zu holen. Die werden aber mehrmals fahren müssen, denn da sind ein paar Dinge, die bisher nicht erkannt worden sind. Unter anderem ein zugeplanter Anhänger mit Saatgut. Danke dafür." „Keine Ursache, läuft sonst alles gut?" „Sonst läuft alles. Paul hat seine Kaltblüter nachts auf dem Gut stehen und der Rest arbeitet gut." „Wir werden morgen mit der Lohnzahlung warten, bis ihr zurück seid." „Gebe ich morgen früh gleich weiter. Muss schauen, was die beiden sonst aus der Halle geholt haben, bis gleich!"

Kurz vor der Besprechung kam Becker zu ihm und berichtete über den erfolgten Kauf der Halle und dem Haus für Doris, das hätte man gleich mit untergebracht. „Am Dienstag folgt der Kauf der Molkerei und den anderen Sachen des kleinen Hofes dort. Dein Vater hat mich bereits informiert. Für deine Eltern werde ich das Grundstück im Neubaugebiet kaufen." „Sieh an, das klappt wirklich!" grinste Hubert dazu.

Während der großen Besprechung informierte er über den Kauf der großen Halle und darüber, dass künftig dort alle Vorräte eingelagert würden. Einige fehlten heute, aber das war klar bei diesen verstreuten Einsätzen. Mielke stellte die zwei neu dazugekommenen Bauvorhaben vor, sagte, Baumann würde die erledigen, bevor es für den in den Wald ging. Die Termine für die entsprechenden Weihnachtsfeiern wurden bekanntgegeben, würden aber schriftlich an alle kommen. Vor der Besprechung hatte Gert ihm mitgeteilt, der Lastzug sei geholt, der Sprit würde bereits eingelagert. „Aber auf dem Zugfahrzeug stehen jede Menge Kisten, da möchte ich nicht, dass die von meinen Leuten geöffnet werden, es könnten wieder Waffen dabei sein." „Lass uns beide das morgen Vormittag machen. Manches brauchen unsere Männer nicht zu wissen." „Komm vorbei, wenn du Zeit hast. Der Laster kommt bei mir in eine Ecke der Werkstatt." Kurz vor der Besprechung war Kokoschka gekommen und berichtete ihm nach der Besprechung. „Alles, was mit Autos und Rädern zu tun hat ist raus, ebenfalls alle landwirtschaftlichen Dinge, da stand einiges versteckt. Mit dem Sonderkfz habe ich dir die Kleidung unter dein Schauer bringen lassen. Wohin soll die Verpflegung?" „Hm. Am besten bringst du es dahin, da können wir es gut aufteilen." „Alles andere an Baumaterial wie Zement und Ähnliches bleibt dort und wird umsortiert. Ab nächster Woche gehen wir an die anderen Lager und organisieren um. Dafür habe ich mir Rübke mit Truppe geholt, Schwarz hat ja jetzt eine eigene Kolonne."

Nachdem er seine Sachen zusammengepackt hatte und die Treppe hinunter ging, kamen ihm Richard und Thomas entgegen. Jeder hatte einen großen Karton in den Armen. „Was macht ihr denn hier?", fragte er verblüfft. Richard stellte seinen Karton ab, holte Luft und sagte: "Wir haben doch die Lieferung aus der neuen Halle bekommen. 25 Kartons. Ulla sortiert die gerade aus und das ist hier ist alles Arbeitszeug und Stiefel, bringen wir zu Frau Goldap." „Wie viele sind es hier?" „Sechs Stück. Das mache ich lieber gleich, da ist das Zeug weg." „Jetzt bin ich gespannt, was in den anderen Kartons ist!" sagte Hubert und ging zum Auto. Auf dem Hof dirigierte Ulla den Rest der Anwesenden. „Wir haben schön Luft reinbekommen in die Kartons", sagte sie nach der Begrüßung. „Ja, habe ich schon gehört, ich traf Richard und Thomas auf dem Weg zu Frau Goldap." „Ja, die sind bereits weg. Dazu haben sie drei Kartons mit Herrenmänteln und -hosen, sowie zwei mit Herrenschuhen zu Doris gebracht." „Damit sind ja bereits elf weg." „Nicht nur die, vier mit Wehrmachtswolldecken, stehen unter dem Schauer, die kannst du denen geben, die momentan auswärtig arbeiten." „Das mache ich morgen." „Sehr gut, und morgen soll die Verpflegung kommen."

„Da können wir ebenfalls welche nach Wittingen aussortieren, Sänger kann wieder kochen, die Lehrlinge brauchen etwas. Für uns und unsere Leute kannst du etwas wegpacken und der Rest kommt in das kleine Lagerhaus bei den Depothäusern." „Das passt, da sind einige Gitterboxpaletten leer. So können wir das hinbekommen. Mit einigen Frauen sortieren wir heute Abend, danach wissen wir, was dort drin ist."

Nach seiner Rückkehr aus dem Stall holte er sich einen Teller mit belegten Broten, der für ihn in der Küche stand, eine Flasche Bier und setzte sich an den Schreibtisch, bereitete sich auf den nächsten Tag vor. Auf alle Fälle wollte er mit Karl und Olbrich über deren Einsätze reden und hören, ob es etwas zum Verbessern gab. Außerdem würde er in der nächsten Woche die Arbeitsstellen nacheinander besuchen. Vorher würde er mit Gert den Laster entleeren.

Im Esszimmer ging es sehr lebhaft zu, hin und wieder ertönte Gelächter. Lächelnd nahm er das zur Kenntnis. Nachdem er mit den geschäftlichen Dingen fertig war, holte er sich ein zweites Bier, nahm ein Buch über Pferdezucht aus dem Regal und setzte sich wieder an seinen Schreibtisch. Endlich einmal etwas anderes als Zahlen und Verhandlungen, er kam auf neue Gedanken.

Später verabschiedeten sich die Frauen, Ulla kam zu ihm. „Sehr viele Sachen für Kinder und Frauen, kaum etwas für Männer. Das war so langweilig, das kann Doris haben. Ein kleinerer Karton ist schon fertig für sie." „Was willst du mit dem Rest machen?" „Wir haben beschlossen, wieder einen Adventsbasar zu machen, wo wir das Zeug für ganz billiges Geld weggeben wollen. Dazu Kuchen, Kaffee und Tee." „Wieder unten, im Verwaltungsgebäude und der Gewinn für das Waisenhaus?" „Genauso. Wir wollen alle, die wir kennen, dazu einladen. Kaffee, Tee und Kuchen verkaufen wir ebenfalls günstig." „Mach die entsprechende Werbung dazu und sagt dabei wozu der Erlös dient." „Gertrud sagte, sie wolle das mit

eurem Künstler machen."„Der kann das. Die
Rechnung für die Druckerei übernimmt die Firma."

Am nächsten Morgen sprachen sie beim Frühstück
wieder darüber. „Hast du eigentlich unseren neuen
Frauen etwas überlassen?" „Ja, klar. Ina und
Martina waren beide da und wurden umfassend
eingekleidet. Die haben jetzt beide was sie
brauchen." „Na, da sind ja alle zufrieden und du
kannst deine Aktionen durchführen. Dabei
könnten dir die beiden helfen." Ulla grinste. „Das
habe ich denen gleich beigebracht. Sie wissen, was
Sie zu tun haben. Gertrud leitet das Ganze und hat
die vereinnahmt." „Sehr gut, jetzt bin ich gespannt,
was auf dem Laster ist, den wir durchsuchen
werden."
Bevor er sich in der Firma darum kümmern
konnte, erschien Hubertus Müller bei ihm. „Chef,
hat zwar etwas gedauert, aber jetzt bin ich endlich
die drei Kartons mit Pervitin losgeworden!" 1.200
RM legte er Hubert auf den Schreibtisch. „Prima,
die hätte ich fast vergessen." 200 RM schob er zu
ihm, den Rest ließ er auf dem Schreibtisch liegen.
„Die sind für dich!" „Oh, danke dafür." „So wie ich
dich kenne, hast du bestimmt etwas vom Erlös
behalten", zwinkerte Hubert ihn an. „Also ich bin
ehrlich! Vom Geld nichts, aber die zwei Stangen
Zigaretten als Vermittlungsprämie habe ich
behalten." „Dachte ich es mir doch. Aber
zumindest hast du es geschafft, ehrlich zu bleiben.
Nimm das Geld."
Grinsend verschwand Hubertus Müller und er legte
das Geld in die Kassette, die er im Schreibtisch
hatte. Gertrud kam herein. „Karl und Olbrich
haben angerufen. Spätestens um 13:30 Uhr sind
beide mit ihrer Mannschaft hier. Fischer und

Monika wissen wegen der Lohnzahlung Bescheid."
Unabhängig davon hatte Hubert mit beiden
abgesprochen, dass sie zu ihm auf den Hof kamen
zum Berichten. Auf dem Weg zur Werkstatt traf er
Weber, der mit Tietz unterwegs war, um die letzten
Werkzeuge für den Waldeinsatz in der nächsten
Woche zusammenzustellen. „Alles klar mit dem
Einsatz in der Bruchstraße?" fragte er lächelnd
Tietz. Der lachte auf. „Ja, alles klar. Gestern
wurden die letzten Arbeiten durchgeführt.
Anschließend hat man uns zu einer kleinen Feier
eingeladen. Da hat man sich nicht lumpen lassen.
Es gab Essen und Trinken satt. Ich dachte mir so
etwas schon vorher und hatte meine Kolonne mit
einem der Busse von Gert hinbringen lassen.
Wichtiger und etwas problematisch war die
Rückfahrt. Aber ich konnte alle zusammenhalten.
Wir sind später vollständig wieder abgerückt.
Einige hatten zwar Probleme mit dem Gehen und
Sprechen, aber die haben wir alle gut in die Betten
gebracht." „Na, das war doch ein echtes Erlebnis
für die Jungs." „Und wie, da werden sie lange von
reden." Die beiden gingen zum Magazin und
Hubert zu Gert in die Werkstatt.
„Schön, dass du hier bist, jetzt können wir
anfangen. Der Laster steht hinter der Werkstatt.
Leere Kisten habe ich da, eine Sack- und eine
Schubkarre. Hier hast du eine Taschenlampe.
Einer meiner Lehrlinge steht bereit, um zu helfen,"
sagte Gert.
Schon von außen konnte man sehen, die
Ladefläche war voll mit Kisten und Kartons. In den
ersten Holzkisten, die sie öffneten, befand sich
nagelneues Werkzeug aller Art. Dabei waren
elektrische Sachen, wie vier Bohrmaschinen. Eine
davon legte Gert zur Seite, die anderen kamen ins

Magazin, der Lehrling fuhr die dorthin. Jetzt hatten sie Platz für die leeren Kisten Gerts. Es folgten vier große Kartons mit Wurstdosen aller Art. Eine halbe davon erhielt Gert für seinen Bereich, der Rest kam auf seinen Hof. Von den drei Kartons Kaffee erhielt Gert zwölf Pakete, ein Karton für das Vorzimmer und den Rest auf den Hof. Ähnlich geschah es mit den fünf Kartons mit amerikanischen Zigaretten, davon erhielt Gert eine. Sechs Flaschen Weinbrand und Korn kam in die Kisten von Gerd, den Rest wollte Hubert für die Weihnachtsfeier mit den Meistern aufheben. Eine Kiste mit Wein, rot und weiß, kam zu Gert, die restlichen fünf sollten in den Keller des Vorzimmers. Die Sachen für die Werkstatt ließ Gert durch seinen Lehrling in sein Büro bringen. Zwei Kartons mit Medikamenten würde Hubert Hartig übergeben. Den kleinen Karton voll mit Orden und Ehrenzeichen würde er selber behalten. Einen kleinen Tresor mit passenden Schlüsseln, aber leer, wurde für das Büro von Gert vorgesehen. Schließlich standen an der Rückwand der Ladefläche noch sechs Kartons mit Bekleidung und Schuhen sowie eine Aktentasche. In der befanden sich ein großer Stapel mit originalen Bezugsscheinen, blanko. Die würde Hubert bei der nächsten Lohnzahlung ausgeben lassen. Gert erhielt einen Anteil für die Werkstatt. Beide rauchten eine Zigarette. „Das sind sehr begehrte Sachen auf dem Schwarzmarkt", sagte Gert dabei. „Das sollte bestimmt irgendwohin gebracht werden, um es für weitere Geschäfte zu nutzen!" antwortete Hubert. „Zu spät!" ergänzte Gert, „jetzt nutzen wir das für unsere Geschäfte." Beide klopften einander auf die Schultern. Sie verabredeten, wohin die Sachen gebracht werden sollten. Gerd schlug vor, erst die Sachen für den Keller des Vorzimmers dorthin zu bringen und den Rest bei Hubert unter dem Schauer abzuladen. „So machen wir das. Ich gehe vor und organisiere das", sagte Hubert und ging Richtung Verwaltungsgebäude. Monika und Anja kamen mit und brachten alles in den Keller. Fischer stimmte sofort zu, die Bezugsscheine heute mit auszugeben und ließ sie in den Kassenraum bringen.

Hubert hatte seine Bürotätigkeit für heute erledigt und machte einen Rundgang durch das Gebäude. Bei Dolle und Mielke erfuhr er, dass Baumann mit seiner Kolonne bei der Reparatur der Molkerei beschäftigt war und danach an das Haus von Doris gehen würde. Becker hatte alle Notartermine hinter sich gebracht und war jetzt mit seiner Besatzung beschäftigt, den dazugehörigen Papierkrieg zu gewinnen. Bei Lindner herrschte ein ständiges Kommen und Gehen, alle Bereiche neben dem Bau waren gut beschäftigt. Ähnlich war es bei Krummrich. Alle Fahrer, die anwesend waren, betrieben technischen Dienst an ihren Fahrzeugen, die Fahrten der kommenden Woche wurden aktualisiert. Bei Kokoschka war das Büro mit der Umorganisation des Lagerbetriebes beschäftigt. Alle arbeiteten zielgerichtet und fleißig. Ähnlich würde es jetzt auf dem Hof zugehen, nur dass dort Ulla das Kommando hatte. Tatsächlich traf Hubert Richard, der mit seinem Lieferwagen Kleidung zur Werkstatt von Doris brachte.

Kurz nach 12:00 Uhr fuhr Hubert nach Hause. Während er in den Stall ging, überlegte er, was für eine Überraschung auf ihn warten würde. Richard begrüßte ihn am Eingang. „Du wolltest den jungen Wallach longieren, oder?" „Ja, das hatte ich vor." „Alles klar, warte bitte hier, ich hole ihn dir."

Während Richard losging, kümmerte er sich um seine erfahrenen Pferde, verteilte hartes trockenes Brot und schaute nach ihrem Allgemeinzustand. „Hier sind wir!" rief Richard.

Er verließ die Box seiner Hexe, schloss die Tür und schaute völlig verblüfft. Junior hielt den Wallach an der Longe, die er mit der anderen Hand trug. Das war aber nicht alles. Das Pferd war gesattelt und trug eine vollständige Trense. „Was habt ihr denn mit dem gemacht?" fragte er kopfschüttelnd. „Wir sollten ihn doch bewegen und da haben wir ihn langsam an Sattel und Zaumzeug gewöhnt", grinste Richard. „Ihr beide?" „Ja, Hans-Wilhelm war immer dabei, der longiert sehr gut!" Hubert schüttelte den Kopf. „Das ist ja ein Ding! Respekt mein Junge, ganz großen Respekt. Wollt ihr mir das jetzt vorführen?" Junior nickte. „Das haben wir vor." Mit Richard folgte er dem Jungen in die Halle, bleib am Tor stehen. Richard ging zu dem Jungen und stellte sich neben den, nachdem er die Longierleine ausgerollt hatte. Ruhig stand das Pferd dabei und sah den beiden zu, wie sie in der Mitte die Leine aufnahmen.

Halblaut sagte Junior: „Komm!" und es setzte sich im Schritt in Bewegung. Ruhig und ohne jede Hektik ging das Pferd, wechselte, nach Aufforderung, in den Trab. Nach einiger Zeit wechselten die beiden die Richtung, jetzt ging es genauso rechts herum. Schließlich hielten sie das Pferd an und Richard rief zu Hubert: „Kannst du uns bitte helfen? Wir wollten etwas testen." Der ahnte bereits, was jetzt kommen würde, stellte sich an den Kopf des Tieres und redete ihm ruhig zu. Junior trat an den Sattel und hob das linke Bein. Richard hielt es fest und so konnte er sich in den Sattel setzen. Aufmerksam spitzte der Wallach die

Ohren, blieb aber stehen. Wieder ging Richard in die Mitte und nahm die Longe auf, während Junior leicht die Zügel aufnahm. Hubert trat zurück und das Pferd setzte sich mit Junior auf dem Rücken im Schritt in Bewegung. Beruhigend tätschelte Junior dabei dessen Hals. Einige Runden ging das so, Hubert beobachtete alles gespannt, immer auf dem Sprung, helfend einzugreifen. Alles ging gut. Richard hielt das Pferde an und Junior ließ sich vorsichtig heruntergleiten. Tief schnaufte Hubert durch, war froh, dass Ulla das nicht mitverfolgt hatte. Aber das war leider nicht so, als sie das Pferd hinausführten, stand die auf der Tribüne und wischte sich den Schweiß von der Stirn. Zaghaft lächelnd sagte sie: „Ihr Banausen, ihr kostet mich Nerven. Gut, dass es so ausgegangen ist." „Ich wusste davon nichts", sagte Hubert entschuldigend. „Es sollte ja eine Überraschung werden", lachte Junior. „Das reicht für heute an Überraschungen. Herr Hubert Wedel, ich könnte jetzt einen Cognac vertragen!" „Ich ebenso, lass uns ins Haus gehen. Bringt ihr den Wallach in die Box?" Junior und Richard grinsten, führten das Pferd in den Stall.

Im Haus nahmen beide einen Cognac. „Das war ein Tag mit Überraschungen. Dazu hat mich Britta März am Donnerstag zu einer Untersuchung gebeten. Für heute reicht es!" sagte sie dabei. „Das kann ja nichts Schlimmes sein mit der Untersuchung", erwiderte Hubert ruhig. „Na hoffentlich, ich weiß nicht so genau!" Geschickt wechselte er das Thema und kam auf den Verkauf ihrer Stute. „Ach ich denke, es ist das Beste für das Tier. Hier wird sie ja kaum bewegt und so überragend ist sie nicht als Reitpferd. Da ist sie in der Zucht schon besser aufgehoben." „Ich habe mich ganz bewusst zurückgehalten, das war einzig allein deine Entscheidung. So hatte ich das Winterfeld gesagt." „Das war in Ordnung so. Auf alle Fälle werde ich sie hinbringen und mir später ihre Fohlen anschauen." „Das solltest du tun, damit hast du einen Beitrag zur Rettung der Zucht geleistet und das liegt dir doch am Herzen." „Da hast du völlig recht, das werde ich weiterverfolgen. Vielleicht könntest du deinen Freund anrufen, ob der zufällig Trakehnerstuten im Stall hat oder auftreiben kann."

Tatsächlich hatte er Glück und erreichte Georg von Klagenheim daheim bei seinen Eltern. Nach einer freundlichen Begrüßung fragte er ihn, ob solche Pferde bei ihm im Stall standen. „Vor einer Woche kam ein ostpreußischer Adliger zu uns. Der ist entfernt mit uns verwandt. Der hat in seinem Treck 18 Zuchtstuten feinster Rasse mitgebracht. Jetzt ist die Familie bei Verwanden im Münsterland auf deren Gut untergekommen. Aber alle 18 kann er nicht behalten, fünf sind schon an den Trakehnerverband nach Schleswig-Holstein gegangen. Sechs konnte er an Züchter hier in der Gegend verkaufen, drei will er behalten, also stehen hier vier Stuten, die er in gute Hände geben will. Wäre das was für deinen Mann?" „Das denke ich, ich werden dem das so mitteilen. Ich gebe dir den Namen und die Telefonnummer, unter der man den erreichen kann." „Fein, die kann ich so weitergeben, oder?" „Ja klar, gehe davon aus, das ist ein ehrenwerter Mann. Schreib mit." Hubert schrieb alles mit und bedankte sich. „Aber da ich dich gerade am Telefon habe, ich hätte in den nächsten Tagen sowieso angerufen. Demnächst brauche ich eure Hilfe. Habe einen Großauftrag für

Schulmöbel in Hildesheim bekommen, die kann ich mit dem kleinen Laster nicht hinbringen, bräuchte eure Unterstützung." „Ich gebe das weiter an unsere Spedition, die setzten sich mit dir in Verbindung." „Sehr gut, mit denen kann ich das absprechen." Das eben Gehörte mit den Pferden gab er an Winterfeld weiter, der sich darüber sehr freute und sich in der nächsten Woche darum kümmern wollte. Ulla hatte alles mitbekommen und nickte zufrieden. Als Junior zum Essen kam, wollte sie ihm deutlich machen, wie groß ihre Angst gewesen sei, als sie ihn auf dem noch nicht eingerittenen Pferd gesehen hatte. Der hörte sich das artig an und sagte treuherzig: „Aber Mama, du hast mir doch erzählt, dass du so etwas auch gemacht hast, als du kleiner warst und da dachte ich mir, wenn du das gemacht hast, kann ich das ebenso."

Kurz sah ihn Ulla völlig verblüfft an, Hubert verkniff sich mühevoll einen Lachanfall. Mühselig fand Ulla ihre Worte wieder. „Ja, naja, das habe ich dir schon gesagt, du hast recht, aber bleib bitte vorsichtig!" Sie knuffte Hubert in die Rippen. „Und du hörst sofort auf zu lachen!" „Ja, tue ich schon. Hans-Wilhelm etwas ganz Anderes. Hast du zugeschaut, als Ina heute zum ersten Mal auf dem Pferd saß?" Das war sehr gut abgelenkt. „Ja, ich habe mit Michael auf der Tribüne gesessen. Richard hat das gut gemacht und sie gelobt. Nachher hat Michael, das nochmal getan."

Am Montag erklärte er Agnes, um was es bei Martina ging. Die hatte gar keine Probleme mit diesem Einsatz. „Prima, da freue ich mich drauf, Martina ist ein nettes Mädchen, mache ich gern!" Morgen würde sie sich von Dietlind einweisen lassen. In der anschließenden Stabsbesprechung ging es um jede Menge Kleinigkeiten, vor allem um die Umstrukturierung der Lager, die Kokoschka gerade vornahm. Anschließend nutzte Hubert die Gelegenheit, um sich die Bauarbeiten in der neuen Molkerei anzuschauen. Baumanns Kolonne war eifrig an der Arbeit, die Dachdecker waren gut dabei. „Wie lange braucht ihr?" fragte er Baumann. „Also, wenn das weiter so gut läuft, bin ich mit meinen Leuten hier Mittwoch fertig. Nehme die Dachdecker mit und fahre zum Haus deiner Schwägerin nach Braunschweig. Angeschaut habe ich das bereits. Bis Ende der nächsten Woche können wir das schaffen. So viele Schäden sind dort nicht."

„Aber die Innenarbeiten hier werden etwas dauern." „Die Klempner sind dran, morgen kommen die Elektriker und schließen die neuen Geräte an."

Gerade wollte er losfahren, als ihr Vater auf den Hof der Molkerei fuhr. Hubert stieg wieder aus und begrüßte ihn. „Seid ihr im Plan für die Unterbringung der Tiere hier?" „Ja, da sind wir dabei. Wir werden auf alle Fälle Schweine unterbringen, den ganzen Stall voll. Dort wo früher die Pferde standen, sollen die Kälber hin, den Rest des Stalles bauen wir um, bringen da die Schafe unter. So ist in Hordorf mehr Platz für die Färsen und die Bullen." „Braucht ihr dabei Hilfe?"

„Noch bekommen wir das allein hin. Ute fährt diese Woche für Reiner, so kann der hier anfassen. Wenn es nicht reicht, melde ich mich. Dein Holz und deine Kohlen gehen gut weg, wie unsere Kartoffeln." „Wie läuft es mit der Bezahlung?" „Sehr gut, Frau Goldap hat das souverän im Griff. Mutter und ich wollten dir und Fritz etwas vorschlagen. Könnten wir uns darauf einigen, dass ihr die

Schmuckstücke und die anderen Wertsachen nehmt und wir das Geld?"

„Will unsere Mutter das nicht?" „Sie ist der Ansicht, sie hätte genug Plunder und hat keine Lust das nachher in Geld umzutauschen." Hubert lachte. „So kennen wir sie. Also ich habe damit keine Probleme und glaube Fritz auch nicht, aber fragt den bitte selber."

Lächelnd fuhr Hubert in den Betrieb. Ihm war völlig klar, ihre Mutter traute den eingetauschten Wertsachen nicht. Nachdem er über Mittag die Post erledigt hatte, fuhr er anschließend nach Braunschweig, um sich den Baufortgang am Hotel anzuschauen. Das Dach war fertiggestellt, jetzt wurden die Außenfassaden bearbeitet. Im unteren Bereich wurden gerade die großen Fenster verglast. Die Rahmen waren fertig geliefert, die Mannschaft der Glaser war hier an der Arbeit. „Kommt ihr gut voran?" fragte er deren Vorarbeiter. „Bis Ende der nächsten Woche werden wir das Erdgeschoss fertig haben, anschließend kommen die Fenster in den anderen Stockwerken dran. Ich habe mit Mielke abgesprochen, dass die Rahmen in unsere Werkstatt geliefert werden, wir die Doppelverglasung dort hineinbringen, da werden sie von einem der Maler gestrichen und wir können sie einbauen." „Kommt ihr gut an Glas ran, da gibt es wohl einen Engpass."

„Stimmt, aber die Frau Baumann bei Kokoschka hat das sehr gut im Griff, die spielt eine Firma gegen die andere aus und schon klappt es", antwortete der Vorarbeiter grinsend. „Das habe ich von anderen gehört, sie muss da sehr clever vorgehen."

Alberts kam dazu. „Vor Mittag hatten Dolle und Mielke hier eine Baubesprechung mit dem

Besitzerehepaar. Da kommt beim Innenausbau eine Menge Arbeit auf uns zu." „Wollen die jetzt vieles anders haben?" „Naja, die Aufteilung der Räume soll anders werden, da sollen mehr Kapazitäten entstehen und der Boden muss ausgebaut werden." „Hat Dolle denen gesagt, dass es teuer wird?" „Ja und zwar ganz genau, aber das fanden die wohl in Ordnung so. Außerdem sollen die Wände im Keller gemauert werden, mit Türen darin, damit man bestimmte Sachen verschließen kann." „Na gut, das sichert uns Arbeit und Lohn. Könnt ihr im Winter hier gut arbeiten?" „Ich habe mir überlegt, zwei Mischmaschinen und Material im Keller unterzubringen, da ist die reparierte Heizung. Allerdings bräuchten wir für die Heizung wieder eine Ladung Koks." „Da kümmere ich mich drum, das bekommen wir hin."
Hubert ließ sich den Umbau des Erdgeschosses genau erklären, hier sollte für die Küche ein Anbau angelegt werden, damit der große Saal des Hotels mehr Gäste aufnehmen konnte. Die Grundplatte für diesen Anbau wurde gerade gegossen. Auf dem Rückweg überlegte er intensiv, wie der Beton hergestellt werden sollte, wenn es länger und hart frieren sollte. Das würde er mit Mielke besprechen. Im Betrieb ging er bei dem vorbei und fragte ihn. „Wir bereiten das gerade vor, aber wenn es richtig knackig kalt wird, werden wir das einstellen müssen. Ich kann dir das in der Sandkuhle erklären, wann hast du Zeit?" sagte der. „Morgen bin ich im Harz, Mittwoch wollte ich zu Schwarz an dessen Baustelle, da kann ich das verbinden."

Anschließend besprach er mit Gertrud die anstehenden Termine. Dienstag und Mittwoch war klar und am Donnerstag wollte er nach Wittingen,

Freitagvormittag zu Fritz in den Elm. „Denk dran, ihr seid am Samstag zum Advent zum BKB Chef eingeladen." „Oh ja, das hätte ich fast übersehen." Gegen 16:00 Uhr riefen Karl und Olbrich an. In Wittingen war alles gut angelaufen, sie waren im Staatsforst im Plan. Das gleiche berichtete Karl aus Clausthal, bei denen lief die Arbeit gut, sie hatten dort wieder angefangen, wo sie aufgehört hatten. „Morgen bin ich gegen 09:00 Uhr bei dir in Clausthal am Bahnhof. Soll ich etwas mitbringen?" „Nein, aber du könntest anschließend ein paar Ketten mitnehmen zum Nachschärfen."

### Dienstaufsicht im Harz

Pünktlich um 07:00 Uhr fuhr Hubert am nächsten Tag los, hatte zwei Stangen Zigaretten für seine Arbeiter mitgenommen. Ab der Höhe von Schladen fing es an zu schneien. Es hatte in den letzten Wochen gefroren, der Schnee blieb liegen. Als er hinter Goslar in die Berge fuhr, war es hier genauso, allerdings war die Straße problemlos zu befahren. Am Bahnhof in Clausthal war Betrieb, eine der Zugmaschinen stand mit zwei beladenen Langholzanhängern neben den Gleisen und wurde vom Kran entladen. Ein wenig beobachtete er das, sprach mit den dort arbeitenden Männern und ging danach in das Büro von Karl. Jetzt sah das schon besser aus, hinter dem Schreibtisch sitzend, telefonierte Karl gerade mit Lässig. Als Hubert den Raum betrat, hob er grüßend eine Hand und sagte zu Lässig, dass sein Chef gerade zur Tür hereinkäme. Kurz darauf beendete er das Telefonat. „Grüße von Lässig, er will dich in den nächsten Tagen anrufen!"

„Danke, gibt es etwas Besonderes?" „Nein, er wollte dir einen Überblick zur gesamten Lage hier geben." Aus einer Thermoskanne goss Karl den beiden einen Kaffee ein und zeigte ihm an der Karte die Einsatzstellen der drei Kolonnen. „Mit den Männern der Forstverwaltung werden die Bäume gefällt, entastet und von den Rückepferden an den Weg gezogen. Hier werden sie auf die Langholzanhänger verladen und zum Bahnhof transportiert, wo sie auf die Güterwagen kommen. Drei Züge wurden bereits letzte Woche abgefahren nach Goslar und an die Küste gebracht. Von dort kommen sie per Schiff nach England."
„Wo ist die andere große Arbeitsstelle?" „Von Bad Harzburg hoch nach Torfhaus und dort auf der rechten Seite. Da arbeiten die Leute von Lässig."
„Wo werden die verladen?" „In Bad Harzburg und in Goslar werden die zu Zügen zusammengestellt. „Verstehe ich, das leuchtet ein." „Wie bist du auf die Stelle der neuen Lager gekommen?" „Du erinnerst dich an den Mann, der wieder eingestellt wurde, als wir hier waren. Der hat mir die letzte Woche auf der Karte gezeigt und die ersten beiden habe ich erkundet. Die anderen beiden liegen genau entgegengesetzt. Du kannst das an der Karte an der Wand sehen, wo die Stecknadeln mit dem roten Punkt sind." Beide sahen sich das auf der Karte an. Karl hatte recht, die waren sehr weit auseinander. „Aha und dazwischen sind die Einsatzräume unserer Kolonnen." „Das sind die Stecknadeln, die blauen und dem kleinen Fähnchen, auf denen die Namen der Kolonnenführer stehen." „Gut, und wie hast du das heute geplant?" „Wir beide fahren jetzt zu den beiden Lagerstätten und danach zu den beiden Kolonnen. Es wird schnell dunkel und da sollten

357

wir nicht mehr alleine im Wald herumfahren."
„Klar, irgendwann will ich wieder nach Hause."
„Lass uns fahren", sagte Karl und zog sich seine
Jacke an.
In Huberts Lieferwagen fuhren sie los. Es schneite
weiter, aber die breiten Wege waren gut befahrbar.
„Hast du einen Schlüssel für die Depots?" „Nein,
aber bei der Erkundung habe ich festgestellt, dass
der Zugang durch eine Tür von einer dicken Kette
mit Schloss gesichert ist. Dafür habe ich den
Bolzenschneider dabei!" Karl hatte die Karte vor
sich und führte Hubert durch den Wald.
Schließlich bogen sie von dem breiten Weg ab und
fuhren in einen kaum benutzten Waldweg, bis Karl
sagte: „Wir sind da, halt an." Sie stiegen aus und
nach einigen Schritten standen sie vor einem
hohen Zaun, auf dem S-Drahtrollen angebracht
waren. Karl knackte mit seinem Bolzenschneider
die Kette, sie gingen hinein, standen sofort vor
einem großen hohen Holzstoß, der alles dahinter
verbarg. Beide sahen sich verblüfft an. Kurz
entschlossen ging Karl rechts um das Holz herum
und rief von dort: „Ah, hier hinter ist viel Platz,
komm hinterher!"
Hinter dem großen Holzstoß war aus dicken
Holzstämmen eine Art Blockhaus gebaut. In
dessen Mitte befand sich eine Stahltür, die mit
einer dicken Kette gesichert war. Die Kette war
schnell geknackt, aber die Tür war verschlossen,
mit einem Sicherheitsschloss gesichert. „Jetzt
haben wir ein Problem", sagte Karl und kratzte
sich am Kopf, „so einfach bekommen wir die nicht
auf!" Hubert überlegte: „Hier muss irgendwo
bestimmt ein Schlüssel sein, gerade für die
Situation wie die damals hier war. Lass uns um
den Bau herumgehen, da muss irgendetwas sein,

die mussten ständig an die Sachen rankommen. Du links, ich rechts." Das taten beide, gingen langsam um das Blockhaus herum und sahen sich aufmerksam um. Hinten kreuzten sich ihre Wege, langsam gingen sie zurück, trafen sich wieder vor der Tür. Wortlos rauchten sie eine Zigarette und überlegten.

Hubert lehnte sich an den großen Holzstapel und sagte: „Ich habe nichts gesehen." „Ich auch nicht, was nun?" „Noch einmal das Ganze." Wieder umkreisten sie das Haus, trafen sich wieder an der Tür. „Scheiße", sagte Karl. Hubert nickte: „Stimmt." Er warf die Zigarette weg und sagte: „Moment mal, warum hängt an dieser Hütte, mitten im Wald, ein Brutkasten für Vögel?" Karl schaute mit großen Augen. „Meinst du etwa...?" „Auf alle Fälle schaue ich mir das genauer an." Er ging zur Seitenwand, stellte sich auf die Zehenspitzen und holte das Vogelhaus herunter, sah es sich an und drehte es in seinen Händen. „Hm, war ein Versuch wert, jetzt probiere ich etwas!" Er holte sein Jagdmesser aus der Jackentasche und setzte es zwischen der Bodenplatte und dem runden Häuschen an. Mit etwas Druck gab der Boden nach und als er ihn fast entleert hatte, fiel etwas heraus. Karl lachte auf. „Du hast gewonnen!" Dabei bückte er sich, hob einen Schlüssel vom Boden. „Na los, probiere ihn", sagte Hubert und beide gingen zur Tür. Vorsichtig führte Karl den Schlüssel in das Schloss ein, er drehte sich, die Tür war offen, quietschend öffnete sich die Stahltür.

Beide lachten sich leise an. Hubert schaltete seine Taschenlampe an und ging als erster hinein. Rechts und links von einem gepflasterten Mittelgang standen Regale. Schnell erkannten sie,

um was es sich handelte. „Das Ding ist voll mit
Munition", sagte Hubert und Karl ergänzte: „Hier
rechts sind Mörsermunition und leichte
Artilleriegranaten!" Links befanden sich Gewehr-
und Pistolenmunition, sowie Panzerfäuste. Alles
war in den Kisten untergebracht, die sie aus der
Kriegszeit kannten, sogar die Losnummern
standen darauf. Als letztes in der Reihe standen
Kisten mit Sprengstoff und verschiedene Sorten
Minen. Ganz am Ende fand Karl eine Kiste, die
nicht dem üblichen Standard entsprach. Darauf
klebte ein Zettel: Eigentum von Oberst Krauske.
„Mach den einmal auf", sagte Hubert. Mit seinem
Messer hebelte Karl den Deckel ab, jede Menge
Patronen in kleinen Pappgefäßen waren darin.
„Das ist Munition für Jagdwaffen, die nehmen wir
mit", sagte Hubert, schnappte sich die Kiste und
trug sie hinaus. „Halt, warte, das müssen wir
sauber machen. Hier vorn liegt ein
Bestandsordner, lass uns das überprüfen und den
Nachweis für die Jagdmunition rausnehmen",
sagte Karl laut. Hubert stellte die Kiste ab. „Du
hast recht, wir sollten uns bei den Briten keine
Blöße geben."
Aus dem Ordner nahmen sie den Zettel mit der
Jagdmunition heraus und überprüften zu zweit die
angegebenen Bestände. Das stimmte alles überein.
Karl verschloss die Tür zweifach, vorne schlossen
sie das Tor, stellten die Jagdmunition ins Auto und
fuhren weiter. Als sie wieder auf dem breiten Weg
waren, fragte Hubert: „Wo fahren wir jetzt hin?"
„Rechts zum nächsten Depot. Willst du alles den
Briten übergeben?" „Ja klar, die sollten das Zeug
vernichten, was sollen wir damit?" „Aber bitte sag
denen nicht, wer uns das gesagt hat." „Ach was.
Ich schneide das Kartenstück aus meiner Karte

und sage, das hat man dir in den Briefkasten
gesteckt. Da machen wir nur zwei Kringel für die
Stellen drauf, das ist am einfachsten." „Gut, so
machen wir das. Bin gespannt, was in dem
anderen Depot ist." „Wäre gut, wenn dort die
dazugehörigen Waffen drin sind, so könnte alles
auf einmal geräumt werden." „Übrigens, die beiden
Ketten mit den Schlössern, kannst du die in der
Firma in den Schrott werfen? Damit sind die hier
verschwunden." „Mache ich, dazu überlege ich, ob
ich das vor dem Blockhaus gestapelte Holz abholen
lassen sollte." „Warum nicht, aber erst, wenn die
Briten da waren, jetzt links rein."
Wieder fuhren sie in einen schmalen Waldweg und
erreichten nach kurzer Zeit das zweite Depot. 20
Meter vom Weg entfernt sahen sie es, rückwärts
fuhr Hubert dort heran. Bereits beim Aussteigen
sahen sie, das war hier genauso, wie beim ersten
Depot, der gleiche Zaun und ein Holzstapel
dahinter. Getarnt war das sehr sorgfältig. Karl
knackte die Kette und sie betraten das Gelände.
Zielsicher ging Karl an die rechte Außenseite der
Blockhütte und auch dort hing ein Vogelhäuschen,
in dem sich ein Schlüssel befand. Derweil hatte
Hubert die Kette vor der Stahltür geknackt und
sagte: „Warte kurz, ich will etwas probieren."
Er nahm den Schlüssel der ersten Blockhütte und
probierte ihn im Schloss der Tür. Sofort bewegte
sich das Schloss, die Tür ließ sich öffnen. „Das
habe ich vermutet, die Schlösser sind identisch,
lassen sich mit dem gleichen Schlüssel öffnen, wie
praktisch!" Die Hütte war bis unter das Dach
vollgestopft mit Waffen die aufgereiht in Regalen
lagerten. Kleine und große Mörser lagen hier,
Sturmgewehre, Maschinenpistolen,
Maschinengewehre und Pistolen. Dazu mehrere

Kisten mit Zündern für die Sprengmittel im anderen Depot. „Ah, wie schön", lachte Hubert und blätterte in einem Ordner. „Gute deutsche Verwaltungsarbeit, hier ist die Bestandsliste!" „Da kannst du was herausnehmen, danke. Das hier nimmst du mit", entgegnete Karl. Der hatte eine längliche Holzkiste geöffnet und betrachtete im Schein seiner Lampe die darin liegenden Jagdgewehre. „Oh wieder das Eigentum von Herrn Oberst?" fragte Hubert. „Genau, deshalb habe ich sie geöffnet." Hubert sah hinein, sechs Langwaffen und vier Revolver lagen, in Wachspapier gebettet, darin. „Die nehme ich mit. Wenn du einen Jagdschein machst, bekommst du eine davon. Oh, hier sind zwei Zielfernrohe, sehr gut!" „Und den Rest? Könnte mir vorstellen, das würde eine Menge Geld bringen."

„Da lassen wir die Finger von. Wenn das herauskäme, wären wir dran. Lass uns überprüfen, ob alles mit der Bestandsliste übereinstimmt."

Routiniert machten sie sich an die Arbeit, der Bestand stimmte, das Blatt mit den Jagdwaffen verschwand in Huberts Jackentasche.

„Was machen wir jetzt mit dem zweiten Schlüssel?" wollte Karl wissen. „Die beiden nehme ich mit und lasse mir daheim von Ivan einen Reserveschlüssel machen. Die originalen Schlüssel bringe ich morgen zu den Engländern, mit den Bestandslisten. Damit haben wir einen Schlüssel für die anderen beiden Depots." „Gut, ich denke das ist das Beste. Du hast recht, wir sollten die Finger davonlassen, wenn wir etwas davon behalten und verkaufen, fällt das schnell auf. Was machen wir jetzt?" „Wir sperren alles zu, nehmen die Ketten mit und fahren zu den beiden Kolonnen hier in der Nähe!"

Bevor sie dorthin fuhren, legten sie zwei Schichten Holzscheite von dem Holzstapel über die Kisten mit den Jagdwaffen und der Munition. Nach einem letzten Blick auf das Depot fuhren sie zur Einsatzstelle der beiden Kolonnen. Graf und Hellwig hatten ihre Männer gerade zur Mittagspause geholt und um ein größeres Feuer versammelt. Beide begrüßten ihren Chef, das gleiche taten ihre Leute. Als erstes übergab ihnen Hubert pro Kolonne eine Stange Zigaretten und eine Flasche Rum, für den abendlichen Tee. Den hier anwesenden Mitarbeitern des Forstamtes übergab er einige Schachteln Zigaretten, was die freudig annahmen. Hubert bekam, wie Karl, einen Becher mit heißem Tee und ein Schmalzbrot mit Harzer Käse. Während er aß und trank, berichteten beide Kolonnenführer von ihrer Arbeit, der Unterkunft und der Verpflegung. Nach ihren Worten zu urteilen, war alles in Ordnung. Nebenbei warf Hubert die beiden zerknüllten Bestandslisten der Jagdwaffen und Munition ins Feuer. Anschließend machte er eine Runde unter seinen Arbeitern und den Forstleuten. Die Stimmung war gut, wobei alle sehr betroffen waren, dass der alte Wald als Reparationsleistung nach England gebracht wurde. Als die Pause beendet war und alle wieder an die Arbeit gingen, fuhren Hubert und Karl zurück nach Clausthal. Karl hatte einiges zu klären, gab ihm einige Ketten für die Motorsägen mit, die neu geschliffen werden mussten. Hubert wollte nach Hause, um die Sache mit den Depots möglichst heute zu regeln.

**Verkehrskontrolle**

Es schneite immer noch, aber er kam problemlos bis nach Goslar. Am Ortsausgang, an einer großen Kreuzung kam er in eine Verkehrskontrolle der Briten. Am Straßenrand standen drei Pkws und zwei kleinere Lastwagen, die sorgfältig durchsucht wurden. Jetzt Ruhe bewahren, dachte er sich, als ein großer Feldwebel, warm angezogen, auf ihn zu kam. Er stellte den Motor ab und stieg aus. „Guten Tag, Mr. Wedel, wo kommen Sie denn her?" fragte der Mann in etwas gebrochenem Deutsch. Hubert schnaufte durch, den Mann kannte er, es war der zweite Mann der MP in Braunschweig. „Ich komme gerade aus dem Harz. Da arbeiten drei Kolonnen von mir im Wald. Das wird Holz für England." „Ja, ich weiß, da müssen wir hin und wieder helfen." Dabei schaute er durch das Fenster in Huberts Lieferwagen. „Und für Ihren Kamin haben Sie sich etwas mitgebracht." „Ja, das habe ich von einem Freund, dem Förster aus Goslar. Das andere sind Ketten für die Motorsägen, müssen nachgeschliffen werden." „Da muss man aber einen Spezialisten für haben."

„Das ist wirklich nicht einfach, so einen habe ich, will nicht ständig neue kaufen müssen." Hubert ging aufs Ganze, damit der nicht tiefer auf die Ladefläche schaute. „Wir sprachen doch neulich über ein paar Sachen, die Sie interessieren", sagte er freundlich. Der andere grinste zurück: „Jeder hat so seine heimlichen Wünsche." „Ich hätte da etwas, Moment." Er setzt sich ins Auto und öffnete das Handschuhfach. Dort hatte er ein paar Kleinigkeiten für solche Situationen deponiert. Ein EK II und eine Uhr mit NSDAP-Beschriftung nahm er und drückte sie dem Feldwebel in die Hand. Der schaute kurz darauf, die Teile verschwanden in seiner Jackentasche. „Genau so etwas, was ich suchte." „Na bitte, ist ihr Chef momentan im Dienst?" „Ja, der hat heute die Nachtschicht." „Da kann ich ihn ja anrufen, ich hätte etwas für ihn." „Tun Sie das, aber jetzt möchte ich Sie bitten weiterzufahren, da kommt das nächste Auto." Hubert startete sein Auto und fuhr an der Kontrolle vorbei. Im Rückspiegel sah er, wie der nächste Pkw zur Seite gewunken wurde. Tief schnaufte er durch, das war gut gegangen. Zügig fuhr er nach Hause.

### Zusätzliche Transporte

Kurz nach 16:00 Uhr war er im Büro. Gertrud brachte ihm einen frischen Kaffee. „Alles ist ruhig, bisher keine Probleme", sagte sie lächelnd. „Sehr gut. Kannst du mir bitte den Chef der MP ans Telefon bringen und die Tür bei diesem Telefonat schließen?" Sie nickte, ging hinaus und schloss die Tür hinter sich.
Hubert nippte an seinem Kaffee, bis die Verbindung stand. Der Captain persönlich war dran. „Ich habe eine Überraschung für euch. Heute war ich zur Dienstaufsicht im Harz und da wurde mir etwas gezeigt, was euch interessieren wird." „Wenn Sie am Telefon sind, kommt immer etwas Spannendes", lachte der. „Mein Einsatzleiter dort hatte von Gerüchten über Waffendepots gehört, aber nichts Genaues. Bis er einen Kartenausschnitt in seinem Briefkasten fand, in dem zwei Punkte eingekreist waren. Das zeigte er mir heute. Daraufhin bin ich mit ihm dort heute hingefahren und habe mir gemeinsam mit ihm das angeschaut. Es ist uns gelungen, beide Depots zu öffnen. Eines ist voll mit Munition und eines mit

Waffen. Wir haben alles wieder zugesperrt, die Bestandslisten habe ich hier und die Schlüssel für beide." „Treffer, solche Sachen suchen wir bereits, der Harz sollte ja zu einer Art Festung umgebaut werden. Ich fahre heute Abend eine große Runde zu unseren Wachen, kann ich bei Ihnen vorbeikommen und mir die Listen anschauen?" „Sie können die und die Schlüssel gleich mitnehmen, den Kartenausschnitt bekommen Sie dazu!" „Sehr gut, ich komme später vorbei." „Ich bin aber bei mir daheim, nicht mehr im Büro." „Das finde ich problemlos, bis später." Damit war das Ganze gut eingetütet. Er ging ins Vorzimmer und sagte zu Gertrud: „Ich brauche ganz dringend Ivan." Einige Sachen hatte er gerade bearbeitet, als Ivan kam. Dem bedeutet er mit der Hand die Tür zu schließen. „Ivan, zwei Sachen. In meinem Auto liegen Ketten aus dem Harz zum Nachschleifen. Am Mittwoch fährt das Versorgungsauto dorthin, bekommst du das bis dahin fertig?" „Kein Problem." „Und da habe ich einen Schlüssel, kannst du den nachmachen?" Er gab ihm den Schlüssel vom Harzer Depot. Ivan sah sich den Schlüssel genau an und sagte: „Ein Sicherheitsschloss, aber kein schwieriges. Mit meinen Maschinen bekomme ich den hin. Ein oder zwei Kopien?" „Lieber zwei. Das Problem ist, ich brauche den Schlüssel heute Abend zurück. Schaffst du das so schnell?" Der grinste ihn an. „Zum Feierabend bekommst du die zwei Kopien." „Dankeschön, das wäre toll! Im Auto liegen mehrere Ketten. Wenn du die brauchen kannst, nimm sie dir, sonst kommen die in den Schrott." „Schau ich mir an, bis nachher!" Schon war er weg. Die Tür war offen und Gertrud kam herein.

„Ist irgendetwas passiert? Gibt es ein größeres Problem?"
Hubert lachte. „Ja, ein Problem gab es, aber das lösen wir gerade, alles in Ordnung. Ich wollte euch nicht damit belasten. So könnt ihr sagen: Habe ich nie etwas von gehört." „Na gut, wenn alles in Ordnung ist, ist es gut." „Ich erzähle es später, wenn alles gelaufen ist." Hubert vertiefte sich wieder in seine Arbeit, gegen 17:00 Uhr war er fertig und brachte alles ins Vorzimmer und verabschiedete sich. „Ich bin im technischen Bereich und später daheim zu erreichen." „Fährst du morgen zu Schwarz?" „Ja, vorher bin ich mit Mielke in der Sandkuhle." „Morgen fährt der Kurier in den Harz, hast du etwas zum Mitgeben?" „Nein, deshalb habe ich heute alles erledigt. Aber Donnerstag fahre ich nach Wittingen, da kann ich etwas mitnehmen." „Da gibt es etwas Post und ein paar Kleinigkeiten, packe ich alles in einen Umschlag." Seine Jagdtasche mit den Bestandslisten und dem Kartenausschnitt darin hängte er über die Schulter und ging in die Schlosserei. Dort wurde gerade gefegt, Ivan kam lächelnd zu ihm. „Das war kein großes Problem, ich habe alles zweimal ganz genau nachgemessen, die Kopien sind absolut gleich mit dem Original." „Du bist ein Künstler, hier ist etwas für dich!" Er holte aus der Jagdtasche eine kleine Kiste Zigarren und gab sie ihm. Im Tausch gab der ihm die Schlüssel, beide wünschten sich einen schönen Feierabend. Hubert legte die Schlüssel in seine Geldbörse und ging zum Auto.
Er fuhr nach Hause, stellte das Auto unter das Schauer, um das Holz und die Jagdwaffen zu entladen. Dabei fuhr Richard mit einer Schubkarre gerade zur Scheune und hielt an, als er ihn

bemerkte. „Kann ich dir helfen?" „Das wäre gut, das Holz wollte ich hier im Trockenen stapeln." Richard fasste mit an und schnell lag das Holz an einer langen Seitenwand. „Ich kann das morgen auf Ofengröße zersägen." „Prima, dabei kannst du gleich eine der Motorsägen ausprobieren. Die große Kiste muss in den Hühnerstall, die kleine nehme ich mit ins Haus." Gemeinsam stellten sie die Kiste mit den Waffen in den Raum hinter dem Stall, die andere trug er ins Haus. Vorher hatte er Richard gesagt, dass er Donnerstag nach Wittingen fahren würde, ob er etwas für Sigurd mitnehmen sollte. Im Keller kam die Kiste mit der Munition in den großen Waffenschrank, anschließend legte er die Bestandslisten und den Kartenausschnitt auf seinen Schreibtisch und begrüßte seine Familie. Während er sich etwas Bequemes anzog, berichtete er Ulla von der Fahrt in den Harz. „Was willst du mit dem ganzen Zeug machen?" fragte die sofort. „Gar nichts, das sollen alles die Briten bekommen. Nachher kommt der Chef der MP vorbei, der bekommt die Unterlagen und die Schlüssel. Die sollen sich darum kümmern. Ich habe nur die Jagdmunition und ein paar Langwaffen, die dort privat eingelagert waren, sichergestellt und die Nachweise verbrannt. So haben wir genügend Munition für die Jagd." „Das ist gut. Nimm nur nichts von diesem Zeug, das kann ganz schief gehen." „Ich weiß, deshalb nehme ich nichts davon. Was in den anderen Depots ist, wissen wir nicht, das wird Karl herausfinden. Wenn da Waffen und Munition drin sind, können das die Briten wieder abholen. Wenn nicht, müssen wir schauen, um was es sich handelt." „Gut, dass du so vernünftig bist. Ich werde für den Herren einen guten englischen Tee vorbereiten." „Das haut den

bestimmt um, der denkt, wir trinken nur Kaffee!"
lachte Hubert.

Nachdem beide Kinder im Bett waren, fuhren Ulla
und Sieglinde fort, die Kleidung im Esszimmer zu
sortieren. Auf dem Küchentisch stand auf einem
Stövchen eine Kanne mit Tee, dazu zwei Teetassen
und Zucker. Hubert war am Schreibtisch
beschäftigt. Gegen 20:00 Uhr hörte er ein Auto auf
den Hof fahren. Er öffnete die Haustür, im
Schneetreiben stieg der MP Chef aus dem
Landrover und kam schnell herein. „Kein schönes
Wetter, aber damit muss man leben", sagte er nach
der Begrüßung, als er seine Jacke ausgezogen
hatte und mit Hubert in der warmen Küche saß.
Auf dem Küchentisch lagen bereits die Unterlagen,
als Hubert ihm heißen Tee eingoss. „Das hätte ich
jetzt nicht vermutet, hier so etwas Leckeres zu
bekommen", grinste er. „Wir wissen schon, was
unsere Gäste mögen!" antwortete Hubert.
Nachdem beide vom Tee gekostet hatten und der
Captain anerkennend gelächelt hatte, erzählte
Hubert, wie er mit Karl die beiden Depots gefunden
hatte. Der Offizier hörte aufmerksam zu. „Ich habe
hier die Bestandslisten aus beiden Depots. Wir
haben nachgezählt, die Sachen sind vollzählig."
„Das freut mich. Ich will Ihnen gar nichts
unterstellen, aber auf dem Schwarzmarkt kann
man dafür eine Menge Geld bekommen." „Um über
diesem Verdacht zu stehen, haben wir die Listen,
das sind die Dokumente, mit denen man beweisen
kann, dass alles vorhanden ist." „In Ordnung,
diese Zeiten sind momentan nicht die
gesetzestreuesten." „Das wissen wir zur Genüge.
Ich will von dem Zeug gar nichts haben. Mir geht
es darum, dass es nicht in falsche Hände kommt!"

„So ist es, das hat unser Chef gesagt, als ich ihm das nach unserem Telefonat meldete. Er hat mich dazu eingeteilt, alles zu überprüfen, unser Logistiker wird sich um die Räumung kümmern." „Gut, jetzt wollen wir anfangen. Hier sind die Bestandslisten. Diese für Munition und die für die Waffen. Der Schlüssel ist für das Munitionsdepot und dieser für die Waffen." Der Militärpolizist studierte beide Listen und sagte schließlich: „Damit kann man eine kleine Armee ausstatten. Das war wohl der Plan für dieses Mittelgebirge. Gut, dass alles so schnell vorbeiging, das hätte einen blutigen Kleinkrieg geben können." „Gut, dass es so gelaufen ist. Das hätte so ausgehen können, wie westlich von Aachen, obwohl sonst alles schon zusammengebrochen war."
Der Offizier nickte zustimmend.
„Morgen werde ich mit einem Kommando dort hinfahren und mir das alles anschauen. Kann ich auf die Hilfe Ihres Mannes dort rechnen?" „Ja, der sitzt im Bahnhof vom Clausthal und führt sie dorthin. Wir beide haben uns schon gedacht, dass sie dort schnell räumen wollen." „In der Tat, so wird es kommen. Wie der Logistiker das anschließend macht, wird er entscheiden. Wir werden das höchstens überwachen." „Wann wollen Sie morgen dort sein, damit unser Mann da ist?" „Ich denke so gegen 10:00 Uhr." „Ich werde ihn morgen früh informieren."
Beide tranken eine weitere Tasse Tee und unterhielten sich über die allgemeine Situation. Dabei hörte Hubert schnell heraus, die Briten machten sich Sorgen über die weiteren Absichten der Russen, ganz offensichtlich war die große Freundschaft vom Ende des Krieges erheblich abgekühlt.

Schließlich packte der Captain alles in eine Tasche und verabschiedete sich. Nachdem er weggefahren war, kam Ulla aus dem Esszimmer. „Und alles gut gelaufen?" „Ja, die schauen sich alles morgen an und werden es räumen. Wenn wir dabei durch Transport unterstützen, was ich vermute, schwatze ich denen das Holz aus den großen Holzstapeln vor den Blockhütten ab."

## Notunterkünfte

An nächsten Morgen informierte Hubert Karl über die Absichten der Briten, sagte ihm, er hätte einen Nachschlüssel anfertigen lassen, den Dietlind am Freitag mitbringen würde. Kokoschka trug ihm anschließend vor, die Organisation der Lager sei beendet, bis auf die Lagerhalle der Gerüstbauer sei alles andere umgelagert in die große Halle am Güterbahnhof. Danach fuhr er mit Mielke hinaus zur Sandkuhle. Einer der Mischerfahrer war gerade dabei, sein Gefährt entsprechend zu laden. Als er gefragt wurde, wie lange er so den Beton vorbereiten und ausfahren könne, antwortete er: „Bisher geht es, aber wenn es kälter wird, werden wir das nicht mehr lange machen können, es friert uns alles zu und die gesamte Technik geht kaputt." „Wohin bringt ihr diese Ladung?" „Heute fahren wir für zwei Baustellen der Stadt und eine nachher zu Baumann in Braunschweig. Aber danach wird es kritisch. Wir müssen schauen, was das Wetter macht." Mielke erklärte dazu: „Alle unsere Baustellen die momentan laufen, werden mit den kleinen Betonmischern versorgt, die können in geschützten Stellen weiter betrieben werden. Mit Krummrich ist abgesprochen, wenn es nicht mehr geht, die Betonmischer zu säubern und in Sickte

unterzustellen, bis es wieder geht. Die Fahrer
werden bei ihm eingesetzt." „Gute Maßnahme. Was
plant ihr mit den einfachen Sand- und
Kieslieferungen?" „Wir sind dabei, mit dem
Frontlader zwei große Berge aufzuschütten, damit
wir das bei Schnee und Eis abholen können. Wer
weiß schon, ob das Förderband dann läuft." „Gut,
aber ich denke zwei Berge für Sand wären
hilfreicher, denn wenn es glatt wird, braucht man
das zum Streuen." „Stimmt, da hast du recht. Wir
werden den Sandberg vergrößern und einen
zweiten dazu anlegen, damit haben wir eine gute
Reserve." Girschke und seine Helfer hatten sich
gemütlich in ihrem Häuschen eingerichtet, davor
lag ein großer Stapel Holz und Steinkohle
Mielke wollte sich die Baustelle von Schwarz
ebenfalls anschauen, also fuhren beide
anschließend nach Braunschweig. Um dorthin zu
gelangen, fuhren sie quer durch die Stadt, entlang
des Ringes und am Mittelweg über den
Nordbahnhof dorthin. Auf einer großen
unbewohnten Fläche waren die Reihen der
aufzubauenden Behelfssiedlung abgesteckt. Beide
Planierraupen waren damit beschäftigt ein Planum
herzustellen, mehrere Ladungen Kies lagen bereit,
um verteilt zu werden. Neumanns Männer hatten
begonnen, die ersten Wellblechhütten aufzustellen.
Bei den ankommenden Lastern, die diese brachten
und bei allen anderen Beteiligten, sah Hubert
bekannte Gesichter, die Firma transportierte und
baute fast allein diese Behelfssiedlung auf.
Schwarz und Neumann waren mittendrin,
dirigierten, wiesen an und waren ständig in
Bewegung. Nachdem sich Hubert und Mielke das
Ganze eine Zeitlang angesehen hatten, kam
Schwarz zu ihnen.

„Entschuldigung, ich habe euch zwar gesehen, aber da musste einiges geklärt werden." „Das war gut zu beobachten, wir wollten nicht stören, sondern nur schauen, wie es läuft." „Eigentlich ganz gut, Hubert. Die Leitungen für Frischwasser sind gelegt, da wird es Entnahmestellen geben und der Anschluss an die Kanalisation für die Abwässer ist in Ordnung. Jetzt warten wir auf die Toilettenhäuser, um die aufzubauen. Stromanschlüsse sind ebenfalls fertig. Der Aufbau der Wellblechhütten hat seit gestern begonnen." „Wer ist der Leitende der Stadt?" fragte Mielke. „Ein junger Ingenieur, der sich gerade da reindenkt. Netter Kerl, aber hat keine Erfahrung, fragt uns oft, Gott sei Dank!" antwortete Schwarz. „Geh wieder zu deinen Leuten, wir gehen zu Neumann und schauen uns eine Hütte an", sagte Hubert zu Schwarz, der eilte zu seinen Arbeitern. Neumann gönnte sich hinter einer der Hütten eine Zigarettenpause und studierte seinen Bauplan. „Lass dich nicht stören, wir wollten uns so eine Hütte anschauen", sagte Hubert. „Tut mir leid, aber ich musste unbedingt nachschauen, ob das alles richtig ist, was wir hier bauen." „Völlig klar und ist es richtig?" lächelte Hubert. „Ja, das stimmt. Aber in dieser Hektik hier, fängst du an, an dir zu zweifeln." „Das kenne ich, da ist eine Zigarettenpause wichtig."
Neumann schmiss den Rest der Zigarette weg und sagte: „Kommt mit." Sie betraten die erste fertiggestellte Hütte. Ein Elektriker schraubte gerade eine Birne in eine hochhängende Behelfslampe. Als sie leuchtete, kletterte er von der Leitung und sagte: „Fertig, ich gehe zum nächsten Unterstand." Die drei sahen sich um, die Hütte war leer. In der Mitte stand auf dem Holzboden ein

einfacher Ofen, dessen Schornstein durch das Dach ging. „Sehr gastfreundlich", murmelte Mielke. „Ab morgen sollen Doppelstockbetten, Stühle und Tische kommen, dazu Kleiderständer und wenn es klappt, alte Armeespinde." „Na prima, da kann man sich ja richtig wohlfühlen", sagte Hubert sarkastisch. „Stimmt", sagte Neumann, „aber wenn du gesehen hast, wie die Leute in Zelten und Trümmergrundstücken hausen, ist das zumindest eine kleine Verbesserung." „Das sehe ich genauso", nickte Hubert, „wie soll man das anders machen, bei den vielen zerstörten Wohnungen und den vielen Flüchtlingen." „Vor allem jetzt im beginnenden Winter ist das hier ein Schutz gegen das Erfrieren", fügte Mielke hinzu.

„Wenn die Versorgung mit Brennstoff klappt!" sagte Neumann dazu. „Wie ist das geplant? Sorgt die Stadt dafür oder sollen sich die Leute das etwa selber besorgen?" Hubert war sehr hellhörig geworden. „Das weiß ich nicht, habe aber gehört, die Briten sorgen für Brennstoff und Verpflegung." Mielke schüttelte den Kopf. „Das kann ich nicht glauben, woher sollen die das nehmen? Haben doch selber große Probleme daheim!" „Ich versuche das heraus zu bringen. Auf alle Fälle müssen hier Unterkünfte stehen, damit die Menschen aus den Trümmern herauskommen."

Neumann nickte. „Wohl wahr, wir tun, was wir können. Der Nachschub läuft ja jetzt, seit unsere Leute fahren. Aber ob wir reichen, von der Mannstärke her, das alles schnell aufzubauen, bezweifele ich fast." Neumann schien da sehr skeptisch zu sein. „Halte bitte die Augen auf und wenn es Probleme gibt, werden wir verstärken. Ich kläre das mit der Stadt", sagte Hubert bestimmt. „In Ordnung mache ich, aber stellt euch auf

Unterstützung ein. Ich muss zu meinen Leuten."
Als sie zum Auto gingen, fragte Mielke: „Das
leuchtet mir ein, was Neumann sagt, aber mit wem
willst du unterstützen?" „Wenn es nicht anders
geht, muss Baumann da ran und nicht in den
Wald, dann arbeitet eben nur eine Kolonne bei
Weber." Schweigend fuhren beide zurück in die
Firma, die Situation in der Stadt beschäftigt beide.
Wieder im Büro gab es einiges zu erledigen. Lässig
wollte zurückgerufen werden, Becker bräuchte
dringend einen Termin und Barbara hatte um
Rückruf gebeten.
Erst aber schob er den gesamten Papierkram zur
Seite, Lässig war am Telefon. „Ich habe von den
Briten gehört, ihr habt ein Depot mit Waffen und
Munition entdeckt?" „Stimmt, ich hätte dich
darüber informiert, aber hier gibt es momentan so
viel zu tun, da kam ich nicht dazu. Es ist nicht ein
Depot, es sind zwei. Eines für Waffen und eines mit
Munition. Das war mir zu heiß, daher habe ich es
an die Briten weitergegeben, die sollen das
räumen." „Völlig klar, ist in Ordnung, ich will
damit nichts zu tun haben, hätte ich genauso
gemacht. Kurz nachdem mir der britische
Verbindungsmann, der hier für den Abtransport
des Holzes sorgt, das heute Morgen mitgeteilt
hatte, wurde mir von einem Depot bei Königskrug
berichtet. Da will ich gleich hin. Wie seid ihr da
hineingekommen? Gibt es Problem?" Hubert
lachte. „Durch einen Zufall kamen wir an den
Schlüssel für die Stahltür von den Depots. Ich
erkläre das." Das tat er und Lässig sagte: „Gut,
dass du mir das erklärst. Hoffentlich ist das da
auch so. Ich denke, wir werden mehr finden." „Wir
haben sofort die Briten verständigt. Lass bloß die
Finger von den Waffen, die du da findest. Die

könnten derzeit gutes Geld bringen, aber das Risiko ist zu hoch." „Ich will auf keinen Fall meine Position hier gefährden. Wenn dort Waffen oder Munition drin sind, melde ich es sofort den Briten, die sollen sich darum kümmern." „Noch ein Tipp: In den Depots befanden sich Bestandslisten gemäß deutscher Verwaltungspraxis. Überprüfe, ob der Bestand mit der tatsächlichen Summe übereinstimmt. Nicht, dass es heißt, ihr hättet euch etwas unter den Nagel gerissen. Wenn es nicht stimmt, verbrenn die Listen." „Sehr guter Ratschlag, genauso werde ich vorgehen, will da kein Risiko haben. Ich melde mich wieder bei dir!" Nachdem Hubert aufgelegt hatte, war ihm klar, dass im Harz mehr gefunden werden würde. Während er auf Becker wartete, konnte er bereits einige Vorgänge erledigen. Der erschien mit einer Mappe.

„Ich habe einige Dinge. Fangen wir mit dem einfachen an. Die Käufe von Doris und Barbara sind problemlos über die Bühne gegangen, Fritz hat ebenfalls die Stallungen, die Scheune und das dazugehörige Ackerland übernommen. Deine zwei Hektar Bauland sind ebenfalls in trockenen Tüchern. Dafür habe ich Geld aus deinen Mieteinnahmen verwendet." „Sehr erfreulich, aber bauen werden wir momentan nicht."

„Die Verwaltung des Hauses von Doris habe ich übernommen und vertraglich besiegelt. Deine Tante und deren Bekannte haben jede zwei Grundstücke erworben, die müssen im nächsten Jahr geräumt und bebaut werden. Der Auftrag dazu wird Anfang des Jahres kommen, Dolle weiß es bereits und Fischer erarbeitet dazu ein entsprechendes Angebot." „Damit haben wir wieder Arbeit für das nächste Jahr. Du solltest mitkommen zum Jahresempfang der IHK und des Haus- und Grundbesitzervereins. Ich gebe dir die entsprechenden Termine, nimm genügend Visitenkarten mit." „Sehr gut, denke, Bode wird da mitkommen?" „Davon gehe ich aus. Der hat dort schon sehr gute Geschäfte gemacht."

„Die Mietverträge für die neuen Reihenhäuser sind unter Dach und Fach. Für das Wohnhaus bei der Glaserei habe ich einen Interessenten, der Prokurist der Schmalbachwerke an der Hamburger Straße. Das sieht gut aus, denke, das klappt bereits für den 1.12. dieses Jahres. Jetzt komme ich zu einer Personalsache in meinem Bereich. Unser Büro in Braunschweig, das ehemaliges Büro von Bauer, wird von seiner damaligen Geschäftsführerin sehr ordentlich und erfolgreich geleitet. Jetzt aber ist deren Mann aus der Kriegsgefangenschaft wieder zurück und hat auf Grund alter Verbindungen einen sehr guten Arbeitsplatz im Hamburger Hafen und dort ein Haus am Rande von Hamburg geerbt. Sie will zu ihm, hat schon ein Angebot aus dem Hafen vorliegen. Die kann ich nicht länger halten. Also habe ich mir Gedanken gemacht. Aus meinem Bereich hat sich Frau Kuhlmann sehr gut entwickelt, hat ihr Fluchttrauma gut überwunden und ist mit einem jungen Mann aus Baumanns Kolonne zusammen. Der traue ich zu, diesen Posten zu übernehmen, sie könnte mit dem Mann die kleine Dachwohnung dort beziehen, die ist bisher von der jetzigen Bearbeiterin bewohnt und würde frei. Jetzt geht es jedoch um die Nachbesetzung der Stelle von Frau Kuhlmann hier. Viele kommen da nicht in Frage." „Da sollte man eine gewisse Vorbildung für haben. Aber wie ich dich kenne, hast du dir schon Gedanken drüber

gemacht, sag es einfach." „Die beste Frau für diese
Stelle ist Dietlind Brenner. Die macht ihre jetzige
Sache sehr gut, kann aber viel mehr und ist
momentan etwas unterfordert." „Da hast du recht,
sie ist gelernte Speditionskauffrau und hat das
länger gemacht. Das wäre kein Problem. Aber wer
soll der als Essensfahrerin folgen? Hast du da eine
Idee?"
„Naja, hier bleibt ja nichts geheim. Dietlind ist am
Wochenende bei Karl und da wird sie von Agnes
Albrecht vertreten. Wäre das eine Möglichkeit?"
„Hm. Jetzt hast du dir aber einen ganz großen
Balken zum Bohren ausgesucht. Die ist eine der
Marktfrauen meiner Mutter. Nur weil momentan
nicht so viel zu verkaufen ist, reicht der eine
Marktfrau und deshalb kann sie Dietlind vertreten.
Grundsätzlich halte ich deine Idee für sehr gut.
Aber wie wir meiner Mutter die abhandeln können,
ist mir momentan nicht klar. Aber ich werde es
versuchen. Euer Bereich liegt mir sehr am Herzen.
Mal sehen, wie ich das hinbekomme."
Nachdem Hubert seinen ersten Ordner fertig hatte,
ließ er sich mit Barbara verbinden. „Liebe
Schwägerin, du batest um Rückruf?" „Ja, Hubert,
ich wollte dir sagen, bevor es andere tun, ich habe
bei deinem Personal gewildert. Eine der Frauen, die
bei dir beim Holz beschäftigt ist, habe ich
eingestellt." „Ach Barbara, kein Problem, ich
denke, da werden wir ganz schnell eine
Nachfolgerin haben, mach dir darüber bitte keine
Sorgen. Wie sieht es sonst bei dir aus?"
„Sehr gut, der Kaufvertrag ist unter Dach und
Fach, das Haus ist fertig und deine Jungs haben
die neuen Sachen gut transportiert. Die Masse ist
bereits eingebaut. Wenn alles klappt, werden wir
Freitag beginnen können. Ich habe viele Anfragen

von Landwirten, die ihre Milch nicht loswerden. Die Gesundheitsbehörde hat diverse Molkereien aus dem Verkehr gezogen, in diese Lücke stoßen wir." „Dabei wünsche ich dir viel Erfolg. Wenn du Hilfe brauchst, ruf an."

Kaum hatte er die zweite Mappe begonnen, als Karl anrief. „Die Engländer waren pünktlich hier und ich habe sie zu beiden Depots geführt, mich aber sonst völlig herausgehalten. Sie haben alles fotografiert und mit den Bestandslisten überprüft. Natürlich gab es keine Probleme. Soweit ich das mitbekam, wollen sie alles so schnell wie möglich räumen." „Gut so. Wahrscheinlich werden sie bei uns anrufen und um Transportunterstützung bitten. Halte bitte Füße und Hände still. Erst wenn alles abtransportiert ist, schaust du dir die anderen Lager an. Nicht vorher. Dietlind bringt dir den nachgemachten Schlüssel mit, ich habe einen." „Alles klar. Der Versorgungsfahrer ist auf dem Weg zurück, dem haben wir einiges an Holz aufgeladen."

Nach dem Gespräch legte Hubert die Schlüssel in einen Briefumschlag, klebte den zu und schrieb „Karl" darauf. Den gab er Gertrud und bat sie zu veranlassen, dass Dietlind bereits am Freitagnachmittag nach Goslar fahren könne und sie das Geld für Karl mitnehmen sollte. Monika sagte dazu: „Das mache ich, Dietlind bekommt ihres am Freitag." Mit beiden besprach er die Personalie Dietlind, so, wie sie Becker vorgeschlagen hatte. Beide waren der Meinung, es wäre eine gute Lösung, wünschten ihm viel Glück bei den Verhandlungen mit seiner Mutter.

Seufzend zog er sich seine Jacke an, als sein Telefon klingelte und Gertrud rief: „Der

Logistikoffizier der Briten ist dran!" Das geht aber schnell, dachte er und nahm das Gespräch an. „Herr Wedel, nach der Erkundung des Depots im Harz hat Oberstleutnant Allen entschieden, die unverzüglich zu räumen. Weil unsere Fahrzeuge jedoch unterwegs sind, sagte er, ich solle Sie fragen, ob Sie den Transport durchführen könnten. Wie sieht es aus?" „Ich denke, das werden wir machen können, aber ich habe kein Verladekommando dafür." „Das ist kein Problem, das macht Woods mit seinen Leuten und die MP ist dabei." „Wieviel Transportraum brauchen Sie?" „Meine Leute hatten ausgerechnet: Drei Lastwagen oder zwei mit großen Anhängern." „Das bekommen wir hin. Wann und wo sollen die sich melden?" „Am Freitag um 08:00 Uhr an der Wache der Kaserne in Rautheim. Dort übernimmt Woods sie. Rechnung an mich." „Kein Problem. Eine Bitte hätte ich. Vor den Blockhäusern sind jeweils Holzstapel. Können wir die abholen?" Der Offizier lachte. „Wenn es mehr nicht ist, holen Sie es später. Wir können es nicht brauchen, das ist zu wenig für den Abtransport zu uns."

Bevor er zum Auto ging, informierte er Krummrich über den Einsatz. Der hatte für den Zeitpunkt zwei große Züge frei und die entsprechenden Fahrer. Da es bereits dunkel war und leicht schneite, verzichtete er auf den Besuch bei Schmitz und seiner Holzkolonne, die hatten bereits Feierabend.

Ulla war mit der Kleinen beschäftigt und Junior spielte mit seinem Freund oben. Spontan beschloss er zu reiten, zog sich um, nahm eine dicke Jacke und seine Handschuhe, ging in den Stall. Seine junge Stute sattelte er und ging mit ihr in die Halle. Niemand außer ihm war dort.

Nachdem er das Licht eingeschaltet hatte, ritt er ruhig im Schritt. Die Stute machte das ordentlich, ging brav vorwärts, so konnte er ein wenig seine Gedanken schweifen lassen.

Seit Tagen war sein sexuelles Bedürfnis erwacht Er hatte vorsichtig und zärtlich versucht, seiner Frau das nahe zu bringen, aber jedes Mal war sie dabei entweder eingeschlafen oder hatte gesagt, sie wäre nicht soweit. Irgendwann musste das doch vorbei sein, nach der Operation. Doktor März hatte etwas von maximal einer Woche gesagt, aber jetzt waren es bereits drei Wochen. Wie sollte er es anstellen, ihr seinen Bedarf klar zu machen. Er wäre ja schon dankbar, wenn sie ihn berührte, es muss ja nicht die ganz große Nummer sein. Kurz stolperte die Stute und riss ihn aus seinen trüben Gedanken. Er klopfte ihren Hals und sagte: „Brav mein Mädchen, ich habe vergessen, mich um dich ordentlich zu kümmern!" Er nahm sie auf und bewegte sie eine dreiviertel Stunde in allen Gangarten.

Als er schließlich ins Haus ging, hatte die Familie bereits gegessen, die Kleine war im Bett und Junior wurde geduscht. Er setzte sich an den Küchentisch, aß und las die Zeitung, die er aus dem Büro mitgebracht hatte. Ulla sagte ihm danach, sie ginge zu Barbara, um den Adventsbasar vorzubereiten. Dazu wünschte er ihr viel Spaß und setzte sich an den Schreibtisch. Vorher nahm er sich etwas von dem guten Whisky. Während er aufschrieb, was am nächsten Tag zu tun sei, fühlte er zum ersten Mal, wie müde er war. Nachdem ihm die Augen zugefallen waren, trank er den Whisky aus und ging zu Bett. Kaum lag er darin, schlief er schon.

Am nächsten Morgen wachte er früh auf, den Rest schlief, nur Sieglinde war bereits in der Küche. Während er frühstückte, gab sie ihm ein größeres Paket für ihre Verwandtschaft mit und eine gepackte Reisetasche. „In dem Paket ist Verpflegung und in der Tasche einige Sachen für die beiden. Drei von den Wolldecken und eine Bettdecke habe ich dir bereits ins Auto gelegt." „In Ordnung, werde ich alles übergeben." Bevor er zum Auto ging, kam ihm eine spontane Idee: Warum sollte er Prinz nicht mitnehmen? Also nahm er die lange Leine und ging zum Zwinger, begrüßte seinen Hund, der bereits von Richard gefüttert war und nahm ihn mit ins Auto. Als erstes fuhr er jedoch nicht in sein Büro, sondern zu Schmitz, der mit seinen Leuten gerade angefangen hatte. „Na, stellst du dir eine neue Kolonne zusammen?" fragte er Schmitz. „Da bin ich gerade dabei. Der Stellmacher ist bei Grings zum Probearbeiten, die cinc Frau ist von deiner Schwägerin abgeworben worden für die Molkerei und die Weberin arbeitet bei Doris in der Näherei Probe. Das waren meine besten Leute, ich habe mir neue besorgt, die ordentlich ihre Arbeit machen." Die Frau, welche Barbara für die Molkerei haben wolle, war da, mit der unterhielt er sich. Sie sagte ihm, dass sie sich sehr über das Angebot in der Molkerei zu arbeiten, gefreut und zugesagt hätte. „Das freut mich, meine Schwägerin braucht dort gute Leute. Ich kann mir gut vorstellen, dass man sich bei ihr wohlfühlen kann." „Sie machte einen sehr netten, aber bestimmten Eindruck und bot mir an, mit den Kindern eine Drei-Zimmer-Wohnung in der Molkerei zu beziehen. Ich will arbeiten und für meine Kinder sorgen. Die Chance werde ich nutzen!"

Er ging er wieder zu Schmitz der ihm zeigte, wie die Zimmerleute das lange Dach, unter dem das Holz trocknete, nach vorn verlängert hatten, jetzt war wesentlich mehr Platz zum Stapeln vorhanden. Auf der anderen Seite waren die Verschläge für die Kohle vergrößert und vorbereitet worden. Hier war alles voll, hauptsächlich mit Briketts und einem Teil Eierkohlen. Fertig gefüllte Säcke, große und kleine, standen bereits ganz hinten. Daneben standen eine ganze Menge Holzbündel.

„Ich kläre das nachher mit deinen Eltern, ob die etwas brauchen und das fahren wir dorthin." „Ist denn schon viel weg?" „Zwei Opel voll haben wir bereits hingebracht. Aber ich will etwas anderes zeigen." Sie gingen wieder nach vorn, wo das angelieferte Holz in zwei Bergen lag und von dort weiterverarbeitet wurde.

„Der kleinere Stapel dort rechts ist aus dem Elm, Ute brachte das gestern. Das stammt vom Holz, was bereits letzten Winter geschlagen worden war, aber noch im Wald lag." „Ach ja, Fritz erzählte mir, dass es dort letztes Jahr ziemlichen Ärger gab mit der Firma, die das machen sollte." „Das Holz ist gut getrocknet und geht jetzt mit raus." „Prima. Du machst das planvoll und gut, mein Kompliment." Sichtlich stolz nickte Schmitz. „Ich werde ins Büro gehen und nachher nach Wittingen fahren. Stellt euch darauf ein, am Samstag von dort zwei Kipper voll zu bekommen." Hubert ließ Prinz ins Auto und fuhr vor zum Verwaltungsgebäude. Hier bearbeitete er die frühe Post und plauderte mit den Mädels im Vorzimmer. Dabei sagte Monika: „Ivan hat dir mehrere geschärfte Ketten ins Auto gelegt. Und hier ist ein großer Umschlag für unsere Leute. Da ist Post dabei. In diesem Umschlag ist der Lohn für Sigurd und Frau, lass das bitte unterschreiben." Er steckte die Umschläge in seine Jagdtasche, legte eine Stange Zigaretten und eine Flasche Rum dazu und ging zum Auto.

## Holzarbeiten in Wittingen

Trotz des Schneefalls der letzten Tage waren die Straßen frei und er kam gut voran. Gegen 09:30 Uhr erreichte er die Försterei, wo er bereits erwartet wurde. Hier gab es Schmalzbrot mit Käse und einen heißen Tee. Auf der Landkarte zeigte ihm der Förster, wo sich seine Kolonne befand und welchen Bereich sie bereits geschafft hatten. „Die Jungs haben sehr gut gearbeitet. Alle, das gilt für die Fahrer, den Jüngeren mit den Rückepferden und die Holzarbeiter. Bei denen merkt man, dass sie mit Holz arbeiten können. Gestern Abend habe ich sie auf eurem Hof besucht, und drei Flaschen selbstgemachten Likör vorbeigebracht, die Stimmung war gut, das liegt mit an den wachen Augen ihres Vorabeiters und seiner Frau. Der Ton ist rau, aber herzlich." Hubert grinste. „Ja, so kennen wir sie, solange die Verpflegung stimmt, geht alles gut." „Und eine vorbildliche Ordnung herrscht dazu." „Das freut mich zu hören. Klappt alles mit dem Sägewerk?" „Ohne Probleme. Vorgestern kam einer der großen Bauern zu mir und fragte, ob eure Kolonne bei ihm arbeiten könnte, er hätte nicht genügend Leute." „Abwarten. Erst hier, später beim Brauereichef und in unserem Wald. Wenn es passt, gerne. Aber erst diese drei."„Völlig richtig, das werde ich dem so sagen."
Schließlich fuhr der Förster mit ihm zur Arbeitsstelle. An einer verbreiterten Stelle des Weges hielten sie an. An der rechten Seite lagen

Stämme, die entastet waren und von einem Kran auf einen Langholzanhänger geladen wurden. Olbrich kam aus dem Wald und begrüßte sie. Aus dem Wald war das Kreischen der Motorsäge zu hören und während Olbrich berichtete, kam ein Rückepferd mit einem Baum aus dem Wald, der zu den anderen gezogen wurde. Pauls jüngerer Helfer winkte dabei fröhlich ihnen zu. Rund um ein großes Feuer aus trockenen Zweigen wurden drei Biergarnituren aufgebaut. „Meine Frau kommt gleich mit einer heißen Suppe und Tee, das brauchen die Jungs jetzt." „Völlig klar, habt ihr genügend Verpflegung?" „Kein Problem, wenn ihr uns am Wochenende einen Sack Kartoffeln gebt, reicht das für die nächste Woche. Meine Familie bleibt am Wochenende hier, das holt mein Stellvertreter." „Soll bei uns auf den Hof kommen. Hier habt ihr schon etwas." Dabei übergab Hubert die Zigaretten und den Rum. „Danke, das kommt gleich weg, gebe ich erst heute Abend aus. Hast du Ketten mitgebracht?" „Liegen im Auto, dazu Post und zwei Axtstiele, die ihr wolltet." „Prima, setzt euch dazu und nehmt eine Suppe!"
Der zweite Kipper mit einem leeren Langholzanhänger rollte heran und dahinter kam Sigurd mit seinem Traktor und einem leeren Anhänger. Aus dem Wald kamen Olbrichs Männer, die Rückepferde standen im Schutz eines Baumes mit dicken Decken und hatten einen Futterbeutel um. Frau Olbrich kam mit ihrer Tochter und zwei Männern, entluden einen Thermobehälter und eine Kiste mit Brot. Sie begrüßte Hubert und machte sich an die Verteilung der Suppe und des Tees. Hubert und der Förster bekamen jeder einen Teller mit Suppe, dazu Brot und einen Becher mit Tee. Damit setzte sich Hubert unter seine Arbeiter, aß

und plauderte mit ihnen. Schnell bekam er mit, die Stimmung war gut, Probleme gab es kaum. Die Abgabe und Annahme der Wäsche musste er für Samstag besser sicherstellen, schrieb er sich auf. Von Frau Olbrich erhielt er eine Liste von Sachen, die sie benötigte, hauptsächlich Gewürze und Tee. Ihr gab er 200 RM für den Kauf von Brot und Gemüse hier vor Ort. Einen halben Laib Käse hatte er von Barbara gekauft, den erhielt sie ebenfalls. Sigurd saß in der Mitte der Männer, gehörte zu der Mannschaft, wie die Fahrer und der Pferdeführer. Als sich alles langsam auflöste, um wieder an die Arbeit zu gehen, sprach er mit Sigurd. „Ich habe einiges für euch und euren Lohn. Wann bist du wieder daheim?" „Ich lade den Anhänger mit geschnittenem Kronenholz voll und komme heim." „In Ordnung, ich bringe den Förster nach Hause und komme zu euch." Mit Olbrich unterhielt sich Hubert. Der würde am Samstag beide Kipper in den Betrieb mitnehmen lassen, damit die und sein eigener Lkw in der Werkstatt technischen Dienst machen konnten. „Die fahren aber nicht leer zurück. Jeden beladen wir mit geschnittenem Kronenholz, so hoch es geht."

Auf dem Hof hackte der Nachbar Sigurds Holz von einem Berg frischen Holzes, den der bereits gebracht hatte. Dem Mann gab Hubert ein kleines Päckchen Zigarren und einen Geldbetrag. Freudig lächelnd nahm der das entgehen und machte weiter. Sigurd kam mit dem Traktor und kippte das neue Holz dazu. Danach half er Hubert die Sachen aus dem Auto ins Haus zu bringen, wo seine Frau einen Kaffee vorbereitet hatte. In der gemütlichen Küche zahlte Hubert die beiden aus. Über die mitgebrachten Dinge freuten sich die

beiden. Sigurd teilte mit, das Holz, was bisher hier läge, sei für sie und den Nachbarn vorgesehen. Mehr als das bisher geholte, würden sie nicht unterbringen können. Die nächsten Fuhren würden zu ihrem Hof kommen und dort verarbeitet werden, dort war dafür Platz. Schließlich zeigte er Hubert die Tiere auf dem Hof. Die trächtigen Stuten waren heute bereits draußen gewesen und standen zufrieden in ihren Boxen. Das Fohlen war mittlerweile von seiner Mutter getrennt in einer eigenen Box. Die Schweine und Färsen machten einen guten Eindruck. Sigurds Frau hatte ganz offensichtlich eine gute Hand für das Federvieh, mehrere Hühner und sogar Enten hatten gekluckt und eine Menge Nachwuchs hervorgebracht. Davon wollte sie einen Teil an Malwine abgeben. Nachdem der Nachwuchs in zwei Kisten verpackt war, kamen sie in Huberts Auto, wurden mit mehreren Decken verhüllt und Hubert fuhr zufrieden zurück. Prinz schlief während der Rückfahrt tief vor dem Beifahrersitz. Daheim brachte er zuerst den Hund in seinen Zwinger und fuhr zu seinen Eltern, um die Küken dort abzugeben. Malwine war entzückt, freute sich sehr und gab die Tiere sofort einem der Jungen mit genauen Anweisungen. Sein Vater kam herein und gemeinsam tranken sie einen Tee. Die gute Laune Malwines nutzte er aus, um die Personalie Agnes anzusprechen. Nachdem er den Personalwechsel im Betrieb erklärt hatte, fragte er, ob Agnes bis auf weiteres die Schulverpflegung fahren könne. Malwine nickte spontan.
„Das kann sie machen. Du tust mir sogar einen Gefallen damit. Bis auf weiteres werde ich nur einen Wagen auf den Markt in Braunschweig schicken. Das hat einen einfachen Grund: Jetzt im Winter haben wir nicht so viele Sachen zum

Verkaufen. Der ganze Bereich mit Pflanzen und Blumen, sowie Früchten fällt momentan weg. Da reicht wirklich der eine Wagen. Wie es im Sommer oder Frühling weitergeht, müssen wir überlegen. Agnes hat jetzt mit ihren Kindern eine neue Dreizimmerwohnung in den Häusern von Ulla. Du müsstest deren Bezahlung übernehmen." „Das ist selbstverständlich. Das werden wir so machen." Heinrich stellte seine Tasse auf den Tisch. „Da gibt es was zu klären: Die Gärtnerin und der Friseur!" „Ach ja, stimmt", sagte Malwine. „Was hältst du von der Möglichkeit, wenn die Gärtnerin einen eigenen Laden aufmacht und eine meine Helferinnen ist Friseurmeisterin, könnte den Friseur im Ort übernehmen." „Oh, das sind ganz neue Perspektiven. Das werde ich mit meinen Leuten besprechen, sehr gerne." „Mach das bitte, das wäre gut für alle Betroffenen.

„Da wir gerade dabei sind", sagte Heinrich, „wir bräuchten wieder Holz und Kohlen zum Verkauf." „Werde ich nachher veranlassen."

Im Büro veranlasste er für den Wäschetausch der auswärtig eingesetzten Kolonnen, die Verlängerung der Öffnungszeiten der Tauschkammer und des Schusters. Schmitz ließ er benachrichtigen, Holz und Kohle an seine Eltern zu liefern. Danach bat er Fischer zum Gespräch. Als erstes erzähle er ihm von den Wünschen der Gärtnerin und der Friseuse, fragte ihn, was er davon hielte. Der überlegte kurz und sagte: „Grundsätzlich ist das eine sehr gute Idee, wenn die das machen wollen. Ich gehe davon aus, du hast Geld in der Hinterhand, welches du so unterbringen möchtest." „Stimmt, das ist ein Grund. Aber wenn das so unter dem Dach der Firma laufen sollte, wie kann das gehen?" „Da werde ich drüber

nachdenken. Morgen Vormittag habe ich einen Termin bei Frau März. Mit der werde ich darüber sprechen. Lass mich das tun, danach können wir weiterdiskutieren." Gerade überlegte er, wie man so etwas gestalten könne, als Fritz hereinschneite. „Bruderherz, wir, Gert, Harald und ich haben gerade ausgemacht, wir spielen heute Abend Doppelkopf. Du bist der vierte Mann, dich brauchen wir unbedingt dazu." „Oh, das ist etwas ganz Nettes, das habe ich schon lange nicht gemacht. Wann und wo?" „19:00 Uhr bei euch im Reiterstübchen. Ich bringe die Karten, Brot, Käse und Mettwurst mit." „In Ordnung, ich eine Kiste Bier und einen Weinbrand." „Prima, das passt alles, bis nachher. Fiete will heute Abend etwas Wichtiges sagen." Erleichtert fuhr er um 17:30 Uhr nach Hause. Das war gut, so brauchte er nicht zu Hause sitzen und darauf warten, dass, wie üblich, nichts passierte. Daheim aß er zwei Schreiben Brot und setzte sich danach mit Junior an den Wohnzimmertisch und erklärte dem die Grundzüge des Schachspielens. Sie spielten eine Probepartie und er erklärte weiter. Um kurz vor 19:00 Uhr beendete er das für heute, versprach ihm am Samstagnachmittag wieder zu spielen.
Er holte eine Kiste Bier aus dem Keller, sagte zu Ulla: „Wir spielen Doppelkopf im Reiterstübchen." Die sah ihn groß an, wollte etwas sagen, aber da war er bereits draußen.

## Herrenabend

Kurz nach 19:00 Uhr waren alle da, man einigte sich auf die Regeln, legte das Kleingeld zurecht, die erste Flasche Bier wurde geöffnet. Thomas kam dazu und fragte, ob er zuschauen dürfte. „Klar darfst du das, aber nichts verraten!" lachte Fritz und endlich konnte es losgehen. Schnell kamen alle gut ins Spiel, dabei blühte der Flachs. Nach der zweiten Runde stand neben jedem die zweite Flasche Bier und ein Glas mit Weinbrand. Thomas hatte das übernommen. Zwischendurch kamen Fiete, Gertrud und Niemann vom Reiten und nahmen sich ein Bier. Während einer kurzen Pause sagte Fiete: „Hubert und Fritz, ich soll euch von meinem Vater ein Angebot machen." „Na, raus damit", sagte Hubert. „Wir haben im Revier zwei ältere Böcke, die zugewechselt sind und ihr Unwesen hier treiben, die sollen wir abschießen, das wäre etwas für Hubert, sagte Vater und für Fritz hat er einen Dammwildhirsch, der ebenfalls Unruhe verbreitet."

Hubert und Fritz nickten beide. „Wann soll das sein?" fragte Hubert. „Wir haben gerade Vollmond, das sollten wir nutzen. Wir beide morgen die Rehböcke und Fritz mit Vater Samstag den Dammwildhirsch!" Die Brüder sahen sich an und stimmten zu. „Ich bin morgen um 18:30 Uhr bei euch in der Försterei", sagte Hubert und Fritz fuhr fort: „Ich um 16:30 Uhr am Samstag." Das Spiel ging weiter und nach zwei Stunden legten sie eine Pause ein, um den Misthaufen zur Erleichterung zu nutzen. Thomas hatte sich derweil nützlich gemacht, hatte den Käse und ein Stück Mettwurst kleingeschnitten, sodass alle mit einer Scheibe Brot davon kosten konnten. Während der gesamten Zeit wurden Neuigkeiten ausgetauscht. Hubert erzählte von den beiden Depots und deren Räumung, Gert hatte drei Traktoren und fünf Anhänger verkauft, Fritz berichtete, dass die Arbeiter im vorigen Jahr eine Menge Holz einfach im Wald von Winterfeld hatten liegen lassen, welches sie bergen und abfahren mussten. Harald

brachte den Mann ins Spiel, den Schmitz beim
Holz entdeckt hatte und der sich bei ihnen sehr
gut machte. „Wenn Grings will, soll er das Fischer
sagen, wir stellen ihn ein." „Mach ich. Ihr solltet
euch anschauen, was Grings und Braun aus den
alten Möbeln gemacht haben. Das ist einfach toll."
Als sie weiterspielten, ging Thomas ins Bett, hatte
vorher jedoch jedem eine neue Flasche Bier
hingestellt und weiteren Weinbrand eingeschenkt.
Bis kurz nach 22:00 Uhr spielten sie, beendete
schließlich die Runde, beschlossen einstimmig,
dieses unbedingt zu wiederholen. Harald und Fritz
gingen die paar Schritte zu ihren Häusern, Gert
schwang sich auf ein Fahrrad und Hubert löschte
das Licht, schloss die Stalltür und ging ins Haus.
Hier war alles dunkel, alle schliefen. Leise
entkleidete er sich, ging ins Bett und rollte sich
unter das Deckbett. Ulla schlief bereits, aber das
hatte er erwartet.

### Ein erfolgreicher Freitag

Wieder war er früh auf und frühstückte in der
Küche. Dabei erzählte er Sieglinde, wie es gestern
bei Sigurd und dessen Frau war. Als er sich fertig
machte, um zur Firma zu fahren, kam Ulla
verschlafen im Bademantel aus dem Schlafzimmer.
„Oh, du bist bereits unterwegs?" „Ja ich will
nachher in den Elm. Heute Abend bin ich bei
Fietes Vater zur Jagd eingeladen." „Wann kommst
du denn?" „Komme kurz vorbei, esse etwas, ziehe
mich um und fahre zu Fiete." „Aha, ja, naja..." „Ich
muss los, bis heute Abend, Tschüss!" Schon war er
unterwegs.
Als er in die Einfahrt zur Firma einbog, kamen ihm
drei Laster entgegen. Zwei mit Anhänger, einer

ohne. Wenn das die für die Briten waren, warum
drei? Bei Krummrich erkundigte er sich, was das
auf sich hätte. Der lachte auf. „Als du gestern weg
warst, rief mich Woods an, der leitet den
Transport. Er sagte, du hättest gefragt, ob wir das
Holz von irgendwelchen Stapeln dort im Harz
haben könnten. Er bot an, das zu verladen,
schließlich hätte er 15 Kriegsgefangene dabei, die
könnten das machen. Sicherheitshalber sollte ich
einen Lkw dazu schicken. Ich wollte dich daheim
nicht stören, deshalb habe ich das gleich
entschieden." „Ah, Herr Woods denkt mit. Sehr
gut, das hast du gut entschieden, gut mitgedacht,
freut mich."

Im Vorzimmer sagte ihm Gertrud, die beiden
anderen Kolonnen seien ebenfalls pünktlich
abgefahren. Gestern Abend hatte Fritz ihm gesagt,
wo sie arbeiten würden, da wollte er hinfahren.
Vorher informierte er Fischer, wie sich die
Personalie Dietlind entwickelt hatte und ging bei
Becker vorbei, um ihm das mitzuteilen. Der freute
sich, würde Dietlind bereits ab Dienstag zu sich
holen, er fuhr los. Über den Hof von Winterfeld
fuhr er in den Elm und schon nach kurzer Zeit
erreichte er einen freien Platz, auf dem das Holz
gestapelt und abgefahren wurde. Aus dem Wald
ertönte das Geräusch der Kettensägen, Fritz
dirigierte den Baggerfahrer, der die Stämme auf
den Transporter verlud. Ute kam mit dem Traktor
und einen leeren Anhänger, fuhr in einen
Nebenweg. Die Beladung war fertig und Fritz kam
zu ihm. „Vorsichtig der Kipper mit dem Holz muss
hier drehen!" Hubert ging zur Seite, ließ das lange
Gespann vorbeifahren.

„Gleich kommt der nächste Lastzug, das läuft
heute sehr gut." „Prima, kommt ihr gut voran?"

„Wir arbeiten an zwei Stellen. Mit zwei Leuten zerkleinern wir das Kronenholz und verladen es auf den Anhänger, mit dem Rest holen wir die gefällten Bäume aus dem Wald und teilen das Kronenholz, damit Paul es zum Zerkleinern bringen kann. Dazu holt er gefällte Stämme aus dem Wald hierher mit seinen Pferden. Das hat sich gut eingespielt. Aber wenn wir den Wald der Försterei machen sollen, brauche ich Verstärkung." „Irgendwann ist Baumann fertig und kann angreifen. Der kommt zu dir!" „Das wäre gut. Oh, der Herr Winterfeld kommt!" Tatsächlich kam der mit einem Kübelwagen heran und stieg aus. Lächelnd begrüßte er beide. „Na, da habe ich ja beide Chefs auf einmal erwischt." Beide gaben ihm die Hand und Fritz schilderte den Arbeitsfortgang. Er nickte zufrieden und sagte: „Es ist ein gutes Gefühl, sich auf Sie verlassen zu können. Wenn ich an das Drama denke, was hier im letzten Jahr ablief, wird mir immer noch schlecht." „Ja, an dem Mist arbeiten wir, aber irgendwann werden wir das überstanden haben!" nickte Fritz. „Heute war ich beim Sägewerk, die sind sehr zufrieden mit dem Holz, was bei ihnen ankommt. Das sieht nach einer guten Ernte aus, wie das Getreide." „Warten wir es ab, wie es im nächsten Jahr läuft."„Da machen wir uns jetzt keine Gedanken drüber. Schön, dass ich den Firmenchef erwische, Sie wollte ich in den nächsten Tagen anrufen." Hubert lächelte: „Das können wir jetzt gleich klären, um was geht es denn?"
„Ich konnte es ja nicht lassen. Bevor es zur Währungsreform kommt, habe ich mich entschlossen, in Grund und Boden zu investieren. Da war ein sehr gutes Angebot, dem konnte ich nicht widerstehen. Ich habe mir fünf Häuser

gekauft in der Innenstadt von Braunschweig und drei in Wolfenbüttel. Da stand jemand kurz vor der Insolvenz und ich griff zu. Allerdings müssen vier oder fünf Häuser in Braunschweig teilweise stark repariert werden. Eines ist heile, die in Wolfenbüttel alle drei. Ich brauche also Ihre Hilfe beim Wiederaufbau. Das ist das eine. Die anderen sind komplett vermietet, aber ich habe keine Lust mich mit Beschwerden von Mietern rumzuschlagen und Miete zu kassieren, daher möchte ich diese Häuser gern in ihre Betreuung übergeben." Bevor Hubert antworten konnte, sagte Fritz: „Ich mische mich ungern ein, aber ich muss wieder zu meinen Männern, wir sehen uns." Jetzt kam Hubert zu Wort. „Ich bedanke mich dafür, dass Sie an uns dachten. Die Betreuung der Mietshäuser macht Herr Becker, der nimmt umgehend mit Ihnen Verbindung auf. Beim Wiederaufbau der Häuser haben wir momentan ein Problem. Witterungsbedingt ist es derzeit nicht möglich Außenarbeiten zu machen, der Frost lässt diese Arbeit ruhen."

„Das ist mir klar, aber wenn es wieder möglich ist, könnte es losgehen." „Ja klar. Wir sollten uns die Häuser anschauen, einen Plan machen und alles vorbereiten, um nach dem Frost anzugreifen." „Genau so wäre es in meinem Sinne." „Also nehmen unsere Ingenieure mit Ihnen Verbindung auf, um alles vorzubereiten!" „So machen wir das, die sollen mich anrufen, ich kläre mit denen alles!" Sie wechselten das Thema und kamen auf seine Trakehnerzucht. Die trächtigen Stuten waren gut drauf und er hoffte auf einen entsprechenden Nachwuchs. Gern hätte er Ullas Stute für die Zucht, sagte er lächelnd. „Da sage ich lieber nichts zu, das müssen Sie mit meiner Frau besprechen.

Das wird eine große Anstrengung an Überzeugungskraft werden, denke ich," lächelte Hubert breit. „Meinen Sie, ich hätte eine Chance?" „Das hängt hauptsächlich an ihrer Gefühlsbindung an das Pferd, es hat sie während der Flucht treu begleitet. Heute wird es kaum bei uns eingesetzt, höchstens, um die Kutsche zu bewegen. Wenn Sie Erfolg haben wollen, müssen Sie das über die Zucht und die Erhaltung der Rasse machen. Da haben Sie eine Chance." Winterfeld lächelte: „Ich kann mir das vorstellen, ich werde es versuchen." Beide saßen mittlerweile auf der Kühlerhaube von Huberts Lieferwagen und rauchten eine Zigarette. „Demnächst würde ich gerne eine Jagd in meinem Wald veranstalten, ich habe meinen Jagdschein weiterhin. Das Einzige, was fehlt, ist ein gutes Gewehr." „Da könnte ich Ihnen helfen." Überrascht sah Winterfeld ihn an. „Wie das? Steigen Sie in den Waffenhandel ein?" Jetzt lachte Hubert leise. „Sagen wir es mal so: Als wir einen Auftrag zur Räumung erhielten, fielen mir einige in die Hände. Aber darüber rede ich nicht öffentlich." „Aber wir beide könnten darüber reden, oder?" lächelte Winterfeld ihn an. „Das kommt darauf an, was Sie suchen." „Früher hatte ich mehrere Waffen, war für alles gewappnet, heute wäre mir ein Drilling ausreichend." „Lange Rede, kurzer Sinn. Wenn Sie Zeit haben, kommen Sie bei uns vorbei, so gegen 13:00 Uhr. Da können Sie sich die Gewehre und die Pferde anschauen." „Vielen Dank für diese Einladung, ich werde dort sein, Bargeld habe ich dabei." Sie gaben sich die Hand und gingen zu ihren Autos. Lächelnd drehte sich Hubert zu Winterfeld. „Ach, noch etwas. Ich weiß etwas, was Ihre Chancen erhöhen könnte: Wenn Sie eine Jagd veranstalten, laden Sie meine Frau ein. Sie hat gerade die Jägerprüfung bestanden, war aber bisher nie bei einer Jagd."

Lachend hob Winterfeld seine Hand. „Danke für den Tipp, ich werde Ihren Bruder fragen, ob er mir bei der Vorbereitung hilft."

Auf dem direkten Weg fuhr Hubert nicht zurück in die Firma, sondern hielt an der neuen Molkerei, um zu schauen, wie es lief. Seine Schwägerin Barbara war beschäftigt, den Betrieb ins Laufen zu bringen. „Grüß dich Hubert, habe leider keine Zeit, heute kam die erste Milch und ich muss das alles in geordnete Bahnen lenken. Es klappt schon ganz gut, aber die Kleinigkeiten müssen sich einlaufen."
„Ich will nicht stören, wollte nur fragen, ob wir helfen können." „Danke, momentan nicht, melde mich aber, wenn ich etwas brauche." Schon kam wieder eine Frau mit einer Frage. Um nicht weiter zu stören, ging er wieder. Dafür traf er draußen seinen Vater, der mit Reiner einen Viehwagen entlud. Acht Färsen wurden abgeladen, kamen in den Kuhstall. Während Reiner die Tür schloss, kam Heinrich zu ihm. „So, jetzt haben wir hier und auf den anderen Höfen Ordnung. Hier sind jetzt alle Färsen und älteren Kälber und in Hordorf sind nur die Jungbullen, die Schafe und die Ziegen."
„Habt ihr hier Schweine aufgestallt?" „Ja, 20 junge und den alten Hühnerstall haben wir vergrößert, da sind jetzt alle Enten und Truthähne drin, die Gänse werden wir hoffentlich bald los, das sind 45 Stück." „Da wird sich bestimmt Struss drum kümmern oder?" „Das denke ich. Liegt denn bald eine Jagd an? Der braucht dringend Wild."
„Also demnächst will Winterfeld eine Jagd veranstalten und mein Freund der Schlachter ist an der Reihe, da warten wir auf den Termin!" „Sag

Bescheid, wenn es soweit ist, wir brauchen Nachschub. Dein Holz und die Kohle gehen übrigens sehr gut, der Rest ebenso. Demnächst müssen wir uns über den Erlös unterhalten." „Da schlage ich Doris und Frau Goldap vor, die sollten dabei sein und Hartmut." „So sollten wir das machen, die kennen sich gut aus mit den Sachen." „Sagt mir bitte Bescheid, wenn ihr soweit seid, ich muss ins Büro." „Viel Erfolg heute mit dem Bock, Waidmannsheil!"

Im Büro wartete bereits Gertrud mit einem Zettel. „Komm mit rein und bring Kaffee mit", sagte er. Er setzte sich hinter seinen Schreibtisch, schob die beiden dort liegenden Mappen zur Seite. „Folgende Anrufe sind eingegangen: Die IHK Chefin rief an, ob du nächsten Donnerstag gegen 18:00 Uhr Zeit für eine Vorstandsitzung hättest, es ginge um Personalentscheidungen für feste Mitarbeiter der IHK." „Sag da bitte zu, das ist sehr wichtig, das muss endlich laufen." Gertrud hakte das entsprechend ab.
„Karl rief an und bat um Rückruf." „Den kannst du mir bitte anschließend geben." „In Ordnung, der Kreisreiterverband war dran, er bietet eine Schulung für junge Dressurreiter an einem Wochenende in Braunschweig an. Ob wir Interesse hätten." „Das hört sich gut an, ja, die sollen uns die Ausschreibung dafür zusenden." „Dein Jagdfreund, der Schlachter, wollte wissen, ob du Samstag in einer Woche Interesse an einer Jagd bei ihm in der Heide hättest."
„Ja sehr. Ruf bitte an und frage, ob Ulla mitkommen dürfte." „So etwas findet nächsten Dienstag bei Frau Majewski statt, ob du dabei sein möchtest."

„Da geht es bestimmt wieder auf Hirsche. Ja, habe ich, sag es ihr bitte und frag wann und wo."
„Weber war hier und sagte, ich solle dir mitteilen, er käme momentan gut mit der einen Kolonne aus, die zweite bräuchte er derzeit nicht." „Gut, da kann Baumann etwas Anderes tun." „Das war es, ich rufe die an und stelle dir Karl durch."
Kaum hatte er die Unterschriftenmappe aufgeschlagen, da hatte er Karl am Telefon. Er teilte ihm mit, die Briten hätten alles geräumt, der Bestand stimmte mit den Kisten überein. Man sei sehr zufrieden gewesen. „Und das höchste war, die haben das ganze Holz von den Holzstößen davor verladen und bringen es in die Firma."
„Wunderbar, ich hörte das heute Morgen, deshalb lief ein zusätzlicher Laster mit. Wann kommen die hier an?" „Der eine mit Holz beladene Laster hat einen ebensolchen Anhänger dahinter und fährt gleich in die Firma, die Waffen werden bei den Briten eingelagert und die Munition kommt danach in die MUNA. Das müsste heute Nachmittag geschehen." „Jetzt bleiben nur die beiden anderen Lager. Wann wollen wir da ran?" „Hast du Dienstagvormittag Zeit?"
„Das passt, am Nachmittag darf ich zu einer Jagd in der Nähe von Bad Sachsa, das geht gut zusammen."
Er arbeitete seine Sachen weiter durch, bis Gertrud kam, ihm die Daten der Jagd des Schlachters mitteilte und sagte, Ulla sei natürlich eingeladen. Samstagvormittag 09:00 Uhr am Wirtshaus Silbersee. Treffpunkt Dienstag sei das Gut von Frau Majewski um 15:00 Uhr." „Notier mir das bitte, ich bin am Dienstagvormittag im Harz bei Karl. Weißt du, ob der Essenstransport mit Martina und Agnes geklappt hat?"

„Monika war bei der Post und sah, wie die beiden an der Schule abgeladen haben."

## Martina und Agnes

Am Donnerstagnachmittag war die Einweisung von Agnes durch Dietlind erfolgt. Martina war nicht dabei gewesen, sie machte gerade Übungsstunden für die Fahrprüfung mit Meier. Da Dietlind am Freitag einiges für ihre Fahrt nach Goslar erledigen musste, erledigte Martina den Rest während der Fahrt mit sauberen Behältern zu VW am Freitagmorgen. Dort stellte sie die Essensbehälter für die einzelnen Schulen auf der Ladefläche zusammen. Agnes beobachtete das genau, die folgende Route hatte sie bereits im Kopf. Bereits in der Früh hatte sie Martina von deren Wohnung abgeholt, die Fahrt nach Wolfsburg war trotz des leichten Schneetreibens gut gelaufen, die Straßen waren frei. Bei dieser ersten Auslieferung übernahm Martina die Gespräche in den einzelnen Schulen, die leeren, sauberen Behälter vom Vortag wurden überall mitgenommen. Nachdem die sauberen Behälter in Wolfsburg abgegeben waren, fuhren beide zufrieden zurück, alles hatte gut funktioniert. Agnes hatte danach Zeit, sich ihren Kindern zu widmen, und Martina übte mit Meier zum dritten Mal an dem Theorieteil ihrer Fahrprüfung. Alles saß gut, da konnte sie beruhigt rangehen. Am Samstagmorgen erfolgte wieder Martinas Abholung. Gut gelaunt fuhren beide nach Wolfsburg, plauderten dabei frisch und fröhlich. Schnell hatten beide Frauen festgestellt, sie hatten einen guten Draht zueinander. Als sie später in ihr Auto stiegen, um zur letzten Schule nach Lehre zu fahren, legte Agnes eine Hand auf Martinas

Oberschenkel und sagte: „Schön, so eine Freundin wie dich zu haben!" Lächelnd bestätigte Martina, dass es ihr genauso ginge.

Auch diese letzte Station lief sauber ab, sie brachten die leeren Essenskübel nach Wolfsburg und fuhren schließlich wieder auf den großen Hof der Firma. Beide holten sich ihren Lohn und dort erreichte sie Meier von der Fahrbereitschaft. „Ihr beiden, auf euch habe ich jetzt ein Attentat vor. Barbara Wedel hat Probleme in ihrer neuen Molkerei. Sie muss leere Milchkannen zu ihren neuen Lieferanten bringen, aber ihr Fahrer ist unterwegs, der schafft das heute nicht mehr, könntet ihr helfen?" Spontan sagte Martina: „Das sollte kein Problem sein." Agnes fügte hinzu: „Ich muss nur meine Kinder bei Nachbarn unterbringen!"

Also fuhren sie erst zu dem Wohnblock, wo sie wohnte und sie regelte das schnell. „Die Kinder gehen mit den Nachbarskindern zum Schlittenfahren!" sagte sie, als sie wieder einstieg. Danach fuhren sie zur neuen Molkerei. Barbara begrüßte sie freudig: „Gut, dass ihr kommt, sonst wäre ich aufgeschmissen. 40 Milchkannen müssen zu verschiedenen Bauern gebracht werden. Morgen habe ich zwei Fahrer, aber heute müssen die unbedingt dorthin." Sie bekamen eine Liste, vier Dörfer waren anzufahren, es ging los. Wieder setzte leichter Schneefall ein, aber alles lief gut ab, trotz gelegentlicher Sucherei nach dem richtigen Hof. Gegen 16:30 Uhr waren sie zurück in Lehre, aber dieses Mal etwas nass und leicht verfroren. Während sie durch das Tor fuhren, fragte Agnes: „Was machst du heute Abend?" „Nichts mehr, werde duschen, obwohl die bei uns nur lauwarm ist, und werde in meinem Zimmer bleiben." „Wenn du möchtest komm zu mir, meine Dusche ist heiß, danach trinken wir etwas, wenn die Kinder im Bett sind." „Oh, das ist eine sehr gute Idee. Setz mich bitte vor dem Haus bei mir ab, ich hole meine Sachen und komme mit dem Rad zu dir." „Freue mich, werde jetzt meine Kinder einsammeln, bis gleich!"

Nachdem Martina ihre Sachen zusammen hatte und losfahren wollte, traf sie Ina. Sie plauderten über das, was sie heute erledigt hatten. Dabei erfuhr sie, Ina war abends von Regina ins Reiterstübchen eingeladen, dort seien mehrere andere in ihrem Alter. „Und was machst du," fragte Ina. „Ich bin bei Agnes eingeladen, mit den Kindern spielen, ein Glas Wein trinken und heiß duschen!" antwortete die. „Das habe ich vorhin mit ein paar anderen Frauen in der Werkstatt gemacht, das war schön heiß. Hier ist es leider nur lauwarm!" Sie wünschten sich gegenseitig viel Spaß, Martina nahm ihre Tasche in die sie eine Flasche Wein gelegt hatte und fuhr mit dem Rad zu Agnes. Kälter wurde es, der Schnee fiel nicht mehr, man konnte die Sterne sehen. Etwas verfroren kam sie bei Agnes im ersten Stock an. Hier war es endlich warm. Beide Kinder saßen frischgewaschen am Tisch und warteten auf das Abendessen. Es gab etwas für sie ganz Neuartiges und Ungewohntes: Spaghetti mit Tomatensauce. Martina setzte sich zu ihnen und bekam einen vollen Teller davon. Nach anfänglichem Zögern aßen die drei und stellten schnell fest: es schmeckte gut. Agnes setzte sich ebenfalls mit einem vollen Teller zu ihnen „Na, da habe ich euch alle überrascht, das gab es gestern hier im Laden. Schmeckt es euch?" Alle drei nickten und aßen ihre Teller mit Begeisterung leer. Beide Kinder erzählten vom Schlittenfahren und was sie dabei erlebt hatten. Martina half beim Abräumen, sie spielten eine Partie „Mensch ärgere dich nicht" und anschließend verschwanden die beiden ins Bett, ihre Mutter las etwas vor. In der Zwischenzeit wusch Martina in der Küche ab und als Agnes dazukam, plauderten sie ein wenig. Aus ihrer Tasche holte Martina die Weinflasche, stellte sie auf den Tisch. Erfreut darüber stellte Agnes zwei Gläser dazu und öffnete die Flasche.

„Aber bevor wir das genießen, gehen wir duschen!" sagte sie lächelnd. „Wie machen wir das? Du zuerst?" fragte Martina. „Hm, ich habe nur einen Bademantel."

„Kein Problem, ich erhielt einen neulich, den habe ich mit!" „Na Prima, wir ziehen uns beide im Schlafzimmer aus und dort die Bademäntel an, gehen ins Bad. Stört dich das?" Lächelnd antwortete Martina: „Ach, i wo, so machen wir das!" Während Agnes ihre gebrauchte Unterwäsche in einen Korb legte, packte Martina ihre Sachen in die Tasche, zog den Bademantel an, nahm einen frischen Slip und ein Handtuch, folgte Agnes ins Bad. Dort entkleidete sich Agnes, machte die Dusche an, zog den Vorhang davor, damit es nicht ins Bad spritzte. Während sie duschte, putzte sich Martina die Zähne und wartete auf sie.

„Gibst du mir bitte das Handtuch?" Agnes hatte den Vorhang zur Seite geschoben, stand nackt und nass in der Wanne. Sofort reichte ihr Martina das Handtuch, musterte sie dabei unauffällig. Schlank war sie, hatte einen kleinen festen Busen und ein etwas breites Becken, Martina fand sie sehr reizvoll.

„Jetzt bist du dran, wasch dir die Haare, das Shampoo habe ich neulich von Ulla bekommen",

sagte die. „Ich weiß nicht recht, da müsste ich nachher mit feuchten Haaren zurückfahren!" Während sich Agnes abtrocknete, lachte sie: „So ein Quatsch, du schläfst hier bei mir. Ich habe ein großes Bett, so können wir in Ruhe den Wein trinken. Bei der Kälte gehst du nicht mehr raus!" „Wenn du das so sagst, mache ich es, danke für die Einladung!"
Lachend antwortete Agnes: „So jetzt aber ab unter die Dusche."

Als sie sich anschließend abtrocknete, musterte Agnes sie ebenfalls unauffällig. Der ganze schlanke Körper mit den großen runden Brüsten, dem knackigen Hintern und den langen Beinen gefielen ihr sehr, fast hätte sie ihr einfach so einen Kuss gegeben. Nur mit Slip und Bademantel bekleidet, setzten sich die beiden im warmen Wohnzimmer auf die Couch und probierten den Wein. Als Agnes sie fragte, wie sie denn eigentlich hierhergekommen sei, erzählte Martina ihre Geschichte bis zur Rettung aus dem Keller und der Aufnahme durch die Familie. Agnes hörte gebannt zu. „Meine Güte, da hast du ja eine ganz üble Sache erlebt." „Ja, aber ein wenig habe ich mich revanchiert." Sie erzählte, was sie der Polizei verraten hatte und was geschehen sei. „Das ist ja ein richtiger Krimi! Ganz so schlimm war es bei mir nicht, möchtest du das hören?" „Wenn du es mir erzählen willst, gerne."
Agnes erzählte, wie sie sich kennengelernt hatten, alles war Sonnenschein, die Firma, wo sie mithalf und wie sich alles drehte. „Ich bekam die Kinder, aber seitdem ging es rapide bergab. Er fing an zu spielen, trank immer mehr und wenn er voll war, nahm er mich egal wo, riss mir die Klamotten

runter und schob ihn bei mir rein. Das war ihm egal, ob ich meine Tage hatte oder nicht. Wenn ich was dagegen sagte, gab er mir Ohrfeigen und machte weiter. Schließlich verprügelte er mich öfters und wenn ich heulend irgendwo lag, nahm er mich wieder brutal. Ich hatte niemanden, wo ich hinkonnte, es war die Hölle. Aber irgendwann war er dran. Er hatte betrogen, wurde verurteilt und eingesperrt. Ich saß da mit der Firma, wusste nicht mehr weiter. Die Schulden waren zu hoch. In der Situation kaufte mir Hubert alles ab und brachte mich zu seiner Mutter. Für die arbeitete ich, war schuldenfrei, hatte aber nichts mehr. Die Scheidung lief, aber vor einem Monat starb er im Gefängnis. Da muss es zu einer Prügelei gekommen sein und er verlor. Seit der Zeit bin ich Witwe, die Scheidung war ja noch nicht erfolgt. Aber ich war frei. Auf alle Fälle habe ich von Männern die Schnauze voll, brauche keinen mehr, schaffe das mit den Kindern allein."

Sie waren beim zweiten Glas und Martina fühlte sich sehr wohl. „Mir geht es genauso. Ich bin nur für mich verantwortlich, brauche auf niemanden Rücksicht nehmen. Das Einzige, was für mich wichtig ist ich muss mich mit meinem Bruder aussprechen, mich bei dem für alles entschuldigen." "Das solltest du bald machen, nicht lange vor dir herschieben. Danach geht es dir bestimmt besser und du bist richtig frei", sagte Agnes. Martina nickte gedankenverloren. „Da hast du recht, das muss ich tun." Agnes beugte sich zu ihr, nahm ihre Hand. „Mach das, das beschäftigt dich doch sehr, ich helfe dir, möchte deine Freundin sein, erzähl mir, was du ihm sagen willst, das hilft, wenn man es ausspricht." Martina seufzte tief. „Also gut, aber das wird schlimm, ich warne dich." „Nimm einen Schluck Wein, da geht es besser." Beide tranken sich zu, Martina begann, alles sprudelte aus ihr heraus wie ein Wasserfall. Als sie fertig war, gab Agnes ihr eine Zigarette und Feuer. Beide rauchten schweigend. „Geht es dir jetzt besser?" fragte sie leise. Martina sah sie an und lächelte fein. „Ja, es geht mir besser, ich danke dir für das Zuhören. Ich weiß jetzt genau, ich werde mit ihm sprechen."

Sie beugte sich zu Agnes und gab ihr ein Küsschen auf die Wange.

„Danke, ich bin froh, so eine Freundin wie dich zu haben."

„Darauf nehmen wir einen Schluck", lächelte die und goss ein.

Es entwickelte sich ein längeres Gespräch. Schließlich war die Flasche leer und beide beschlossen, ins Bett zu gehen. Von Agnes erhielt sie ein Nachthemd, beide kuschelten sich in das breite Bett. Agnes schlief schnell ein, Martina brauchte etwas länger, ihre Gedanken wanderten. Kurz sah sie zu Agnes hinüber, die bereits schlief, zog sich die Decke höher und schlief ebenfalls ein. Irgendwann wachte sie auf, es war völlig dunkel. Agnes hatte sich zu ihr gedreht und eine Hand über sie gelegt. Aber sie schlief tief und fest. Lächelnd betrachtete sie deren entspanntes Gesicht, kuschelte sich an sie und schlief wieder ein. Als sie später aufwachte, lagen ihre Gesichter eng aneinander. Agnes war wach und lächelte sie an. „Hast du gut geschlafen?" fragte sie leise. Martina nickte und antwortete: „Es war richtig schön, so eng bei dir." Agnes lächelte: „Das fand ich auch. Habe lange nicht mehr so gut geschlafen."

Beide sahen sich länger an. Agnes Kopf kam näher zu ihr und sie beugte sich vor, ihre Gesichter waren ganz eng zusammen. Agnes schloss die Augen, beugte sich vor und küsste Martina auf den Mund. Nur kurz zögerte die, erwiderte den Kuss. Während des Kusses schob sich Martina eng an sie und beide umarmten sich, ohne den Kuss zu unterbrechen. Ganz langsam trennten sie sich wieder. „Das war der schönste Kuss seit Jahren", flüsterte Agnes und Martina nickte: „Bei mir ebenso." Wieder fanden sie sich zu einem langen leidenschaftlichen Kuss, plötzlich hörten sie, wie die Kinder in der Küche mit Geschirr klapperten. Agnes lächelte: „Wir müssen aufstehen, die Kinder haben Hunger." „Ja, das sollten wir tun, aber wir beide haben jetzt ein Geheimnis, das sollten wir keinem sagen." Lächelnd nickte Agnes: „So ist es, das geht nur uns etwas an, sonst niemanden!" Sie standen auf und kleideten sich an. „Das Nachthemd lässt du hier gleich unter dem Kissen. Das wirst du brauchen", sagte Agnes grinsend und Martina grinste zurück. „Das hoffe ich und darauf freue ich mich."
Sie gingen hinaus zu den Kindern, die versuchten, den Frühstückstisch zu decken. Nachdem sie gefrühstückt hatten, ging Agnes mit den Kindern zum Schlittenfahren und Martina brachte ihre Sachen in ihr Zimmer, zog sich warm an und ging in den Technischen Bereich, wo sie mit Meier eine längere Fahrstunde absolvierte.

### Bockjagd

Weil einige der Teilnehmer an der Wochenbesprechung auswärts waren, verlief die heute recht schnell. Kurz nach 17:00 Uhr war

Hubert daheim und zog sich für die Jagd warm an.
Mit Junior aß er Frikadellen und Kartoffelsalat,
erzählte dem, was er gleich mit Fiete vorhatte.
„Darf ich da mal mitgehen?"
„Wenn wir nach Weihnachten in Wittingen sind,
gehen wir gemeinsam auf den Hochsitz und
schauen uns an, was dort geschieht." Ulla
unterrichtete er von der Jagdeinladung, die für sie
galt. Sie saß mit am Tisch und fütterte Hannelore.
„So richtig als Jägerin?" fragte sie. „Ja, so ganz
richtig, voll dabei. Lass uns morgen ausführlich
darüber reden, ich muss los, bis später." Das
Gewehr mit Zubehör lag auf seinem Schreibtisch.
Kurz überprüfte er alles, fuhr zum Forsthaus, wo
Fiete ihn erwartete. „Ein Stück können wir mit
dem Auto fahren, den Rest gehen wir zu Fuß. Wir
legen einen Schlitten bei dir ins Auto, da muss
nachher nicht alles getragen werden." An einem
der Holzverladeplätze stellten sie das Auto ab,
legten die Rucksäcke und Decken auf den
Schlitten und gingen schweigend durch den
frischen, knirschenden Schnee zum Hochsitz.
Hinter einem Gebüsch stellten sie den Schlitten ab
und kletterten auf den Hochsitz, machten es sich
dort bequem. Fertig geladen lagen die Waffen auf
der breiten Brüstung, ihre Hände steckten tief in
den warmen Jackentaschen.
Leise sagte Fiete: „Hier stehen immer ein guter
junger Bock und zwei Ricken. Die beiden alten
Böcke versuchen ständig, den hier zu vertreiben
und ihm die Ricken streitig zu machen. Das gibt
Ärger im Revier und Hektik. Beide Alten wollen wir
weghaben. Du nimmst den mit der abgebrochenen
Stange und ich nehme den, der hinten heller ist."
„Ist gut bist du sicher, dass sie kommen?" Fiete

407

zuckte die Schultern: „Die letzten Abende waren sie hier, warten wir es ab."

Stille herrschte im Wald, der Mond war aufgegangen und begann jetzt in die vor ihnen liegende große Lichtung zu scheinen. An zwei Stellen hatte der Wind den Boden freigelegt, dort waren dunkle Flächen trockenes Gras. Auf der gegenüberliegenden Seite war am Waldrand eine Bewegung zu erkennen. Beide nahmen vorsichtig ihre Gläser an die Augen und betrachteten die Stelle. Ein Fuchs war herausgekommen aus dem Waldrand, nahm Witterung auf, untersuchte das Unterholz und dessen verschneites Vorfeld dort. Plötzlich machte er einen Sprung, schüttelte sich kurz und verschwand mit einer Maus im Fang im Unterholz. Beide sahen sich lächelnd an, Fiete zwinkerte mit einem Auge, sie beobachteten weiter die Lichtung und den angrenzenden Wald. Wieder tat sich länger nichts, dann tippte Fiete Hubert ganz leicht an und schaute nach rechts an den Waldrand. Ein Rehbock trat dort heraus, gefolgt von zwei Rehen. Alle drei witterten länger, sie zogen über den Schnee in Richtung der grünen Flächen, begannen dort zu äsen. Lange ging das nicht gut, es ertönte ein Schrei aus dem Wald. Alle drei schreckten auf und sahen in Richtung des heiseren Schreis.

Fiete beugte sich langsam vor und nahm sein Gewehr auf, beobachtete durch das Zielfernrohr den Waldrand. Genauso ruhig machte Hubert es ihm nach. Weiter standen die drei Rehe und witterten zum Wald hin. Jetzt sah Hubert wie die beiden Böcke aus dem Wald traten und langsam auf die drei zugingen. Es war ein wenig weit, aber er hatte den Bock, mit der abgebrochenen Stange im Visier. Wieder schrie der andere und der

Rehbock ging ihnen vom Gras ein paar Schritte entgegen. Die beiden blieben stehen, jetzt hatte Hubert ihn gut im Visier, die Schussweite stimmte. Leise zischte Fiete: „Jetzt!"
Fast gleichzeitig fielen zwei Schüsse. Aber genau in diesem Moment drehte sich Huberts Bock, der andere fiel. Der erste knickte mit den Hinterläufen ein und in dem Moment fiel der zweite Schuss Huberts, jetzt lag er. Die anderen drei Rehe waren längst im Wald. Beide sicherten ihre Waffen, Hubert sagte: „Der drehte sich genau in dem Moment, als ich abdrückte." „Aber mit dem zweiten Schuss fiel er, so ist das Leben!" grinste Fiete. „Jetzt wollen wir mal."
Sie kletterten hinunter, lehnten ihre Gewehre an einen Baum und gingen mit ihren Jagdtaschen zu den beiden gefallenen Böcken. Fiete hatte seinen mit einem Blattschuss erlegt, Huberts zweiter Schuss saß ebenfalls dort. Allerdings hatte er mit dem ersten Schuss die Hinterläufe des Bocks zertrümmert.
Beide beglückwünschten sich nach alter Sitte und machten sich sofort daran, die Blöcke aufzubrechen. Sie arbeiteten konzentriert und schnell, schließlich schaufelte Hubert das Loch mit den Innereien wieder zu. Mühsam schleppte jeder seinen Bock in Richtung des Hochsitzes. Dort luden sie beide auf den Schlitten und banden sie fest. Schnaufend holten sie Luft, dabei nahm Hubert seine kleine Flasche mit Cognac aus der Tasche und gab Fiete einen Becher voll. Er selber nahm einen Schluck aus der Flasche. „Ich ärgere mich schon, dass ich ihn nicht richtig erwischte." „Komm, bleib ruhig, ich sah selber, wie er plötzlich abdrehte. Der zweite Schuss saß doch gut, das kann passieren, wir sind doch nicht auf dem

Schießstand!" lachte Fiete und zündete sich eine
Zigarette an. Hubert tat es ihm gleich, sie holten
ihre Gewehre, legten den Rest auf die Rehböcke
und zogen den Schlitten gemeinsam zum Auto, wo
sie alles verluden. In der Försterei brachten sie die
Böcke in die Wildkammer, gingen in den Keller, um
sich ausgiebig die Hände zu waschen. Dort
begrüßte und beglückwünschte sie Fietes Vater.
Bei einem heißen Grog berichteten beide. Fietes
Vater winkte ab, als Hubert sein Missgeschick
berichtete. „Das ist mir auch schon passiert,
wichtig war der zweite Schuss und der war sehr
gut." Sie kamen überein, dass Purzer die beiden
Böcke begutachten sollte, danach konnte Malwine
die beiden erwerben. Nachdem die beiden ihm das
Missgeschick ausgeredet hatten, fuhr Hubert
erleichtert nach Hause. In der Küche trank er in
aller Ruhe ein Bier, rauchte eine Zigarette und
verschwand ins Bett zu seiner schlafenden Frau.
Am Samstagmorgen kam sie kurz nach ihm zum
Frühstück, erkundigte sich ausgiebig nach seinem
Jagderfolg. Aufmerksam hörte sie zu, sagte: „Wenn
du ihn beim zweiten Schuss erlegt hast, ist das
doch in Ordnung. Das kann doch immer passieren,
dass ein Tier sich im letzten Moment wegdreht! Ich
hoffe nur, das passiert nicht mir beim ersten Mal."
„Darüber solltest du dir keine Gedanken machen,
sonst bist du nicht überzeugt von deinem ersten
Schuss. Das kann jedem passieren, beide Förster
haben das bestätigt. Dein Selbstvertrauen darf
darunter nicht leiden, du bist eine sehr gute
Schützin, da geht nichts schief."
Sie atmete tief durch. „Bisher habe ich alles gut
getroffen, du hast recht. Was geschieht mit den
beiden Böcken?" „Die wird Malwine kaufen und an
Struss weiterverkaufen, nachdem Purzer sie

geprüft hat. Das erledigt Fiete alles, ich rufe sie
an." Natürlich war seine Mutter erfreut und
bedankte sich für die Information, sagte, Heinrich
würde sich darum kümmern. „Denk daran, wir
sind heute beim BKB Direktor eingeladen!" sagte
Ulla, bevor er ging.

## Adventsfeier bei Familie Kreuzer

Diesen Samstagmorgen nutzte er ausgiebig für
Besprechungen und Besuche bei seinen
Abteilungsleitern. Bei einer Tasse Kaffee besprach
er sich in aller Ruhe mit Fischer. „Ich habe mir
einige Gedanken gemacht über die gesamte Firma.
Mittlerweile haben wir diverse Zweige dabei, wie
das Radiogeschäft, die Wäscherei und die
Gebäudereinigung. Das läuft alles unter dem Dach
der Firma, aber belastet alle." „Langsam ist es
schwierig, die Übersicht zu behalten. Wenn der
Gärtnereibetrieb und das Friseurgeschäft
dazukommen, wird es noch schwieriger." „Solche
Gedanken kamen mir bereits. Es wird einfach zu
viel, sich um alles intensiv zu kümmern. Allerdings
würde ich das Kerngeschäft mit Bau, Immobilien,
Spedition und Handel unter einer Hand lassen.
Das sind die Bereiche, die am erträglichsten
arbeiten und gutes Geld bringen." „Da hast du
völlig recht, das muss in einer Hand bleiben. Wie
soll man das denn anders organisieren?"
„Man könnte eine zweite Firma installieren, die
aber gleichzeitig im Besitz der Mutterfirma bleibt."
„Und wie soll das gehen?" „Ich werde mit Frau
März darüber sprechen. Hättest du jemanden, der
das führen könnte?" „Den einzigen, den ich mir
vorstellen kann, wäre Karl, wenn er nicht studieren
will. Der muss aber intern dafür ausgebildet

411

werden." Fischer nickte. „Die Sache mit dem Harz hat er sehr gut koordiniert und setzt das gut um. Ja, das kann ich mir grundsätzlich vorstellen." „Rede du bitte mit Frau März, ich werde ihn nächste Woche dazu befragen, da bin ich bei ihm im Harz." „Gut, das machen wir so."

Als nächstes besuchte er Kokoschka und ließ sich von dem vortragen, wie der aktuelle Stand der Versorgung war. Mittlerweile war die große Halle am Güterbahnhof der einzige Lagerort, außer dem Lager der Gerüstbauer. Dort befanden sich jedoch nur deren Gerät und die großen Metallplatten, mit denen man einen verschlammten Zugang überbrücken konnte. Das Sonderkfz mit dem Kran war dort ebenfalls untergestellt und Teile des Gerätes von Schwarz, das derzeit nicht in Benutzung war. In der großen Lagerhalle befand sich der Mann, der vorher für die anderen Lager verantwortlich war, mit zwei Balten.
„Mit der Frau Baumann haben wir einen sehr guten Fang gemacht. Den gesamten Einkauf regelt die absolut perfekt und handelt für uns die besten Konditionen heraus", lächelte Kokoschka. „Das hört man sehr gern, die ist recht resolut!" „Stimmt, die lässt sich kaum etwas gefallen und hat einen wunderbaren Überblick über unseren Bedarf. Was hältst du davon, wenn wir sie zum 1. März zu meiner Stellvertreterin machen?" „Warum nicht? Das ist nur gut für deine Arbeit und deine gesamte Abteilung." „Das werde ich Fischer sagen. Noch etwas: ab dem 1. Dezember übernehme ich die gesamte Betriebsstoffversorgung. So ist sie in einer Hand und wir haben einen besseren Überblick." „Habt ihr das intern abgesprochen?" „Ja, Gert und Krummrich waren sogar hochzufrieden, sich nicht

mehr darum kümmern zu müssen." „Halte ich für zweckmäßiger als vorher."

Mehrere andere Dinge besprachen sie, anschließend ging er durch den technischen Bereich zu Schmitz und seiner Holzmannschaft. Auf dem Weg dorthin traf er Meier, der den technischen Dienst an mehreren Lkws überwachte. „Nächste Woche stelle ich Martina dem Prüfer vor, dann hat sie den Schein für Laster!" sagte der zu ihm. „Das machst du gut, bist du eigentlich als Fahrlehrer ausgebildet?" „Ja, das bin ich, musste das machen, um weiterzukommen. Habe mir diese Erlaubnis umschreiben lassen, als alle Ausweise neu ausgestellt wurden." „Wunderbar. Was hältst du davon, unsere Mädels in der Verwaltung zumindest für Pkw zu schulen?" „Das wäre gar kein Problem, so kann ich nachweisen, dass ich weiter schule und ausbilde."

Drei sehr große Berge mit geschnittenem Holz lagen vor der Arbeitsstelle von Schmitz und seiner Mannschaft. Momentan hatte er eine Pause verordnet, alle saßen um ein Holzfeuer in einem Feuerkorb, tranken heißen Tee und aßen Brot. „Sänger hat uns heißen Tee und den Rest des Brotes von gestern gebracht, da kann man sich ein wenig aufwärmen." Er setzte sich zu den Arbeitern und gab eine Runde Zigaretten aus. Dabei kam er mit den Leuten ins Gespräch. Alle stammten entweder aus Schlesien oder aus den heute tschechischen Regionen. Vorläufig waren sie hier im Flüchtlingslager in den Baracken untergebracht und wussten nicht, wie es weitergehen würde. Auf alle Fälle hatten sie ein Dach über den Kopf, hatten etwas zu essen, was aber nicht wirklich ausreichte. Mit dieser Tätigkeit konnten sie sich zumindest etwas dazuverdienen und ihre Not

etwas lindern. So sehr ihn das alles schmerzte, anstellen konnte er alle nicht, obwohl zwei Personen fielen ihm auf. Spontan dachte er an sein letztes Gespräch mit Magda. Sie hatte ihn vorsichtig darauf hingewiesen, Frau Goldap sei schon überlastet, würde das aber nie zugeben. Das war eine Menge, was sie sich aufgeladen hatte. Der gute Betrieb in der Tauschkammer, der viel Planung erforderte, die gesamte Betreuung und Verpflegung der Lehrlinge und ständige Einsätze bei den Beratungen in Tauschgeschäften. Das waren zweieinhalb Arbeitsstellen, die sie sehr gut erledigte. Nun hatte Magda ihr einiges abgenommen, aber die hatte nun ebenfalls anderthalb Arbeitsstellen. Eine der Frauen, welche die Hölzer verpackte, war ihm besonders aufgefallen. Sie war ein wenig kompakt, fasste aber sehr gut an, nichts war ihr zu schwer und sie war immer ruhig und ausgeglichen. Als die Arbeit weiterging, fragte er Schmitz über die Frau ein wenig aus. Kriegerwitwe mit einer sechsjährigen Tochter, kam aus Hirschberg und hatte in einem Erholungsheim für Kinder gearbeitet. „Kannst du die unauffällig hinter das Haus holen?" „Klar mache ich sofort."
Hubert ging um den Schuppen auf die andere Seite und brauchte nur kurz zu warten, Schmitz kam mit ihr. „Hubert, hier ist Frau Nowitzki."
Hubert gab ihr lächelnd die Hand. „Frau Nowitzki, ich hörte, Sie haben in einem Erholungsheim für Kinder gearbeitet. Was haben Sie dort gemacht?"
„Ja, das waren aber keine Kleinkinder, sondern ältere, die gesundheitlich angeschlagen waren und sich dort erholen sollten. Ich war dort", sie lächelte versonnen, fuhr fort, „eine Art Mutter der Kompanie, wie man so schön sagte. Habe gekocht,

war für alle Nöte und Probleme der Mädchen und Jungen zuständig. Ich wohnte mit meiner Tochter dort, im Heim und das nutzten viele, um ihr Herz auszuschütten oder um einfach etwas loszuwerden."

„Könnten Sie sich vorstellen unsere Lehrlinge, männlich und weiblich, so zu betreuen." „Ja sicher, die sind ja nur wenig älter." „Frau Nowitzki, Sie werden von mir hören. Ich muss aber ein weiteres Gespräch dazu führen." „Das würde mich freuen, Herr Wedel." Sie ging zurück. „Willst du sie bei unseren Lehrlingen einsetzen?" fragte Schmitz. „Eventuell schon, muss aber erst mit Frau Goldap sprechen." „Tu das. Die Frau arbeitet sich kaputt. Ich sprach neulich mit ihrem Mann, sie will das nicht zugeben, aber das wird zu viel für sie!" „Du müsstest dir aber eine neue Arbeiterin suchen." „Kein Problem, das stehen zehn Leute Schlange, da haben wir sofort eine Neue. Mach das, die Frau kann das."

In Gedanken versunken, ging er zum Verwaltungsgebäude. Aber dieses Mal ging er ganz nach oben in die große Wäschekammer. Magda stand vorn an der Theke und gab Wäschepakete aus. „Ist Frau Goldap da?" fragte er. „Ja, hinten, ihr geht es nicht so gut." „Schlimm?" Magda nickte und sagte leise: „Ich glaube, die ist völlig überarbeitet. Kann nicht mehr richtig schlafen, ist ständig müde. Da musst du was tun." „Will ich doch gerade." „Komm rein, hinter dem letzten Regal!" Hubert ging hinein und fand sie auf einem Stuhl sitzend, eine Tasse Tee vor sich. Als er zu ihr kam, wollte sie aufspringen, aber er drückte sie wieder auf den Stuhl. „Sitzenbleiben!" sagte er ruhig. „Herr Wedel, ich mache gleich weiter." „Jetzt werden wir beide uns unterhalten, im Sitzen." Er zog einen weiteren Stuhl heran und setzte sich so, dass die Lehne nach vorne zeigte. „Frau Goldap, ich brauche unsere Mitarbeiter gesund und tatkräftig. Ich habe Ihnen zu viel zugemutet, dafür möchte ich mich entschuldigen!" „Aber Herr Wedel, ich mache das alles sehr gern, wirklich." „Es gibt nur Gutes über Sie zu hören, überall. Immer, wenn man Sie braucht, beraten Sie beim Tauschen, ohne Sie geht das nicht. Die Kammer hier ist in einem vorbildlichen Zustand und von den Lehrlingen hört man nur Positives. Aber Sie fahren auf Reserve, um das mal so auszudrücken, Sie machen sich kaputt." Er nahm ihre rechte Hand und drückte sie. „Frau Goldap, wir brauchen Sie, aber wenn Sie weiter so voll im Geschirr sind, machen Sie sich kaputt!" Sie hob ihren Kopf und sah ihn an. Es kullerten zwei Tränen über ihre Wangen. „Wollen Sie mich rausschmeißen?" Er fasste ihre Hand fester. „Um Gottes Willen, nein, auf diese Idee würde ich nie kommen. Ich möchte Ihnen nur sagen, dass sie zu viel machen, das geht auf Dauer nicht gut! Denken Sie bitte an Ihre Gesundheit!" Sie putzte sich die Nase.

„Um ganz ehrlich zu sein, Herr Wedel, es geht mir wirklich an die Substanz. Wenn ich Magda hier nicht hätte, da wüsste ich nicht, wie ich alles schaffen könnte. Außerdem macht mir die Beratung Ihrer Eltern so viel Freude und natürlich die Jungs und Mädchen, wobei ich da kaum mitkomme. Mein Mann hat geschimpft und das tat er sonst nie, ich solle ein wenig ausruhen. Aber das kann ich nicht, wo soll ich anfangen?"

„Liebe Frau Goldap. Es ist nicht nur Ihr Mann, dem das auffällt, sondern mehreren anderen, die es gut mit Ihnen meinen. Die machen sich alle Sorgen um Sie. Ich habe eine Idee und die hören

Sie sich mal an." Sie schnäuzte sich wieder. „Ja gut, ich höre zu, weiß, dass Sie es gut mit mir meinen, danke!" „Ich hätte da eine Frau, die bis zu ihrer Flucht in einem Erholungsheim für Jugendliche in Schlesien als Köchin gearbeitet hat und die ein Herz für diese Rasselbande hat. Die würde ich gern zu Ihnen geben, für die Betreuung der Lehrlinge. Damit hätten Sie einen großen Felsbrocken weg. Die Hauptverantwortung für die Lehrlinge verbleibt bei Ihnen, aber Sie sind von der Kocherei und dem ganzen Drumherum befreit. Sie hätten somit mehr Zeit und Ruhe für die anderen Dinge. Vor allem für die gesamte Tauschaktion brauchen wir Sie weiter hellwach und ausgeruht." Sie steckte ihr Taschentuch in ihre Kittelschürze. „Sie haben völlig recht, Herr Wedel. Manchmal dauert es länger bis man merkt, dass es zu viel wird. Ich kann mir das gut vorstellen, was Sie vorschlagen. Wenn ich mich nicht mehr darum kümmern muss, wäre das eine große Hilfe. Da habe ich mich überschätzt. Und wie soll das gehen?" „Die Frau arbeitet bei unserer Holzmannschaft, macht einen sehr ruhigen und soliden Eindruck. Wenn Sie wollen, kann ich Sie dort sofort herauslösen und zu Ihnen schicken. Wir brauchen nur eine Wohnung für sie und ihr Kind." „Gut, fangen wir bitte sofort damit an. Eine kleine Wohnung ist bei uns im Block frei, da kann sie rein und ich hätte am Wochenende genug Zeit, um ihr alles zu zeigen und zu erklären." „Ich veranlasse das jetzt, die meldet sich bei Ihnen hier. Am Montag können wir die Verwaltungssachen klären." Beide erhoben sich und gaben einander die Hand. Abschließend nahm Hubert sie in den Arm.

„Frau Goldap, ich bin sehr froh, Sie hier zu haben",
sagte er dabei. Als er sie wieder losließ, stahl sich
ein Lächeln über ihr Gesicht. „Das habe ich bisher
nicht erlebt, dass mich der Chef in den Arm
nimmt!" „Das haben Sie verdient", sagte er
lächelnd und ging hinaus. Zu Magda, die ihn
fragend ansah, sagte er: „Alles ist gut, lass dich
überraschen!" Er ging hinunter in sein Büro, nahm
Gertrud mit. Der schilderte er den gesamten
Sachverhalt: „Holt mir bitte die Frau Nowitzki von
Schmitz, nehmt deren Personalien auf und bringt
sie hoch zu Frau Goldap. Aber vorher kurz zu mir!"
„Ich möchte dich beglückwünschen, Frau Goldap
hat sich zu viel aufgeladen. Du hilfst der Frau
sehr." Es dauerte nicht lange, als Anja die Frau in
sein Büro brachte.
Hubert ging auf sie zu und sagte: „Frau Nowitzki,
wir haben ein Problem bei der Betreuung unserer
Lehrlinge. Die Frau, welche das sehr gut macht,
hat dazu andere Aufgaben und kann das nicht
mehr schaffen. Wir möchten Sie gern einstellen, als
Ansprechpartnerin und Köchin für unsere
Lehrlinge. Sie bekommen eine Wohnung dort in
dem Bereich, die Miete dafür ist nicht hoch. Hätten
Sie Interesse daran?" Die Augen der Frau waren
größer geworden, sie schaute ungläubig. „Ich muss
mich kurz sammeln, Herr Wedel. Ihr Angebot
nehme ich sehr gern an. Wann soll es losgehen?"
„Jetzt sofort und heute Nachmittag kommen Sie
bitte um 18:00 Uhr zu uns auf den Hof, da stattet
Sie meine Frau mit Kleidung aus." Sie holte tief
Luft. „Ich bin völlig überrascht, kann mich nur
herzlich für meine Tochter bedanken!" „Na prima,
die Mädels sagen Ihnen alles Weitere." Leicht
kopfschüttelnd folgte sie Anja ins Vorzimmer und
er setzte sich wieder an seine Arbeit. Als er später

zu seinem Auto ging, sah er beide Frauen im Gespräch gemeinsam Richtung der Depothäuser gehen. Hoffentlich ging das gut, so wäre allen geholfen, dachte er, als er einstieg und losfuhr.

Daheim kam er pünktlich zum Essen. Hannelore war bereits gefüttert und gähnte. „Ich denk, ihr beiden legt euch nachher gemeinsam auf die Couch, um ein Mittagsschläfchen zu halten", lächelte Ulla. „Warum eigentlich nicht, so machen wir das", sagte er, streichelte Hannelore über die Haare. „Kurz nach fünf sollten wir fahren, um pünktlich um 18:00 Uhr in Helmstedt zu sein", fügte sie hinzu. Er nahm seine Tochter auf den Arm, ging ins Wohnzimmer und richtete die Couch für beide her. Die Kleine schlief schon fast, als er die Decke über sie beide zog und sie gemeinsam einschliefen. Wach wurde er, als sie neben ihm begann zu strampeln und vor sich hin brabbelte. Ein Blick auf die Uhr zeigte, sie hatten fast zwei Stunden geschlafen. Hubert übergab seine Tochter Susanne und trank einen Kaffee, unterhielt sich dabei mit Sieglinde und Susanne, seine Frau war im Bad. Nach dem zweiten Kaffee hörte er, wie sie das Bad verließ, jetzt konnte er es benutzen. Während sich Ulla anzog, genoss er die heiße Dusche ausgiebig. Rechtzeitig fuhren sie los und waren pünktlich beim BKB Direktor, wo sie herzlich begrüßt wurden und in das große Wohnzimmer mit dem Kamin gebeten wurden. Auf dem Weg hatte er Ulla von der neuen Frau bei den Lehrlingen und von Frau Goldap erzählt.

Mehrere der Gäste waren Hubert und Ulla bekannt, der Direktor der Zuckerfabrik Königslutter, das Ehepaar Winterfeld, der Baurat

419

aus Braunschweig. Dazu kam der Bürgermeister aus Helmstedt und der aus Schöningen, der zweite Mann der BKB, sowie ein Rechtsanwalt aus Helmstedt. Kreuzer und seine Frau begrüßten die Gäste, baten um die Aufmerksamkeit für eine musikalische Einlage. Beide Töchter betraten den Raum. eine setzte sich an das Klavier, die andere spielte Geige. Sie spielten vier weihnachtliche Stücke und verabschiedeten sich unter dem Beifall aller. Es wurde zu Tisch gebeten. Zuerst gab es eine klare Brühe, danach bediente sich jeder am Buffet. Abschließend wurde ein heißer Bratapfel in Vanillesoße serviert. Bei den sich anschließenden Gesprächen im Kaminraum bei Cognac und Sherry kam es zu den unterschiedlichsten Gesprächen. Der Baurat bedankte sich bei Hubert für die gute Arbeit seiner Leute bei der Aufstellung der Flüchtlingsunterkünfte. Dabei sagte er, der Platz würde erweitert, da käme Arbeit bis in das neue Jahr auf sie zu. Damit hätten sie keine Probleme, beschied ihn Hubert.

„Ich geben Ihnen einen Tipp, wir werden ein neues Baugebiet in Melverode, entlang der Autostraße eröffnen. Bis jetzt ist das alles landwirtschaftlich genutzt, aber mittelfristig bietet es sich für den Wohnungsbau an." „Danke für diesen Hinweis", antwortete Hubert, beide prosteten einander zu. Der ältere Rechtsanwalt aus Helmstedt sprach ihn an wegen eines möglichen Einsatzes an Mehrfamilienhäusern, welche der Renovierung bedurften. Seine wesentlich jüngere Frau nutzte das Gespräch, um mit ihm über Pferdezucht und Reiten zu sprechen. Dabei stellte sich heraus, die beiden wohnten auf dem Land und sie hatte begonnen, sich einen kleinen Turnierstall aufzubauen. Beide vereinbarten, dieses Gespräch demnächst fortzusetzen und über eine weitere Zusammenarbeit zu reden. Ebenfalls sehr interessant war ein Gespräch mit dem Stellvertreter von Kreuzer. Offensichtlich beriet die Führung der BKB über den Ausbau ihrer Anlagen, da würde ein größerer Baubedarf anstehen. Vorsorglich bot Hubert die Unterstützung seiner Ingenieure an.

Der Gastgeber kam zu ihm und verwickelte ihn in ein Gespräch über die aktuelle politische Situation. Aus den Augenwinkeln sah er dabei, dass Ulla in ein intensives Gespräch mit Winterfeld und dessen Ehefrau vertieft war. Um was es dabei gehen konnte, war ihm klar. Wie gut seine Frau in ihrem Kostüm aussah, stellte er dabei fest, war sich aber sofort wieder im Klaren, dass es heute wieder nichts würde, sein Begehren musste er weiterhin zurückstellen.

Auf der Heimfahrt tauschten sich beide über die Gespräche und Erkenntnisse des Abends aus. Wie erwartet, hatten Winterfeld und seine Frau viel über die Trakehnerzucht wissen wollen, wozu sie umfassend Antwort geben konnte. Weil sie viel über ihre Pferde wissen wollte, hatte Ulla sie zum sonntäglichen Kaffee eingeladen. Lächelnd befand Hubert, das machten die sehr geschickt, morgen würde dazu die Einladung zur Jagd kommen.

### Die junge Garde trifft sich

Schon seit dem letzten Wochenende hatte Regina überlegt, alle jüngeren Angehörigen der Mannschaft zu einem Treffen einzuladen. Zuerst hatte sie Ina das gesagt und die hielt das für eine gute Idee. Also überlegten sie, wen sie dazu holen könnten. Danzer wäre bestimmt bereit, ebenso Olaf

Scholz der zweite Bautechniker. Reiner und Ute, die beiden Lehrlinge von Fritz sagten spontan zu, ebenso Elfriede Kuhlmann und Elke Haase. Anjas Mutter versprach Regina Anja später nach Hause zu fahren, genau wie Petra Weber. Der junge Kutscher nahm gern teil, ebenso wie Michael Alter, der Lehrling von Paul, der die Rückepferde in Wittingen führte. Thomas wohnte über dem Reiterstübchen und Susanne wurde bei der Betreuung von Hannelore von Sieglinde vertreten. Von Sieglinde erhielten sie einen Topfkuchen, Ulla spendierte eine Kiste mit Limonade und für die älteren eine Flasche Likör. Jeder gab etwas dazu, so konnten sie am Samstag Brötchen und frisches Brot kaufen. Schließlich bekam Elke Haase einige Rollen Harzer Käse von Barbara.

Gemeinsam bereiteten Regina, Jürgen Graf und Ina im Reiterstübchen alles vor, sodass man sich um 18:00 Uhr dort treffen konnte. Olaf Scholz kam mit einer jungen Flüchtlingsfrau, die sofort tatkräftig unterstützte, stellte eine Dose Schmalz und eine mit Corned Beef auf den Tisch.

Fröhlich saßen alle beieinander, genossen das Essen, hörten zu, als Graf erzählte, was im Harz passierte, fragten Michael Alter, wie es in Wittingen sei und der ergänzte das mit ein paar Sätzen. Ina, die neben ihm saß, fragte ihn anschließend intensiv aus und der junge Mann erzählte gerne und gut. Als sie schließlich Luft holte, tat er das gleiche mit ihr. Zuerst war sie etwas zurückhaltend, aber sie erzählte ihm die ganze Geschichte. Ruhig und ohne sie zu unterbrechen, hörte er ihr zu. Sie waren aber nicht die einzigen, die miteinander plauderten. Danzer und Elke Haas stellten fest, sie wohnten im Nachbarblock und kamen in ein nettes Gespräch. Regina, die das alles ein wenig beobachtete, fand das besonders gut, denn Elke war bisher sehr zurückhaltend und kümmerte sich hauptsächlich um ihre Kinder. Offensichtlich tat ihr das sehr gut. In der Gegenwart von Ute taute Thomas auf. Mit ihr und Petra plauderten sie über Ackerbau und Viehzucht, ließen sich von ihr einige Dinge erklären. Graf unterhielt sich mit der Flüchtlingsfrau und stellte schnell fest, die junge Frau war eine ausgebildete Buchhalterin, die mit ihrer Mutter aus dem heutigen Tschechien deportiert war. Ihre Mutter arbeitete bei Schmitz in der Holzkolonne und hatte dort von Scholz mitbekommen, dass dieses Treffen heute hier stattfand. Scholz hatte die Unterstände für Holz und Kohle auf Standfestigkeit überprüft. Den hatte sie gefragt, ob ihre Tochter mitkommen könne, um wieder auf andere Gedanken zu kommen. Der hatte zugesagt und so war sie mitgegangen. Scholz selber unterhielt sich intensiv mit Elfride Kuhlmann. Susanne und Anja alberten mit dem jungen Kutscher, der sich als guter Unterhalter erwies. Die drei beschlossen am nächsten Tag gemeinsam Schlitten zu fahren. In einem passenden Moment fragte Graf Elke Haase, ob ihre Chefin eine Bürokraft für die neue Molkerei bräuchte. Die überlegte kurz und sagte, da würde wirklich jemand gesucht, denn bisher musste Barbara zwischen den Molkereien pendeln. Sie würde Barbara fragen, ob Bedarf bestünde und ließ sich von der jungen Flüchtlingsfrau deren persönliche Daten geben.

Michael Alter hatte Ina ruhig zugehört, sagte: „Das ist abenteuerlich und schlimm. Aber gut, dass die Polizei die geschnappt hat, wie geht es dir jetzt?"

„Danke, wesentlich besser. Konnte mich gut davon erholen und habe jetzt eine Stelle, die mir sehr viel

Spaß und Zufriedenheit bringt." „Das freut mich
für dich. Ich hatte das Glück, bei Paul
unterzukommen. Jetzt habe ich mein Gespann
Rückepferde, kann Kutsche fahren und
mittlerweile allein als Hufschmied arbeiten." „Das
hört sich spannend an, was hast du weiter vor?"
„Ich will Schmied lernen und später Kunstschmied
werden." „Respekt, das finde ich toll. Würde dich
gerne draußen besuchen, schauen, wie deine
Pferde das machen." Michael lächelte: „Ist
momentan schwierig, da ich ihn Wittingen bin.
Aber wenn ich wieder hier bin, können wir das
gerne machen. Ich setze dich auf einen. Keine
Sorge, das sind ganz liebe und brave Tiere." „Davon
habe ich schon als Kind geträumt, das wäre toll."
„Du bist doch hier vor Ort, warum lernst du nicht
hier das Reiten?" „Wie soll das gehen?" „Ich werde
mich darum kümmern!" „Das machst du für
mich?" „Ja klar, du bist eine sehr nette Frau, ich
helfe dir gerne." Verblüfft sah sie ihn an. „Meinst
du das ernst?" „Aber ja, ich sage das nicht einfach
so. Hier ist meine Hand, damit ist es abgemacht!"
Spontan legte sie ihre Hand in seine und drückte
kurz zu. „Jetzt ist es abgemacht, warte es ab."
Immer noch verdattert sah sie ihn an. „Danke, das
finde ich toll von dir!"
Sehr nett unterhielten sie sich weiter.
Zwischendurch erschien Richard, den hatte Hubert
gebeten, vorbeizuschauen, damit dort kein
Besäufnis stattfände. Aber es war alles in
Ordnung. Gegen 22:00 Uhr löste sich die Party auf.
Ina und Graf brachten, wie versprochen, die beiden
Mädels nach Hause, Danzer und Elke Haas hatten
den gleichen Weg und Scholz brachte mit dem
Auto der Ingenieure zuerst die Flüchtlingsfrau in
ihre Unterkunft und anschließend Elfriede

Kuhlmann in das Haus im Depot. Die beschloss eine Zigarette in der Küche zu rauchen und traf dort später Ina, die von Michael hierher begleitet worden war. Gemeinsam leerten die beiden Frauen den restlichen Wein und plauderten ein wenig. Beide hatten sich über diesen netten Abend gefreut und sowohl bei der einen, als auch bei der anderen, war ein kleines Licht, tief im Inneren, entzündet worden. Bevor Ina einschlief, dachte sie daran, morgen pünktlich bei den Pferdeställen zu sein, um zuzuschauen, wie Michael dort Pferde beschlug.

Als Ulla und Hubert zurückkamen, saßen Richard und Sieglinde im Wohnzimmer. Sieglinde strickte, Richard betrachtete aufmerksam ein Buch über verschiedene Pferderassen. „Die Kleine schläft tief und fest", sagte Sieglinde und packte ihr Strickzeug zusammen. „Die Party unseres Nachwuchses ist ebenfalls beendet, war alles in Ordnung", ergänzte Richard. „Danke für eure Mühen, jetzt nehmen wir einen Schlummertrunk", sagte Hubert und goss zwei Cognac und zwei Whiskyliköre ein. Nachdem sie die genüsslich getrunken hatten, verabschiedeten sich die beiden.

### Ein Sonntag mit Überraschungen

Nach dem sonntäglichen Frühstück beschloss Hubert, seine Pferde zu reiten und sich um den jungen Wallach zu kümmern. Ulla sattelte ihren Schimmel, so traf sich die Familie in der Reithalle. Nacheinander ritt er drei Pferde, die Halle wurde voller, einige andere nutzten ihren freien Tag dafür. Hartig und Britta März kamen dazu. Mit der ritt er zum Ende seines dritten Rittes gemeinsam im Schritt.

„Na, wie geht es Ulla mittlerweile?" fragte sie dabei locker. Er sah sie an und sagte: „Ach, mit dir kann ich ehrlich sein, die hält sich für nicht fit, sie ist der Meinung, es geht alles nicht, also tut sich da überhaupt nichts." „So ein Quatsch, diese kleine OP ist fast drei Wochen her, das kann gar nicht sein, die ist topfit." „Na prima, und was soll ich jetzt machen?" „Du gar nichts", grinste sie ihn an, „aber ich. Werde sie zu einer Untersuchung bitten, habe da eine Idee!" Hubert seufzte: „Na gut, versuch dein Glück, würde mich freuen, der Mensch lebt ja nicht nur von Brot allein!" Kichernd schlug ihm Britta mit einer Hand auf den Schenkel. „Das bekommen wir wieder hin, du wirst es merken. Aber beklage dich nicht bei mir, dass es dir zu viel wird!" Jetzt lachte Hubert. „Keine Sorge, das würde ich ganz bestimmt nicht tun!"

Als er seine junge Stute in den Stall brachte, staunte er nicht schlecht. Michael Alter, Pauls zweiter Mann, hatte seine Geräte zum Hufbeschlag mit dem kleinen neuen Propangasofen unter dem Schauer aufgebaut und beschlug ein Pferd. Ina stand dabei, beobachtete sein Tun und beruhigte dabei das Pferd. „Oh, Michael, du hast ja eine hübsche Gehilfin", grinste er. Der erhob sich, strich seine dicke Lederschürze glatt und sagte: „Ina wollte sich das anschauen, außerdem mag sie Pferde sehr gern." „Prima, und wie gefällt es dir?" fragte er Ina. „Sehr gut, ich bewundere, wie geschickt und gut Michael das macht." Der sagte von unten: „Du wolltest den Chef doch was fragen!" „Nur zu, gibt es Probleme?" fragte Hubert. „Nein, nein, keine Probleme, es ist nur so, ich mag Pferde sehr gern und finde Reiten sehr gut. Äh, da wollte ich gerne, äh, hm", sie stockte. Wieder kam die Stimme von unten: „Sie wollte dich fragen, ob sie

das hier lernen könnte." Hubert lachte: „Mädchen,
du brauchst vor mir keine Angst zu haben. Ja,
warum denn nicht. Ich werde mit Richard reden,
der ist der ideale Mann dafür. Sachen und
Kleidung dafür kannst du dir bei Ulla holen."
„Danke, das werde ich sehr gern machen." „Ich
kläre das mit Richard nachher und bringe sie zu
Ulla!" sagte Michael, setzte den fertigen Huf des
Pferdes ab und erhob sich. „Sehr gut, du weißt ja,
was dazu gehört."
Grinsend brachte er seine Stute in die Box. Das
war eine Kombination auf die wäre er nie im Leben
gekommen. Wo die Liebe überall hin fiel. Grinsend
schüttelte er den Kopf und ging zum Essen. Junior
war mit Prinz am Rodelhügel gewesen und
erzählte, wen er da alles getroffen hätte: Anja,
Petra und den jungen Kutscher, die hätten sogar
bei einer Schnellballschlacht mitgemacht.
Grinsend sagte Hubert dazu: „Das sind die
Ergebnisse eines netten Treffens von gestern
Abend!" Er berichtete von Michael und Ina.
Verblüfft hörte Ulla zu. „Wer hätte das gedacht!"
Prompt fragte Junior: „Was meinst du damit?"
„Ich meinte nur, die sehen sich sonst gar nicht.
Aber wenn ihnen das so gefällt, ist doch schön!"
Hubert wechselte das Thema, sagte, er wolle
nachmittags mit dem jungen Wallach in die Halle,
ob Junior mitwolle. Natürlich wollte er.

Aber vorher war das Kaffeetrinken mit der Familie
Winterfeld angesagt. Eigentlich wollte Hubert jetzt
einen Mittagsschlaf halten, aber es klopfte an der
Haustür. Michael und Ina standen vor der Tür.
„Ich soll mich bei Ulla melden, wegen der Sachen,
die ich zum Reiten bräuchte." „Kommt rein, das
können wir sofort erledigen." Ulla wusste bereits,

um was es ging und nahm sie mit in den ersten
Stock. Er nahm Michael mit in die Küche und
fragte ihn, ob er Hunger hätte. Natürlich hatte er
den. Sofort stellte ihm Sieglinde einen Teller mit
dem Essen auf den Tisch, was vorher
übriggeblieben war. Ob Ina eventuell ebenfalls
Hunger hätte, fragte sie ihn, er nickte kauend.
„Das vermute ich." Während er aß, unterhielt sich
Hubert mit ihm über die Arbeit, die er bis vorhin
erledigt hatte. Drei Pferde hatte er komplett
beschlagen. Paul hatte sich alles anschließend
angeschaut und war zufrieden, sagte er.
„Wie läuft es mit der Schmiede?" fragte Hubert.
„Ich bin ja in Wittingen, aber Paul ist abends da
und kann vieles erledigen, was anliegt. Aber einiges
liegt da, was erledigt werden muss." „Habt ihr
daran gedacht, den jungen Kutscher für die
Rückepferde anzulernen? Momentan fahren ja nur
die schweren Warmblüter, und die kann einer der
anderen Kutscher fahren." „Das wäre eine gute
Idee, das werde ich Paul nachher sagen. Dem traue
ich das zu."
„Meine Erlaubnis dazu habt ihr. Wie wollt ihr das
jetzt mit Inas Reiten machen?" „Wir haben vorhin
mit Richard gesprochen, der würde ihr das
beibringen. Nachher, wenn sie fertig ist, setzen wir
sie auf den Armeewallach von Fritz, der ist ruhig
und geduldig!" Hubert lächelte. „Ich gebe dir einen
Ratschlag: Halte du dich dabei völlig heraus, lobe
sie anschließend. Ich weiß, wie hart der Anfang
ist!" Michael grinste ihn an. „Das kenne ich von
meinem Anfang. Danke für den Ratschlag, mit
Frauen kenne ich mich nicht so gut aus wie du mit
Pferden!"
Ina kam in die Tür, trug eine Reithose und Stiefel.
„Gut siehst du aus", lächelte Hubert, „erst

bekommst du etwas zu essen, danach könnt ihr loslegen!"

Schon stand ein voller Teller auf dem Tisch, über den sie sich hermachte. Dabei plauderten sie über den gestrigen Abend. Ganz offensichtlich hatte das allen sehr gut gefallen, sie hatten vor, es nach Weihnachten im neuen Jahr zu wiederholen. Nachdem die beiden sich bedankt hatten und gegangen waren, legte sich Hubert auf die Couch und schlief ein Stündchen. Pünktlich zum Kaffee war er wieder auf den Beinen, der Tisch war bereits im Esszimmer gedeckt. Zum Topfkuchen gab es frisch geschlagene Sahne. Pünktlich kam Familie Winterfeld und nahm am Kaffeetisch Platz. Sofort entstand ein nettes Gespräch, bei dem Winterfeld beide zu seiner Jagd am kommenden Sonntag einlud. Ulla war sichtlich beeindruckt, dass sie ebenfalls eingeladen war. Beim Thema Jagd holte Hubert eines der Jagdgewehre, es war ein Zwilling, und bot den Winterfeld an. Der prüfte die Waffe sorgfältig und sagte: „Ein sehr gutes Gewehr, was soll es kosten?" „Wenn wir zwanzig zusätzliche Kronen Buchenholz bekommen könnten, wäre das der Preis!" Sofort streckte ihm Winterfeld seine rechte Hand entgegen und er schlug ein. Bevor sie in den Stall gingen, brachte er die Waffe in sein Auto und ging erwartungsvoll mit den anderen in den Stall.

Gemeinsam erklärten sie ihm und seiner Frau alle Pferde, sprachen dabei über Besonderheiten der Tiere. Beide interessierten sich sehr für Huberts Trakehnerstute. Als sie nach einem möglichen Verkauf fragten, lachte er. „In ein oder zwei Jahren können wir gerne darüber reden, aber momentan geht die im großen Sport. Mit der reite ich Zeitspringen und es gibt wenige, die besser sind als

sie. Sie ist nicht mehr die jüngste, aber sehr
ehrgeizig und ich kann mich blind auf sie
verlassen. Sie sucht sich den Reiter aus. Von allen
hier können nur Richard und ich sie reiten. Wenn
sie nicht mehr im Sport ist, sollte sie zur Zucht
eingesetzt werden, da denke ich zuerst an Sie." Die
anderen Trakehner wurden ebenfalls gewürdigt.
Schließlich standen sie vor Ullas Stute.
„Die hat mich von Ostpreußen hierhergebracht
und anschließend ein Hengstfohlen geboren, das
an den Trakehnerverband verkauft wurde",
erklärte sie und sagte deren Abstammung. „Das ist
reines Trakehnerblut. Reiten sie die Stute?" Ulla
schüttelte den Kopf. „Nein, sie ist vor allem als
Kutschpferd genutzt worden, hat aber sehr gute
Fohlen gebracht." „Und wann wird sie gefahren?"
Ulla sah Hubert an, der zuckte leicht die
Schultern. „Um ehrlich zu sein, selten." „Ist sie
wieder gedeckt worden?" „Nein, den Hengst wollte
ich nicht, aber der Georgenburger, der jetzt in Celle
steht, wäre einer für sie."
„Gnädige Frau, ich frage Sie ganz einfach. Wenn
die Stute nicht bewegt wird, warum geben Sie die
nicht ganz in die Zucht? Ich mache Ihnen ein
Angebot. Wir kaufen Sie Ihnen ab und stellen sie in
unsere Stutenherde ein. Die ist zwar klein, aber
sehr fein. Und ich versuche, den Georgenburger
Hengst hier auf die Deckstation zu holen, damit er
besamen kann." Wieder schaute sie Hubert an und
der nickte. Sie wandte sich den Winterfelds zu,
sagte ruhig: „Das ist alles richtig, was Sie sagen
und Sie haben Recht. Hier steht sie nur herum,
wird hin und wieder gefahren. Das ist nicht
unbedingt das, was ein Pferd braucht. Sie können
sie haben, bei Ihnen ist sie besser aufgehoben.
Aber ich bringe sie Ihnen persönlich, das bin ich

ihr schuldig." Sie streckte die Hand aus und Winterfeld schlug zu. Anschließend gab er ihr ein verschlossenes Kuvert.

„Darf ich Ihnen einen Cognac anbieten? So sollte man das besiegeln", fragte Hubert. Die Winterfelds waren einverstanden. Im Haus servierte Hubert Ihnen einen Cognac und sie plauderten weiter. Dabei fiel ihm etwas ein. „Ich habe einen guten Freund, der immer wieder an Pferde herankommt. Soll ich den bitten, die Augen für weitere Trakehnerstuten offen zu halten?" „Das wäre sehr schön, aber bitte immer mit den Papieren und guter Abstammung."

„Genau das werde ich ihm sagen. Wenn der so etwas macht, macht er das richtig und korrekt. Darauf können Sie sich verlassen!"

### Eine turbulente Woche

Als er am nächsten Morgen ins Büro kam, unterhielten sich Gertrud und Monika kichernd. „Oh, hier herrscht eine sehr gute Stimmung, was ist geschehen?" Monika sagte grinsend: „Du solltest dir Ina anschauen. die läuft ganz komisch, hält sich den Rücken und behauptet, es wäre ein schönes Wochenende gewesen!" Jetzt musste Hubert lachen: „Bevor ihr weiter auf krumme Ideen kommt, sie hatte ihre erste Reitstunde bei Richard!"

„Ach so, das hätte sie ja sagen können, wir dachten schon alles Mögliche!" grinste Gertrud. „Ihr seid mir beide die richtigen Tugend- und Moralwächter. aber jetzt liegt ihr schief!" „Schade es war gerade so nett", grinste Gertrud und Monika kicherte weiter.

Kurz überflog er die Vorgänge und die Post, die schon da war, es wurde Zeit für die Stabsbesprechung. Hier gab er alles weiter, was ihm am Samstag in Helmstedt auf der Adventsfeier mitgegeben worden war. Mielke, Dolle und die anderen machten sich Notizen und legten fest, wer sich um welche Sache kümmern würde. Krummrich hatte die Telefonnummer von Klagenheim, würde sich mit dem in Verbindung setzen. Mehrere Details beim Einsatz der verbleibenden Gewerke wurden geklärt, vor allem Kokoschka hatte mehrere Sachen. Wichtig war sein Beitrag, dass ausreichend Betriebsstoff für die nächsten vier Monate vorhanden war. Fischer kündigte die nächste Versorgungsfahrt an die Elbe an, außerdem sollte es diese Woche wieder Fisch geben, bisher seien drei Lkw mit Holz offiziell verkauft worden. Zum Schluss teilte Hubert mit, Frau Nowitzki sei zur Unterstützung für die Lehrlingsbetreuung eingestellt worden. Alle wussten, er würde am Dienstag in den Harz fahren und bekam dafür einige Sachen für die dort eingesetzten Kolonnen mit. Gerade sollte die Sitzung beendet werden, als Krummrich eine Warnung des Wetterberichts bekannt gab, es sollte in den nächsten Tagen Regen kommen, der die gefrorenen Straßen zu Blitzeis verwandeln könnte. Seine Fahrer seien alle informiert, er wollte den Rest vorwarnen.

Einiges arbeitete Hubert weg, schließlich meldete er sich im Vorzimmer ab, der Besuch von Weber und seiner Kolonne im Wald stand an. Es war der gleiche Platz, wo im letzten Winter das Holz abgeholt worden war. Weber hatte für seine Leute mehrere Biergartengarnituren aufgebaut und alle zur Mittagspause gerufen, dazu hatte Paul seine Rückepferde mit Decken und Futterbeuteln ausgestattet. Hubert hatte sich ein doppeltes Brot mitgebracht und setzte sich unter die Männer, bekam einen heißen Tee. Mit Weber und Tietz wollte er anschließend reden, jetzt war ihm die Stimmung seiner Männer wichtiger. Schnell stellte er fest, die Stimmung war gut, der Arbeitsfortschritt ebenfalls. Drei Schachteln Zigaretten legte er auf den Tisch, die dankbar geleert wurden. Mit Paul wechselte er ein paar Worte, der bestätigte ihm, dass alles in Ordnung sei, ebenfalls die Stimmung. Von Weber erfuhr er, dass sie voll im Plan seien. Mit Tietz hatte er abgesprochen, dass der ihn vertrat, wenn er seine Reitschüler unterrichtete.

Das Ausfahren von Holz zu der Sägerei war geklärt, das machten weiter Romeike mit einem schweren Warmblutgespann oder Georg mit dem Trakehnergespann. Als der erste Baumstamm nach der Pause vom Bagger auf den Langholztransporter geladen wurde, fuhr Hubert zu seinen Eltern. Allerdings nahm er einen anderen Weg, da der junge Kutscher mit seinem Gespann gerade zur Firma losgefahren war, an dem würde er im Wald nicht vorbeikommen.

Bei seinen Eltern war für ihn ein guter Schlag Erbseneintopf übriggeblieben. „Nächste Woche müssen wir uns zusammensetzen und das ganze Zeug aufteilen, was bis jetzt eingetauscht wurde", sagte Heinrich. „Das können wir machen, wir sollten auf alle Fälle Frau Goldap dazu nehmen. Was hältst du von Mittwoch?" „In Ordnung. Fritz kommt heute vorbei, dem sage ich das. 19:00 Uhr hier bei uns."

Im Büro wartete ein voller Schreibtisch. Mielke kam zu ihm und berichtete, er hätte Verbindung mit Winterfeld aufgenommen, beide würden morgen gemeinsam zu den entsprechenden Häusern fahren. Kurz nach ihm kam Fischer und berichtete von seinen Erkundungen wegen der Flächen neben der Betonstraße in Melverode. Zwei größere Flächen hätte er wahrscheinlich bereits, zumindest waren die Besitzer nicht abgeneigt. „Die Preise für unbebautes Land kennst du ja. Wenn nicht, Becker hat die," sagte Hubert. „Mit dem habe ich gesprochen. Bei dem, der die Flächen zwischen den beiden anderen hat, müssen wir vermutlich etwas drüber gehen." „Du weißt ja, wofür wir die haben wollen, das soll Bauland werden." „Ist mir klar, aber ich will da ruhig rangehen, das bekommen wir schon hin." „Was sagt Frau März zu unserer Idee?" „Am Mittwochvormittag habe ich bei ihr eine Besprechung mit diesem Thema, werde dir anschließend berichten." „Da bin ich gespannt. Du weißt, ich bin morgen unterwegs?" „Ja, bin froh, dass es im Harz so gut läuft, das spricht für Karl. Überhaupt möchte ich dir ein Kompliment aussprechen. Ich bin immer wieder beeindruckt, was du für Aufträge von den gesellschaftlichen Veranstaltungen mitbringst, so wie heute. Meine Welt ist das nicht, aber dafür werde ich ja nicht bezahlt!" Beide lachten. „Mal sehen, was morgen bei der Jagd rauskommt", beendete Hubert das Gespräch.

Der Abend verlief ruhig und Hubert bereitete sich auf den nächsten Tag vor. Im Partykeller reinigte er sein Gewehr, Junior sah dabei interessiert zu. Ganz genau ließ der sich erklären, wie ein Gewehr funktionierte, durfte alle Teile anfassen und zusammensetzen. Um fit zu sein für den nächsten Tag ging er früh zu Bett, Ulla arbeitete an ihrem Schreibtisch.

## Im Harz und bei einer Jagd

Gleich von daheim fuhr Hubert Richtung Harz, Karl erwartete ihn um 09:00 Uhr am Bahnhof. Das Wetter war durchwachsen, aber es war trocken. So kam er gut in den Oberharz und war pünktlich bei ihm.

„War das Wochenende gut?" fragte Hubert. „Ja, sehr gut, endlich einmal hatte man Zeit füreinander und das außerhalb des normalen Kreises."

„Dietlind fängt heute bei Becker an, den Tausch haben wir gut hinbekommen." „Das hat uns beide sehr gefreut, jetzt macht sie das, was sie gelernt hat."

„Wo wir gerade dabei sind. Ich habe Kaffee dabei und möchte dir eine Überlegung schildern." Karl hörte aufmerksam zu, als Hubert ihm ihre Überlegungen schilderte. „Aber das hängt natürlich davon ab, was du in Zukunft machen willst", schloss Hubert. „Vielen Dank für das Vertrauen. Ich sage es dir ganz ehrlich, große Lust zu studieren habe ich nicht mehr. Viel mehr möchten Dietlind und ich eine Familie gründen. Also würde ich zu deinem Angebot tendieren. Wie das genau laufen soll, müsst ihr klären. Wenn ihr meint, dafür bin ich der richtige Mann, mache ich das!"

„Sehr gut, ich denke, du würdest das gut hinbekommen. Wenn wir Genaueres wissen, melde ich mich bei dir. Aber jetzt zum Auftrag hier."

Karl schilderte ihm die Situation. Ganz offensichtlich lief alles, wie geplant, die

Zusammenarbeit mit den Briten lief reibungslos.
Die mitgebrachten Dinge für die Kolonnen hatte
Hubert am Anfang übergeben und sagte: „Für
heute möchte ich folgendes erledigen: Die zwei
weiteren Depots erkunden und die Kolonne
besuchen, die ich beim letzten Mal nicht schaffte.
Um 15:30 Uhr beginnt nahe Bad Sachsa eine Jagd,
zu der ich geladen bin." „Also sollten wir fahren,
die zwei Depots liegen nicht allzu weit von der
Kolonne entfernt."
In Huberts Lieferwagen fuhren sie los, Karl hatte
seine Karte auf den Knien und wies den Weg. Der
Hauptweg gut ausgebaut und leicht zu befahren
trotz des Schnees. In einen Waldweg bogen sie ein,
nach kurzer Zeit ließ Karl Hubert anhalten. „Fahr
bitte rückwärts rein. Ich steige aus und weise dich
ein."
Das tat er und schon nach wenigen Metern stand
das Auto unter großen Bäumen. Hubert folgte Karl,
der mit seinem Bolzenschneider bereits beschäftigt
war, die Kette am Tor der Anlage zu öffnen. Das
ganze Terrain war so gestaltet, wie die ersten
beiden. Während Karl mit dem Nachschlüssel die
Tür öffnete, holte Hubert den Originalschlüssel aus
dem Versteck an der Seite. Beide schalteten ihre
Lampen ein und gingen hinein. Hier war es nicht
so geordnet wie bei den ersten Häusern. Auf der
linken Seite befanden sich große Regale mit allerlei
Werkzeug. Darunter waren vier Kettensägen mit
Zubehör, Hebe- und Zuggeräte, Schaufeln,
Spitzhacken und weiteres nagelneues Werkzeug.
Im zweiten Regal waren mehrere Kabeltrommeln,
Feldtelefone, Funkgeräte und Bohrmaschinen
gestapelt, dazu standen hier zwei unbenutzte
Werkbänke. Im rechten Teil der Hütte betrachtete

Karl interessiert fünf Motorräder, zehn Fahrräder, Kradmäntel, Helme und Schutzbrillen. Es kam ein abgeteilter Bereich, der voll war mit ca. 60 Spritkanistern, Benzin und Diesel, Petromaxlampen, zwei kleinen Öfen und weiteren Kanistern. Beide verließen die Hütte und verschlossen sie von außen. Nachdem die Ketten bei Hubert im Lieferwagen lagen, rauchten sie eine Zigarette. „Das können wir alles brauchen", sagte Hubert. „Aber das sollte man in der Firma entsprechend aufteilen. Hier würde das zu sehr auffallen", bestätigte Karl. „Da hast du völlig recht, jetzt zur nächsten Hütte." Während der Fahrt dorthin sagte Hubert: „Das werden wir alles abholen lassen, ich koordiniere das von daheim." „Nimmst du das Holz mit?" „Ja klar, das werden wir los, ist gut abgelagert. Wenn hier alles draußen ist, schicke ich Laster zum Abholen und eine deiner Kolonnen muss das verladen." „Kein Problem, das bekommen wir locker hin." Ein Stück fuhren sie weiter Richtung Oberharz, dort dirigierte Karl ihn wieder in den Wald.

Von außen sah es genauso aus, wie die Anderen, aber hinter einer längeren Holzstapelwand befand sich ein breiteres Haus. Während sie sich, wie bei den anderen, Zutritt verschafften, sagte Karl: „Das scheint hier etwas Besonderes zu sein, bin ganz neugierig!" „Nicht nur du, das wird spannend!" Verblüfft stellten sie fest, hier gab es Strom, sie konnten drei Neonröhren anschalten. „Wie geht das?" fragte Hubert. „Nicht weit von hier ist ein kleines Umspannwerk, daher kommt der Strom bestimmt." Hubert stand sofort vor drei großen Regalen, die bis unter das Dach gefüllt waren mit Kartons und Kisten. Schon nach der ersten Reihe war ihm klar, es waren Lebensmittel, haltbar in

437

Dosen oder Säcken. Alles war nützlich für den
kommenden Winter. Also machte er kehrt und ging
zur rechten Seite der Hütte. Karl kam dort gerade
hinter einer Regalwand hervor.
„Alles voll mit Uniformteilen, Stiefeln,
Gummistiefeln, Unterwäsche, Decken und
Schlafsäcken!" „Das ist gut und brauchbar für
uns." Weiter hinten in der großen Hütte, waren
zwei Abteile, die gesondert mit Ketten und
Schlösser verschlossen waren. In dem ersten
waren zehn Kisten gestapelt, auf jeder stand ein
Name mit einem Dienstgrad, das waren
Offizierskisten. Das Sicherheitsschloss an einem
großen Blechschrank knackte Karl. Drei Ordner
standen darin und ein gesicherter Ledersack.
Sofort wusste Hubert was sich darin befand:
Wehrsoldzahlungen. „Die Ordner und den
Ledersack nehme ich mit", sagte er, stellte beides
in den Gang. Hinter der zweiten Tür befand sich
eine größere Kammer, an jeder Seite standen
Regale. Die waren vollständig gefüllt mit Kaffee,
Tee, Zigaretten, Zigarren, Schnaps, Wein und
Süßigkeiten. Dazu zwei große Kisten mit Pervitin.
„Such dir aus, was du haben möchtest, ich bringe
die Ordner und den Sack ins Auto", sagte Hubert
zu Karl und brachte seine Sachen weg.
Anschließend ging er in die große Kammer, nahm
sich zwei Stangen Zigaretten und zwei Flaschen
Rum für die Kolonne mit. An beide Türen schreib
er mit einem Fettstift groß „Wedel". „Der Inhalt soll
zu mir auf den Hof", sagte er dazu. Karl brachte
einen Karton ins Auto, sie verschlossen das Haus
gewissenhaft und fuhren zur Kolonne von
Schubert.
Dort liefen gerade die Vorbereitungen zur
Mittagspause. Schubert begrüßte sie. „Schön,

wenn der Chef zur Pause kommt und fragt: Arbeitet ihr auch?" Lachend erwiderte Hubert: „Genauso ist es, aber ich habe schon gehört, dass ihr hervorragende Arbeit leistet." Ausführlich beschrieb ihm Schubert den Arbeitseinsatz. Währenddessen kamen seine Leute, die Forstarbeiter und die Fahrer zur Pause. Als kleine Aufmunterung übergab Hubert die Zigaretten und den Rum, mit dessen Hilfe der Tee etwas mehr Geschmack bekommen sollte. Unter den Arbeitern sitzend, bekam Hubert einen Becher mit heißem Tee und aß sein mitgebrachtes Brot. Hier hatte er schnell den Eindruck, die Stimmung war gut und gelöst. Schließlich brach er mit Karl auf, um pünktlich um 15:00 Uhr bei Grete Majewski zu sein, 15:30 Uhr war der Beginn der Jagd. Am Bahnhof setzte er Karl ab. Beide rauchten eine Zigarette und beobachteten die Verladung von Stämmen auf die Eisenbahnwaggons. Den Geldsack hatte er im Auto mit mehreren Bündeln Kiefernzweigen getarnt, die konnte man daheim zur adventlichen Dekoration benutzen.

Pünktlich erreichte er das Gut und nachdem er Kaffee und das Zubehör aus dem Auto genommen hatte, begrüßte er im Gutshaus Grete, die ihn herzlich umarmte. Draußen wurde er der Jagdgesellschaft vorgestellt. Die Bürgermeister von Bad Sachsa, Herzberg und Duderstadt waren da, dazu ein leitender Vertreter der landwirtschaftlichen Genossenschaft und zwei Nachbarn. Die Organisation hatte der örtliche Förster, den er schon kannte. Der eröffnete die Jagd und sagte, was zum Schluss freigegeben war: Rotwild und Schwarzwild. Vor allem das Rotwild hatte sich zu einer Plage entwickelt. Ausnahme

waren kapitale Hirsche. Zwei Traktoren mit
Anhängern fuhren vor, einer zum Transport der
Teilnehmer, einer für den Rücktransport der
Strecke. 20 Minuten fuhr man Richtung Harz in
ein zusammenhängendes großes Waldgebiet. Dort
wurde abgesessen und der Förster teilte jedem der
Schützen seinen Platz zu. Vor den Schützen lag
eine Waldwiese, die am Ende an einem weiteren
Waldstück endete. Hubert nahm einen Schluck
Kaffee und beobachtete die Gegend, seine
Nachbarn rechts und links taten das gleiche,
hatten ihre Waffen griffbereit. Von weitem war ein
Hornsignal zu hören, das Treiben begann. Alle
Schützen machten sich bereit, das Warten begann.
Drei Hirsche traten aus dem Wald und zogen
schnell über die Wiese in den anderen Wald.
Plötzlich standen zwei Hirschkühe am Waldrand
rechts und witterten, langsam traten sie heraus
und ihnen folgte ein Rudel Hirschkühe, wie er es
bisher nie gesehen hatte. Die ersten Schüsse fielen,
Hubert sah erste Tiere getroffen fallen, jetzt kamen
sie auf seine Höhe. Er visierte eine Hirschkuh an
und traf sie mitten im Sprung, sah sie stürzen. Es
kamen weitere, eine zweite Hirschkuh konnte er
außerdem strecken. Schnell lud er nach, der Rest
des Rudels verschwand im linken Wald. Der Lärm
der Treiber kam näher, eine große Rotte
Wildschweine brach aus dem Wald, hetzte über die
Wiese. Wieder ertönten Schüsse, Hubert hatte eine
Sau und einen Überläufer gestreckt. Wieder lud er
nach, ein folgender Keiler schaffte es nur bis zum
Beginn der Schützen, dort war es um ihn
geschehen. Das Hundegebell und die Rufe der
Treiber waren jetzt sehr nah, das Signal Ende der
Jagd ertönte. Hubert schnaufte tief durch, entlud
sein Gewehr, machte die fällige

Sicherheitsüberprüfung und ging vor. Mit ihm
taten das die anderen Schützen. Zuerst ging er zu
den Hirschkühen, die im Gras lagen. Beide hatten
einen Blattschuss. Bei der Wildsau war das nicht
der Fall, als er auf sie zutrat, versuchte sie sich
aufzurichten, aber er erlöste sie mit einem Schuss
aus seinem Revolver. Den Überläufer hatte er mit
einem Blattschuss erlegt. Seitlich von ihm ertönten
ebenfalls einige Revolverschüsse, da ging es
anderen ähnlich. Nach Jägersitte zog er seinen Hut
und ehrte die geschossenen Tiere.
Jetzt erst bemerkte er, dass Regen eingesetzt hatte.
Der Förster kam mit seinen Helfern und den
Treibern, um hier liegende Tiere auf den zweiten
Treckeranhänger zu verladen. Das ging sehr
schnell, die Jäger sammelten sich vorn, wo die
Jagdherrin Grete Majewski stand. Die
beglückwünschte alle, es gab eine Runde Schnaps.
Dabei berichteten alle von ihren
Schiessergebnissen, die Spannung ließ langsam
nach, dazu trug eine zweite Runde Schnaps bei,
der Regen hielt an. Der Trecker mit den
geschossenen Tieren und den Helfern fuhr los und
Grete bat alle auf den Anhänger aufzusteigen, der
sie zum Schüsseltreiben bringen sollte. In einer
sehr schön hergerichteten Jagdhütte sollte das
stattfinden. Davor hatten die Helfer bereits die
Strecke auf ausgebreiteten Kiefernzweigen gelegt.
Das Ergebnis war beeindruckend, acht Hirschkühe
und 13 Wildschweine lagen dort. Die Strecke
wurde verblasen, es begann der gemütliche Teil.
Ein deftiger Eintopf mit frischem Brot wurde
gereicht, dazu gab es Bier und klaren Schnaps.
Außer den Gesprächen über die Jagd kamen
andere Themen unter den Anwesenden auf. Mit
den Bürgermeistern von Bad Sachsa und Herzberg

tauschte Hubert die Visitenkarten aus. Lange
unterhielt er sich mit dem Mann der
Genossenschaft, der ihm sein Leid wegen der
fehlenden Transportkapazitäten klagte. Dem Mann
konnte geholfen werden, er wollte in den nächsten
Tagen mit der Spedition Verbindung aufnehmen.
Beide Bürgermeister zeigten ebenfalls großes
Interesse, vor allem an einem möglichen Einsatz
von Baumaschinen.
Schließlich bat Grete zur Rückfahrt, sie fuhr mit
auf dem Anhänger, der Regen hielt an, wurde
stärker. Sie hatte mehrere Zeltbahnen organisiert,
unter denen sie sich alle zu schützen versuchten,
mit Hubert teilte sie sich eine. Auf seine Frage, was
sie mit dem ganzen Wild machen würde, sagte sie
lächelnd: „Die Masse ist verkauft, zwei Hirschkühe
und drei Wildschweine habe ich übrig, willst du die
haben?" „Sehr gerne, die würde ich mitnehmen."
„Die werden alle aufgebrochen und hängen in einer
Scheune auf dem Gut, sind aber nicht untersucht."
„Das kann unser Tierarzt machen!"„Alles klar. Du
brauchst nur die beiden Schweine zahlen, der Rest
ist für deine Hilfe im Wald. Ach was, du zahlst gar
nix!" „Oh danke, bitte nimm im Tausch nachher
etwas von mir." Trotz der Zeltbahnen waren alle
durchnässt, als sie vor dem Gutshaus abstiegen.
Die Gutssekretärin stand unter dem Vordach des
Hauses im Licht und rief alle zu sich. Als man
erwartungsvoll um sie herumstand, sagte sie laut:
„Ich teile Ihnen eine Warnung des Wetterdienstes
mit, die über den Rundfunk durchgegeben wurde.
Starker Eisregen aus dem nördlichen Harzvorland
breitet sich nach Süden aus, es besteht sehr hohe
Glättegefahr. Die Empfehlungen lauten, niemand
sollte sich in der Nacht auf den Straßen bewegen."

Sofort setzte Hektik unter den Leuten ein, die aus der Gegend stammten, jeder wollte nach Hause, solange es ging. Hubert sagte zu Grete: „Was mache ich jetzt? Da müsste ich genau durch!" Spontan erwiderte sie: „Bist du verrückt? Willst du dich umbringen? Wenn du in den Graben rutschst, kann keine Hilfe kommen und niemand bemerkt das. Du bleibst hier und fährst erst morgen!" „Danke, das dürfte das Beste sein, aber jetzt muss ich anrufen und Bescheid sagen, damit sich keiner Sorgen macht!" Hubert folgte der Sekretärin ins Büro, die stellte ihm die Verbindung nach Hause her, Ulla war dran. „Ich komme hier nicht weg, wegen des Eisregens." „Hier ist es richtig schlimm, man kann auf der Straße Schlittschuh fahren. Zwei Opel sind in den Graben gerutscht, wurden gerade geborgen, ist aber keinem etwas passiert! Bleib, wo du bist, du kommst hier nicht durch!" „In Ordnung, sehe zu, morgen früh zu kommen, wenn es möglich ist." „Lass dir Zeit, ich sage im Büro Bescheid."

Grete kam ins Büro. „Fahr dein Auto hier vorn rechts unter das Schauer, sonst friert es zu. Der Kamin ist an, hier drin ist alles warm." Die Sekretärin verabschiedete sich, Grete fuhr grinsend fort: „Außerdem ist die Dusche schön warm und dein Bett ist bezugsfähig. Ich suche dir ein paar Sachen raus, damit du etwas Trockenes hast." „Danke, das ist eine verlockende Perspektive." Er ging hinaus, fuhr sein Auto unter das kleine Schauer neben dem Haus, ließ seine Jagdsachen darin, nahm aber eine Stange Zigaretten und eine Flasche Cognac mit, die er eigentlich für daheim vorgesehen hatte. Das Auto verschloss er und ging in die Räume von Grete. Im großen Wohnzimmer prasselte das Feuer im

Kamin, es war behaglich warm. Auf den Couchtisch stellte er die Flasche und legte die Zigaretten dazu. „Mein Dank für das Wild!" Sie lächelte. „Das ist ein wunderbarer Tausch. Den Cognac sollten wir gleich probieren! Ich habe dir ein paar Sachen in das Schlafzimmer gelegt, schließe jetzt ab und gehe unter die Dusche. Lass dir Zeit, du bist danach dran!"

Hubert zog seine Stiefel aus und rauchte vor dem Kamin eine Zigarette. Nachdem er den Rest in das Feuer geworfen hatte, nahm er seine Stiefel und ging die paar Schritte zum Schlafzimmer. Aus der Dusche hörte er das Wasser rauschen. Auf dem Bett lag eine Art Trainingshose, ein Hemd und eine Weste, dazu ein paar Hausschuhe. Als er seine nassen Sachen auszog und über zwei Stühle zum Trocknen hängte, bemerkte er erst, wie kalt es ihm war. Auf dem Gang hörte er Schritte, Grete war wohl fertig und verließ das Bad. Nur mit einem großen Handtuch um die Hüften ging er ins Bad und genoss das heiße Wasser. Als er aus der Kabine kam, lag auf dem Waschbecken ein frisches, weißes Badetuch. Wunderbar erfrischt, trocknete er sich ab, ging ins Schlafzimmer und zog sich die trockenen Sachen an. So gekleidet ging er in das Kaminzimmer, staunte, als er Grete sah. Sie trug einen weiten Rock, der über dem Knie endete und einen Pullover, sonst nichts, außer einem Paar Hausschuhe. Gerade goss sie in zwei Gläser Cognac ein, hielt ihm eines entgegen. „Prost mein Lieber. Schön, dich hier zu haben!" „Danke, welch wunderbare Fügung doch manchmal das Wetter spielt."

Beide lächelten sich an und tranken. Anschließend machten es sich beide auf der breiten Couch gemütlich. Hubert erzählte die Probleme, die bei

444

ihm daheim herrschten. „Jetzt bin ich froh, dort nicht durchfahren zu müssen und deine Gastfreundschaft genießen zu dürfen." Sie lächelte ihn länger an.

„Du bist mein liebster Gast. Und wenn du hier bist, ist es spannend und äußerst erfreulich. Du bist mir immer willkommen." Gemeinsam rauchten sie eine Zigarette und tranken vom Cognac, sofort füllte Grete die Gläser wieder angemessen. „So etwas Gutes habe ich lange nicht getrunken, ich glaube, ich veranstalte bald wieder eine Jagd."

„Aber bitte wieder mit Eisregen." Beide lachten herzlich.

„Du warst sehr erfolgreich, ich hatte nur eine Hirschkuh und ein Schwein und ein Bürgermeister hatte gar nichts", grinste sie. „Bei der Sau war allerdings ein Nachschuss nötig!" Sie winkte ab.

„Das kann immer passieren, die Tiere sind ja nicht fest, wie auf dem Schießstand! Unser Förster sagte mir, die anderen drei seien saubere Blattschüsse gewesen." Grete stand auf, um Holz im Kamin nachzulegen. Als sie sich nach dem Holz bückte, rutschte ihr weiter Rock hoch, gab den Blick frei auf ihre langen schlanken Beine und den Ansatz eines schwarzen Slips. Sofort bemerkte er die Bewegung, die sich in seiner weiten Hose abzeichnete. Tief schnaufte er durch, schnell war sein Blutdruck wieder normal. Sie setzte sich wieder neben ihm, zum ersten Mal roch er ihr Parfüm.

Sie prosteten sich zu, nahmen jeder einen tiefen Schluck. Es war ungemütlich, der Regen prasselte an die Fensterscheiben, aber das Feuer im Kamin füllte den Raum mit einer herrlichen Wärme, der Cognac schmeckte gut. Etwas später stand sie auf, stellte ein Gitter aus Metall vor den Kamin, kam

zurück und blieb vor Hubert stehen, lächelte ihn an. „Hubert, du willst es und ich ebenso! Komm mit!" Sie streckte ihm die Hand entgegen, er erhob sich und ergriff ihre Hand. So führte sie ihn hinüber in ihr Schlafzimmer, schloss die Tür und knipste eine kleine Nachttischlampe an. Ruhig kam sie zu ihm, legte die Arme um seinen Hals, leidenschaftlich küssten sie einander. Ohne den Kuss zu unterbrechen, zog sie ihm die Weste aus und knöpfte sein Hemd auf. Er fuhr dabei mit einer Hand unter ihren weichen Pullover und hatte sofort ihren nackten Busen in der Hand. Gegenseitig zogen sie sich ihre Oberteile aus, gierig schoben sich ihre nackten Oberkörper aneinander. Schnell flogen die letzten Kleidungsstücke auf den Boden. Eng umklammert näherten sie sich mit kleinen Schritten küssend dem Bett, ließen sich dort hineinfallen. Beide Beine spreizte Grete und gab Hubert freie Fahrt, die er sofort gierig und stürmisch nutzte. Lange dauerte es nicht, beide erreichten gemeinsam ihren Höhepunkt. Nach Luft schnappend lagen sie nebeneinander, schweigend küssten sie sich wieder. Dabei entflammte wieder beider Glut. Aber dieses Mal setzte sich Grete auf ihn, ritt ihn laut und genüsslich, während er sich stöhnend um ihre Brüste kümmerte. Länger dauerte es dieses Mal, bis sie beide den Höhepunkt erreichten, dabei ließ sich Grete stöhnend nach vorne fallen, ließ sich von Hubert umklammern. Lange lagen beide so, schließlich rollte sie sich neben ihn, zog die Bettdecke über beide. „Grete..." Sie legte ihren Zeigefinger auf seinen Mund. „Psst, nichts sagen, wir brauchten es beide, lass es uns genießen, kein Wort mehr."
Aneinander geschmiegt schliefen sie ein. Als Hubert am nächsten Morgen erwachte, lag er allein

im Bett. Sie stand vor ihrem Schrank und zog sich
an.

„Guten Morgen", sagte sie lächelnd, „ich kümmere
mich um unser Frühstück. Sei bitte so lieb und
richte dein Bett so her, als ob du dort geschlafen
hast. Das Mädchen was nachher kommt, braucht
nicht alles zu wissen." Sie gab ihm einen Kuss und
ging hinaus. Hubert stand auf, zog sich die weite
Hose an und sammelte seine Sachen zusammen.
Er ging in sein Zimmer, legte sich kurz ins Bett,
sodass es benutzt aussah, ging dann ins Bad.
Seine Sachen waren trocken, also kleidete er sich
an und ging in das Esszimmer. Dort war bereits
ein reichhaltiges Frühstück hergerichtet. Grete
sprach mit einer jungen Frau und sagte, als er
hereinkam: „Guten Morgen Hubert, hast du gut
geschlafen?" „Danke, wunderbar, der Regen war
eine angenehme Begleitmusik." „Prima, lass uns
frühstücken!" Zu der jungen Frau sagte sie: „Du
kannst im Kaminraum beginnen."

Beide hatten einen gesunden Appetit und genossen
das Frühstück. Dabei plauderten sie über
unverfängliche Dinge.

Schließlich sagte sie: „Es ist warm draußen, ich
denke das Eis von gestern Abend ist weitestgehend
getaut. Jetzt kannst du problemlos fahren!"
„Hoffentlich ist das nördlich des Harzes genauso."
„Das denke ich, aber jetzt müssen wir das Wildbret
verladen." Sie ging in Richtung eines
Scheunentores und Hubert folgte ihr mit dem
Auto. Hier war bereits Betrieb, der Förster
begrüßte beide. „Wir konnten alles bereits
untersuchen lassen, der Tierarzt war zufällig hier,
um eine kalbende Kuh zu betrachten, da hat er
das mitgemacht." „Prima, jetzt kann alles abgeholt
werden. Danke für die sehr gute Organisation

gestern." Lächelnd und sichtlich stolz nahm der Förster Gretes Worte auf. Er begrüßte gut gelaunt Hubert. „Ich hatte heute Morgen bereits ein Gespräch mit meinem Kollegen in Seesen. Der Wärmeeinbruch hat das Eis weitestgehend verschwinden lassen, Sie können beruhigt nach Hause fahren und, das sollten Sie wissen, die Briten kontrollieren heute bei Goslar." Hubert lachte. „Danke, gut zu wissen, da fahre ich über Salzgitter. Dumme Fragen brauche ich heute nicht, will zügig nach Hause." „Also fangen wir an", sagte der Förster und zeigte seinen beiden Gehilfen, was sie verladen sollten. Gut, dass er mit dem Lieferwagen hier war, so hatte er genügend Platz. Nachdem er den Ledersack, seine Jagdausrüstung und die Kiste mit den Sachen aus dem Depot vor und auf den Beifahrersitz gelegt hatte, passten die zwei Hirschkühe und die zwei Schweine gerade so hinein. Das Auto war bis unter das Dach beladen. Grete trat an das Auto, als er darinsaß und sagte: „Es war sehr schön und es hat uns beiden geholfen. So sollten wir das beide sehen, danke!" „Dir ein herzliches Danke, ich stimme dir voll zu." „Fahr vorsichtig!"

Tatsächlich waren die Straßen wieder frei und er kam gut voran. Kurz vor 11:00 Uhr fuhr er bei seinen Eltern auf den Hof, wurde von Heinrich begrüßt.
„Habe schon gehört, du bist dortgeblieben. Das war die beste Entscheidung. Hier wärst du nie durchgekommen!" „Das hat man mir gesagt, als ich Ulla anrief. Ich habe unserer Mutter etwas mitgebracht!" Heinrich schaute auf die Ladefläche. „Meine Güte, was hast du da alles drin?" „Zwei Hirschkühe und zwei Wildschweine. Sind

untersucht, alles in Ordnung!" „Toll, ich hole Georg
und Reiner, fahr die vor die Wildkammer!"
Schnell waren die beiden dort und zu viert
brachten sie das Wildbret in die Kammer. „Von der
einen Hirschkuh eine Keule für die Familie zu
Weihnachten, die andere bitte für uns. Den Rest
soll Mutter vermarkten!" „Das wird sie sehr gern
machen. Ich werde mich darum kümmern, dass
Sänger die heute Abend zerlegt." „Macht das. Ich
fahre ins Büro, später nach Hause, um mich zu
duschen und umzuziehen. Grüß Mutter!"
Im Büro freuten sich die Mädels, ihn gesund
wieder zu sehen.
„Die beiden Opel, die im Graben lagen, sind schon
bei Gert in der Werkstatt, kein Personenschaden",
sagte Gertrud. „Das ist das Wichtigste. Blech kann
man immer ersetzen, körperliche Schäden nicht.
Liegt viel an?" „Nicht ganz so viel, einiges hat
Fischer geregelt." „Ich fahre nach Hause, duschen
und umziehen, bin gegen 13:00 Uhr wieder da."
„Lass dir Zeit, hier ist alles ruhig." „Bitte versucht
herauszubekommen, ob bei den Einsätzen
außerhalb alles in Ordnung ist und versucht, Bode
gegen 14:00 Uhr hierherzuholen."
Auf dem Hof sprach er mit Richard und bat den
das Auto auf der Ladefläche zu reinigen. Den
Ledersack brachte er hinter seinen Schreibtisch
und seine Jagdausrüstung in den Partykeller.
Während er sich entkleidete und seine dreckigen
Sachen in den Wäschekorb legte, kam Ulla nach
Hause, freute sich, dass er wohlbehalten zurück
war. Während er sich duschte, saß sie auf dem
Rand der Badewanne und hörte zu, was er
berichtete. „Das mit der Hirschkeule ist sehr gut,
die werde ich einfrieren." „Ich denke, die andere
wird Malwine als Weihnachtsessen für die Familie

zubereiten." „Das kann ich mir gut vorstellen. Der
Sack hinter dem Schreibtisch kommt mir bekannt
vor!" Hubert trocknete sich ab und lachte. „Den
packen wir heute Abend aus!" Nachdem er fertig
war, tranken sie eine Tasse Kaffee und Ulla
berichtete ihm, wie die Weihnachtsfeier im
Waisenhaus ablaufen sollte. Woods hatte gestern
zwei Kartons mit Kuscheltieren vorbeigebracht, mit
Grüßen seiner amerikanischen Geschäftspartner.
Eine Extrakiste mit Kakao war dabei.

Im Büro machte er sich an zwei volle Mappen.
Zwischendurch kam Fischer und berichtete von
den Sachen, die er in seiner Vertretung erledigt
hatte. „Denk daran, wir brauchen für die
Weihnachtsfeier des Betriebes wieder Obst, klappt
das?" „Ich habe geplant, dass ein Lastzug mit
Kartoffeln und Thomasmehl am Wochenende
vorher fährt und Obst mitbringt. Der Apotheker
rief an und fragte, was wir mit unserem Kontingent
Lebertran vorhaben." „Das werde ich heute mit
Ulla besprechen, kann ich dir morgen sagen." „Von
Frau März soll ich sagen, die Idee wäre gar nicht
schlecht, sie überlegt das und liefert uns einen
Vorschlag, wie das machbar wäre." „Gut. Karl ist
nicht abgeneigt, das zu tun, wie wir es besprachen.
Zum Studium hat er nicht mehr die große Lust."
„Warten wir ab, was Frau März sagt und danach
greifen wir an."
Um 14:00 Uhr kam Jochen Bode. „Du hast wieder
ein Abenteuer?" sagte der grinsend, nachdem sie
einander begrüßt hatten und er vor Huberts
Schreibtisch saß. „Ja, ich brauche wieder einmal
Spezialisten! Hast du morgen und Freitag Zeit?"
„Ja, ich bin froh, vom Schreibtisch
wegzukommen."

Hubert erzählte ihm, um was es ging, beschrieb alles umfassend. „Die beiden Depots sollten wir jetzt schleunigst räumen, bevor jemand davon Wind bekommt. Würde mich freuen, wenn du das organisieren könntest." „In Ordnung, das mache ich. Soll das Holz mit, von dem du erzählt hast?" „Das musst du mit Karl absprechen, wer von den Kolonnen helfen kann." „Ich hätte eine Idee, aber vorher möchte ich mit Gert sprechen, möchte gern den Muhsal mitnehmen, wegen der Motorräder. Kommt man an die Depots mit einem Anhänger ran?" „Das ist schwierig, da brauchst du sehr gute Fahrer."

„Gut. Also ich möchte mitnehmen: Richard, Thomas, Merk, Rainer, Muhsal und Meier, drei Laster mit Anhängern, das sollte reichen." „Also bleibt Frank im Stall, dem helfe ich mit Junior und Petra. Regina kann ebenfalls mithelfen. Lass die alle sich etwas aussuchen, jeder eine Stange Zigaretten und eine Flasche Schnaps dabei. Die beiden mit „Wedel" gekennzeichneten Kammern kommen zu uns auf den Hof. Bitte sprich mit den jeweiligen Chefs der Leute, nicht, dass es Ärger gibt." „Damit fange ich gleich an. Wir fahren morgen früh um 07:00 Uhr los, sag bitte Karl, wir sind gegen 08:30 Uhr bei ihm und frage den Oberförster im Harz, ob er weiß, wo die Briten kontrollieren." „Das erledige ich gleich, mach du deine Sachen und sag mir heute Abend, ob alles klappt."

Nacheinander rief er Karl und Lässig an. Karl würde morgen auf Bode warten und den mit dem Auto zu den Depots bringen. Lässig erwischte er am Schreibtisch. Der war erfreut, ihn zu hören. „Dich hätte ich heute Abend sowieso angerufen", sagte er. „Brauchst du Hilfe?" „Nicht unbedingt, aber ich hätte da was für dich. Einer meiner Vorabeiter hat bei Oderbrück zwei Wehrmachtsdepots gefunden. Aber wir kommen da nicht rein, das ist mit einem Sicherheitsschloss gesichert. Hast du jemanden der das öffnen kann?" Hubert lachte: „Mein lieber Freund, ich kann dir sogar sehr gut helfen, möchte dich aber gleichzeitig warnen. Wir haben ebenfalls zwei solcher Depots gefunden, in einem waren Waffen, im anderen war Munition. Das haben wir den Briten mitgeteilt, die haben das geräumt. Damit wollten wir nichts zu tun haben." „Das ist völlig in Ordnung, was sollen wir mit dem Mist. Und nachher bist du dran und sitzt im Knast." „Das wollten wir uns nicht antun. Aber ich kann dir verraten, wie du da hineinkommst!" „Jetzt bin ich gespannt!" Huber erzählte ihm, wie sie den Schlüssel für das Haus gefunden hatten. „Ich werde verrückt. Das schaue ich mir morgen selber an." „Dazu möchte ich dir einen Hinweis geben. Mach das bitte ganz alleine. Zieh niemanden ins Vertrauen, sonst gibt es nur übles Gequatsche und genau das kommt zu den Briten." „Du hast recht, ich werde das alleine tun, gleich morgen früh. Ich rufe dich an, was ich gefunden habe." „Tu das, bin morgen bis 18:00 Uhr zu erreichen."

Endlich konnte er die Vorgänge bis zum Schluss überarbeiten. Gertrud holte die Mappe ab. „Hubert, morgen Vormittag möchten dich Jurka und Schwarz sprechen. Ich bin dabei und Frau Baumann!" „Um was geht es?" „Wir wollen dir einen Vorschlag für die Weihnachtsfeier des Betriebes machen." „Sehr gut, da bin ich gespannt." „Übrigens Martina hat ihre Fahrprüfung vorhin bestanden, die darf jetzt Laster fahren."

Nachdem ihm Gert telefonisch berichtete hatte, die zwei Opel seien nach einigen Ausbeulungen weiterhin fahrbereit, fragte der ihn, was es mit Muhsal auf sich hätte, den Bode morgen unbedingt bräuchte. Hubert erklärte ihm die Sache mit den Motorrädern und den Betriebsstoffen, was ihm einleuchtete. Dafür sei Muhsal der richtige Mann, der hätte eine umfassende Kenntnis in Bezug auf Motorräder. Entspannt lehnte sich Hubert in seinem Schreibtischsessel zurück und rauchte eine Zigarette. Eine leichte Müdigkeit überfiel ihn. Das war gestern vielleicht ein wenig viel gewesen. Die Fahrt in den Harz, die Depots dort, die Jagd anschließend und nachts der sexuelle Ausbruch der beiden, heute die anstrengende Fahrt zurück. Alles ging in Bildern an ihm vorbei. Hatte er Gewissensbisse? Ja, ein wenig schon, aber zu hoch war das sexuelle Verlangen gewesen. Außerdem wusste er, Grete ging es ähnlich, weder sie noch er würden draus mehr ableiten wollen. „Hubert geht es dir gut?" Gertrud stand in der Tür und sah ihn besorgt an. „Ja, alles klar, aber das war gestern und heute recht viel. Ich glaube heute gehe ich früh ins Bett." Sie nickte erleichtert. „Ruhe dich aus, die nächsten Tage gibt es genug zu tun." „Stimmt, deshalb fahre ich jetzt nach Hause."

Daheim sprach er mit Richard die Aktion des nächsten Tages durch und bat ihn, gemeinsam mit Thomas die beiden gekennzeichneten Verschläge zu leeren und auf den Hof zu bringen. „Nehmt auf alle Fälle mehrere Sackkarren mit, das erleichtert alles." Bode kam dazu und hörte den letzten Satz mit.
„Fünf Sackkarren habe ich aufladen lassen, ist schon geklärt. Die Autos sind bestellt und

aufgetankt, um 07:00 Uhr starten wir. Die
Fahrerlaubnis der Briten habe ich, alles ist
startklar." „Gut, ich wünsche euch gute Fahrt,
passt auf euch auf. Ich helfe morgen Frank im
Stall. Abends sind die Frauen dran, also keine
Hektik."
Nachdem er im Haus mit Hannelore gescherzt
hatte, setzte er sich an den Schreibtisch und
schaute die drei Ordner an. Die ersten beiden
waren voll mit Abrechnungen und Soldzahlungen,
das konnte in den Papierkorb. Aber nicht hier, das
war im Büro einfacher, da gab es eine Tonne, wo
solche Sachen verbrannt wurden. Der dritte
Ordner war interessanter. Zuerst kam die
Auflistung über das Geld, was im Ledersack sein
musste, das waren 196.035,75 RM. Dazu kam eine
Auflistung für den Verpflegungskauf. Das wurde
alles per Scheck bezahlt. Auf dem dazugehörigen
Girokonto befanden sich nach dieser Aufstellung
86.327 RM. Ein ähnliches Verfahren hatte man für
den dezentralen Einkauf in Höhe von 62.523 RM.
Wenn man an dieses Geld herankäme, wäre das
ein riesiger Schluck aus der Flasche.
Den dritten Ordner legte er in seinen Schreibtisch
und verschloss das linke Seitenfach. Während er
überlegend am Schreibtisch saß, kam Junior und
wollte sich für die Nacht verabschieden. Allerdings
wollte er vorher wissen, was während der Jagd
geschehen war. Das wurde ihm in aller
Deutlichkeit beschrieben und er hörte gespannt zu.
„Das möchte ich später genauso machen", sagte er
schließlich. „Das kannst du gerne tun, aber vorher
musst du die Jagdprüfung bestehen und die ist
nicht einfach. Da musst du dich gut im Wald und
in der Flur auskennen, musst wissen, was das für
Bäume und Tiere sind. Das können wir dir

beibringen." Zufrieden ging der Junge ins Bett. Ulla hatte dabei Hannelore gefüttert und interessiert zugehört. „Hoffentlich bekomme ich das am Samstag gut hin, ich habe richtiges Herzklopfen davor." „Ach was, mach dich nicht verrückt. Du kannst hervorragend schießen. Ich bin mir ganz sicher, du bekommt das hin. Und wenn es beim ersten Mal nicht klappt, dann beim zweiten. Da gibt es niemanden, der lacht oder dich schräg anschaut. Fehlerlos sind die anderen ebenfalls nicht." Sie seufzte. „Aber du überprüfst vorher mein Gewehr." „Na klar, das machen wir am Freitagabend." Lange hielt er diesen Abend nicht mehr durch, um 21:00 Uhr schlief er bereits tief und fest.

**Erschienen sind bisher:**